Fabricación

Diseño de portada: Planeta Arte & Diseño / I. Jacqueline Cruz Méndez
Fotoarte: Realizado a partir de imágenes de © Getty Images
Foto de autor: © Blanca Charolet

Bajo el sello editorial SEIX BARRAL M.R.
Avenida Presidente Masarik núm. 111,
Piso 2, Polanco V Sección, Miguel Hidalgo
C.P. 11560, Ciudad de México
www.planetadelibros.com.mx

Primera edición impresa en México: marzo de 2025
Primera reimpresión en México: marzo de 2025
ISBN: 978-607-39-2201-2

Impreso en los talleres de Litográfica Ingramex, S.A. de C.V.
Centeno núm. 162-1, colonia Granjas Esmeralda, Ciudad de México
Impreso y hecho en México – *Printed and made in Mexico*

Ricardo Raphael

Fabricación

En estas páginas se presenta
una narración basada en hechos reales
que utilizó a la ficción literaria para ser contada.
El siguiente código QR permite acceder a
algunas fuentes consideradas relevantes
por la investigación que dio origen al relato.

Para Enriqueta, María Elena, Raquel, Rosa y Elena, por ser las verdaderas madres coraje.

Donde hay poca justicia es peligroso tener la razón.

QUEVEDO

CAPÍTULO I

1

Todo comenzó por una gota de sangre. Una mancha de un centímetro de largo por dos milímetros de ancho, escondida en el sardinel de una regadera, fue la prueba de que el cuerpo de Hugo Alberto Wallace había sido desmembrado por sus secuestradores. Cuando esos restos hemáticos perdieron credibilidad, otro crimen, esta vez real, se asomó detrás de esa falsa evidencia.

En noviembre de 2018 yo conducía *Espiral*, un programa de debate transmitido todas las semanas a través de la televisión pública. Recién se había celebrado en el Senado un foro sobre la fabricación de culpables, por lo que invité a algunos de sus participantes para que compartieran con la audiencia los principales argumentos del evento.

Entre los invitados, asistió David Bertet, directivo de una organización canadiense dedicada a defender derechos humanos. Faltando pocos minutos para que concluyera aquella emisión, él se refirió al secuestro y asesinato de Hugo Alberto Wallace como un caso inventado.

Recuerdo que lamenté el momento en que llegó ese comentario. Los tres minutos que faltaban para despedir a las personas invitadas hacían imposible pedirle que abundara al aire. Ya con las luces y las cámaras apagadas, interrogué a Bertet sobre esa afirmación. Pidió una dirección de correo y, más tarde, me envió varios documentos y un libro que, semanas atrás, se había publicado en formato digital.

Aquella noche dormí poco. Tanto el libro, firmado por una mujer llamada Guadalupe Lizárraga, como el resto de los papeles hicieron que echaran raíces en mi cabeza las primeras dudas que tuve sobre el caso del hijo de María Isabel Miranda de Wallace, la líder social más importante en México entre las víctimas de secuestro. En 2010, ella había obtenido el Premio Nacional de Derechos Humanos y en 2012, compitió como candidata a la jefatura de gobierno de la Ciudad de México.

Lizárraga no fue la primera reportera en denunciar las inconsistencias de este caso, pero hasta ese momento su relato era el más amplio que se había escrito para cuestionarlo. Publiqué en la revista *Proceso* una columna resumiendo los principales argumentos de su libro, y la señora Wallace replicó de inmediato con una carta donde advertía que la autora citada en mi texto era una mentirosa.

Entonces propuse a Lizárraga y a Wallace que visitaran el foro para discutir públicamente el asunto frente a la audiencia de la televisora. La periodista no aceptó, ya que, según ella, asistir pondría en peligro su vida. De su lado, la señora Wallace se negó, argumentando que no estaba dispuesta a reunirse con una mujer empeñada en lucrar con su dolor.

La producción decidió entrevistar a cada una por separado. Ambas aceptaron y las citamos el mismo día, pero en horarios distintos. Para ese momento ya me había devorado el resto del material compartido por David Bertet. Aún me faltaban muchas horas de vuelo para comprender la magnitud de este asunto, pero logré prepararme para realizar una entrevista informada.

El encuentro con la señora Wallace no fue fácil. Ella tenía muy bien ensayado el papel de la madre víctima, por lo que tuve que insistir para que abriera la puerta al cuestionamiento. Yo estaba consciente de que aún había mucha gente que creía en ella, por lo que debí formular mis preguntas de manera que no me acusara de faltarle al respeto a su sufrimiento.

El tema que nos ocupó mayor tiempo fue el del progenitor de Hugo Alberto. Se enojó cuando me atreví a poner en duda la paternidad de José Enrique Wallace. Tuve que explicar al aire la importancia de ese dato, recordándole que la gota de sangre encontrada en el lugar del crimen, al ser analizada por los peritos genetistas, demostró una coincidencia del noventa y nueve por ciento con el ADN de su esposo.

Sin embargo, también me vi obligado a mencionar la evidencia documental que negaba esa paternidad. Mostré entonces en pantalla un acta de nacimiento, fechada el jueves 15 de enero de 1970, a nombre de Hugo Alberto Miranda Torres. Ahí se exhibía el nombre del abuelo, Fausto Miranda, como si fuera el padre del niño. La señora Wallace elevó la voz para precisar que esa información no tenía nada que ver con su hijo. Aclaró que la única acta válida de nacimiento de Hugo Alberto era la expedida el miércoles 19 de noviembre de 1975, cuando el niño ya tenía seis años. Ahí aparecen José Enrique Wallace e Isabel Miranda como sus padres.

—¿Por qué tomaste tanto tiempo en llevar a tu hijo al registro civil? —interrogué.

—Porque así lo decidimos —cortó ella tajantemente.

—¿Quiénes?

—Mi marido y yo.

—A los seis años los niños ingresan a primaria —exploré.

—Fue por eso mismo, para inscribirlo en la escuela —respondió aliviada, porque sin proponérmelo le había brindado una explicación. Sin embargo, también hice notar que ese otro papel no era un acta de nacimiento:

—Es un *acta de reconocimiento* —rematé.

—Se trata de lo mismo. Para este caso, el juez ya dictaminó que no hay diferencia entre presentar o reconocer a un hijo propio.

En esto último, la señora tenía razón. Los jueces que examinaron el caso habían resuelto que ese acto de reconocimiento confirmaba la paternidad de José Enrique Wallace.

—O sea que Hugo Alberto sí es hijo de tu marido —subrayé.

—Eso está probado científicamente: José Enrique Wallace es el padre biológico.

—¿A qué evidencia te refieres? —quise saber.

—La sangre que apareció en el baño donde Hugo Alberto fue descuartizado coincide con los marcadores genéticos de José Enrique del Socorro Wallace Díaz.

—¿Ésa es la única prueba? —insistí.

—No se necesita ninguna otra.

La entrevistada había puesto a girar en círculos la conversación, así que opté por probar con otro argumento: en julio de 2005, cuando la señora Wallace denunció el secuestro de su hijo, dijo al ministerio público que se había casado con José Enrique Wallace en 1968, un año antes de que naciera Hugo Alberto. Sin embargo, el acta de matrimonio de los Wallace exhibe una fecha diez años posterior. Según datos oficiales, José Enrique e Isabel se casaron el martes 28 de noviembre de 1978; por tanto, ella había incurrido en falsedades.

Entre los papeles que David Bertet me entregó, había también un certificado religioso del matrimonio entre José Enrique Wallace y María Teresa Magallanes, fechado el viernes 26 de abril de 1963. Venía acompañado de un acta de divorcio con sus respectivos nombres, la cual habría sido expedida en 1974.

—¿Cómo es posible que el señor Wallace se haya casado contigo en 1968 si en esa fecha aún no se había disuelto su vínculo con su primera esposa?

—No voy a revelar aquí, contigo, mi vida privada —frenó la señora Wallace.

—Perdona, Isabel, que te importune con esto, pero quiero saber si José Enrique estaba aún casado cuando nació tu hijo.

—Si yo hubiera sido madre soltera, no tendría empacho en decir que mi hijo no tiene padre —afirmó ella.

Continuamos discutiendo sobre otros aspectos del caso: negó, por ejemplo, que los secuestradores de su hijo hubieran sido torturados y también que las pruebas de vida posteriores a la desaparición fueran genuinas. Aquel intercambio fue áspero y se notó cuando nos despedimos. Con un tono lastimoso, me reclamó que no hubiera sido sensible frente a su dolor.

Le ofrecí una disculpa, pero insistí con que, además de víctima, ella era una figura pública obligada a rendir cuentas. No solamente se había presentado como candidata a la jefatura de gobierno de la capital, también se había convertido en la principal asesora, para dos administraciones distintas, en temas de secuestro.

La entrevista fue transmitida el siguiente miércoles a las diez de la noche, en el horario de mayor audiencia, y también fue subida a la plataforma YouTube, donde superó las setecientas mil vistas y alcanzó más de cuatro mil setecientos comentarios. Una semana después sonó el teléfono de mi oficina. Desde Ensenada llamó una mujer que se identificó como la pareja del doctor Carlos León Miranda. Me contó que ambos habían visto el programa y que el médico estaba furioso de haber sido borrado del mapa.

La señora Wallace cometió un error grave al afirmar en cadena nacional una mentira tan grande. Ella sola se había metido dentro de un pozo del que era imposible salir: si durante aquel intercambio hubiera aceptado que su marido no era el padre de Hugo Alberto, habría tenido que admitir la falsedad del análisis genético. Pero, al insistir en que José Enrique Wallace era el progenitor, abrió la puerta para que el verdadero padre reaccionara como lo hizo.

Ante este dilema tan obvio, no alcanzo a comprender por qué aceptó venir a la televisora. Por mi columna publicada en la revista *Proceso*, ella sabía que éste iba a ser uno de los temas que abordaríamos. La única explicación que puedo darme es que subestimó al doctor Carlos León. Supuso quizá que no se enteraría de la entrevista, o bien, creyó que ese señor permanecería callado, como lo había hecho durante mucho tiempo.

Calculó mal: el orgullo herido del médico terminó operando en su contra. La mujer que me contactó, contó que Isabel se casó con su primo hermano antes de que naciera Hugo Alberto y que, cuando el niño cumplió un año, acudieron juntos a registrarlo. Además, me proporcionó la fecha del divorcio de esa pareja.

Sugirió que corroborara esos datos en los archivos del registro civil. También me propuso que viajara a Tejupilco, en el Estado de

México, el poblado de donde provienen las familias León y Miranda. Ahí todo mundo se conocía y la gente podría ayudarme a reconstruir el árbol genealógico de Hugo Alberto.

La única condición que esa persona me impuso fue que no exhibiera al doctor León ante los medios. Argumentó que tenía un problema de salud que podría agudizarse si se sentía presionado por este asunto. Cumplí con todo a cambio de que el padre biológico de Hugo Alberto me recibiera más adelante en su consultorio de Ensenada.

Con los datos proporcionados, no significó ningún problema conseguir aquellos documentos. Al día siguiente obtuve las actas de matrimonio y de divorcio de los primos, así como el acta de nacimiento de Hugo Alberto León Miranda, la segunda en el tiempo que le otorgó identidad. Visité también Tejupilco, donde pude completar los huecos. En efecto, las dos familias habían sido vecinas durante varias generaciones. Logré reconstruir la historia gracias a varias conversaciones obtenidas después de visitar, el jueves 18 de abril de 2019, un restaurante ubicado en los portales del centro, el hotel más antiguo de esa población y, finalmente, la farmacia de un pariente del doctor León.

Con las actas y los testimonios escribí mi primer reportaje sobre la verdadera herencia de sangre de Hugo Alberto. El domingo 28 de abril, el mismo día en que esa pieza fue publicada, el expresidente Felipe Calderón atacó mi trabajo a través de sus redes sociales. Este hombre, que había dejado el poder seis años antes, seguía defendiendo a la señora Wallace como si se tratara de una integrante de su familia: «Mi solidaridad con Isabel Wallace. Veo saña contra ella. «Periodismo» relatando temas y cuestiones irrelevantes [...] frente a la tragedia de un hijo secuestrado y asesinado. ¡Qué mezquindad, pobre México!».

Si la señora Wallace era capaz de mentir impunemente sobre la paternidad de su hijo, ¿qué más no sería capaz de hacer? No imaginé entonces la magnitud de este caso: me tomó más de un lustro concluir una investigación cuyas fuentes son las ciento treinta mil hojas del expediente judicial, una centena de entrevistas y varios miles de artículos y notas periodísticas publicados a lo largo de casi veinte años.

Fabricación es el relato de uno de los casos más sorprendentes en la historia judicial mexicana. Exhibe la injusticia y la crueldad sufrida por sus víctimas y también el abuso de poder ejercido desde las más altas esferas de la política. Se trata de una narración cruda sobre la demagogia penal que domina estos días en México y en el mundo.

2

El martes 12 de julio de 2005, la agente Guadalupe Noria encontró un remolino de patrullas, uniformados y civiles alrededor de una camioneta Grand Cherokee. Le sorprendió tanto alboroto. Hacía menos de media hora que su jefe la había llamado. Debía ponerse a las órdenes de la señora María Isabel Miranda de Wallace, ya que para la fiscalía era prioritario investigar la posible desaparición de su hijo.

La madre propuso que se apartaran del bullicio. Caminaron en dirección opuesta al vehículo. Ella tenía una pista y se mostró impaciente por comunicarla. Insegura, la agente extrajo de su bolso una libreta barata para tomar notas. Antes de escucharla, pidió que proporcionara sus datos generales. Isabel dijo que tenía cincuenta y cuatro años recién cumplidos, que estaba casada con el señor José Enrique del Socorro Wallace Díaz, que era madre de Hugo Alberto y de Claudia Wallace Miranda, y que era empresaria.

Salvado el escollo burocrático, la señora recobró el ritmo de su discurso: Hugo Alberto no se había presentado a trabajar ese martes por la mañana. Laboraba en la compañía familiar, un negocio dedicado a la publicidad exterior. Cuando ella llamó a su domicilio, la trabajadora del hogar informó que tampoco había dormido en su casa. Guadalupe Noria miró el reloj. Aún no daban las seis de la tarde. Habían transcurrido menos de nueve horas desde que la madre asumió su ausencia.

Esta vez preguntó por los generales de la persona desaparecida. Entonces se enteró de que Hugo Alberto era un adulto de treinta y cinco años, divorciado y que tenía una hija. Isabel continuó: Hugo se había citado el día anterior con una nueva novia para ir al cine. Esa mujer podía estar involucrada en lo ocurrido, lo mismo que un conocido de Hugo, Jacobo Tagle Dobín, quien los había presentado. La agente preguntó por el nombre de la novia, pero Isabel dijo desconocerlo.

Esa mañana ella había llamado a los amigos de su hijo sin ninguna suerte. Su familia es extensa y puso a todo mundo —hermanos, primos, tíos— a buscarlo. Formaron varios equipos. Uno de ellos siguió la pista de la mujer del cine. El chofer de su hijo, a quien apodaban el Chaparro, recordó que un par de semanas atrás habían recogido, sobre la avenida de los Insurgentes, a una mujer guapa, alta y con el busto prominente. Isabel esperó a que la agente Noria anotara las características físicas de la supuesta novia.

Jorge Ortega Miranda, primo de Hugo Alberto, lideró el grupo responsable de seguir esa pista. Lo acompañaron el chofer, otro pariente de nombre Daniel y un amigo del desaparecido, llamado Ricardo González. Calcularon que la mujer a la que buscaban podía ser mesera de un restaurante cercano, así que ése fue el primer sitio visitado. Ahí dijeron que no trabajaba ninguna persona con los rasgos físicos relatados por el chofer. El grupo no perdió ánimo. Se repartieron las calles vecinas para continuar buscando. El tal Daniel dio con el vehículo en la colonia Insurgentes Extremadura, cuyas calles llevan el nombre de antiguos pintores europeos.

Mientras tanto, Isabel buscaba en el centro comercial donde su hijo solía acudir al cine. Peinó un inmenso estacionamiento sin éxito. Al concluir, recibió una llamada de su sobrino, quien le anunció el hallazgo de la camioneta. Le tomó poco tiempo llegar a la dirección proporcionada; más tarde acudió también su marido, José Enrique Wallace. La agente Noria continuó garabateando a toda velocidad. Necesitaba registrar todos los nombres y detalles aportados por su interlocutora, con los que luego redactaría el informe solicitado por sus superiores.

Entre las personas mencionadas surgió Roberto Miranda, hermano de Isabel. Tiempo atrás había trabajado como ministerio público. Noria desconocía las razones por las que aquella mujer parecía tan influyente. Especuló que quizá ese señor, Roberto, había conservado conexiones en la fiscalía. Era poco común que sus jefes mostraran tanto interés en un hecho que, por el tiempo transcurrido, no podía considerarse aún como desaparición, mucho menos como secuestro.

En la dependencia para la que trabajaba se tenía por norma esperar setenta y dos horas antes de invertir recursos en un caso de este tipo, ya que era común que los familiares asumieran la peor catástrofe cuando, en realidad, el sujeto desaparecido podía andar de fiesta.

Al llegar al sitio donde se encontraba la camioneta, la familia dio con un primer informante: un sujeto que dijo haber visto el vehículo estacionado desde la noche anterior. Otro residente contó que, por la madrugada, había observado a un par de tipos que bajaron por la fuerza a un individuo de la Grand Cherokee. Ese mismo testigo indicó que los tres hombres habían ingresado a un inmueble amarillo ubicado a unos ciento cincuenta metros. Además, mencionó que todo el barrio sabía de la casa de citas que operaba ahí dentro.

La familia, liderada por Isabel, se desplazó en tropel al edificio marcado con el número 6 de la calle Perugino. Era una caja de zapatos donde habían acomodado varios departamentos pequeños. Antes de tocar el timbre, Isabel se aproximó al guardia de seguridad que custodiaba la entrada de un consultorio médico situado frente a ese inmueble. Él confirmó que ese lugar era frecuentado por mujeres que vestían de forma llamativa.

Isabel orientó de nuevo al grupo con sus instrucciones. No en balde dentro de su familia la apodaban la Thatcher. Ni siquiera en esa circunstancia extrema dejó de ser la mujer ejecutiva que despreciaba las lágrimas. Nada debía nublar la concentración indispensable para encontrar a Hugo Alberto. Le pidió a su sobrino Jorge Ortega que se hiciera pasar por un cliente. El joven tocó el timbre y un chico de unos doce años abrió la puerta. Cuando Jorge preguntó si podía pasar, el jovencito respondió que eso no sería posible, porque la noche anterior había ocurrido un problema en uno de los departamentos.

El chico relató que, hacia las cuatro de la mañana, un tipo había sido atacado con una pistola y salió de ahí chorreando sangre. La mamá del muchacho, que habitaba la planta baja, tuvo que limpiar los restos. Jorge Ortega aprovechó la oportunidad para indagar si el menor conocía a una mujer alta y con el pecho grande. El chico indicó que esa persona vivía justamente en el departamento donde había sucedido el problema.

Isabel presumió ante la agente Noria la manera como ella y sus familiares habían atado los cabos en tan poco tiempo. Gracias a la descripción de la mujer con la que su hijo se había citado para ir al cine, lograron dar con la camioneta, y a través de ella, hallaron el edificio donde muy probablemente tenían secuestrado a Hugo Alberto. La señora estaba convencida de que, con la información proporcionada, la agente Noria la ayudaría para acceder a la vivienda. Sin embargo, las conexiones políticas que podía tener Isabel no convencieron a la funcionaria de romper con el protocolo. En ausencia de una orden judicial, ningún civil tenía permiso para invadir esa propiedad.

La agente ingresó sola al inmueble para interrogar a los vecinos. Mientras aguardaban en la calle, la señora Wallace y su familia hicieron lo mismo con quienes durante ese lapso entraron y salieron de la construcción. A todas esas personas preguntaron si conocían a la mujer descrita por el chofer. Fueron interceptadas un par de vecinas cuyos rasgos físicos podían coincidir. Isabel quiso saber si el Chaparro las reconocía. Una de ellas era la inquilina del departamento 4, el mismo mencionado antes por el menor, pero el chofer no identificó a ninguna.

Hacia las diez de la noche, la agente Noria anunció que había concluido con sus tareas de esa jornada. Aún merodeaba alrededor del inmueble en la calle Perugino una treintena de personas que no partirían hasta que la matriarca lo instruyera. La funcionaria pidió consideración para los ocupantes de aquel inmueble. Era momento de dejarlos en paz.

3

No sería esa joven empleada de la fiscalía local quien pondría obstáculos a la voluntad de una madre dispuesta a hacer cualquier cosa con tal de que su hijo apareciera. Isabel estaba consciente de que aquellas horas eran determinantes, y esa burócrata negligente estaba desperdiciando el tiempo. De manera irresponsable, la agente le había impedido ingresar al inmueble donde su hijo podía estar recluido o donde, seguramente, habría alguna información para continuar buscándolo.

Antes de partir, la agente Noria conminó a la señora Isabel para que presentara una denuncia formal ante las autoridades. No aclaró lo obvio: ella había acudido al llamado de su jefe por la influencia política de la señora, pero había llegado el momento de formalizar la búsqueda a través de los canales legales. Antes de dejarla partir, Isabel insistió en el nombre de Jacobo Tagle Dobín. Proporcionó también el domicilio donde podría encontrar a ese conocido de su hijo, quien probablemente estaba involucrado en lo acontecido. Noria prometió interrogar al sujeto. No dejaría ninguna pista mencionada fuera de su investigación.

Hacia las once de la noche, aquel grupo rompió filas. Mientras José Enrique Wallace se dirigió a las oficinas de la fiscalía federal antisecuestro, Isabel y su hermano Roberto visitaron la casa de Hugo Alberto. La madre pidió a su acompañante que permaneciera ahí por si su hijo regresaba durante aquella noche.

José Enrique Wallace repitió en la fiscalía una historia muy parecida a la narrada por su esposa a la agente Noria. En su denuncia aparecen mencionados la camioneta Grand Cherokee, los testigos del barrio, la casa de citas, el niño, la persona baleada y la madre que tuvo que limpiar los restos de sangre. Cuando se comparan la denuncia y el informe que al día siguiente entregó Noria a sus superiores, los hechos y los testimonios aparecen relatados por los esposos Wallace prácticamente con la misma consistencia.

Para incrementar la presión sobre las autoridades, fue idea de Isabel que el abogado Abraham Pedraza, pareja de su hermana menor, presentara otra denuncia, esta vez en las oficinas de la Procuraduría General de Justicia del Distrito Federal. Así, echaría a andar ambas maquinarias —las autoridades nacionales y las locales— para agilizar la localización de su hijo. La principal diferencia entre la denuncia de José Enrique Wallace y la presentada por Abraham Pedraza radica en que el primero refirió un posible secuestro, mientras que el cuñado notificó solamente una desaparición.

Ya había partido la familia de la colonia con nombres de pintores cuando dos criminalistas que trabajaban para la ciudad asistieron al sitio donde se hallaba la camioneta. Las fotografías que integraron en su reporte informan sobre una serie de objetos sin relevancia encontrados dentro del vehículo y también que la camioneta estaba correctamente estacionada. Más allá de una marca circunstancial de neumáticos sobre el asfalto, no se hallaron rastros que sugirieran violencia. Al concluir con su tarea, los forenses autorizaron que la Grand Cherokee fuera arrastrada por una grúa hasta las instalaciones de la procuraduría local. Isabel tuvo que pagar más tarde el costo de ese traslado.

Al día siguiente, cuando los peritos federales llegaron a la misma dirección, exigieron que trajeran de vuelta aquel vehículo. La noche anterior se había cometido un error al retirar la Grand Cherokee, por lo que, antes del amanecer, el personal de la policía científica local recibió órdenes de devolverla para que esos otros funcionarios pudieran realizar su propia inspección. El error cometido consistió en que el vehículo fue aparcado en un sitio distinto a donde se hallaba la noche previa. Las fotografías aportadas por ambas autoridades demuestran que se perdió la cadena de custodia sobre la camioneta.

Esos criminalistas también investigaron el edificio de Perugino, sin encontrar rastros de sangre en las escaleras o los pasillos del inmueble, lo que provocó el enojo de Isabel. De peor humor la puso que, a pesar de la evidencia proporcionada, el juez tardara tanto en otorgar la orden de allanamiento para poder ingresar al departamento 4, referido por el menor como el sitio donde un hombre habría sido baleado.

4

Gracias a su actividad empresarial, la madre de Hugo Alberto conoció al abogado Ricardo Martínez Chávez, quien anteriormente la había ayudado con otros asuntos legales. Era un individuo que sabía moverse dentro de la procuraduría federal porque había trabajado ahí durante algún tiempo. En esa dependencia tenía conocidos que le debían varios favores. Fue él quien ayudó para que, desde la primera noche, el edificio de Perugino estuviera vigilado. Roberto Miranda, hermano de Isabel, también se ofreció para hacer guardia junto con otros familiares. No fuera a ser que sacaran a Hugo Alberto de ese inmueble sin que nadie se diera cuenta.

Tres días después de la desaparición, por fin aterrizaron en Perugino 6 unos hombres vestidos de los pies a la cabeza con trajes blancos. El inquilino del departamento 6 relató haber visto ingresar al edificio a unos sujetos que parecían actores de una serie policial de televisión. En ese cateo participaron doce funcionarios que trabajaban para cuatro dependencias distintas. La orden emitida por un juez justificaba, ahora sí, su presencia en el lugar. Entre otros profesionales había criminalistas, fotógrafos y especialistas en genética. Iban acompañados de un cerrajero que forzó la chapa del departamento 4.

Dentro de ese inmueble, los funcionarios no encontraron una casa de citas, sino una modesta vivienda habitada por una persona del sexo femenino. Se trataba de un sitio pequeño, de unos sesenta metros cuadrados, que contaba con cocina, dos recámaras y un baño. La cocina estaba equipada con lo mínimo. Por temas de espacio, aquella vivienda no tenía comedor. Mientras que la recámara principal estaba bien amueblada, la otra contenía un colchón y un pequeño minibar.

El informe oficial describía el único baño como un espacio en forma de rectángulo «donde se aprecian muebles propios del lugar». Acompañaba a esa frase críptica una fotografía donde se distingue, dentro de la regadera, un tendedero del que cuelgan las bragas de una mujer.

De acuerdo con ese mismo informe, no se hallaron documentos, armas, dinero, drogas ni rastros de sangre. Nada que permitiera suponer la comisión de algún delito en esa vivienda. El sitio era lo que era: la morada de una mujer joven y soltera. No fue difícil dar con el nombre de la inquilina. Dos de los vecinos que habitaban el edificio de Perugino 6 eran colegas suyos. Trabajaban para Grupo Clímax, una agrupación musical que se había puesto de moda. La mujer del departamento investigado era una bailarina que respondía al nombre de Juana Hilda González Lomelí.

Cuando Isabel tuvo acceso al informe del cateo, desestimó de plano su contenido. Era obvio que aquellos burócratas habían cumplido con el formalismo sin hacer realmente su trabajo. No estaba dispuesta a rendirse. Si había dado con la camioneta, demostraría que también podía hallar a su hijo. A partir de ese momento entendió que para recuperar a Hugo Alberto tendría que emprender una búsqueda paralela con sus propios recursos. Estaba más que dispuesta para sustituir a un gobierno inepto y muy corrupto.

Para empezar, multiplicó la vigilancia sobre aquel inmueble y sus residentes. La vecina de la planta baja se quejó con la policía porque se sintió acosada. No solamente le importunaban los vehículos aparcados fuera de su domicilio, sino también que sus tripulantes la siguieran a todas partes. Lo dicho por esta mujer fue confirmado por el guardia de seguridad del consultorio médico que se encontraba al otro lado de la calle. Ese hombre dijo que, durante varias semanas, los vigilantes persiguieron de día y de noche a quienes habitaban el edificio. Testimonios similares fueron compartidos con la autoridad por los ocupantes de los departamentos 1, 2, 5 y 6.

La inquilina de la vivienda marcada con el número 1 aseguró que esos hombres quisieron llevársela por la fuerza una noche que venía de regreso de su trabajo. El arrendatario del departamento 5 se quejó de que esa gente hiciera sonar a cualquier hora el timbre de su casa. Y el del 6 reclamó que lo hubieran abordado dentro del inmueble para preguntar a dónde se dirigía. También el vecino del departamento 2 —un cubano que era amigo de Juana Hilda González— se quejó porque, según narró, esos tipos «andaban bravos y se quedaron tremendo rato por el barrio».

Además de los servicios del abogado Ricardo Martínez Chávez, Isabel también contrató a un despacho de investigadores privados para que la ayudara a conseguir cualquier información que le permitiera dar con el paradero de su hijo. Ese despacho sugirió analizar los registros de telefonía. Isabel era dueña de una de las dos líneas de celular utilizadas por Hugo Alberto el día en que desapareció. Así que, sin problema, consiguió que la compañía proporcionara el detalle de sus llamadas.

Luego llegó al domicilio de su hijo el estado de cuenta de la otra línea. Se analizaron, una por una, las treinta y cuatro comunicaciones realizadas por el desaparecido el lunes 11 de julio de 2005. El sujeto con quien más tiempo pasó al teléfono durante aquella jornada fue su amigo Ricardo González, un muchacho con el que jugaba futbol americano. Isabel lo conocía bien y por tanto lo descartó desde el primer momento como sospechoso.

En cambio, llamó su atención la Vampi, una amiga del grupo de las motos. Fue la última persona con quien Hugo Alberto se comunicó ese lunes. De acuerdo con los registros, justo antes de desaparecer, ambos charlaron durante unos doce minutos. Isabel confió a los investigadores que su hijo tenía un defecto: le gustaban demasiado las mujeres. Desde que se divorció cambiaba de novia a cada rato. Ése era obviamente su talón de Aquiles. Quien lo secuestró pudo haber utilizado como cebo a una de esas mujeres para conducirlo a su trampa.

5

La Vampi dijo que no había luz en su departamento, pero era mentira. Al menos se anunciaba una lámpara encendida ahí dentro. La amiga de Hugo Alberto no esperaba que Isabel se presentara en su casa. Sin excusarse, explicó que llevaba tres días llamándola.

—Déjame entrar para que hablemos —demandó la madre.

La Vampi —cuya corpulencia era el doble comparada con la de su interlocutora— dio un respingo, aunque no se hizo a un lado.

—Si no hablas conmigo, vas a tener que hacerlo con la policía —apretó Isabel.

La amiga de Hugo cedió y proporcionó el nombre de una cafetería ubicada a un par de cuadras de su casa. Le propuso verse ahí en media hora y luego azotó la puerta con descortesía.

A Isabel nunca le gustó esa muchacha. Representaba todo lo que no era ella. ¿Por qué la había escogido su hijo como amistad? Igual que el desaparecido, ella era motociclista. Entablaron relación cuatro años atrás, en un viaje con otros *motonetos*. Desde entonces, como lapas, andaban juntos para todos lados.

La Vampi la hizo esperar más de lo convenido, pero Isabel no estaba ahí para reclamar puntualidad. Había decidido hablar con todos los cercanos. Alguno tendría pistas sobre el paradero de su hijo.

Apenas la tuvo frente a ella, fue directo al punto:

—¿Tú sabes dónde está Hugo?

No fue majadería sino hábito cuando la Vampi escondió sus pupilas bajo el cráneo, dejando visible sólo el blanco de los ojos.

A Isabel le irritó el gesto.

—Señora, estoy igual de preocupada que usted —acotó.

Para no perder el tiempo, Isabel colocó sobre la mesa el listado de llamadas.

—Este documento va a causarte problemas.

Ella miró el papel y su frente se perló de sudor. Mientras la ansiedad iba haciendo metástasis, por la cabeza de la Vampi desfilaron todo tipo de cálculos. Aquella sábana de comunicaciones confirmaba que Hugo llamó al teléfono fijo de su amiga a las 9:03 p.m. del lunes 11 de julio de 2005. Y también que ambos habrían conversado durante algún rato.

—Mientras hablaba conmigo, lo hacía también por otra línea —explicó la Vampi con nerviosismo.

Eso era falso. Los registros de los dos dispositivos que Hugo llevaba encima la desmentían.

—¿Te dijo si iba a verse con alguien? —indagó Isabel.

La Vampi hizo como si escarbara en la arena de su memoria.

—Ajá.

—¿Con una nueva novia?

La sugerencia cayó de perlas. Hugo siempre estaba saliendo con una nueva novia.

—Sí.

—¿Al cine?

La amiga volvió a afirmar sin convicción. La Vampi contó que ella y Hugo habían quedado de verse al día siguiente. Con objeto de evitarse el viaje en balde hasta su casa, el martes 12 de julio buscó a su amigo. Llamó a su domicilio y fue la trabajadora del hogar quien le comunicó que, desde la noche previa, nadie sabía nada de él.

Dejó pasar un par de días antes de llamar a un primo hermano de Hugo, Jorge Ortega Miranda, el mismo que encontró la camioneta cerca del edificio de Perugino. De acuerdo con la Vampi, ese familiar fue la primera persona en informarle que habían secuestrado a su amigo.

—¿Qué sabes de Jacobo Tagle? —cuestionó a bocajarro Isabel.

La Vampi se sorprendió con aquella pregunta, así que tomó tiempo antes de responder:

—Los viernes y los domingos el grupo de motociclistas nos la pasábamos en una cantina de la colonia Condesa. Por lo regular ahí rondaba Jacobo. Hugo siempre le pagaba las cuentas. También caían César Freyre y Ricardo Trevedan.

—No conozco a esos dos. ¿Quiénes son?

—Esa gente andaba metida en cosas gruesas.

—¿A qué te refieres?

—Fue Hugo el que me dijo que andaban en rollos.

—¿En qué rollos?

—En temas de secuestro.

Por fin la historia comenzaba a cuadrar.

Entonces la Vampi sacó una fotografía de entre la ropa de deporte que llevaba puesta. Luego la colocó a un lado de la sábana de llamadas.

En ella aparece Hugo, el único que sonríe dentro de un elenco de seis hombres.

Con la uña mordida de su dedo índice, la Vampi identificó a César Freyre, el peor encarado. Luego señaló a un hombre con mirada turbia que resultó ser Ricardo Trevedan. También aparece ahí Tony Castillo, quien trabajaba para Freyre.

—Yo tomé esta fotografía —confesó la amiga de Hugo.

Isabel no desaprovechó la oportunidad para manifestar su desconfianza:

—¿Fuiste tú quien presentó a mi hijo con esa gente?

—Al revés —aclaró la Vampi con prisa—. A ésos los conocí por Hugo. Un día me pidió que lo acompañara a un convivio con un tipo al que le estaba vendiendo una motocicleta. Era cumpleaños de Trevedan y se había organizado un festejo en su tienda.

—¿Cuál tienda?

—Una *boutique* para autos en la que Freyre y Trevedan eran socios.

Isabel tomó aquella fotografía entre tus manos como si hubiera dado con la solución para descifrar a una civilización antigua. Ésta era la prueba de que Hugo conocía a sus secuestradores.

La Vampi respiró cuando la mirada de esa mujer se apartó de ella.

—¿Vendían droga? —avanzó la señora.

—No sabría decirle.

La amiga de Hugo opinó que Freyre era un tipo resentido y prepotente. De Trevedan, en cambio, tenía una mejor percepción. Ambos eran inseparables, hasta que se pelearon a muerte.

Lo que pasó con esos dos sujetos lo supo más tarde y por rumores. Un par de años después de aquel cumpleaños, Freyre y Trevedan vendieron su negocio. Luego, Trevedan desapareció llevándose todo el dinero. A principios de 2004, la Vampi volvió a verlo en un evento de la Harley-Davidson que se organizó en el puerto de Mazatlán. Ahí le contó que había conseguido una concesión de esa marca de motocicletas y que se había mudado a vivir a San José del Cabo, en la península de Baja California.

Fue Hugo quien le contó que, a la mala, Freyre intentó recuperar su dinero, pero las cosas se salieron de control y mataron a su hermano a balazos.

—¿Por qué mi hijo tuvo que enredarse con esos tipos? —interrogó Isabel con sobresalto.

—Cuando los conoció no sabía a qué se dedicaban.

A lo lejos se escuchó el ruido de la loza dentro de la cocina de la cafetería.

La amiga de Hugo se equivocó aquella noche al creer que se había librado de la señora Isabel. Cinco días después, ella presentó un escrito en la procuraduría acusándola de haber participado en el secuestro de su hijo. Isabel entregó también a la policía la fotografía que tomó la Vampi en el local de Freyre y Trevedan. Explicó a las autoridades que esas personas eran muy peligrosas. Por tanto, no solamente Hugo, sino también ella y su familia estaban en riesgo.

La fiscalía valoró esa imagen de manera diferente a lo que Isabel hubiera deseado. Era poco común que las personas integrantes de una banda de secuestradores plagiaran a un amigo. Es cierto que la narración sobre el asesinato del hermano de César Freyre merecía investigarse, pero la policía no tenía indicios de que ese sujeto hubiera estado involucrado antes en algún delito.

Isabel reventó en improperios cuando la menospreciaron. En unos cuantos días había logrado reunir indicios sobre la vinculación criminal entre la Vampi, Jacobo Tagle, César Freyre y Ricardo Trevedan. ¿Qué más podía hacer para que esos funcionarios la tomaran en serio?

6

De acuerdo con su perfil en línea, Pablo Carstens es asesor en seguridad y un experto en manejo de crisis. Ofrece servicios de negociación en caso de secuestro y también brinda protección a personas de alto perfil. Convencida de que habían plagiado a Hugo Alberto, Isabel contactó a ese profesional. No dudó en aceptar los honorarios propuestos a cambio de que la ayudara. Había que darle una prima de entrada y, en caso de éxito, hacerle un segundo pago. Ese acuerdo podría modificarse en la hipótesis de que se prolongara la negociación, aunque Carstens aseguró que tal cosa no iba a suceder porque los delincuentes profesionales preferían concluir rápido estos asuntos.

Aquel hombre llegó a la residencia de la familia Wallace Miranda acompañado por varias personas de su equipo. Esa gente recuerda el estado de ánimo en el que se encontraban los parientes de Hugo Alberto. Daba la impresión de que, en ese hogar, había caído un meteorito. Sin embargo, la hermana, los tíos y los primos de la víctima recibieron al negociador con ilusión porque era el hombre que habría de devolverles a su ser querido.

Isabel dispuso que Carstens y su equipo se instalaran en el salón principal. Ahí colocaron varias grabadoras y pidieron el colchón más grande de la casa. Serviría para que no se escapara por la puerta ningún sonido fuera del cuarto de guerra. Ese equipo conocía los estándares de comportamiento que suelen recorrer quienes se dedican a este tipo de delitos. Hay pautas que incluyen momentos de negociación alternados con silencio, amenazas y, finalmente, propuestas para celebrar el intercambio.

El grupo de negociadores esperaba recibir una primera comunicación a las veinticuatro, máximo cuarenta y ocho horas después de la desaparición. Pero no sucedió así. El rapto de Hugo Alberto resultó seguir un patrón que Carstens nunca había observado. La desaparición sucedió la madrugada del 12 de julio y transcurrieron más de cinco semanas sin que la familia de la víctima recibiera alguna noticia. Cuando las pautas criminales se salen de la norma conocida es porque el grupo delincuente enfrenta divisiones internas o cuando sus integrantes son unos novatos que han visto demasiadas películas.

Al equipo también llamó la atención que José Enrique Wallace no visitara nunca el cuarto de guerra durante los meses que se apostaron en su casa. Carstens había resuelto antes un secuestro entre hermanos, el cual le enseñó a no descartar ninguna hipótesis. Cuando el experto se atrevió a interrogar a Isabel sobre las razones de esa ausencia, ella tuvo que explicar que su esposo no era el padre biológico de Hugo Alberto. Luego pidió discreción porque Claudia, su segunda hija, no lo sabía.

Por fin, el miércoles 17 de agosto de 2005, los plagiarios se pusieron en contacto con la madre de la víctima. Habían transcurrido treinta y seis días desde que se denunció la desaparición. Los delincuentes no se comunicaron por teléfono, como Carstens hubiera esperado. El método también sería novedoso para los especialistas: montado sobre una bicicleta, el cartero del barrio dejó un sobre amarillo debajo de la puerta de la empresa de publicidad. Guadalupe Miranda, la hermana de Isabel que entonces era su asistente personal, fue la primera en ver las fotografías de Hugo Alberto y también en leer el comunicado que contenía las exigencias de los secuestradores.

El equipo de Carstens fue testigo de la celebración familiar cuando este material arribó al cuarto de guerra. Era como si se hubieran sacado la lotería porque para ese momento la posibilidad de que Hugo estuviera vivo había prácticamente desaparecido.

Isabel se puso a besar las fotografías enviadas junto con la nota de rescate. No consideró que, al manipular así el material, podía borrar las huellas del remitente. Aún no adquiría el estatus de experta en secuestros que más adelante le iba a otorgar tanta fama.

Con esfuerzo, los profesionales lograron que ella aceptara tratar a esos papeles como potencial evidencia. Se extendieron las fotografías sobre la mesa de trabajo. Dos de las imágenes representaban tatuajes que ella reconoció como pertenecientes a su hijo. La tercera mostraba medio cuerpo de Hugo Alberto, recostado sobre una pared gris. El rostro había sido cubierto por una venda grande de color blanco.

La experiencia previa apartó emocionalmente a los negociadores. Para ellos, esas pruebas de vida eran poco creíbles, sobre todo la tercera imagen. Había sido obviamente manipulado el retrato del cuerpo desnudo y el rostro vendado. Especularon que la elección de los colores blanco y negro podría ser para ocultar la palidez marmórea que alcanza la piel de los cuerpos después de muertos.

El equipo de Carstens decidió no compartir con los familiares sus preocupaciones. En vez de ello, hicieron la pregunta más científica que surgió de su cabeza: interrogaron a Isabel sobre lo que decía su instinto materno. Ella puso de nuevo sus manos sobre aquellas imágenes y dijo que Hugo Alberto continuaba con vida. Entonces aquel cuarto de guerra tomó un nuevo aliento.

El texto de la comunicación que acompañaba las pruebas de vida contenía dos piezas importantes de información: una exigencia de novecientos cincuenta mil dólares a cambio de devolver a Hugo Alberto sano y salvo, y la orden para que Isabel sacara de la negociación tanto a la policía como a cualquier otro «agente externo». Además, los plagiarios instruyeron que, una vez reunida la cantidad solicitada, se publicara una esquela en el periódico *El Universal* haciendo referencia a una familia de apellido Zamora Alarcón. Ésa sería la clave para proceder con el intercambio.

Sin expresar en voz alta sus razonamientos, Carstens propuso una estrategia distinta de respuesta. Se enviaría al periódico una esquela dedicada a la familia Zamora Alarcón, tal como habían instruido los plagiarios, pero no para dar aviso del pago del rescate sino para solicitar una prueba de vida más creíble que aquellas fotografías. Los negociadores son los verdaderos autores de ese texto:

> FAM. ALARCÓN ZAMORA.
>
> El señor pone a prueba nuestra fe con mensajes a veces confusos.
>
> La fe ciega es para los Santos, aunque el mismo Santo Tomás proclamó "Ver para creer".
>
> Sólo el camino de la Luz y la Certeza de escuchar SU palabra nos permitirá dar todo en nuestro haber con la convicción de encontrar el sendero que nos lleve a la Verdad.
>
> Isabel.

7

Obviamente, en ese momento de la negociación, se presentó para Isabel Miranda un dilema difícil de resolver. En caso de que la nota de rescate y las pruebas de vida fueran genuinas, se corría un riesgo al no cumplir con las demandas de los plagiarios. ¿Debía echarse fuera a Carstens y su equipo? ¿Era necesario romper comunicación también con las autoridades que hasta ese momento habían servido ciertamente de poco? Según explicaría la madre más tarde a la policía, su marido tuvo miedo de que el incumplimiento pusiera en riesgo la vida de Hugo.

Cinco días después de que arribó el primer comunicado, Isabel visitó la fiscalía antisecuestros. No comentó, sin embargo, ni una sola palabra sobre la nota de rescate, a pesar de que la ausencia de comunicación por parte de los plagiarios había impuesto dudas en la autoridad a propósito de la veracidad del secuestro. Y es que, de acuerdo con la ley, sin solicitud de rescate el caso debía tratarse como desaparición.

En vez de informar sobre esa comunicación importantísima, fiel a su estilo desafiante, ella presentó un escrito denunciando a Jacobo Tagle Dobín como uno de los posibles secuestradores de su hijo. Ahí insistió en que esa persona había presentado a su hijo con la mujer que sirvió de gancho para conducirlo hacia sus captores.

A finales de agosto fue entregado el segundo comunicado, igualmente por correo postal enviado a la dirección de la empresa familiar. Cuando Isabel lo abrió se sintió decepcionada. Contenía el mismo material que el anterior: las fotografías y el texto de rescate recibidos antes. Era como si aquellos criminales hubieran mandado una suerte de refacción, previendo que el material original habría podido extraviarse.

Isabel Miranda volvió a visitar la oficina de la fiscalía. En esa ocasión decidió cambiar de estrategia y se abrió con las autoridades. Entregó el contenido del segundo sobre y confesó que ésa no había sido la primera comunicación. No quedaba ya duda de que su hijo había sido secuestrado. Esos documentos cambiarían el estatus del caso dentro de la procuraduría. También se dio aviso a las autoridades de la fiscalía local donde se había abierto una investigación que seguía su propio curso. Ahí, la denuncia original, interpuesta por el cuñado de Isabel, Abraham Pedraza, había sido por desaparición. Con estos nuevos documentos, lo ocurrido a Hugo Alberto tendría que ser reclasificado como plagio.

Después del segundo comunicado corrieron veintidós días más sin ninguna señal. En el cuarto de guerra, las grabadoras colocadas sobre la mesa acumulaban polvo y la gente se picaba los ojos de aburrimiento. Esa actitud de los plagiarios podía deberse a que la familia no había cumplido con las demandas. También cabía la posibilidad de que se tratara de un estilo atípico de los delincuentes para mejorar las condiciones de la negociación. Eso fue lo que explicó el equipo de Carstens a la familia.

El jueves 22 de septiembre de 2005 —más de setenta días después de la desaparición— José Enrique Wallace se presentó de nuevo en la fiscalía antisecuestro. Lo hizo para contradecir las declaraciones de su mujer. Expresó que hasta ese momento no había recibido nada por parte de los plagiarios.

Declaró textualmente: «No puedo decir que se trate de un secuestro porque no he recibido exigencias de parte de ninguna persona para liberar a mi hijo».

Al día siguiente, viernes, volvió de nuevo a esa oficina. Esta vez para solicitar que no se investigaran más los hechos que él mismo había denunciado la madrugada del miércoles 13 de julio. Pidió también a las autoridades que dejaran en paz a su familia. Cuando Isabel regresó para conversar con el ministerio público, explicó que José Enrique había actuado así por miedo a que los delincuentes pudieran hacerle daño a su hijo.

A partir de ese momento, el intercambio con los plagiarios se vuelve complicado de entender. Como dijo Carstens desde el primer día, este tipo de comportamiento puede explicarse porque los delincuentes han visto demasiada televisión. Resulta que, casi a la misma hora en que José Enrique asistió a la fiscalía para informar que no conocía ninguna exigencia de rescate, Isabel Miranda recibió una llamada en su dispositivo celular. El interlocutor se presentó bajo el nombre de Juan, quien mencionó que ella conocía las razones por las cuales la estaba llamando.

Más o menos a esa misma hora llegó a la bandeja de su computadora personal un correo electrónico con el texto de un tercer comunicado. En él, se le reclamaba a Isabel haber entregado las fotografías a las autoridades, a pesar de la advertencia de que no lo hiciera. Con todo, los plagiarios ofrecían otra oportunidad. Si todavía quería recuperar a su hijo, debía, ahora sí, cumplir con las instrucciones. En la parte final de ese texto los criminales incluyeron una cita de Hugo Alberto, quien supuestamente mandaba decir: «No estés jugando con ellos, mamá, son personas que saben lo que hacen. Para mí esto es un infierno».

En el expediente judicial hay evidencia de que, además de la llamada telefónica del tal Juan y del correo electrónico, ese mismo jueves 22 de septiembre arribó un nuevo sobre amarillo a la empresa de publicidad. Esta vez, los sellos postales representaban los arrecifes de las costas mexicanas. La autoridad debió verse obligada a cuestionar por qué medio se habían recibido realmente las distintas comunicaciones: telefónica, correo electrónico o correo postal.

Aquella fue la última vez que la familia de Hugo Alberto tuvo noticia de los plagiarios. Después, fue como si se hubieran ido a vivir al fondo del mar. Entonces la gente de Carstens propuso utilizar la radio, la televisión y los periódicos para intentar la recuperación del vínculo con los criminales. La empresa de publicidad pagó esquelas con las palabras clave y también contrató unos anuncios que fueron transmitidos en diversos noticiarios. Los negociadores recomendaron también que se abriera un sitio en internet (www.tesoro.com) cuya liga fue publicada por esos mismos medios con la esperanza de que los delincuentes se dignaran a retomar el contacto.

Al final, nada funcionó y la esperanza fue desvaneciéndose. Conforme transcurrían las semanas, el equipo de especialistas también se fracturó. Esa gente decidió apartarse porque, debido a lo prolongado de la situación, no se habían cubierto sus honorarios. Carstens permaneció unos días más con la expectativa de rescatar el caso, pero al final también optó por apartarse. Los equipos de grabación que habían llevado los expertos —suponiendo en un principio que el contacto con los malhechores sería por vía telefónica— quedaron arrumbados, sin haberse usado nunca, en aquel salón de la familia Wallace.

CAPÍTULO II

8

¿Por qué la inquilina del departamento 4 abandonó su morada días después de que Isabel Miranda hubiera señalado ese lugar como el sitio donde su hijo fue secuestrado? Para ese momento, un par de vecinos ya habían proporcionado su nombre y su profesión. Esa mujer se llamaba Juana Hilda González Lomelí, era bailarina y trabajaba para Grupo Clímax.

Cuando la policía interrogó a la administradora del inmueble, ella explicó que, después del cateo realizado por los agentes de la procuraduría, la mujer se había molestado al regresar a su domicilio y encontrar todo revuelto. Ésta fue la explicación que dio para rescindir su contrato de arrendamiento antes de tiempo. Ni siquiera fue para devolver las llaves personalmente. Las dejó con la vecina de la planta baja para que fuera ella quien las entregara a sus propietarios.

La puerta del departamento 4 de Perugino permaneció abierta durante los siguientes dos meses. El hecho de que los peritos no encontraran nada que llevara a suponer la comisión de un delito ahí dentro hizo que esa vivienda perdiera importancia. Durante la inspección quedó claro que no se trataba de una casa de citas ni de una casa de seguridad, en cuyo interior hubiera sido privado de la libertad el hijo de la señora Wallace.

Es muy probable que por este motivo la autoridad haya autorizado al dueño del edificio para que rentara nuevamente su inmueble. La administradora pidió permiso vía telefónica a un comandante de apellido Franco, quien lo concedió verbalmente para que un nuevo arrendatario ingresara al departamento. Habla de la ineptitud de este funcionario el que, a pesar de haber tenido conocimiento de las notas de rescate enviadas por la banda de secuestradores durante el mes de septiembre, en esa misma fecha se haya permitido el ingreso a un desconocido.

El nuevo contrato de arrendamiento se firmó el sábado 1 de octubre de 2005, es decir, casi tres meses después de la denuncia presentada por la familia Wallace. El plazo inscrito en ese documento fue de un año forzoso. La persona que lo rentó fue un joven de veinticuatro años de nombre Rodrigo Osvaldo de Alba Martínez. El nuevo inquilino estaba casado y se mudaría con su esposa. Solicitó que le permitieran hacer algunas remodelaciones sin costo para el dueño: tenía intención de cambiar la alfombra y también de pintar las paredes.

Ninguno de los vecinos recuerda haber conocido a la pareja. Probablemente porque era gente reservada. En cualquier caso, su estancia duró poco. En el mes de febrero del año siguiente, cuando el departamento 4 volvió a cobrar relevancia para esta historia, De Alba Martínez y su esposa se esfumaron de manera aún más vertiginosa que Juana Hilda, la bailarina de Grupo Clímax.

9

Sin ninguna respuesta por parte de la banda de secuestradores, Isabel volvió a dedicar tiempo a sus propias investigaciones. Tenía nombres de personas y contaba también con el rastro que su hijo había dejado en las llamadas telefónicas realizadas el día de su desaparición. Ya sin los negociadores ocupando el salón de la casa familiar, el cuarto de guerra volvió a encontrar actividad.

La investigación no arrancaba de cero y la fe de que su hijo pudiera aún estar con vida le entregó energía para continuar. Isabel era dueña de una de las dos líneas de celular que utilizaba Hugo Alberto. Esa misma noche traía consigo otro dispositivo, cuyo servicio estuvo contratado a nombre de él hasta la cancelación, ocurrida un día después de que fue presentada la denuncia por secuestro.

Con las facturas telefónicas de ambas líneas no fue difícil reconstruir las comunicaciones. El lunes 11 de julio Hugo Alberto participó en treinta y cuatro llamadas. Veintidós de ellas con la línea contratada a su nombre y doce con el otro dispositivo. Fue como armar un rompecabezas. Entre las personas contactadas estaban su chofer, distintos amigos, un primo y obviamente su madre. Prácticamente todos los números pudieron ser identificados, excepto uno. Hugo Alberto habría marcado cuatro veces a ese número desconocido el día del secuestro y, según el detalle de llamadas de las semanas anteriores, un total de ocho.

¿De quién era ese número de celular? La primera llamada realizada a ese contacto desconocido estaba fechada doce días antes del secuestro. Luego aparecen tres más en los siguientes días. La actividad se intensificó justo el día de la desaparición. Todas las veces habría sido la víctima quien llamó. Esas comunicaciones tenían que estar relacionadas con la cita para ir al cine. Para dar con el paradero era muy importante obtener la identidad de la persona que había recibido las llamadas de Hugo Alberto. Los detectives ayudaron a localizar un nombre que semanas más tarde fue corroborado —gracias a una petición de la procuraduría— por los representantes legales de la empresa telefónica.

El nombre clave era el de Carmen Ortega Becerra. Ella tenía que ser la mujer con quien Hugo salió al cine y luego se prestó como cebo para secuestrarlo. La línea había sido activada el miércoles 8 de junio de 2005, aproximadamente un mes antes de que se cometiera el crimen. Sin embargo, el teléfono no fue utilizado hasta el domingo 3 de julio por la tarde. Isabel estaba segura de que Carmen Ortega era en realidad Juana Hilda González Lomelí, la bailarina de Grupo Clímax y la inquilina del departamento 4 del edificio de Perugino.

Con igual persistencia que la invertida para descifrar las piezas aportadas por las facturas telefónicas, la madre se empeñó en encontrar a la bailarina. Tanto el nombre como los apellidos los obtuvo de las declaraciones de los vecinos y también gracias a la administradora del edificio de Perugino. Las oficinas de Grupo Clímax se encontraban en el puerto de Veracruz. Hasta allá se comunicó haciéndose pasar por una cliente interesada en contratar a la artista para un evento privado. Se enteró entonces de que Juana Hilda no se encontraba en México. Había salido de gira a Estados Unidos. Presumiblemente volvería a México hacia finales de octubre o principios de noviembre.

Para no quedarse sin hacer nada mientras esperaba, Isabel pidió al despacho de detectives que consiguiera la dirección de la casa donde habitaban los parientes de la bailarina. Hasta la ciudad de Guadalajara fue a dar Roberto Miranda, el hermano de la señora Isabel. Seguro se sorprendió por la humildad de esa vivienda. Visto desde ahí, era evidente que Juana Hilda había hecho un largo recorrido para ingresar al elenco de un grupo musical que logró colocar una canción muy exitosa.

Mayor trabajo detectivesco permitió dar también con las coordenadas de la hija de la bailarina, quien vivía entonces con su padre en Aguascalientes. Con la cartera abierta para lo que fuera necesario, ese despacho se ofreció a monitorear las líneas de celulares, tanto de la madre como de la hija, con el propósito de enterarse del momento preciso en que Juana Hilda pusiera otra vez los pies en México.

Por fin, durante el mes de noviembre, ella volvió a dar señales de vida cuando se comunicó por un teléfono mexicano con sus familiares. Gracias a estas llamadas, Isabel pudo ubicar su nuevo lugar de residencia. La bailarina se había mudado a escasos quinientos metros de distancia de donde se encontraban las oficinas de la empresa de publicidad de la madre de Hugo Alberto, el mismo sitio al que también habían arribado las notas de rescate entre los meses de agosto y septiembre.

El arduo trabajo comenzaba a dar frutos. Isabel había dado con el número telefónico y el alias utilizado por la mujer que sirvió como gancho para plagiar a su hijo. También había encontrado la ubicación para detener a Juana Hilda González. Con esta evidencia, Isabel presionó a las autoridades para que la ayudaran a confirmar su hipótesis. Los peritos en telefonía debían contar con mayor habilidad para establecer el vínculo definitivo entre la bailarina y Carmen Ortega, la dueña del teléfono con el que Hugo Alberto se había comunicado el día de su secuestro.

10

La víctima llevaba cuatro meses desaparecida sin que, según la opinión de su madre, la policía hubiera hecho nada para dar con él, a pesar de toda la evidencia que ella había compartido con el ministerio público. Isabel Miranda consiguió que un senador la apadrinara políticamente. El legislador Federico Döring consiguió una cita y la acompañó a ver a uno de los hombres más influyentes dentro de la procuraduría. Esa visita lo cambió todo. El fiscal José Luis Santiago Vasconcelos tenía fama de ser el mejor del país, pero su talento más importante era que sabía sacar raja política de cada asunto que pasaba por su escritorio.

Después de las introducciones formales, el senador Döring tomó la palabra. Dijo que Isabel poseía evidencia de que la banda que había plagiado a su hijo tenía gente infiltrada dentro de la procuraduría federal. El tercer mensaje de los secuestradores no dejaba duda al respecto. De otra manera, ¿cómo explicar que aquellos criminales se hubieran enterado de que ella compartió las fotografías de los tatuajes de su hijo con las autoridades?

Isabel llevó consigo un arma nuclear. Sin sutilezas, amenazó con subir una decena de espectaculares en las principales avenidas del país para denunciar la corrupción en esa dependencia. Aquello pudo haber salido fatal: ¡para extorsionar a un funcionario así de importante se requería de mucha osadía! Sin embargo, funcionó, y en vez de negar la supuesta infiltración, el subprocurador mandó llamar a los funcionarios que tenían asignado el expediente.

Ese día, con el senador como testigo, Isabel logró poner el foco en la incompetencia burocrática. Dejó de ser relevante la inspección pericial dentro del edificio, en la que no se encontró nada, la tardanza de los secuestradores para reclamar el rescate y la más reciente interrupción de las comunicaciones con los delincuentes.

Ahí se improvisó una reunión de balance sobre el caso. Aun si tenían la certeza de haber cubierto todas las líneas de investigación, ante el giro que tomó el expediente los subordinados del fiscal se inhibieron a la hora de defender su trabajo. Si ese funcionario no hubiera intervenido, el expediente probablemente habría sido remitido al Distrito Federal para que la procuraduría local lo enterrara.

Antes Isabel ya había intentado mover sus contactos políticos. Si José Enrique Wallace pudo presentar la denuncia ante la fiscalía federal antisecuestro fue porque tuvo acceso a otro fiscal bajo las órdenes de Santiago Vasconcelos. Este funcionario intervino desde el primer día para que el asunto recibiera todos los recursos. Ella escribió también una carta a la esposa del presidente de la República, la cual surtió efecto porque de la oficina de la primera dama llamaron al procurador para que rindiera cuentas. Sin embargo, de todas las diligencias emprendidas, la más efectiva fue contactar al senador para que la apoyara a denunciar la ineptitud.

Tanto el fiscal Vasconcelos como el legislador Döring tenían afinidad por el mismo partido político, y a ninguno le convenía entregar a la oposición anuncios publicitarios que señalaran al gobierno en turno de estar asociado con la delincuencia. No era difícil suponer el efecto negativo que podría causar en la opinión pública una declaración de la madre de Hugo Alberto, acusando a la policía de haber filtrado a los plagiarios datos confidenciales sobre la investigación.

Al concluir la reunión, el fiscal Santiago Vasconcelos reaccionó con rudeza contra sus empleados por los rezagos. En esa oficina nadie quería poner en riesgo su carrera, sobre todo cuando, al año siguiente, las elecciones nacionales podrían cambiar la circunstancia laboral de esos mismos funcionarios.

Isabel Miranda llegó bien preparada para la pregunta final de aquel encuentro. Ante la interrogante sobre lo que debía hacerse, mostró una hoja con un pliego de peticiones que apuntaba las baterías, de nuevo, contra Juana Hilda González Lomelí y Jacobo Tagle Dobín. Insistió en que ambas personas formaban parte de la banda de secuestradores que tenían a su hijo en cautiverio desde el mes de julio.

11

Por las vacaciones navideñas, el caso quedó congelado durante todo el mes de diciembre. Hacia la segunda semana de 2006 el personal contratado por Isabel Miranda se apostó afuera del fraccionamiento donde Juana Hilda regresó a vivir después del viaje que hizo a Estados Unidos. Aquel lugar estaba circundado por una barda de mampostería pintada de color mamey con puertas de hierro que daban acceso a peatones y automóviles. Juana Hilda, su novio y su medio hermano se instalaron en un departamento del edificio C de aquel complejo habitacional, ubicado en la calzada de los Tenorios número 91. Aquella vivienda era más amplia que la de Perugino, pero no más lujosa.

Cuando la bailarina tomó consciencia de que la estaban acosando, llamó a la policía. Dijo que afuera de su casa había un automóvil que la seguía a todas partes. No sabía que dentro de ese vehículo se encontraban Isabel y Roberto Miranda. Para evitar que este evento echara a perder el operativo que se venía cocinando, Isabel tuvo que comunicarse con la oficina del fiscal Santiago Vasconcelos para que él ordenara a la policía local desatender esa denuncia.

El martes 10 de enero, Isabel y Vasconcelos se citaron a desayunar en un restaurante próximo al fraccionamiento de la calzada Tenorios. Ambos acordaron que ese día aprehenderían a Juana Hilda. El subprocurador reconoció el trabajo realizado por la madre de Hugo Alberto. Sin los datos que ella proporcionó no habría sido posible dar con ella.

Por el alto cargo que ostentaba, aquel funcionario tenía manos libres para proceder. Instruyó en ese mismo momento al agente del ministerio público, Braulio Robles Zúñiga, para que firmara una orden de presentación. Cuando el subordinado preguntó por el motivo, el jefe respondió que el propósito era investigar a la mujer denunciada por la señora Isabel.

A las 3:30 p.m., el operativo arribó a la puerta del fraccionamiento. Ahí, los agentes federales tuvieron que aguardar al menos seis horas hasta que Armando Cruz Lomelí, medio hermano de Juana Hilda, apareció caminando con unos amigos. Sin ningún prólogo, la policía lo arrinconó contra un muro, le colocó esposas y lo llevó a las instalaciones de la procuraduría.

No había ninguna orden en su contra, pero eso no importó. En esas oficinas mostraron al joven una licencia de manejo a nombre de una mujer llamada Sandra Gutiérrez; cuando los agentes le preguntaron por la fotografía que aparecía en ese documento, el joven se vio obligado a corroborar que se trataba de su media hermana. Así fue como el ministerio público obtuvo la confirmación de que la bailarina poseía una identificación falsa.

Mientras Armando era interrogado, la policía aprehendió a Juana Hilda en el fraccionamiento de la avenida Tenorios: venía de visitar a unos amigos de su novio, César Freyre, y un conocido de ambos la llevaba de vuelta a su casa. Los agentes la condujeron con mansedumbre a sus oficinas. Al llegar, la bailarina no sabía que su hermano también estaba siendo hostigado por la autoridad.

Según el parte policial, la detención se hizo en flagrancia, es decir, al momento de apresarla ella estaba cometiendo un delito: mostró a los funcionarios la licencia de manejo número 5256270, expedida por la Secretaría de Transporte del Distrito Federal, a nombre de Sandra Gutiérrez. Las leyes mexicanas no prohíben la posesión de una identificación apócrifa, lo que está penado es utilizarla para identificarse, y según los hombres que aprehendieron a la bailarina, eso fue lo que ella hizo.

Durante varias horas la acribillaron con preguntas que buscaban vincularla al secuestro de Hugo Alberto. En presencia de una defensora pública, negó todas las imputaciones que se le hicieron. Rechazó haber mostrado un documento público falso a la policía, haber secuestrado al joven empresario y pertenecer a una organización dedicada al crimen organizado.

Repitió muchas veces que era una bailarina profesional y que trabajaba honradamente para distintos grupos musicales. Aquel cuestionamiento se prolongó hasta la una de la madrugada. Indagaron sobre varios detalles de su vida íntima: su infancia, la salida de Guadalajara, el lugar donde conoció a César Freyre y, lo más importante, todo cuanto hizo durante las jornadas del 11 y 12 de julio de 2005, fechas de la desaparición de Hugo Alberto.

Respecto de aquella noche, declaró que el lunes 11 asistió a una función de cine acompañada por la hermana del padre de su hija. Relató que al finalizar el filme volvió sola a casa y que de camino compró unas cervezas porque César se había quedado en su departamento de Perugino, acompañado por una pareja de amigos.

También afirmó que el convivio concluyó después del amanecer y que, mientras ella dormía, César partió del departamento por algún asunto de trabajo. Juana Hilda confirmó que el martes 12, por la tarde, arribó a Perugino la señora Isabel Miranda acompañada por un mundo de gente. Dijo haberse topado con ella porque había salido a la calle para recibir una orden de comida a domicilio; recordó haberla escuchado mencionar a una mujer de busto grande que se dedicaba a la prostitución.

Narró también que Isabel la hizo sentir mal respecto de su cuerpo. Con todo, dejó que el chofer de la víctima, al que apodaban el Chaparro, la desnudara con la mirada para terminar concluyendo que no era ella la persona a la que buscaban. Ese mismo martes Juana Hilda pernoctó en casa de una amiga con quien se iría de gira a partir del día siguiente. Dos semanas después, al volver al Distrito Federal, encontró su casa patas arriba: enfureció al suponer que habían vuelto a robarle y llamó a la administradora del edificio de Perugino para decirle que no quería seguir viviendo ahí.

Durante aquel interrogatorio los agentes trataron de hacer cuadrar los atributos físicos de la bailarina con el relato que se había venido fraguando dentro de la fiscalía federal antisecuestro. Preguntaron por sus implantes, ya que los agentes tenían la instrucción de confirmar el dato proporcionado a propósito de la mujer «bustona y de buen cuerpo» que engatusó al sujeto plagiado.

A pesar de la debilidad de los indicios con los que contaba la policía, el subprocurador José Luis Santiago Vasconcelos presionó para que se retuviera a Juana Hilda un par de días más, mientras el ministerio público registraba el departamento que compartía con su novio y su hermano.

12

Durante la inspección, quedó consignado que el departamento de la calzada de los Tenorios no era una guarida de maleantes. El ministerio público se refirió al inmueble como una vivienda normal, y acompañó la descripción con imágenes de los distintos espacios. Sin embargo, fueron incautados un rifle de asalto, escondido bajo la cama, y una pistola. Ese hallazgo permitió acusar a César Freyre y a Juana Hilda de estar en posesión de armas prohibidas. Los investigadores dieron también con una serie de identificaciones falsas a nombre de Antonio Hernández Lozano, cuya fotografía correspondía en realidad a César Freyre. El acta de cateo incluyó el hallazgo de una libreta de teléfonos, perteneciente a la bailarina, con los contactos de su familia, el dentista, la ginecóloga, las amigas y sus empleadores.

De los cajones de César Freyre se requisaron imágenes que serían útiles para identificar al difunto Pedro Tagle, padre de Jacobo Tagle Dobín, y a Jonathan, hermano menor de Freyre. De la mesita de noche de Juana Hilda igualmente se requisó un universo personal de fotografías. Faltaban aún seis años para que la red social Facebook llegara a México: a Juana Hilda no le tocó conocerla en libertad. De lo contrario, hubiera sido una de esas personas que suelen publicar imágenes de cada momento de su vida.

Prueba de esa compulsión era aquel cajón en su recámara. Ahí los funcionarios de la fiscalía antisecuestros consiguieron varias fotos de la hija, del exmarido, de los novios que tuvo antes de Freyre y de sus colegas del gremio del espectáculo. Entre decenas de impresiones, la policía halló una en concreto que sería utilizada para identificar a la organización criminal que pudo haber secuestrado y asesinado a Hugo Alberto: en ella aparece un grupo de personas posando afuera del santuario religioso de Chalma.

La autoridad halló otra imagen que iba a contribuir para continuar cavando la tumba de la bailarina. Ahí, Juana Hilda abraza a un sujeto de unos treinta años, de tez blanca y pelo claro; un hombre cuyo rostro recién se había vuelto famoso en los medios de comunicación. Era Édgar Valdez Villarreal, alias la Barbie, un narcotraficante cuyo nombre figuraba entre los más buscados por la justicia estadounidense y también por la mexicana.

A partir de los hallazgos obtenidos durante el allanamiento, la jueza Silvia Estrever Escamilla ordenó encerrar por tres meses a la bailarina en un centro de arraigo: no era una cárcel, sino una suerte de hotel de mala muerte adaptado para retener a gente sospechosa de haber cometido delitos graves. Contaba la juzgadora con que ese tiempo alcanzaría para que la policía encontrara pruebas más sólidas sobre la participación de esa mujer en el secuestro de Hugo Alberto Wallace.

13

Tres semanas después, el jueves 26 de enero de 2006, fue aprehendido el policía César Freyre. Los principales noticieros de la noche exhibieron a ese hombre que medía un metro con noventa centímetros y pesaba más de cien kilogramos. Las imágenes transmitidas lo mostraron con el torso desnudo, las manos esposadas en la espalda y una pistola fajada cerca de la hebilla de un cinturón blanco. Ese inmenso animal había sido por fin vencido. Una voz femenina ordenó a las cámaras de televisión que retrataran los tatuajes en los hombros, sobre todo el del rostro de una mujer que más tarde se sabría que era el de su madre, Rosa Morales.

El hombre estaba evidentemente aturdido. Se hallaba al oriente de la colonia Polanco, casi frente al hotel Camino Real. Dos sujetos encapuchados le asían cada brazo por si acaso se le ocurría escapar. Las sombras de la noche hicieron que nadie, a excepción obvia del detenido, se diera cuenta del tremendo moretón que traía en su ojo derecho; aún no se sabía que aquella agresión también le había destrozado el oído interno.

Con todo, el sujeto logró aislar el ruido para enterarse de que estaba siendo acusado de ser el líder de la banda que secuestró a Hugo Alberto Wallace. Roberto Miranda, tío de la víctima, no pudo resistirse cuando tuvo frente a sí los micrófonos con los logos de los medios de comunicación: «Fueron momentos desesperantes, pero por fortuna logramos capturarlo».

Ciertamente, aquel jueves nació la complicidad entre la ciudadanía e Isabel Miranda. Esa detención sería el primer peldaño de la fama enorme que estaba por adquirir. La admiración surgió hacia ella por haberse atrevido, junto con su hermano, a realizar lo que la autoridad no era capaz: someter a los criminales y obligarlos a rendir cuentas.

14

Vanessa Figueroa, la inquilina de la planta baja del edificio de Perugino, fue llamada otra vez para dar su testimonio. Esto fue, según ella, lo que realmente sucedió en las horas previas y posteriores a la desaparición del hijo de la señora Isabel: el lunes 11 de julio de 2005 por la tarde se encontró con Juana Hilda frente a la puerta de su vivienda. Hizo énfasis en el busto prominente de la bailarina y en que estaba «toda operada». Vanessa llevaba a su niño de once meses en la carriola y las dos mujeres se pusieron a hablar durante unos diez minutos. Mientras tanto, Juana Hilda recibió una llamada en el celular. Alcanzó a escuchar que su vecina quedó en ir al cine. La cita fue en el centro comercial Plaza Universidad.

Como a las diez de la noche, Jesús Noel, vecino también del edificio de Perugino, tocó a su puerta. Trajo unos libros que había quedado en prestarle y después partió. Hacia las once de la noche Vanessa escuchó que una persona se quejaba, como si la estuvieran golpeando. Le decían «¡Cállate cabrón!» y el sujeto no podía responder. Parecía que le hubieran tapado la boca. En ese momento, dentro del departamento de la bailarina, encendieron una televisión y subieron el volumen.

Vanessa se asustó y por la zotehuela llamó a Jesús Noel. Él se asomó para aconsejarle que se encerrara y apagara las luces de su departamento. Ella desobedeció y miró al pasillo. Entonces vio descender por las escaleras a César Freyre. Ese señor tenía los ojos enrojecidos. Detrás suyo observó a otras personas abandonar el edificio. Más tarde regresaron con unas bolsas de plástico y una caja en cuyo interior Vanessa pudo distinguir una sierra de la marca Black & Decker. Más tarde, Jesús Noel la buscó para tranquilizarla. Dentro de su departamento, se quedó platicando con ella hasta las tres de la madrugada. Después de esa hora ella no volvió a escuchar ningún ruido.

Como a las once de la mañana del día siguiente, Juana Hilda llamó a su puerta y preguntó si podía invitarse a desayunar. Vanessa no pudo recibirla porque tenía un asunto de trabajo. Entonces la bailarina pidió prestada una extensión eléctrica. Mientras buscaba el objeto solicitado, Vanessa preguntó por los ruidos que había escuchado la noche anterior. Juana Hilda respondió que su novio se había puesto a beber. Así lo hacía desde la muerte de su hermano Jonathan, que le había afectado mucho.

Cuando salió a despedirla en el pasillo del edificio, Vanessa observó a Freyre, también a un joven con los pelos parados, y a otra chica. El joven sudaba mientras todos iban cargando un par de maletas muy pesadas. Una vez en la calle, subieron el equipaje a un vehículo y se marcharon del edificio.

Durante los días posteriores a la detención de César Freyre, también fue llamado a declarar Jesús Noel Montaño, el vecino del departamento 2. Acudió acompañado de un abogado y esa vez comenzó diciendo que no quería tener problemas con la autoridad ya que temía afectar su situación migratoria, debido a que él era de nacionalidad cubana.

Los dichos de este testigo varían respecto de los entregados por Vanessa Figueroa. Según su memoria, el cubano y la vecina estuvieron conversando en el rellano de la escalera, desde las nueve de la noche del lunes 11 hasta las tres de la madrugada del martes 12 de julio. En esa deposición afirmó que no había escuchado nada raro. Tampoco recuerda haber visto aquella vez a Juana Hilda, ni haberse percatado de que algo extraño hubiera ocurrido en su vivienda.

Jesús Noel aseguró que, durante todo el tiempo que permaneció conversando con Vanessa, sólo vio pasar a otra vecina del departamento 1, de nombre Karla, que iba acompañada de su pareja. No recordó haber visto al novio de Juana Hilda ni a las demás personas referidas por la inquilina de la planta baja.

15

La señora Rosa Morales quiso visitar a su hijo; César Freyre llevaba una semana encerrado y no había logrado que la dejaran verlo. Cargó con comida preparada en su cocina porque él se había quejado por teléfono de que en el centro de arraigo todo sabía mal. A esa señora la recibió el agente del ministerio público Braulio Robles Zúñiga, responsable principal del caso Wallace. Un hombre cuarentón que había nacido con una nariz y unos labios notoriamente gruesos; llevaba también una mata abundante de pelo negro moteado aquí y allá por pequeños remolinos grises.

Mientras la señora Rosa llenaba unos papeles para que la dejaran ingresar, ese funcionario la encerró del lado de los imputados. Cuando el padre de César no supo nada de su esposa, envió a Julieta, su segunda hija, a preguntar por su progenitora. A ella también la detuvieron dentro del centro de arraigo. Las denunciaron por delincuencia organizada y privación ilegal de la libertad. Según el ministerio público, ellas eran las encargadas de recoger el dinero de los secuestros. La madre y la hermana de Freyre también fueron acusadas por el delito de extorsión.

Juana Hilda estaba siendo interrogada en una sala contigua cuando su suegra y su cuñada fueron aprehendidas. La bailarina vio cómo las llevaban esposadas. La abogada de oficio, Dolores Vera Murcia, tuvo que multiplicarse aquella tarde para estar presente en los interrogatorios que les practicaron, por separado, a esas tres mujeres.

16

El miércoles 8 de febrero de 2006, Juana Hilda González Lomelí decidió cambiar el sentido de sus declaraciones. Llevaba prácticamente un mes encerrada en el centro de arraigo cuando finalmente tomó la determinación de reconocer que sí conoció a Hugo Alberto Wallace y confesó su participación en el secuestro. Tardó más de doce horas —desde las 4:15 p.m. hasta las 4:30 a.m. del día siguiente— en revelar con detalle lo que sucedió la madrugada en que desapareció la víctima y también los eventos que ocurrieron durante los días y meses posteriores.

Dijo que, en un principio, no sabía hasta dónde llegarían las cosas. Justificó su actuación como el resultado de la mezcla de amor y miedo que le provocaba su pareja, el policía César Freyre. A Hugo Alberto lo conoció porque Jacobo Tagle y su novia, Brenda Quevedo, se lo presentaron, en un restaurante, un par de semanas antes del secuestro. El lunes en que Hugo Alberto desapareció fueron al cine y salieron de aquella función hacia la medianoche. El empresario la invitó a dormir a su casa y ella aceptó, pero antes pidió que la acompañara a recoger una maleta. Cuando llegaron al domicilio, Juana Hilda quiso que conociera su vivienda, la cual se encontraba en el cuarto piso de un edificio pequeño; él obedeció, dejando su camioneta estacionada en la calle.

Al ingresar a la morada de Juana Hilda, el interruptor no habría encendido las luces, por lo que ella apuró a su invitado para que la siguiera hasta su recámara. Una vez lejos de la puerta principal, cayó sobre la víctima una lluvia de golpes. El resto de los atacantes traían pasamontañas para evitar ser reconocidos. Eran cinco: César Freyre, Jacobo Tagle, Brenda Quevedo y los hermanos Albert y Tony Castillo.

Para evitar que los ruidos de la trifulca fueran escuchados por los vecinos, alguien encendió la televisión. Todo esto sucedió hacia la una de la madrugada. Una vez que pudieron maniatarlo, Hugo Alberto permaneció recostado sobre un colchón con los ojos vendados y la boca amordazada. Luego, César y Jacobo descendieron las escaleras de aquel inmueble con la intención de alejar la camioneta del domicilio de Juana Hilda. Sin embargo, previamente Hugo había activado un dispositivo para inmovilizar su vehículo; después de intentar manipularlo sin éxito, César y Jacobo volvieron sobre sus pasos para exigir al secuestrado que les compartiera el código secreto, pero él se puso necio, negándose a proporcionarlo.

Entonces César volvió a golpearlo hasta que Hugo Alberto comenzó a convulsionar. Tony Castillo fue el primero en darse cuenta de que aquel hombre ya no respiraba: le había dado un paro cardiaco. Intentaron resucitarlo, aunque de nada sirvió. Según Juana Hilda, Hugo Alberto murió a las tres de la mañana del martes 12 de julio de 2005.

César y Jacobo volvieron a abandonar el edificio para llamar, a esa hora de la madrugada, a un servicio de grúas, pues necesitaban resolver el pendiente de la camioneta. Regresaron una hora después con malas noticias: tampoco los operarios de la compañía de arrastre habían logrado desactivar el mecanismo inmovilizador y, por tanto, únicamente fue posible trasladar la camioneta ciento cincuenta metros más arriba.

Juana Hilda explicó que, en vez de renunciar al plan del secuestro, la banda decidió proseguir: desvistieron el cadáver y lo llevaron al baño donde Brenda Quevedo, con su celular, tomó varias fotografías. Jacobo presumió que su novia era una «chingona» para editar imágenes, así que lograría que Hugo pareciera vivo. César, Jacobo y Brenda abandonaron después el departamento y se dirigieron a una tienda de autoservicio que abría las veinticuatro horas. Ahí adquirieron una sierra eléctrica y otros materiales que utilizaron para hacer desaparecer el cuerpo.

Hacia las nueve de la mañana de ese mismo martes, Juana Hilda tocó la puerta de la vecina de la planta baja, Vanessa Figueroa. En este punto el relato de Juana Hilda es distinto al de la vecina de la planta baja quien, cuando fue interrogada, declaró no haber permitido a la bailarina quedarse a desayunar. En cambio, Juana Hilda aseguró que ella necesitaba distraerse y ahí se alimentó mientras sus cómplices se quedaron trabajando en su casa. Por voz de Freyre se enteró más tarde de que Albert Castillo, como era médico, supo cómo separar las extremidades y la cabeza del muerto. César elogió la sangre fría de Albert, un talento que atribuyó a la experiencia de su profesión. Su hermano Tony le auxilió en la carnicería.

El descuartizamiento con la sierra eléctrica, adquirida la madrugada anterior, habría ocurrido entre las nueve y las once de la mañana de ese martes. Luego, los hermanos Castillo limpiaron a conciencia el baño, mientras que César, Jacobo y Brenda se hicieron cargo de sacar los miembros cercenados en dos maletas grandes, las cuales subieron a un automóvil Corsa que pertenecía a Brenda.

Partieron en dirección al canal de Cuemanco, por el rumbo de Xochimilco, donde se deshicieron de los restos. Juana Hilda supuso que las identificaciones, los celulares y la ropa de la víctima fueron llevadas junto con los restos dentro del vehículo, ya que, cuando regresó a su casa, no encontró nada que le recordara lo sucedido la noche previa.

A las 5:00 p.m. llegó a su casa un pedido que había ordenado para comer. Al salir a recogerlo encontró que fuera del edificio había varias patrullas y muchos policías. En la calle la abordó una señora que dijo ser la madre de Hugo Alberto. La interrogó para saber si conocía a su hijo y ella respondió negativamente. La señora Miranda mandó traer a un sujeto que se identificó como el chofer del desaparecido. Esa persona dijo no reconocerla, probablemente porque ese día Juana Hilda no se había puesto maquillaje y llevaba el pelo recogido.

De vuelta en su departamento, llamó a César Freyre para informarle de la situación. Él le dijo que no se preocupara porque ya se habían desecho del cuerpo. Le sugirió, sin embargo, que saliera cuanto antes del edificio. Juana Hilda tomó entonces un taxi que la llevó de vuelta con su novio. Juntos, en el Corsa de Brenda, se dirigieron a un hotel ubicado en la colonia Doctores donde permanecieron escondidos durante casi un mes.

Por aquellos días la banda visitaba la casa de la mamá de Brenda, porque ahí estaba la computadora que usaron para arreglar las fotografías que habían tomado en la regadera del baño. Con esa máquina también se redactaron los escritos para solicitar el rescate. César dictó los mensajes y Brenda los transcribió sobre el teclado. Luego, la novia de Jacobo se disfrazó para acudir a la oficina del correo postal desde donde realizaron los envíos. Juana Hilda declaró que en esos textos propusieron a la madre de Hugo Alberto que respondiera a sus indicaciones a través de la sección de avisos clasificados de un periódico.

A pesar de que la familia aceptó pagar parte del dinero solicitado, César se echó para atrás, según explicó a sus socios, porque «dejó de latirle el asunto» ya que se enteró de que la policía estaba muy involucrada. Posteriormente, Juana Hilda contactó con el dueño de Grupo Clímax, donde ella había trabajado por dos años. Su empleador propuso que viajara a la ciudad de Los Ángeles ya que el grupo estaba por grabar unos videos, antes de celebrar una gira por distintas ciudades para promocionar su música.

Juana Hilda contó también durante ese interrogatorio que, en el mes de noviembre de 2005, regresó al Distrito Federal. Entonces se mudó con César Freyre a un departamento que su pareja había rentado en la calzada de los Tenorios. Estando en ese domicilio se enteró de que un pariente de Hugo Alberto había buscado a su madre, la cual vivía en las afueras de la ciudad de Guadalajara. Cuando le contó a César sobre esto, él le ordenó que rompiera comunicación con el resto de su familia. Juana Hilda creyó que de esa manera no iba a sucederle nada, pero eso cambió el día en que la detuvo la policía fuera de la nueva vivienda. Juana Hilda aprovechó la confesión para aclarar que ella no recibió pago alguno por el secuestro del empresario.

CAPÍTULO III

17

El domingo siguiente a la confesión de Juana Hilda, la señora Isabel Miranda citó a los medios de comunicación bajo el mástil donde mandó colgar el espectacular con la imagen de César Freyre: lo exhibió con el cuerpo medio desnudo, el rostro golpeado y los brazos amarrados a la espalda. El resto de la composición de aquel anuncio espectacular completó el mensaje. Bajo su cabeza puso una etiqueta diagonal que decía «SECUESTRADOR» y también unas palabras blancas y amarillas que advertían: «Si fuiste víctima de este delincuente, denúncialo». Proporcionó ahí también un número de contacto.

La madre de Hugo Alberto prometió que nadie vería una lágrima suya en público. Sus agallas sorprendieron a todo mundo. Era la primera vez que el familiar de una víctima lanzaba una campaña como ésa. Al igual que avispas alrededor de una fruta, se apiñaron los periodistas en torno a Isabel; ése fue su debut.

Nadie preguntó para qué había montado un espectacular pidiendo al público denunciarlo si, para ese momento, César Freyre ya estaba arraigado. Resulta que la fiscalía le advirtió a Isabel que no podría sostener una denuncia por crimen organizado si no había pruebas de que Juana Hilda y su novio habían participado en más de un secuestro, y también de que la banda estaba compuesta por al menos tres personas.

Como profesional de la publicidad, Isabel supo calcular el efecto que esa imagen de Freyre iba a generar. Confió en que pronto lloverían llamadas de otras víctimas reconociendo al delincuente y a sus cómplices. La gente haría empatía con su dolor. Si ella estaba convencida de la culpabilidad de ese fulano, lo mismo sucedería con quienes, al transitar por la avenida más importante del país, compartieran el temor respecto de un delincuente con la pinta de ese sujeto.

Durante aquel primer encuentro con la prensa, Isabel se quejó con resentimiento de la ineficiencia de la burocracia y acusó al gobierno de no haber hecho nada para ayudarla. Al mismo tiempo, dijo a los reporteros que había invertido una buena fortuna en pagar a los detectives que la ayudaron a dar con los criminales. También afirmó que había tenido que vender algunos bienes para hacer frente al rescate.

Aprovechó ese evento para retar a la policía: antes de ocho días, la autoridad debía poner tras las rejas a las otras cuatro personas pertenecientes a la organización que le había arrebatado la vida a su hijo. De lo contrario, fustigaría a la burocracia ineficiente. Por último, denunció que tanto ella como su nieta habían recibido amenazas de muerte, imputables a los criminales. A pesar de que su vida corría peligro, prometió que nada iba a callarla. Ahí mismo amenazó con colocar más anuncios espectaculares en la capital y otras poblaciones.

Así fue como ella y su hijo se volvieron tema de conversación. A partir de aquel día la admiración hacia la señora María Isabel Miranda de Wallace subió como la espuma. Su osadía la convirtió en el pararrayos de una indignación social muy grande provocada por la ola de plagios que por aquellos meses se había desbordado en todo el territorio. En 2006, las compañías que vendían seguros de secuestro en todo el mundo tenían catalogado a México como el segundo país más peligroso. De cada cien pólizas reclamadas, veinticinco provenían de víctimas mexicanas. Durante el mismo año en que ocurrió la desaparición de Hugo Alberto, fueron denunciados ante las autoridades 564 plagios, al año siguiente la cifra saltó a 608 y en 2007 llegó a 790 casos.

18

El arquitecto Luis Arnal Simón construyó el inmueble de Perugino 6 y continuaba siendo su dueño. Vivía con su familia en el edificio contiguo, del cual también era propietario. Cuando adquirió el terreno donde levantó la construcción que sería escenario del caso Wallace, Arnal llevaba varios años dedicándose al negocio de los bienes raíces: edificaba departamentos para luego rentarlos.

Hacia finales de los años ochenta, con bajo presupuesto y pocos metros de superficie, ahí cimentó varias viviendas pequeñas y un *penthouse*. En cuanto la nueva obra alcanzó suficiente altura, Arnal prolongó el inmueble donde él habitaba con su familia como si fuera un sombrero que el edificio más viejo le prestó al segundo: ésa es la razón por la que al *penthouse* de Perugino se accede desde la construcción vecina.

Su recámara se ubicaba dos pisos arriba de la que ocupó Juana Hilda cuando Hugo Alberto desapareció. Arnal conocía mejor que nadie los materiales con los que se habían alzado esas paredes y sabía que en ese lugar el sonido viajaba en todas direcciones. Sin embargo, nadie desde su domicilio escuchó ruidos extraños la madrugada del martes 12 de julio de 2005 y tampoco por la mañana.

El arquitecto tuvo noticia de que en la primera inspección realizada por la policía no se encontró evidencia de que ahí se hubiera cometido un crimen. No se halló a la víctima ni dieron con documentos, armas, dinero o drogas. Esto lo tranquilizó, pues temía que sus demás inquilinos quisieran mudarse. Dos meses más tarde, la procuraduría liberó el departamento que alquilara Juana Hilda para que el propietario pudiera rentarlo de nuevo.

Transcurrieron más de cuatro meses de vida normal hasta que, durante la tercera semana de febrero de 2006, la prensa volvió a otorgar protagonismo al edificio de la calle Perugino número 6. Según una nota en los periódicos, la policía científica de la procuraduría federal había roto nuevamente las cerraduras del departamento número 4 para inspeccionarlo una segunda vez. A diferencia de lo ocurrido siete meses atrás, en esta ocasión los peritos encontraron el inmueble completamente vacío.

Luego, Arnal recibió la mala noticia: el departamento quedaría sellado y bajo resguardo del gobierno porque durante esa segunda inspección se habían realizado dos hallazgos confirmando el crimen. Dentro de una de las recámaras apareció una licencia de manejo, expedida por la Secretaría de Transporte del Distrito Federal, a nombre de Hugo Alberto Wallace.

Los peritos colectaron también, al interior del único baño, siete restos orgánicos, entre los cuales uno correspondió a la sangre de la víctima: una minúscula mancha de color café logró permanecer adosada al borde de una regadera. El documento clave fue un reporte redactado por la especialista Yanet Montes de Oca. Ahí se lee sin ambigüedades que la sangre hallada en el sardinel de aquel baño resultó compatible en un noventa y nueve por ciento con la prueba de ADN.

Todo sucedió muy rápido: el miércoles 8 de febrero de 2006 la supuesta confesión de Juana Hilda y una semana después el hallazgo de la evidencia que emplearía el ministerio público para corroborar las declaraciones autoinculpatorias de la bailarina. La suerte de Isabel Miranda no podía ser mejor. Durante varios meses la investigación del secuestro de su hijo flotó como una barca sin remos y de pronto, con menos de ocho días de diferencia, todos los astros se alineaban a su favor.

19

Enriqueta, la madre de Brenda Quevedo, se sintió miserable cuando el agente del ministerio público, Braulio Robles Zúñiga, dijo que su hogar era fruto del dinero que la señora Miranda había pagado como rescate para recuperar a su hijo. Ella y Omar, el hermano de Brenda, recién regresaban del supermercado, cargados de bolsas con alimentos, cuando dentro del departamento los recibió un pelotón de policías vestidos de negro que iban y venían a sus anchas.

Ninguno de los dos había estado tan cerca de unas armas como las que les encañonaron aquel día. Omar recién había cumplido dieciocho años y esa escena lo rebasó. Su rostro se puso lívido y sus labios se pintaron de color blanco. Estaba obligado a comportarse como el hombre de la casa, frente a una veintena de sujetos que con su actitud lo hicieron sentir un niño indefenso. Con sus empellones y rifles, Enriqueta y Omar fueron separados. A ella la condujeron a un rincón de la sala y a él lo encerraron en su recámara.

Querían que dijera dónde se encontraba su hermana y de paso que aportara pruebas sobre su involucramiento en la banda de secuestradores. El agente Braulio Robles interrogó a la señora Enriqueta por el lugar donde su hija había escondido la sierra eléctrica, empleada para cortar el cuerpo de Hugo Alberto Wallace. Aquella fue la primera vez que esa señora escuchó aquel nombre. Ella negó saber de qué le estaban hablando y lo mismo hizo cuando la cuestionaron sobre el paradero de su hija.

La señora Enriqueta quiso hablar con su marido, que por aquellos días vivía en Toluca, para que le consiguiera un abogado, pero el agente Braulio la calló con un grito. De tanto ir y venir, aquellos uniformados no dejaron un solo cajón sin vaciar. Movieron todos los muebles, desacomodaron las repisas y revisaron cada alhaja de la señora de la casa. También cargaron con la computadora de la familia, tres teléfonos celulares viejos, cartas y fotografías y también con los papeles del automóvil familiar.

Al concluir con aquel cateo, el agente Braulio informó a la señora Enriqueta que debía acompañarlo para que declarara ante su jefe, en las oficinas de la procuraduría federal. Antes de ingresar a la oficina de Fermín Ubaldo Cruz, jefe del agente Braulio Robles, se suscitó una controversia sobre si el joven hermano de Brenda debía acompañar a su mamá a la entrevista. Para ese momento el muchacho ya se había recuperado de la sorpresa y se impuso advirtiendo que por ningún motivo dejaría sola a su madre.

El licenciado Ubaldo saludó con una mano pequeña. Usaba el pelo engominado y peinado hacia atrás. Poseía una frente amplia y traía un bigote bien recortado. Junto a él permaneció de pie el agente Braulio Robles. Al principio de la conversación el superior jerárquico se esmeró en ser agradable.

Dentro de esa oficina, él estaba a cargo y se apresuró para entrar en materia. Quería saber dónde podía encontrar a Brenda. La madre respondió que no tenía idea. Aquel funcionario subió un par de peldaños el tono de la conversación. Lo hizo para aclarar que él no tenía tiempo de andarse con estupideces. Presumió también que poseía el poder para protegerla, siempre y cuando Brenda aceptara confesar.

—¿Qué es lo que quiere que mi hija confiese? —reaccionó la señora.

Omar miró al agente Robles Zúñiga tratando de descifrar su silencio.

—Mire —propuso Fermín Ubaldo—, yo puedo hacer que Brenda se convierta en un testigo protegido. Es la mejor manera para que supere todo esto. Lo que le ofrezco siempre será mejor a que ella ande de prófuga, o peor, a que la atrapemos y termine tras las rejas por el resto de su vida.

En vez de responder, la señora Enriqueta interrogó:

—¿Por qué mi hija? ¿Por qué mi casa? ¿Por qué nosotros?

No esperaba que ese fulano fuera a reaccionar así. Aulló que ella no estaba autorizada a cuestionarlo y que ahí dentro únicamente él hacía las preguntas. Mientras lo escuchaba vociferar, la señora vio desfilar los peores augurios. Intuyó que, si su hija caía en las garras de esos sujetos, la iban a despellejar.

Fermín Ubaldo continuó:

—En esa misma silla donde está sentado su hijo tuve a la hermana de César Freyre y en el lugar donde está usted lloraba la señora Rosa, su madre. ¿Sabe dónde se encuentran ahora?

La señora Enriqueta negó ladeando la cabeza.

—Tras las rejas.

Madre e hijo cruzaron miradas.

—¿Eso es lo que quiere? Porque también tengo ese poder; si se niega a ayudar, todos van a acabar en el mismo sitio.

Aquello era una pesadilla.

—Licenciado Robles —ordenó Fermín Ubaldo—, por favor tómele muestras de pelo y de sangre a esta señora.

—¿Para qué las quiere? —reaccionó el muchacho.

—Para poder identificar el cuerpo de tu hermana ahora que la encontremos muerta.

—¿Nos está amenazando? —reventó la señora, ya desesperada.

—No es una amenaza, es una realidad que usted podría evitar.

Alguien llamó a la puerta y Fermín Ubaldo salió de aquella oficina dejando a la madre y a su hijo en compañía del agente Braulio Robles.

El cambio de atmósfera aflojó las lágrimas de Enriqueta y entonces Robles aprovechó para hacer una pregunta personal:

—¿Tiene usted fe?

La señora Enriqueta asintió.

—Pues le recomiendo que se abrace a ella porque la va a necesitar.

20

Eran las ocho menos cuarto de un lunes por la mañana cuando la hermana de Jacobo Tagle escuchó ladrar a sus perros. Los falderos son peor de ruidosos que sus parientes más grandes. Tanta fue la alharaca que esa muchacha de diecisiete años abandonó la regadera sin terminar de bañarse. Se echó una toalla encima y con los pies desnudos descendió a la planta baja. Se hallaba sola en casa. Del otro lado del ingreso principal escuchó los gritos roncos de un sujeto que ordenaba a sus subordinados derrumbar la puerta. Tras la lámina que la separaba de aquellas personas, y sobre el ruido de su pequeña jauría, ella intentó sin suerte hacerse escuchar:

—¡Espere un momento, por favor! —contestó Judith Tagle.

—Abra ahora —devolvió con majadería una voz gruesa—. Tenemos una orden judicial.

Ella rogó que le dieran tiempo para encerrar a los perros y también para vestirse. Esto último obviamente no lo dijo.

Un golpe metálico, provocado por algo parecido a un martillo, reventó sus oídos. Entonces, hizo como pudo: con una mano retuvo la toalla y con la otra abrió la puerta. Todo esto mientras se interponía entre los perros y la calle para evitar que aquellos animales escaparan. Acto seguido, ingresó a su casa una manada incontable de hombres vestidos con chalecos antibalas, cuyos rostros iban ocultos bajo un pasamontaña. También traían unos rifles impresionantes, idénticos a los que usan en el ejército.

El agente que lideraba aquella invasión ordenó a la joven que se metiera en su recámara y ahí guardara también a sus mascotas.

En su habitación había un teléfono fijo desde el cual pudo comunicarse con su madre, Raquel Dobín. Ella no tardó más de veinte minutos en encontrarse con su hija. Las dos mujeres permanecieron encerradas tratando de mantener la calma. Hacia la hora de la comida la madre pegó el rostro a la ventana y la hija vio rodar lágrimas por sus mejillas. Observaba la inmensa columna plantada en el patio de su casa, la que sostenía el anuncio publicitario, propiedad de la señora Isabel Miranda, donde Jacobo Tagle también fue exhibido ante la sociedad como un asesino.

Cuatro años atrás, Raquel tuvo una idea de negocio que compartió con Pedro Tagle, el padre de sus tres hijos: Jacobo, Salomón y Judith. La casa de esa familia sería perfecta para colocar una cartelera publicitaria ya que, por el frente y por detrás, la atravesaban avenidas muy concurridas. Por aquella misma época, Pedro conoció a Hugo Alberto Wallace, gracias a un grupo de motociclistas que solía reunirse por el barrio de la Condesa. Tenía una Harley-Davidson y se había procurado una pinta de pandillero que más de uno envidiaba: llevaba el pelo al hombro y una barba de candado que lo hacía parecer más joven. Tampoco Hugo Alberto pasaba desapercibido en esa cofradía que solía hacer rodadas a la ciudad de Cuernavaca y a veces llegaba en procesión hasta el puerto de Acapulco.

Pedro soltó la iniciativa en alguna borrachera y Hugo Alberto, que detectaba a kilómetros un buen negocio, no tardó en visitar el inmueble. De inmediato puso una primera oferta sobre la mesa: si lo dejaban enterrar en el patio de la casa un poste de veintidós metros de alto, su compañía estaría dispuesta a pagar una buena renta mensual. Raquel y Pedro estuvieron de acuerdo y días después, los operarios de Showposter perforaron un agujero profundo para hincar aquella columna que conectaba el cielo con la tierra.

Económicamente, a Pedro no le iba mal: compraba, arreglaba y vendía autos usados, también comerciaba con vajillas y cubiertos que venían de Estados Unidos. Mientras vivió, a sus hijos no les faltó nada. Sin embargo, en esa casa todos sabían que el matrimonio estaba a punto de concluir. Pedro y Raquel se casaron demasiado jóvenes y sus vidas se habían ido divorciando con el tiempo. Por esa misma razón Raquel concibió su pequeño plan inmobiliario: si Pedro dejaba de aportar a los gastos de la familia, al menos ella se quedaría con la renta del anuncio.

No calcularon que aquel trato iba a convertirse en un dolor de cabeza. Un par de meses después comenzaron a llegar a su domicilio requerimientos y multas de la ciudad, relacionados con esa estructura.

«Ni diez años de renta del espectacular alcanzarían para cubrir tanto dinero», reclamó Raquel a Pedro como si él fuera el único responsable de ese negocio.

La madre se angustió porque esa casa era el único patrimonio que ella tenía. Aquel asunto se resolvió cuando Pedro y Hugo acordaron que la empresa de publicidad compraría el pedazo de patio donde había sido enterrada la columna que sostenía el inmenso espectacular. Antes el empresario exploró si la familia quería vender todo el inmueble, pero Raquel no estaba lista para dejar ir aquella casa. El día de la operación acudió Isabel Miranda de Wallace a la firma del contrato, porque ella era la verdadera dueña de la empresa.

21

El ladrido de los perros obligó a aquellas mujeres a regresar al presente. La más joven necesitaba ir al baño. Entonces Judith golpeó con fuerza la puerta de la habitación, pero nadie respondió. ¿Las habían olvidado? No entendían por qué tardaban tanto aquellos policías. Los oían subir y bajar, mover muebles, emitir órdenes y también obedecerlas.

La puerta de la recámara por fin se abrió y tras ella ingresó el único funcionario que no llevaba cubierto el rostro: un licenciado de nombre Braulio Robles Zúñiga. Éste ordenó a Raquel que la acompañara a visitar el tercer piso del inmueble. Judith se interpuso. Si su madre iba a salir de ahí, ella la seguiría. El funcionario miró con condescendencia. Tomó a Raquel del antebrazo y la arrastró sin que la chica pudiera hacer nada.

Al regresar, Raquel estaba empapada en llanto. «No puede ser... no es cierto», murmuraba.

Tras el rechinido de las bisagras, las dos quedaron de nuevo confinadas con sus perros. A la hija le urgía saber lo que estaba sucediendo afuera, pero no presionó porque su madre necesitaba recuperar el aliento antes de expresarse.

Cuando Raquel y Pedro se separaron, convirtieron el tercer piso de la casa familiar en un departamento, con entrada independiente, para que ahí viviera el exmarido. Así lo hizo hasta que sucedió su accidente. Luego, ese espacio lo ocupó Jacobo, por un tiempo, antes de que se mudara a vivir lejos de su madre y sus hermanos.

—Quieren llevarse los cuadros de tu abuelo —pronunció por fin Raquel.

La joven no entendía nada, así que la animó a continuar.

—Las pinturas de los arlequines ya no están en su lugar —insistió.

El abuelo de Judith había migrado al Distrito Federal para escapar de la invasión alemana sobre Ucrania, su país de origen. Entonces logró traer algunos objetos de valor que luego le sirvieron para abrir una tienda de antigüedades cerca de la sinagoga histórica. El hombre no se hizo rico, pero tampoco podría haberse quejado. Antes de que su hija Raquel se casara con Pedro Tagle, le regaló un par de pinturas antiguas en las que aparecían unos arlequines. Esos cuadros valían una pequeña fortuna.

Judith sabía lo que esos objetos significaban para su mamá. Por eso entendió la desolación. Raquel continuó hablando en voz baja:

—Dicen que en el tercer piso había un ropero, pero que lo quitamos. Les aclaré que eso es mentira porque el muro es tan pequeño que ahí no cabe ningún mueble.

—¿Qué importancia tiene eso, mamá? —desesperó Judith.

—No tengo idea de por qué inventan cosas. Ahí no hubo nunca nada. También es mentira que dentro de ese mueble haya estado secuestrado un niño pequeño.

Parecía que Raquel deliraba, pero ella solamente repetía lo que alguien más había afirmado.

—Dice el licenciado que el tercer piso se ocupó como casa de seguridad de los secuestradores.

Judith sintió en cámara lenta el erizamiento de su piel.

—Eso no es posible. ¡Te habrías dado cuenta!

—Justo eso contesté, pero el licenciado mencionó que, según su experiencia, las madres somos las últimas en enteramos de lo que hacen nuestros hijos.

El plural no pudo pasar desapercibido para la hermana de Jacobo y Salomón Tagle Dobín:

—¿Hijos?

Raquel asintió con un pesar contagioso.

—Sí. Están acusando también a tu hermano Salomón de ser un delincuente.

A través de sus ojos diminutos, los perros miraban a aquellas mujeres arrasadas.

—Pero si Salomón ni siquiera está en México —refutó Judith.

—Me regañó el licenciado por haber perdido el control sobre mis muchachos. ¿Te lo puedes creer? Afirma que Salo tuvo encerrado en ese ropero inexistente a un niño. Además de los cuadros, han cargado con lo que había en su recámara: fotos, libros, cuadernos escolares, discos, ropa. Lo han metido en unas cajas que ya sacaron a la calle.

—¿O sea que también van a subir la imagen de Salo a los espectaculares? —interrogó Judith.

A Raquel no se le había ocurrido esa posibilidad.

—Pusieron sellos en la puerta de acceso al tercer piso y me amenazaron con que violaríamos la ley si intentamos entrar a ese lugar sin su permiso.

La madre de Salomón no había terminado de hablar cuando regresó el agente del ministerio público, Braulio Robles, a la recámara. Con una actitud indolente exigió a Raquel que firmara un papel. Luego se enterarían de que, gracias a ese documento, la madre había quedado como custodia del tercer piso de su casa, el cual, según la policía, habría sido utilizado para propósitos criminales.

Tal como entraron, salieron esos hombres: en vendaval. La casa había sido arrasada. Tras de sí quedaron vacíos los muros donde antes había unos arlequines y también el cuarto que fuera de Salomón. Con sellos amarillos clausuraron el acceso al tercer nivel del inmueble.

22

El ministerio público también emitió una orden para que la policía localizara al médico responsable de descuartizar con una sierra eléctrica el cuerpo del hijo de la señora Miranda. Un par de semanas después, los investigadores contratados por Isabel dieron con Albert Castillo Cruz. Lo detuvieron fuera del domicilio donde vivía con su madre, María Elena Cruz, y con su tío, Luis Carrillo.

Agentes de la policía federal lo trasladaron a las oficinas de la procuraduría. Esa noche no le permitieron llamar a su familia. Como estaba siendo imputado por el delito de delincuencia organizada, tenía menos derechos que los criminales comunes. Al día siguiente recibió visita de su tío, Luis Carrillo. Esta persona trabajaba para el Tribunal Superior de Justicia del Distrito Federal. El dato alertó a Isabel Miranda. Después de que descubrió que había delincuentes infiltrados dentro de la procuraduría, se andaba con pies de plomo. Corrió de nuevo a ver al subprocurador, Santiago Vasconcelos, para advertirle que en este caso podía haber tráfico de influencias. El funcionario instruyó a sus empleados para que obtuvieran, cuanto antes, una orden de arraigo en contra de Albert Castillo.

Esa misma semana, el licenciado Braulio Robles se desplazó a la dirección donde habían detenido al médico. Lo estaban esperando la madre y el tío de los hermanos Castillo. En esa vivienda la autoridad también buscó sin suerte la sierra eléctrica que se habría utilizado para desmembrar a la víctima, pero no encontró nada.

Luego, el agente Robles se dirigió al municipio de Chimalhuacán. Tenía información de que Tony Castillo, el hermano de Albert, vivía en esa zona del Estado de México con una mujer de nombre Gabriela. Regresó con las manos vacías. Si bien dio con la casa de la suegra, esa señora se negó a proporcionar la ubicación de su yerno.

Dos semanas después, Robles Zúñiga llamó a Isabel para comunicarle que Tony Castillo estaba en su oficina esperando para ser interrogado. La madre de Hugo Alberto no tardó en ingresar a ese despacho para enfrentar al cuarto criminal de la banda. Halló a Tony acompañado de su propia madre. Por poco esas dos mujeres se agarran a golpes. De no haber sido por la mediación de Robles Zúñiga ese encuentro habría terminado fatal.

María Elena, la madre de Tony y Albert Castillo, reclamó a Isabel que estuviera acusando a sus hijos ser unos delincuentes. Enfurecida, la aludida contestó que, sin importar lo que tuviera que hacer, ella se encargaría de que esos dos criminales jamás volvieran a ver la calle. El agente Robles cortó el pleito con un comentario que descompuso peor a la madre del acusado. Se refirió a los veinte kilos que Tony había perdido en el último año. Para comprobar su afirmación mostró a los asistentes la fotografía que se había tomado en el santuario de Chalma con el resto de los integrantes de la banda.

Tony tuvo que aclarar que, durante los meses anteriores, había estado enfermo de hepatitis y por tal razón había adelgazado.

—Ya no eres el Panqué —se burló la señora Isabel.

—Usted no es nadie para llamarlo con ese apodo tan espantoso —revirό la madre del detenido.

Dos días después, Tony Castillo se encontró con su hermano Albert, dentro del centro de arraigo, acusado de haber descuartizado a Hugo Alberto Wallace. De acuerdo con información proporcionada por Isabel, los hermanos Castillo habrían participado también en otros tres secuestros.

23

Un par de meses antes de la detención de Albert y Tony, la fiscalía antisecuestro de la procuraduría informó a Isabel que no podría continuar la investigación del plagio de su hijo, a menos de que las personas imputadas hubieran participado en otros crímenes similares. Esa dependencia únicamente podía actuar si se probaba la existencia de una banda organizada dedicada de manera reiterada a secuestrar personas. Aquello fue una pésima noticia porque, en tal caso, el expediente de Hugo Alberto pasaría a ser responsabilidad sólo de la procuraduría del Distrito Federal. Isabel protestó por el problema que tal cosa significaría: si la investigación no se celebraba a nivel nacional, el asunto iba a perder visibilidad y también tracción política.

Era evidente que los funcionarios federales, encabezados por el subprocurador Santiago Vasconcelos, habían hecho mucho más por ella que la autoridad de la ciudad. Isabel no iba a permitir que esos criminales escaparan, así que pidió tiempo para conseguir otras denuncias en contra de la banda liderada por César Freyre. A esas alturas ya nadie debía poner en duda sus arrestos. En menos de veinte días, ella regresó con la información que le habían solicitado. Para ello sirvieron de nuevo los espectaculares. Isabel Miranda emplazó varios de esos anuncios en lugares estratégicos, dentro y fuera del Distrito Federal, para preguntar a la población si reconocía a alguna de esas personas; en la parte baja de las lonas también ofreció una generosa recompensa para quien llamara al teléfono anotado.

Antes de que se llevara a cabo la primera audiencia del caso Wallace, Isabel apiló tres expedientes sobre el escritorio de la fiscalía antisecuestros de la procuraduría: el primero, relacionado con el plagio y asesinato de un señor de nombre Jorge Eduardo Contreras; el segundo, vinculado con una mujer llamada Bárbara Cindy Zurita y su hijo de dos años; y el tercero, con un sujeto llamado Julio Villegas Cravioto. Isabel Miranda aportó también elementos para acusar a Salomón Tagle Dobín, hermano de Jacobo Tagle, de haber sido cómplice en uno de esos secuestros, a pesar de que tenía diecisiete años cuando sucedió.

Además, convenció a la fiscalía de que la señora Zurita y su hijo pequeño habían sido privados de la libertad en la última planta de la casa donde aún vivían la mamá y la hermana de los jóvenes Tagle Dobín. Aseguró que el niño pasó encerrado varios días dentro de un armario ubicado al final de las escaleras. Por este motivo, la fiscalía antisecuestro dictó una orden de presentación en contra de Salomón Tagle quien, en ese momento, se encontraba en Israel estudiando para rabino.

CAPÍTULO IV

24

La geografía escoge a la gente que tiene el carácter para superarla. La familia Miranda viene de Tierra Caliente. Por generaciones vivieron en el cruce de una frontera entre dos zonas montañosas atravesadas por el río Balsas. Una región aislada porque es difícil acceder a ella. Desde que existe memoria, ha sido conflictiva, violenta y desigual. Tanto los que se quedan como quienes se van saben que para sobrevivir hay que tener la piel recia y la voluntad fuerte.

Tejupilco es una de las poblaciones más antiguas de esa zona. Ahí nació el cura Miguel Hidalgo, padre de la independencia mexicana, un hombre que podía ser tremendamente irascible. Los abuelos de Isabel Miranda se dedicaron al negocio del transporte. Con sus animales construyeron la primera carretera que conectó a ese poblado. Una vez que los vehículos motorizados pudieron entrar y salir, la siguiente generación tomó la decisión de migrar. Fausto Miranda, padre de Isabel, se instaló en el valle de México hacia finales de la década de 1940. Sabía que en Tejupilco no habría podido sacar adelante a su familia. Tuvo diez hijos, casi todos nacidos después de abandonar su pueblo.

Antes que Fausto, se había mudado también a la capital su hermana Guadalupe. Una mujer que se casó a los dieciséis años y cuando no soportó más a su marido, emprendió la huida cargando a sus cuatro hijos. Resuelta como pocas mujeres de su época, ella logró autonomía por el éxito de sus negocios. Montó primero un restaurante modesto, luego puso en renta rocolas y con las ganancias hizo fortuna prestando dinero por el que cobraba intereses muy altos.

Aquella matriarca contaba con hombres rudos que le ayudaban a cobrar sus deudas. Nunca le tembló la mano a la hora de recuperar su dinero. Gracias a sus negocios adquirió varios inmuebles. Prestó uno de ellos, que tenía en la colonia Agrícola Oriental, a su hermano Fausto. Entre las cosas buenas que se enseñan en Tejupilco está la de proteger el patrimonio entrañable que significa la familia.

Fausto se empleó como taxista. Era difícil proveer para tantos con los ingresos que conseguía trabajando de sol a sol. Para ayudar con las responsabilidades, la tía Guadalupe propuso a su hermano hacerse cargo de Isabel. De las hijas e hijos de su hermano, la tercera siempre fue la preferida. A la edad de catorce años, aquella adolescente dejó la casa paterna para irse a vivir a la céntrica calle de Monclova, donde la tía Guadalupe tenía su morada, una vivienda ubicada cerca de buenas escuelas.

Isabel adquirió de su tía el carácter que se necesita para sacar adelante un negocio. Desde jovencita comenzó a trabajar; mientras cursaba la preparatoria estudió también para secretaria ejecutiva. Era una chica atractiva, con buen sentido del humor y bastante lista. Convivió con sus otros primos hermanos, aunque siempre tuvo una conexión especial con Carlos, el primogénito. Mientras ella pasaba sus últimos exámenes para graduarse, Carlos concluyó las materias de la carrera de medicina.

Aquel muchacho tocaba la guitarra, andaba en moto y, porque así le tocó, participó en el movimiento de estudiantes de 1968. Tuvo la fortuna de llegar tarde a la Plaza de las Tres Culturas cuando ocurrió la masacre. Sin embargo, días después sufrió un accidente que casi lo mata. Con todo y motocicleta fue a dar debajo de un camión y su cabeza se estrelló contra el tubo de escape de ese armatoste. Los guantes que traía quedaron hechos girones y el pavimento se pintó con su sangre.

25

Carlos debió ser operado de emergencia y pasó una larga temporada postrado en la casa de su madre. Quien mejor lo cuidó fue su prima Isabel. Con el paso de los días la convivencia hizo que su parentesco dejara de ser importante. Terminaron enamorándose. Sin embargo, ocultaron su noviazgo, porque sabían que la madre de uno y el padre de la otra reaccionarían mal con la noticia.

Una vez recuperado, Carlos dejó el Distrito Federal para mudarse al puerto de Campeche. Allá debía cursar su residencia como médico, así que se despidió de su prima prometiendo que a su regreso se reencontrarían. A principios de 1969, Isabel escribió una carta contándole al primo que estaba embarazada. Aquella misiva iba a provocar un terremoto en la vida de ambos jóvenes.

Carlos no tardó en devolver una tarjeta postal con un par de frases asegurando que, en cuanto tuviera una oportunidad, regresaría a la capital para que se casaran. Siguiendo las costumbres de Tejupilco, visitó a su tío Fausto acompañado de su padre, al que apenas si había visto en los últimos años. La tía Guadalupe no participó en aquel ritual, como tampoco lo hizo Isabel. El novio confiaba en que su tío terminaría por aceptar la situación. Tanto era el cariño que su madre tenía por la sobrina, como el que sostenían el doctor y su futuro suegro. Ciertamente no se esperaba la reacción que tuvo la familia de Isabel. No sólo negaron la mano de la prima, también lo corrieron acusándolo de ser un hijo de la chingada. El doctor partió de esa casa, que era de su madre, sintiéndose humillado.

Cuando Carlos León contó a su prima lo que había sucedido, ella respondió que lo mejor sería hacer maletas y partir a Estados Unidos. Reflexionó que en ese país nadie iba a juzgarlos. Hablaron durante días sobre eso. Mientras tanto, tomaron la decisión de casarse a escondidas. Visitaron Amecameca, un poblado que está a unos sesenta kilómetros del Distrito Federal, y ahí se presentaron solos ante el juez. Eso pasó seis meses antes de la fecha prevista para el alumbramiento. No hubo testigos de la boda porque decidieron ocultar aquel matrimonio hasta que la crisis familiar se hubiera desinflado. Guadalupe y Fausto se habían querido mucho y este asunto era el primero que les apartaba, así que los jóvenes contaban con que el conflicto no duraría demasiado.

Carlos calculó que la opción de abandonar el país no era una buena idea para su carrera como médico. En Estados Unidos nadie iba a reconocer sus estudios universitarios y tal cosa implicaría comenzar desde cero. Durante los meses finales del embarazo, Isabel prefirió permanecer en casa de la tía Guadalupe porque los médicos y el hospital donde pensaba atenderse estaban más cerca.

Para esa época, Heriberto Miranda, hermano de Isabel, había conseguido un puesto en la Policía Federal de Caminos. Andaba siempre armado y acompañado de colegas poco amigables. Cuando tuvo conocimiento de que Carlos y su hermana continuaban juntos, visitó al primo para amenazarlo. Juró que, si no se apartaba de su hermana, lo mataría. Los días posteriores, un auto, con varios sujetos malencarados, estuvo siguiendo al joven médico. El primo policía se había convertido en un tipo peligroso.

Carlos explicó que fue por esta razón que no acudió al parto de su hijo. Prefirió esconderse a provocar la ira de ese familiar. Isabel sufrió mucho la ausencia y, por más justificaciones que el doctor diera más tarde, ella no pudo perdonar aquel comportamiento. El doctor pidió mil veces disculpas y suplicó para que regresaran. No fue sencillo todo aquello. Isabel se encontraba parada a medio camino entre dos frentes. De un lado estaban sus padres y sus hermanos y, del otro, la familia con quien había arribado a la edad adulta: su tía Guadalupe, a la que tanto admiraba, su esposo secreto y el hijo recién nacido.

Hugo Alberto vino al mundo en octubre de 1969. A principios del año siguiente Isabel se hizo acompañar de su papá, Fausto Miranda, para registrarlo bajo los apellidos Miranda Torres. Meses después, acudió con Carlos León para solicitar una nueva acta de nacimiento, ahí quedó asentado que él era el verdadero padre. Ella firmó el acta como Isabel Miranda y el padre como Carlos León. Ambos decidieron omitir los respectivos apellidos maternos.

El policía Heriberto Miranda volvió a buscar al médico, esta vez para advertirle que, además de él, si continuaba con sus necedades quien pagaría caro sería su madre, la tía Guadalupe. El policía tenía razones que entonces Isabel desconocía.

26

Después de la última amenaza, Carlos volvió a desaparecer e Isabel regresó a la casa paterna, acompañada de su hijo. Para ese momento obviamente don Fausto y su prole ya no vivían en la propiedad de la tía Guadalupe. Aunque la relación de pareja se interrumpió, el doctor no perdió contacto con su hijo. Durante un par de años continuó visitándolo cada dos fines de semana. Casi siempre lo llevaba al parque, vestido como si fuera un muñeco.

Desde el primer día Isabel se encargó de que a Hugo Alberto no le faltara nada. Había encontrado empleo en una empresa aseguradora y con su sueldo alcanzaba para cubrir los gastos. Pasado el tiempo, el doctor reclamó a la madre que impusiera condiciones cada vez más restrictivas respecto de la visita. Era desagradable pasar a buscar al niño a una casa donde nadie lo quería, y luego regresarlo muy pocas horas más tarde. Las visitas se detuvieron la vez que Hugo Alberto se puso a llorar y dijo, a medio paseo, que extrañaba a su mamá. La ocasión siguiente que fue a buscarlo, Isabel reclamó que el muchacho no la pasara bien con él.

La última vez que el doctor quiso arreglar las cosas, interceptó a su prima en la parada de autobús que ella solía utilizar para regresar a casa. La encontró acompañada de un hombre mucho mayor. No sabía que la madre de su hijo se había embarcado en una nueva relación. Cuando se aproximó a Isabel, aquel individuo reaccionó con molestia. La prima tuvo que intervenir para que el altercado no pasara a mayores. Fatigado por tantos problemas, el doctor optó por retirarse. No sin antes averiguar el nombre de aquella persona con quien había encontrado a su prima en la parada de autobús.

Su nombre era José Enrique del Socorro Wallace Díaz, un tipo doce años mayor que Isabel, de origen nicaragüense, que en ese momento estaba casado y tenía varios hijos. Tuvo también noticia de que su prima se había enfrentado a la esposa para exigirle que dejara ir a su futuro marido.

¡Allá Isabel si prefería esa relación! Transcurrieron dos años antes de que Carlos León volviera a tener noticias de su prima. Ella lo buscó para pedirle, por la buena, que firmaran el divorcio. El doctor quiso saber de Hugo Alberto. Ella respondió que no tenía derecho a preguntar ya que no se había hecho cargo de él prácticamente desde el día en que nació. Carlos León se resignó y estampó su firma en aquellos papeles asumiendo que, a partir de ese día, un capítulo de su vida se había cerrado.

Cuando Hugo Alberto León Miranda cumplió seis años, Isabel y su nueva pareja llevaron al niño al registro civil. Existe un acta firmada por ambos en la que José Enrique Wallace reconoce a Hugo Alberto como su hijo y, a partir de ese momento, le entrega su apellido. Ese día se esfumó del planeta Hugo Alberto León para convertirse en Hugo Alberto Wallace. Poco después nació Claudia, la segunda hija de Isabel, y tres años más tarde se celebró el matrimonio de sus padres. Desde ese día Isabel comenzó a ser llamada en público como la «señora Wallace».

Nada de esto se habría hecho público de no ser porque el caso de secuestro y asesinato de Hugo Alberto devino en un proceso penal muy visible. También porque la paternidad biológica de la víctima cobraría importancia para el juicio.

27

En sólo una década, el poder adquisitivo de aquella familia de clase media subió varios escalones. La sociedad entre Isabel y el señor Wallace fue exitosa. Antes de casarse con José Enrique, él había trabajado como contador para un banco, para una fábrica de textiles y también para una compañía de seguros; luego, con su segunda mujer, abrió una constructora que no marchó bien y después intentaron venderle cemento hidráulico al gobierno. Hacia principios de la década de los ochenta, el matrimonio puso una escuela: el Colegio Aztlán.

De tanto perseverar, un día esa familia encontró, dentro del predio del colegio, a la gallina de los huevos de oro. La ubicación de ese inmueble era perfecta para enterrar un anuncio espectacular y la compañía de publicidad a la que se le ocurrió esta idea le ofreció a Isabel una generosa renta mensual. Poco tiempo después, la dueña del predio decidió echar a andar su propio negocio con esa primera estructura que, sin tentarse el corazón, le arrebató al antiguo propietario: no solamente se quedó con la gallina, sino también con la experiencia que obtuvo como arrendadora. Así nacieron sus dos empresas de publicidad Showposter y Showcase S.A. de C.V.

Si bien la familia Miranda llevaba en las venas el talento del comerciante, era difícil calcular lo bien que marcharía ese negocio. Isabel resultó buena para descubrir sitios donde ubicar los espectaculares, y también aprendió a jugar rudo con los arrendadores para evitar que le ocurriera a su empresa lo mismo que a sus antiguos inquilinos. Las grandes centrales de medios comenzaron a firmar contratos con esa compañía familiar que, en muy poco tiempo, pasó de tener un solo anuncio espectacular en el patio de una escuela para contar con más de sesenta y cinco estructuras por toda la ciudad.

28

Las personas desaparecidas pierden el derecho para identificarse a sí mismas. Alguien más, no importa cuán próximo sea, usurpa la memoria de quien no está. Hugo Alberto Wallace no puede usar la primera persona del singular para contar su propia historia. En su lugar, los recuerdos arbitrarios y subjetivos de su entorno dotan de contenido los silencios provocados por su ausencia.

Una fotografía de cuando tenía unos cuatro años lo muestra portando un abrigo elegante, mientras su madre lo abraza junto a un árbol. Fue un niño querido y protegido por Isabel. Otro retrato lo presenta a punto de dejar la adolescencia. Ahí aparece José Enrique Wallace, veinte centímetros más alto que él, trae una barba negra y poblada, y ostenta una frente amplísima. Lleva colgando al hombro una cámara de turista, así que ese retrato debió haber sido tomado durante algún viaje familiar.

También están las imágenes de Hugo Alberto cuando fue jugador de futbol americano. El cuerpo de aquel muchacho, con diecisiete, informa sobre la disciplina que le impuso este deporte durante muchos años. El periodista Martín Moreno, autor de *El caso Wallace*, dice que «tenía la fuerza de un toro». Después de retirarse de la cancha, Hugo se volvió entrenador de un equipo, los Escorpiones, al que vestía con sus propios recursos.

Desde muy niño la madre se encargó de que hablara bien inglés. Lo mandó a escuelas bilingües y también le pagó algunos veranos en Estados Unidos. El mismo periodista afirma que fue un «buen estudiante en primaria, ya no tanto en secundaria». Prefería andar en el futbol que dentro del salón de clases. La preparatoria la cursó en una escuela católica de hermanos lasallistas.

Recién cumplida la mayoría de edad conoció a Claudia Muñoz, cuatro años menor que él. Esa chica de ojos rasgados, pelo castaño y piel apiñonada se volvería muy importante en su vida. Claudia buscaba a alguien que le diera clases de inglés cuando una amiga le recomendó a Hugo Alberto. El muchacho se había estrenado como profesor de inglés en el Colegio Aztlán. La relación entre ambos duró casi dieciséis años. En este relato, la voz de Claudia es crucial para aproximarse a la memoria de Hugo.

Ella cuenta que él era grandote y ella no tanto; siempre fue echado para adelante, seductor y bromista, mientras que ella era más bien tímida. Ambos eran listos y les gustaba decirlo. Acepta que en un principio se hicieron amigos porque tenían en común que estaban un poco solos. Claudia vivía en casa de unas tías. Su papá había sido un abogado con prestigio que se peleó con un cliente muy influyente y tuvo que poner tierra de por medio para que no lo metieran a la cárcel; por la misma razón, la mamá se fue a vivir a Houston y estando allá conoció a otra persona. Claudia permaneció en México, así que fue una joven obligada, desde temprano, a arreglarse la vida por sí misma. Hugo supo acompañarla y por eso ella lo reconocía tanto.

A los veinte el joven profesor de inglés resolvió que no quería seguir estudiando. La reacción también es relatada por el periodista Martín Moreno: «Bien —repuso Isabel sin mayor problema—, entonces vas a trabajar».

Recién había echado a andar la empresa de publicidad exterior y ahí fue donde Hugo Alberto se empleó sin saber que tanto el negocio como su economía personal iban a prosperar rápido. Nadie, ni siquiera su madre, igualó sus habilidades para atraer clientes. Él consiguió un gran contrato para Showposter, firmado con la tienda departamental más grande del país. Ese cliente sirvió luego de anzuelo para que otras marcas se sumaran. La dedicación que antes puso en los entrenamientos de futbol le enseñó a trabajar duro.

A diferencia de Isabel, José Enrique intentó hacerlo recapacitar. Estaba bien que trabajara y consiguiera algo de autonomía, pero no debía dejar a un lado los estudios. Sin embargo, Hugo estaba decidido a quemar etapas. Recién cumplidos los veintiuno, el profesor contó a Claudia que se iba a casar. Erika, así se llamaba la novia, tenía dos años más que él y había quedado embarazada. Isabel y José Enrique pagaron una boda grande en uno de los restaurantes más prestigiados del Distrito Federal.

El que hubiera decidido casarse joven y también que hubiera abandonado la universidad, entre otros motivos, provocaron que el señor Wallace y Hugo Alberto comenzaran a tener roces. Los pleitos fueron subiendo de tono y reventaron el día en que intervino el hermano mayor de Isabel. El tío Fausto, que llevaba el mismo nombre del abuelo, se tomó la libertad de mencionar a Carlos León: «¿Qué te importa lo que te diga José Enrique si él no es tu papá?», le recordó.

Claudia tiene memoria de la primera vez que vio a Hugo ahogarse, literalmente, dentro del *jacuzzi* que su propio padre montó en la casa de fin de semana. Había bebido tanto que no pudo salir de ahí por su pie y tampoco, por mucho que ella lo intentó, sirvió de algo su ayuda; afortunadamente su papá andaba cerca. Hugo pesaba mucho, así que optaron por acompañarlo hasta que recuperó autonomía. Mientras los dos hombres conversaban, Claudia fue a preparar algo de cenar.

Cuando volvió, encontró a Hugo Alberto concentrado en un monólogo que no se atrevió a interrumpir, a pesar de que se había perdido lo más importante. Alcanzó a escuchar, sin embargo, que su amigo justificaba el consumo del alcohol a partir de un argumento relacionado con su mamá. Repetía con lengua de rastrillo que estaba decepcionado de ella porque le había ocultado cosas importantes.

Al día siguiente, sin ser imprudente, Claudia intentó que alguno compartiera con ella la información que se había perdido la noche anterior, pero ambos hicieron como si nada hubiera ocurrido. No volvieron a hablar del tema, aunque Claudia fue testigo de la manera en que la relación entre Hugo y su mamá cambió por aquella época.

Al parecer, Hugo Alberto creció creyendo que su padre biológico había muerto cuando él era pequeño. No tenía idea de que, en realidad, era primo de su madre y mucho menos que seguía vivo. Aquella mentira reventó su confianza. Isabel había sido hasta ese momento el centro de su vida. Estaba fuera de su comprensión que le hubieran escondido un asunto así de gordo.

La paternidad propia sumó importancia al asunto. ¿Cómo podía traer Hugo Alberto al mundo a una hija conociendo tan poco sobre su verdadero árbol genealógico? Volverse padre había provocado un terremoto en su existencia: preguntas que no se había hecho antes tendrían que encontrar una respuesta a partir de ese momento.

El tío Fausto proporcionó los datos de contacto de la abuela, Guadalupe Miranda, y lo animó a buscarla. Ella podía ayudarlo a localizar al doctor Carlos León, que años atrás se había mudado a vivir a Baja California. La abuela Guadalupe festejó la llamada de su nieto y lo invitó a visitarla. El reencuentro ocurrió en la calle de Monclova, bajo el mismo techo donde Hugo había sido concebido. La genética fue más elocuente que cualquier discurso. José Enrique no se parecía en nada al joven. Ese contador flaco, alto y barbado era en todo distinto al hijo de Isabel. En cambio, cuando la abuela mostró fotografías del doctor Carlos León, Hugo confirmó el parentesco. El parecido era notorio.

En esa misma visita la abuela comunicó a su nieto con su padre. Al escucharlo, del otro lado de la línea el médico se echó a llorar y pidió perdón por haberse alejado de su vida. El joven quiso saber más. En vez de responder por esa vía, el médico propuso visitarlo cuanto antes en la casa de la abuela. Así lo hizo. Voló desde Baja California, lugar al que se había mudado poco después del divorcio con su prima. Aquella cita salió bien. La necesidad de Hugo para identificarse con aquel hombre coincidió con la disposición del doctor para superar las razones que lo habían alejado de su hijo por más de quince años. Aprovechó el médico para justificarse: dijo que si se apartó fue porque lo amenazaron de muerte.

29

La abuela organizó también una comida para que Hugo Alberto conociera a sus hermanos. Ésa fue la otra sorpresa, además del descubrimiento de que su padre biológico no había muerto. En total, el doctor Carlos León tuvo siete hijos, de los cuales seis vivían; el último falleció al nacer. La casa de Monclova tiene un jardín y ahí fue donde se organizó la carne asada a la que asistieron Amílcar, Carlos, Hugo Alberto, Antonio y César. Faltó el sexto de los hermanos porque habitaba con su padre en Ensenada.

En contraste con la ignorancia de Hugo, para el resto de los hermanos ese joven era una leyenda: el pariente que había sido apartado de la familia por razones poco claras. Después de compartir con ellos un rato, la abuela prefirió dejarlos solos para que pudieran hablar en libertad. Uno de los mitos en esa familia era que Hugo Alberto había sido el primogénito. Sin embargo, apenas se pusieron a hacer cuentas, resultó que Amílcar era el verdadero hermano mayor, y también que Carlos y Hugo Alberto tenían prácticamente la misma edad.

En realidad, el hijo de Isabel fue el tercero de la descendencia; un año y medio después que él nació Antonio y ocho años más tarde había llegado al mundo César. Hugo no conocía aún las cosas buenas de su padre y tampoco las malas, así que aquel día se explayaron los demás asistentes a la reunión. En ese grupo de varones corría orgullo masculino a propósito de las conquistas de Carlos León. Eso mismo provocaba emociones encontradas, ya que aquellos hermanos eran hijos de cuatro mujeres distintas que en un momento u otro coincidieron en el tiempo.

El árbol de la descendencia de Carlos León es complicado. Antes de que la joven Isabel quedara embarazada, el doctor tuvo una relación con la madre de Amílcar, una mujer llamada Alicia. En ese momento los hermanos descubrieron que su padre se casó con su prima sin antes haber roto con ella. La misma mujer fue madre de Carlos, quien es un par de meses mayor que Hugo, y de Antonio, que nació un año más tarde.

Este hecho explicaría por qué, más allá del argumento del parentesco, el abuelo Fausto y los hermanos de Isabel se opusieron al matrimonio entre los primos. El doctor Carlos León tenía otra familia cuando embarazó a su prima hermana. Pasado el tiempo, también sedujo a la trabajadora del hogar que atendía la casa de Monclova y ambos engendraron a César, a quien el padre no vio crecer porque el mismo año de su nacimiento migró a Ensenada acompañado de su cuarta pareja, la madre del más pequeño de sus hijos.

La promiscuidad del padre no inhibió a Hugo para que se reuniera de nuevo con el doctor León. Durante la primera visita a Ensenada el joven no hizo reclamos. Aún estaba digiriendo la montaña de información que su madre le había escondido, acaso para protegerlo. Cada noche de esa estancia la conversación duró hasta muy tarde; el padre prefería el tequila y el joven el whisky. Cuando Hugo regresó al Distrito Federal, el médico contó al resto de su familia que estaba muy orgulloso de ese muchacho. Hugo continuó viendo a sus hermanos; con quien mejor amistad trabó fue con Antonio. Jugaban juntos futbol americano en unas canchas por el rumbo de Texcoco.

CAPÍTULO V

30

César Freyre conoció a Hugo Alberto Wallace en un convivio organizado de improviso en el local que tenía con su socio, Ricardo Trevedan. En esa misma época, Hugo le vendió una motocicleta al festejado y por eso cayó a saludar acompañado de su amiga la Vampi. En ese comercio se vendían aparatos de audio para automóviles. La fotografía tomada por esa misma mujer permitió fijar un recuerdo que de otro modo se habría extraviado. Ahí aparecen, además de esos tres hombres, Tony Castillo y otros trabajadores.

Trevedan y Hugo se habían hecho amigos porque pertenecían a la misma banda de motociclistas. A Freyre también le gustaba andar en moto, pero él era integrante de un grupo distinto. Recuerda a la Vampi porque en esa época era extraño que una mujer participara en un ambiente tan masculino.

Para ese momento Freyre llevaba más de diez años trabajando para la policía. A diferencia de Hugo, este hombre venía de una familia muy humilde. Obtuvo su primer empleo como agente de seguridad en una televisora, cuando apenas tenía veinte. Su corpulencia lo ayudó a conseguir el puesto. Gracias a un conocido de su padre se enroló después en la policía de Michoacán. De ahí saltó a la Secretaría de Seguridad Pública del estado de Morelos, donde ascendió hasta convertirse en comandante. Era un joven ambicioso y, asumiendo la incertidumbre que domina en ese oficio, apostó por volverse también comerciante. Los contactos que fue haciendo le permitieron traer mercancía de Estados Unidos sin pagar impuestos. Compraba allá aparatos de audio para automóviles que revendía en el Distrito Federal.

En el primer local que montó exhibía sólo cajas vacías para atraer compradores. El negocio fue prosperando al punto que, pasados los años, pudo rentar una bodega en el barrio de Tepito, por el centro de la capital, para almacenar sus productos. Trevedan, mientras tanto, tenía un taller mecánico en el sur de la ciudad. Ahí trabajó Andrés Freyre, el padre de César. Fue éste quien presentó a esos dos sujetos que más tarde se volverían amigos inseparables y socios.

La distribución de las tareas fue desde el principio precisa. Mientras Freyre se encargaba de proveer la mercancía, Trevedan manejaba los dineros. Era buen administrador y eso le permitió al policía no dejar de lado su otro oficio. Llegó a ser director de asuntos internos de la Secretaría de Seguridad Pública de Morelos.

Freyre y Trevedan rentaron un local grande en el Bazar Pericoapa , el mejor lugar de la ciudad para vender vehículos usados y autopartes. Los clientes los visitaban cada vez en mayor número y ninguno de los dos supo ocultar la bonanza. Acudían a los antros de moda donde pagaban cuentas grandes y traían vehículos ostentosos y del año. Freyre iba siempre vestido con ropa de marca. Prefería el estilo vaquero: cinturón caro, cadenas de oro, botas puntiagudas y las mejores chamarras. Su apariencia provocaba miedo y eso era justo lo que él quería proyectar.

Cuando mejor iban las cosas, Trevedan le propuso a Freyre que vendieran el negocio, ya que el local no era propio y la renta se comía una buena parte de las utilidades; argumentó que con ese dinero podrían adquirir otro espacio donde instalar de nuevo el taller, ya sin la carga de un arrendador que se hiciera rico a sus costillas. Freyre le tenía una gran confianza a su socio y aquello le pareció una idea inteligente.

Ambos quedaron en tomarse un par de semanas de descanso antes de reanudar actividades. Al concluir ese plazo, Freyre llamó a Trevedan sin ninguna suerte. Visitó entonces su casa y la de su madre, igual sin conseguir localizarlo. Su socio había desaparecido con los cuatro millones y medio de pesos obtenidos por el traspaso del negocio.

31

Tiempo atrás, Freyre había metido a su hermano Jonathan a trabajar en la policía. Aunque era varios años menor, también ascendió pronto en la jerarquía. Los comandantes apreciaban el trabajo de los dos hermanos Freyre porque eran eficaces cada vez que se les encargaba una tarea. Por aquellos mismos años la seguridad en Morelos comenzó a descomponerse ya que algunos líderes importantes del narcotráfico se habían ido a vivir a la ciudad de Cuernavaca para dirigir desde ahí sus negocios.

Después de investigar un poco, César Freyre dio con su exsocio. Se había mudado a San José del Cabo, en Baja California Sur. César agarró camino hacia la península y le pidió a su hermano Jonathan que lo acompañara. Estaba furioso con Trevedan, no sólo por el robo del dinero, sino también porque hubiera traicionado su amistad.

El tipo había montado un pequeño restaurante de tacos y ahí fue a encararlo. En Morelos, Freyre denunció el robo y con una orden de arresto bajo el brazo lo humilló con saña. Tenía intención de cargar con ese sujeto de vuelta hasta el Distrito Federal, pero Trevedan lo convenció de que sería mejor para él si le devolvía su dinero. Propuso hacerle en ese momento un depósito en efectivo y entregarle dos vehículos para cubrir la mitad del adeudo. Prometió que tres meses después le pagaría el faltante.

Los dos hermanos decidieron dejarlo en paz con la esperanza de que cumpliera. Noventa días después volvieron a buscarlo y Trevedan pidió que se extendiera el plazo. Corrieron tres meses más hasta que la paciencia se agotó. Freyre estaba furioso. Lo rebasó la indolencia de su exsocio. Jonathan, cuyo carácter era menos sanguíneo, propuso que dejara en sus manos el asunto. Él visitaría al moroso para colectar el adeudo.

El hermano más joven de los Freyre pidió a un amigo de nombre Jael Uscanga que lo apoyara. Jonathan cargó con la orden expedida por la policía de Morelos en contra de Ricardo Trevedan. Si por las buenas aquel sujeto se negaba a pagar, no dudaría en hacerla valer ante los colegas de aquella otra entidad.

Jonathan y Jael viajaron vía aérea, así que no cargaron con armas dentro de la pequeña maleta que cada uno llevaba consigo. A las 7:30 p.m. del viernes 5 de noviembre de 2004 arribaron al fraccionamiento Puerta de Hierro, ubicado en el kilómetro 6.5 de la carretera San José-Los Cabos. Era evidente que a Trevedan le iba bien porque residía en una zona cara de aquella playa turística.

Salió a recibirlos una chica muy joven y detrás de ella apareció el deudor; los hizo pasar tratándolos como si fueran sus mejores amigos. Jonathan conoció a Trevedan cuando tenía unos doce años, en la época en que ese individuo le dio empleo a su padre, Andrés Freyre. Por eso no le pareció extraño cuando el anfitrión los invitó a quedarse en su casa durante el tiempo que tomaba resolver los asuntos que los habían llevado hasta ahí.

Aquella villa tenía dos recámaras: una la ocupaban Trevedan y su novia, y la otra sirvió para hospedar a los visitantes. El exsocio prometió realizar el pago completo antes de que concluyera el fin de semana; el menor de los Freyre, medio en broma, amagó con que, en caso contrario, se llevarían la motocicleta Harley-Davidson y una camioneta negra recién comprada que estaban estacionadas afuera de la casa. Nada hasta ese momento habría hecho pensar que las cosas se complicarían, aunque ciertamente los visitantes ya habían considerado *apretar* si el cobro se enredaba.

Aquel viernes todos se fueron a dormir temprano ya que Jonathan y su compañero estaban agotados por el viaje. El sábado subieron a la camioneta de Trevedan, quien les dio un paseo por la ciudad de La Paz y también por San José del Cabo. Hay edades en las que la diferencia de años puede significar un trecho largo en materia de experiencia; aunque Jonathan fuera policía, sus veinticinco años pudieron haber causado que bajara la guardia respecto de las verdaderas intenciones del anfitrión.

La tarde del sábado, Jonathan pidió prestada la motocicleta Harley-Davidson y salió a hacer un paseo largo cerca del mar. A su vuelta se encontró con que Jael no tenía ánimo de salir, así que aceptó de buena gana cuando se le propuso fumar un poco de hierba y beber dentro de esa villa tan agradable. Aquella noche Jonathan llamó por teléfono a la madre de su hijo. Ella escuchó música y una plática animada a través de la línea; más tarde la novia de Trevedan se despidió de los visitantes porque debía atender la taquería que ella y su pareja habían montado en la zona turística. A esa misma hora Jael se retiró a descansar. Recuerda que se quitó las botas, pero no así la ropa de día que llevaba puesta.

32

Lo despertó un dolor insoportable en el ojo derecho. Jael no era capaz de ver nada, pero supo que estaba desnudo y también que sangraba en exceso. Un poderoso instinto de sobrevivencia hizo que se incorporara y abandonara la tina del baño donde fue a parar. Mientras trataba de no resbalar, el dolor saltó de la cabeza al brazo y después al pecho. De no haber sido por la adrenalina que le proporcionó el vigor para abandonar ese lugar, se habría desangrado.

En su camino se topó con Jonathan, que yacía muerto —largo y pesado como era— bocabajo y también empapado en su propia sangre. Jael logró salir de aquella casa. Las fuerzas lo abandonaron, en definitiva, cuando se desplomó sobre una rotonda de césped recién podado. Fue un milagro inexplicable que ninguno de los nueve tiros recibidos aquella madrugada hubiera tocado sus órganos vitales. Eso dijeron los doctores.

Sobre la mesa de la sala donde Jael dejó la noche anterior a su compañero de viaje, la policía encontró restos de marihuana y también de una manzana utilizada como pipa para fumarla. Junto a la hierba había un teléfono con noventa y cuatro llamadas perdidas. El resto de la evidencia permitió reconstruir lo ocurrido durante la madrugada: Trevedan habría disparado doce balas contra Jonathan Freyre con una pistola tipo Glock de su propiedad; casi todas atravesaron la humanidad del joven reventándole el hígado, el estómago y el glúteo izquierdo, entre otras partes del cuerpo. Durante la autopsia el forense recuperó un par de ojivas que se habían quedado dentro.

Lo que siguió después es un tanto confuso. Jael no fue capaz de justificar por qué despertó desnudo dentro del baño, si se había acostado vestido sobre la cama de la habitación para invitados. La única explicación posible es que después de balearlo, creyéndolo muerto, Trevedan le retiró la ropa para colocarlo dentro de la bañera donde pretendía deshacerse de sus restos. Sin embargo, cuando la sirena de la policía se aproximó al fraccionamiento, el anfitrión abandonó a Jael dentro de la tina donde él retomó milagrosamente la consciencia.

Si no hubiera sido por la ambulancia de la Cruz Roja que prolongó su vida, la verdad de lo ocurrido aquella noche jamás se habría conocido. Trevedan habrá creído que, sin el testimonio de Jael, su versión de los hechos tenía oportunidad para imponerse; pensó decir que Jonathan fue a Baja California Sur para secuestrarlo y que, gracias a que se había drogado, él logró recuperar su pistola para defenderse de ambos criminales.

No obstante, el agente del ministerio público al que asignaron el caso tuvo problemas para creerle, porque había evidencia que no cuadraba con la teoría de la legítima defensa: por ejemplo, la metralla de balas, el hecho de que Jonathan recibió un tiro por la espalda y que hubiera sangre de Jael tanto en la recámara como en el baño de aquella villa. Nadie podía tampoco explicarse por qué esa víctima fue hallada sin ropa en el jardín del fraccionamiento, mientras que el pantalón que llevaba puesto cuando le dispararon fue encontrado dentro del baño.

César Freyre quedó devastado. Si en vez de enviar a su hermano Jonathan hubiera él viajado a la península de Baja California, Trevedan no se hubiera atrevido a matarlo. La culpa lo consumió. Jonathan tenía sólo veinticinco años y dejó dos hijos huérfanos. ¿Cómo responder a sus padres y a sus hermanas? Quería estrangular al exsocio con sus propias manos. Tuvo miedo, sin embargo, de que ese loco quisiera hacer más daño. Tanta fue la ansiedad y luego la depresión que Freyre fue a ver a un psiquiatra para que le diera tratamiento. También sintió pena por Jael Uscanga, quien sobrevivió de milagro. Nadie podía explicar la suerte de ese amigo. Nueve tiros y ninguno lo mató. Perdió, eso sí, el ojo izquierdo, pero la bala no entró al cerebro.

33

Tres meses después del asesinato, Freyre propuso a Jael que fueran a dar gracias al Señor de Chalma. Insistió en que llevara también a su esposa y a su hijo. Cuando el policía se dio cuenta, el grupo que haría la peregrinación sumaba ya nueve personas. No todas fueron por los mismos motivos. Como en la camioneta de Freyre no cabían, pidió a Tony Castillo —quien a veces lo apoyaba como chofer— que consiguiera un vehículo más grande.

A Tony se le hizo fácil solicitar a su propia madre, María Elena Cruz, que le permitiera usar la camioneta familiar. Una Voyager que tenía justo nueve asientos. Ella no quería saber nada de Freyre porque le parecía un sujeto petulante. Después de mucho jaloneo, la mamá aceptó siempre y cuando también fuera con ellos Albert, el hermano de Tony, que era más juicioso.

Igual invitó César a Jacobo Tagle, que conocía bien a Jael. Éste, a su vez, le dijo a su novia, Brenda. Ella se apuntó ya que sentía curiosidad por conocer ese sitio del que había escuchado tanto. No faltó al viaje la novia de Freyre: Juana Hilda González.

El santuario de Chalma se encuentra a un par de horas de la Ciudad de México. Pocos lugares religiosos en el país reciben tantos peregrinos al año. Antes de la llegada de los españoles ya era un sitio ceremonial. En la misma elevación donde actualmente hay una iglesia se celebraban entonces sacrificios humanos.

El grupo salió más tarde de lo previsto y no tuvieron mucho tiempo para pasear, porque la otra condición que impuso la madre de Tony fue que la camioneta debía estar de vuelta antes de que anocheciera. Brenda aprovechó para comprar unos escapularios y logró que un sacerdote se los bendijera. Contó que quería llevar esos recuerdos para su mamá, sus tías y sus primas. Ellas tenían costumbre de regalarse presentes pequeños de cada lugar que visitaban.

Antes de emprender la vuelta se tomaron una fotografía. Albert iba a ser el encargado de esa tarea, pero al final un turista comedido lo sustituyó y por eso el hermano de Tony se incorporó en el último momento. En ese retrato, Tony aparece hincado en una sola rodilla y sostiene un crucifijo negro de un metro de alto. Juana Hilda González y César Freyre ocupan el centro de la composición: ambos llevan lentes para protegerse del sol. Él porta una playera y una gorra de color negro y ella va vestida con una blusa amarilla entallada que deja ver su ombligo.

Brenda sale en el extremo izquierdo. Está de pie junto a Jacobo, quien la sujeta por la cintura. Él todavía trae los pelos parados por el corte que le hicieron cuando bailó en un espectáculo en Cancún. También se miran Jael, el sobreviviente, y Paola, su esposa, atrás de un niño de tres años que con una mano se tapa media cara y con la otra sostiene un muñeco de trapo. A diferencia del resto, la figura de Albert parece sobrepuesta: no abraza ni tampoco toca a nadie. Al fondo se asoma la puerta roja y las columnas de piedra que sostienen la fachada de ese templo religioso.

Es inimaginable la importancia que tal episodio cobró para la vida de estas personas, precisamente a causa de esa fotografía, ya que, sin exageración, fue la piedra sobre la que se construyó el caso Wallace. En enero del siguiente año, la policía entró al departamento donde vivían Freyre y Juana Hilda. Los agentes cargaron con todo; entre otras cosas, una colección de retratos que la bailarina tenía dentro de los cajones de su mesa de noche. Los rostros que aparecen en la fotografía de Chalma se utilizarían en los espectaculares.

Ocho de las personas que aparecen ahí fueron imputadas por pertenecer a la misma banda de secuestradores. Únicamente se salvó el niño. Al final también Paola, la esposa de Jael, logró zafarse.

A ella la detuvieron en 2006, pero la soltaron al año siguiente ya que el juez desestimó las pruebas presentadas en su contra. Su papá era dueño de varios gimnasios y durante algún tiempo los investigadores argumentaron que alguno de esos establecimientos había sido utilizado como casa de seguridad para retener a las víctimas. Ayudó que ese señor fuera un policía retirado para que la hipótesis fuera desechada.

¡Qué golpe de suerte más formidable fue haber dado con esa fotografía de Chalma! Ahí, a todo color, hallaron el hilo que unía a los criminales que le habrían arrebatado la vida a Hugo Alberto Wallace. Se trataba de la banda de secuestradores más estúpida del mundo: unos creyentes muy desalmados que mataban y descuartizaban al mismo tiempo que hacían peregrinaciones religiosas. Y, además, se retrataban juntos.

34

«[Una] enganchadora, [de] senos rebosantes que enseña provocativa, con el pezón marcado como moneda de un peso»: así describió el periodista Martín Moreno a Juana Hilda González en su libro *El caso Wallace*. Desde un principio los atributos físicos de la bailarina, reales o inventados, gravitaron en su contra. La descripción que hizo de ella el Chaparro, quien trabajó como chofer de Hugo Alberto, la convirtió en la mujer del busto grande. Por eso, dentro de la sala de interrogatorios, una de las primeras preguntas que hicieron los policías para confirmar su identidad fue si se había hecho implantes. Arbitrariamente, aquellas siliconas se convirtieron en una pieza principal de evidencia.

De acuerdo con la hipótesis criminal compartida por Isabel con la agente Guadalupe Noria, el secuestro de su hijo fue posible gracias a que una mujer lo enganchó para conducirlo a la trampa de sus captores. En la corroboración de esa historia, el cuerpo de Juana Hilda debía dejar de ser suyo para coincidir con el argumento. La bailarina reconoció que se había sometido a una cirugía siete años atrás. Ocurrió durante la misma época en que decidió incursionar en el modelaje.

De todas las personas acusadas de pertenecer a la banda de Chalma, ella fue la que padeció la infancia más precaria. Nació al sur de la ciudad de Guadalajara, en el municipio de El Salto, donde la mitad de la población vive en pobreza. A su padre nunca lo conoció y la madre era demasiado joven para saber qué hacer con ella. Tuvo una infancia nada original —padrastro incluido—

lastrada por la violencia. Juana Hilda estudió hasta la secundaria porque a los quince años abandonó la casa materna. Desde entonces se valió por sí misma. A los diecinueve se embarazó y luego contrajo matrimonio. La relación con el padre de su hija no duró ni dos años.

Desde entonces él se hizo cargo de la niña. Libre de nuevo, Juana Hilda se puso a estudiar modelaje. No estaba dispuesta a quedarse estancada. Tenía atributos para incursionar en el mundo artístico. A los veintisiete volvió a hacer maletas porque se le metió en la cabeza migrar al Distrito Federal.

Llegó a vivir a la capital con las hermanas Gandarilla, que venían también de Jalisco. Las tres formaron un trío de guapas a quienes las puertas de los antros de moda se abrieron de par en par. El siglo nuevo recién había comenzado y con él la marcha mexicana. El Distrito Federal estaba cambiando. Un nuevo trazado de valores y fronteras morales estaba ocurriendo y Juana Hilda, como el resto de su generación, se arrojó a explorar límites antes infranqueables.

Echada para adelante, libre y consciente, ella consiguió trabajo como bailarina. La contrataron en varios grupos musicales que necesitaban acompañar de coreografía femenina sus espectáculos. Entre los más conocidos estuvieron La Arrolladora Banda El Limón y Grupo Clímax. Este último tuvo un gran éxito con la canción «El Za Za Za (Mesa que más aplauda)». Gracias a ese empleo, pudo rentar el departamento 4 de la calle de Perugino número 6, donde vivió casi tres años. Llegó a ese lugar gracias a un colega cubano, Jesús Noel Montaño, que era compositor y solista de Grupo Clímax. Salió durante algún tiempo con él, lo mismo que con Jacobo Tagle.

Las giras que hizo como bailarina la llevaron a conocer Acapulco. Ahí le presentaron a otro novio al que le sobraban los apodos: le decían el Güero, la Muñeca o la Barbie. Aunque Juana Hilda lo niega, es difícil que no se haya enterado de las actividades a las que se dedicaba ese individuo. Durante la primera década del siglo XXI, Édgar Valdez Villarreal fue cabeza de un grupo criminal que dejó un gran reguero de sangre.

Cuenta Juana Hilda que ese hombre siempre le pagaba el avión y mandaba a sus empleados al aeropuerto para recogerla. Reconoce también que su gente andaba armada y traían buenos autos. Entre los retratos que la policía confiscó en la casa que años más tarde compartió la bailarina con César Freyre fue encontrado uno donde Juana Hilda y la Barbie posan dentro de una discoteca. Esa imagen, igual que aquella de la banda de Chalma, aportaron contundencia al razonamiento de que Juana Hilda utilizaba su cuerpo para delinquir. Aun si no es lo mismo ser novia de un criminal que enganchadora en una banda de secuestradores, la policía decidió borrar las distinciones.

La relación con Valdez Villarreal terminó hacia finales del 2003. Un año más tarde Juana Hilda conoció a César Freyre en la discoteca A Go Go del Distrito Federal. Fue Jacobo Tagle quien los presentó. Muy probablemente Freyre supo de la relación que ella tuvo con el mafioso de Acapulco. Al principio no se prometieron exclusividad. El policía vivía en Morelos y Juana Hilda andaba siempre de gira. Cuando la policía interrogó a la bailarina, al mostrarle esa fotografía recuperada de su departamento, ella confesó la relación con Valdez Villarreal.

En términos procesales aquella era una prueba circunstancial. Sin embargo, una vez que la fotografía extraída de la mesita de noche llegó a los medios, la presunción de inocencia de la bailarina estalló por los aires. Pruebas del delito fueron los implantes de silicona, sus atributos físicos, los vínculos con la Barbie y que dormía sobre un colchón bajo el cual la policía descubrió un rifle de asalto.

35

Cuando Brenda conoció a Jacobo, habían transcurrido un par de años desde la muerte de su padre, Pedro Tagle. Aquel muchacho podía hablar del papá por horas, y es que aún no era capaz de imaginarse el resto de su vida sin él. Jacobo era un tipo bien parecido y divertido, pero igual transmitía la fragilidad de quien necesita ser rescatado.

En vida de Pedro esos dos no se despegaban nunca. Trabajaban vendiendo cubiertos y autos usados. También se iban de fiesta como dos estudiantes. Antes de morir, Pedro Tagle formaba parte de un grupo de motociclistas al que perteneció Hugo Alberto Wallace. Cada sábado pasaban la tarde bebiendo en una cantina y por la noche salían juntos para rodar por las principales avenidas de la ciudad. Jacobo tenía entonces unos veintiún años y nunca tuvo dinero para comprarse una Harley-Davidson, así que los *motonetos* lo trataban como el pegote que acompañaba a su papá a todos lados.

La venta del patio de la casa de la familia Tagle a la empresa Showposter estrechó la amistad entre Pedro y Hugo Alberto. Isabel Miranda, la madre del empresario, tenía una casa en Acapulco y en alguna ocasión Hugo invitó a ese amigo. Se hospedaron en esa residencia con vista al mar. Como el padre no se separaba de su hijo, allá fue también a dar Jacobo. Pedro era unos diez años más grande que Hugo y el empresario tendría diez más que el muchacho.

A la vuelta, Pedro presumió ante el resto de la familia algo que Hugo le confió a Jacobo mientras él atravesaba a nado la bahía de Acapulco:

—Cuéntale a tu mamá lo que te dijo el socio.

—Me dijo que a él le habría gustado tener una relación con su papá como la que yo tengo con el mío —informó Jacobo.

—¿Qué tipo de relación? —reaccionó con incredulidad Raquel, la esposa de Pedro.

—Pues así, de amigos, de mejores amigos.

Nadie imaginó entonces la transcendencia que ese comentario tendría para el futuro.

—¿Será que Hugo Alberto se lleva mal con el señor Wallace? —reflexionó en voz alta Pedro Tagle.

—Ésa es la novedad. Resulta que el señor Wallace no es el verdadero padre de Hugo —precisó Jacobo.

—¿Quién es, entonces? —interrogó de nuevo Pedro.

—No me lo dijo. Solamente contó, mientras te veíamos nadar, que su papá también vive cerca del mar.

—Ha de ser una buena persona el señor Wallace, porque le dio su apellido —valoró Raquel.

Pedro Tagle murió en un accidente de tránsito un año más tarde. Perdió el control de la motocicleta porque iba pasado de copas. Aunque no eran cercanos, César Freyre fue el primero en enterarse. Seguro lo supo porque aún era policía. Estaba en Cuernavaca y, conmovido por el duelo del muchacho, emprendió el viaje para acompañarlo a reconocer los restos de su padre.

Hugo Alberto también vino al funeral de Pedro Tagle. Pasó todo el rato hablando con Jacobo. Aunque el empresario no era judío, se puso una kipá en la coronilla para no desentonar. Más tarde Jacobo comentó al resto de la familia que ese amigo de su papá le había ofrecido trabajo. Aquello lo animó porque estaba devastado. Pedro era todo para él: su amigo, su padre y también su empleador.

Jacobo heredó la amistad que Pedro tuvo con Hugo Alberto y por eso, en efecto, le ofreció contratarlo. Recién había abierto un taller y una tienda de motos Harley-Davidson por la zona de Satélite. Ahí entró a trabajar Jacobo por un rato. Luego vino el episodio de Cancún. En 2004, Hugo Alberto organizó un concierto del grupo popular Kabah en un hotel frente a la playa. Sucedió que el elenco de bailarines previsto para el espectáculo llegó incompleto. Entonces Hugo pidió a Jacobo que se subiera al escenario. Antes lo convenció para que visitara la estética del hotel con la encomienda de que lo convirtieran en una estrella; así fue como ese joven consiguió su nuevo corte de pelo. Bailó en aquel evento con los pelos parados, como si fuera un mohicano.

Al final, aquel evento fue un fracaso económico y Hugo Alberto perdió mucho dinero: alguien se robó las ganancias y no alcanzó siquiera para pagarle a Jacobo el boleto del camión de regreso al Distrito Federal. Después de aquello se enfrió la relación entre ellos. Sin embargo, por razones obvias, Jacobo no podía permitirse la enemistad con Hugo: la venta del patio de la casa de su mamá los había vuelto vecinos.

La muerte de Pedro Tagle también acercó a Jacobo con César Freyre. Esa relación se fundó la noche en que el policía lo acompañó al forense. De otro modo, difícilmente se habrían vuelto amigos. Además de tener edades distintas, venían de planetas apartados. No obstante, Jacobo necesitaba una figura paterna y, parecido a como sucedió en un principio con Hugo Alberto, Freyre estaba dispuesto a proporcionársela.

A través del amigo policía, Jacobo conoció también a Jael Uscanga. Por eso lo visitó en el hospital, después de que lo trasladaron a México, desde Baja California Sur, donde había estado a punto de perder la vida. Le afectó verlo tuerto y malherido. Cuando Freyre propuso que fueran juntos a Chalma para agradecer que había sobrevivido, aun si no era creyente, Jacobo los acompañó sin chistar.

Él tenía entonces unos cuantos meses de salir con Brenda, una chica que conoció en un antro donde también solían asistir los fines de semana Juana Hilda y César Freyre. Brenda y Jacobo se flecharon rápido. En cuanto él la invitó a hacer aquella peregrinación, Brenda aceptó de inmediato: por aquellos días esos dos querían estar pegados todo el rato.

36

Brenda Quevedo nació en el Hospital San Luis del Distrito Federal, el domingo 24 de agosto de 1980. El padre es abogado y la madre trabajaba como asistente de un alto ejecutivo bancario. Fue la primera nieta, querida y deseada en ambos brazos de la familia. Estudió la primaria en un colegio público y cuando pasó a secundaria se empeñó para que la inscribieran en una escuela donde pudiera aprender inglés. Con sacrificio económico para sus padres cursó en un sistema bilingüe hasta la preparatoria. Luego entró a hacer la carrera de Ciencias de la Comunicación en una universidad que también era de paga. Brenda es la única que aparece en la fotografía de la peregrinación a Chalma que cuenta con estudios universitarios.

Desde el primer semestre, buscó un trabajo de medio tiempo. Una tía suya la llevó a Clío, una editorial que producía documentales y libros. Durante un tiempo trabajó ordenando archivos históricos. Cambió después de empleo porque la llamó el productor de un programa de debate político que se llamaba *Zona Abierta* y se transmitía semanalmente por televisión. Ella coordinaba invitados y por eso coleccionó fotografías donde aparece con algunos intelectuales importantes, como el escritor Carlos Monsiváis.

Se graduó a los veintidós con buen promedio. Gracias a los ahorros que hizo en esos años pudo quemar naves y viajar a Inglaterra. Cuando en aquel país el dinero comenzó a faltar, trabajó como mesera. Con mochila a la espalda aprovechó también para visitar distintas ciudades europeas. Entonces no era difícil conseguir un visado de trabajo, así que inició los trámites en Gran Bretaña hasta que logró que se lo dieran. Volvió a México durante el primer semestre de 2004 con la idea de visitar a su familia, arreglar papeles y volver a Londres. Las oportunidades en Europa dependían de que concluyera el trámite de su titulación y revalidara sus estudios.

En esa tarea estaba cuando le ofrecieron un empleo temporal de relaciones públicas. Aceptó porque no quería ser una carga para sus padres. A sus veinticuatro ya sabía cómo sacarle ventaja a su belleza física: iba al gimnasio casi a diario y aprendió a maquillarse para lucir los ojos grandes. Un día participó en la audición de una empresa cervecera que la eligió para ser el rostro oficial de una campaña que estaba por lanzarse. En ese mismo evento conoció a la chica que ya habían contratado como rostro para anunciar la cerveza rubia. Aquello le causó gracia: se iban a convertir en la güera y la morena inseparables. La paga no era mala, además, quedaría libre de compromisos en la misma fecha en que había previsto regresar a Inglaterra.

Para festejar la suerte fue con una amiga a un antro que entonces estaba de moda. En el A Go Go conoció a Jacobo Tagle: un muchacho que, de tan guapo, no podía pasar desapercibido. A su amiga también le gustó, así que cuando él quiso hacer avances, Brenda tomó distancia. La chica se dio cuenta y propuso que fuera él quien decidiera. La rivalidad se resolvió a su favor. A Brenda, para quien hasta ese momento el Distrito Federal había significado estudiar y trabajar sin descanso, el mundo de Jacobo le abrió una ventana grande. Él también se buscaba la vida con esfuerzo, pero sabía divertirse; tenía sentido del humor y con sus ocurrencias no había manera de pasarla mal.

El trabajo con la agencia de publicidad la obligaba a moverse por la ciudad, así que compró un automóvil. Jacobo, que sabía de eso, la convenció de adquirir un carro usado, un Corsa que no era tan viejo; argumentó que, llegado el momento, sería fácil venderlo.

Poco después sucedió el viaje a Chalma con Juana Hilda, César Freyre y el resto del reparto que apareció en la fotografía. De vuelta con los escapularios, su mamá dijo que quería conocer al chico con el que salía.

Después de haber vivido libre en el extranjero, a Brenda le costaba trabajo regresar a las costumbres de su familia. A su madre no le pareció que cada vez que el nuevo novio venía a buscarla, en vez de tocar el timbre y presentarse, hacía sonar el claxon de su carro y ella bajaba desbocada hacia la calle. Así que no pudo negarse cuando su mamá lo invitó a merendar a la casa. El encuentro fue agradable, sobre todo porque él no tenía nada de tímido. Cuando ella preguntó, la madre dijo que era guapo, pero que no miraba a los ojos. Al interrogar a Omar, su hermano, él respondió lo que Enriqueta Cruz se había callado: no podía entender qué hacía ella con un muchacho que no había concluido la preparatoria.

Si Jacobo salió apenas aprobado en el examen de su madre, peor le fue a ella con Raquel Dobín. La mamá de Jacobo no hizo ningún esfuerzo por ocultar que desaprobaba esa relación. Fue ignorada cuando le tendió la mano para saludarla. El novio le había explicado que estaban distanciados: primero porque se mudó con su papá a vivir en el departamento del tercer piso de la casa familiar, y luego porque, a la muerte de Pedro Tagle, el joven aprovechó la puerta que lo separaba para mantenerse aparte, no solamente de su mamá, sino de las reglas impuestas por su religión.

Brenda entendió que para Raquel eran muy importantes sus creencias. Cuando surgió la idea de vivir juntos en esa propiedad, la señora explotó y de plano lo corrió de su casa. Madre e hijo ya traían sus problemas, pero en parte fue por la novia que se agravaron. La única vez que Brenda escuchó mentar el nombre de Hugo Alberto Wallace fue por esa misma época. De visita en ese tercer piso observó el tubo clavado en el diminuto patio de la casa de la mamá; Jacobo le contó que pertenecía a la empresa de un amigo a quien no veía hacía un tiempo.

Por su trabajo, Brenda acudía a exposiciones, eventos deportivos, ferias y convenciones. Las jornadas podían ser muy largas. En cada evento patrocinado por la cervecera ella portaba el uniforme con la marca estampada en el pecho, los brazos y las piernas. Jacobo resultó un tipo celoso. Habría preferido que trabajara con él vendiendo cubiertos y vajillas. La novia llegó a ayudarlo con las compras y los pedidos, pero no estaba dispuesta a perder su autonomía. Para completar sus ingresos él compraba autos usados, los arreglaba y luego los revendía a un precio más elevado. Le iba bien con sus negocios.

Un mes después de que fueron a Chalma tuvieron su primer pleito. Fue por el celo con su trabajo. En un arranque, Jacobo se marchó al puerto de Acapulco y Brenda decidió alcanzarlo para arreglar las cosas. Lo encontró acompañado de otra mujer. Ese mismo día ella regresó al Distrito Federal. Tanta tristeza traía Brenda que tuvo un tremendo accidente de tránsito; sus papás tuvieron que llevarla al hospital y la compañía de seguros determinó la pérdida total del automóvil. El médico que la atendió le recetó reposo durante cuatro semanas, ya que sufrió una lesión en las vértebras del cuello.

Quizá fue por el susto que se llevó Jacobo, o porque estaba realmente enamorado, el hecho es que después de ese percance él hizo todo lo posible por recuperarla. Con los planes de reconquista vino de nuevo la propuesta para que se mudaran a vivir juntos. Fue ahí cuando Brenda decidió que no iba a regresar a Londres, por lo menos hasta habérsela jugado con Jacobo sin puertas de escape.

Rentaron un departamento cerca de casa de la mamá de ella. Coincidiendo con esta decisión, la empresa cervecera le propuso que firmara un contrato de exclusividad. Esa oferta trajo un mejor sueldo, pero igual se incrementó el trabajo. Cuando podía, acompañaba a Jacobo a comprar al mayoreo los productos que luego vendía. Él no tendría estudios, pero de hambre nunca iba a morirse. Solía decir que ésa fue la verdadera herencia que le dejó su papá.

En la primavera de 2005 ambos se pagaron un viaje a Cancún. La pasaron bien, excepto la última noche, cuando fueron a cenar con César Freyre y Juana Hilda: fue una coincidencia que anduvieran por allá. A ella nunca le gustó ese policía porque era arrogante y echaba bronca fácilmente; tampoco le agradaba Juana Hilda. Por más que hizo para respetar esa relación, la amistad de Jacobo con esa gente imponía tensiones dentro de la pareja. Esa vez, con copas encima, Juana Hilda se puso a coquetear con Jacobo. No fue que le dieran celos —como los que su pareja tenía por su trabajo—, sino que sintió que ambos le faltaban al respeto.

Al regresar al hotel, Brenda dijo que se sentía incómoda. No podía entender por qué mantenía Jacobo tanta consideración hacia esas personas: había algo turbio que no le daba confianza. Continuó atosigando con preguntas a su novio hasta que él confesó que había salido con Juana Hilda antes de que Freyre la conociera. Aquella historia arruinó más su percepción sobre estos amigos de su novio.

Durante los diez meses que duró aquella relación, Jacobo y Brenda rompieron en varias ocasiones. En diciembre de 2005, Brenda preguntó a su mamá si sería posible que regresara a la casa familiar y ella respondió que podía contar con su antigua recámara cuando quisiera, así que la hija pasó la Navidad con los suyos.

37

Tony, el que carga la cruz, y Albert, quien no debió salir en la fotografía de Chalma, vivieron un trauma grande cuando fueron adolescentes: vieron morir a su padre en un accidente de automóvil, el mismo que desfiguró el rostro de su mamá. Durante años, María Elena Cruz creyó que, después de aquella tragedia, a sus hijos no podría ocurrirles nada peor.

A mediados de la década de 1960, María Elena y Nicolás Castillo migraron a Estados Unidos. Llegaron como la mayoría de los mexicanos de primera generación: con las manos vacías. Vivieron en California durante dieciocho años. Nicolás aprendió a trabajar en aguas profundas como operario de la industria petrolera, un oficio que pagaba bien. En las afueras de Los Ángeles nacieron Albert y Tony. Ambos estudiaron hasta la secundaria ostentando la doble nacionalidad.

La pareja compró un par de casas en México calculando que algún día la familia iba a regresar. No querían que sus hijos rompieran lazos con su país de origen. El accidente ocurrió durante un viaje que hicieron en automóvil. Cerca de ciudad Jiménez, en el estado de Chihuahua, una camioneta vieja se incrustó contra el frente del carro que conducía Nicolás. Él murió de inmediato. Albert, que entonces tenía quince, se rompió una pierna, y Tony, con trece, recibió un fuerte golpe en la cabeza.

María Elena fue trasladada de urgencia al hospital con la cara irreconocible. Dos adultos más, que viajaban detrás del conductor, igual fallecieron. Tomaría tiempo antes de que la madre de aquellos muchachos pudiera ponerse de nuevo en pie. La devastó la muerte del marido y también las muchas cirugías a las que debió someterse.

Un mes más tarde los tres sobrevivientes se instalaron en el Distrito Federal en una vida que por un buen tiempo navegó a la deriva. Albert y Tony no se habían recuperado de la pérdida del padre cuando tuvieron que hacerse fuertes para sacar adelante a una madre muy deprimida. Sólo el alcohol ayudaba a María Elena para volver tolerable su pérdida. Fue en ese momento que apareció Luis Carrillo, un primo de ella que se hizo cargo de aquella familia rota.

Albert y Tony se refieren a ese hombre como su segundo padre. Lo llaman el ángel que Nicolás les envió para superar su ausencia. Entonces, Luis estaba cursando la carrera de derecho. Tuvo como compañero de estudios a un joven, poco mayor que sus sobrinos: Ricardo Trevedan. Era un tipo pendenciero que llegaba armado a la escuela y que en alguna ocasión puso una tremenda golpiza a la muchacha con la que salía.

Luis dejó de frecuentarlo después de la universidad. Aquel conocido nunca ejerció como abogado, en cambio el tío entró a trabajar al Tribunal Superior de Justicia del Distrito Federal. Mientras tanto, su excompañero montó un taller mecánico y prosperó trayendo mercancía de Estados Unidos que vendía en sus locales. Alguna vez que la vida volvió a reunirlos, Luis presentó a Tony con Trevedan. El sobrino andaba en búsqueda de trabajo cuando el socio de ese sujeto, un policía llamado César Freyre, necesitaba de un chofer que le hiciera servicios esporádicos.

Desde el punto de vista económico, Nicolás había dejado bien protegida a su familia y, aunque María Elena se empeñó, ninguno de los muchachos hizo estudios universitarios. Albert cursó una carrera técnica que le enseñó algo de contabilidad y también de programación. Para Tony, que era más tímido, la vida profesional fue siempre complicada. Mientras ayudaba a Freyre con sus mandados, montó un local cerca de casa de su madre dónde arreglaba teléfonos celulares. Ese negocio solía pedir más de lo que daba.

A diferencia de Tony, Albert nunca la llevó bien con Freyre. Peor impresión de esa persona tenía María Elena. El día en que lo conoció, llevaba puesta una gabardina negra y botas de color blanco; parecía personaje de una película mala de gánsteres mexicanos. Desde un principio insistió en que su hijo más joven tomara distancia de ese individuo, pero Tony no le hizo caso. Trevedan y Freyre pagaban las cuentas cuando él los acompañaba a los antros donde los trataban como reyes.

Luis se enteró, por voz de su excompañero de universidad, que Trevedan tuvo problemas con Freyre. De su lado, Tony ocultó a su familia la vez que el policía pidió que llevara hasta San José del Cabo a su hermana Julieta, y también a Juana Hilda, su novia, para que reconocieran los restos de Jonathan, el hermano asesinado por Trevedan.

Cuatro meses después, Tony pidió prestada a su madre la camioneta familiar porque tenía previsto ir con unos amigos a Chalma y no contaban con otro vehículo de suficiente tamaño. María Elena se negó en un principio porque se enteró de que, entre esas personas, iba también Freyre. El hijo más joven insistió tanto que ella accedió con la condición de que los acompañara Albert. Aquellos hermanos cumplieron con su compromiso y regresaron temprano porque el mayor debía trabajar al día siguiente. Albert desempeñaba entonces un puesto administrativo en un hospital del Instituto Mexicano del Seguro Social. Era bueno para los números y también para el control de las facturas.

Después, Albert encontró un mejor empleo dentro de una empresa estadounidense que se encontraba cerca del Reloj Chino de la avenida Bucareli. Lo habían contratado porque hablaba inglés y tenía habilidades para programar computadoras. Un día, muy temprano, antes de salir a trabajar vio por la televisión que César Freyre había sido detenido. Lo acusaban de haber secuestrado a un empresario. Sentado junto a Albert, estaba Luis Carrillo. Mientras desayunaban, el tío se preguntó si su excompañero de banca, Ricardo Trevedan, no estaría también vinculado con aquel crimen.

Luis no dio mayor importancia al evento y Albert guardó silencio sobre la relación que Tony sostenía de manera intermitente con Freyre. No quiso preocupar a su madre ni a su tío. Tampoco imaginó que, semanas después, cerca de su nuevo trabajo, lo iban a detener para acusarlo de haber participado en el mismo plagio.

CAPÍTULO VI

38

Ámbar Treviño posee buena labia, y si no la toman en serio, tiene también mucho carácter. Es la oveja negra de una familia que usa bata blanca, por eso sus padres levantaron una ceja cuando les dijo que quería ser abogada y, pobres, tuvieron que alzar las dos cuando, todavía siendo pasante, se puso a sacar borrachos de la cárcel.

En derecho las coincidencias difícilmente ocurren. Sólo así pudo explicarse por qué escuchó aquella conversación en el centro de arraigo, justo antes de entrevistarse por primera vez con Juana Hilda González Lomelí. Mientras escribía su nombre en el registro, se topó con una charla acalorada entre tres agentes que recién habían salido de trabajar. Una mujer les contaba a sus compañeros de un accidente y a la abogada se le grabó el nombre Martí, un colega que murió porque iba manejando. De no ser por el apellido del poeta cubano, probablemente lo habría olvidado.

«Todo por culpa de esa pinche vieja», reclamó la funcionaria.

Cuando se dieron cuenta de que su conversación había llamado la atención a esa licenciada, los agentes se apartaron con brusquedad. No podía entonces saber Treviño que la mujer a la que se referían estaba a punto de ingresar a su vida para no irse nunca: alguien que no era Juana Hilda.

Aquella mañana, antes de que sacara el cuerpo fuera de las cobijas, César Freyre la llamó al celular: «Abogada —dijo con su voz gruesa—, madrearon a mi chava».

Enterada de que esas llamadas eran registradas por la fiscalía, Treviño prefirió no indagar más y se apuró para visitar el centro de arraigo donde habían hospedado a sus nuevos clientes. Una vez que tuvo a Juana Hilda frente a ella, confirmó lo mal que estaba. Llevaba puesto un collarín, traía un brazo en cabestrillo, la mano izquierda vendada y el rostro arañado. Aquellas mallugadas eran el resultado de un accidente de tránsito ocurrido pocas horas antes.

Puso dos vasos de agua sobre la mesa, y la mano buena le temblaba como si tuviera párkinson. No iba a poder contar nada si seguía así. Cuando la abogada dijo que César Freyre había pedido que fuera a verla, la bailarina reaccionó con una breve sonrisa y encontró fuerza para hablar: a las 4:45 a.m. la habían subido a un vehículo grande de policía. Custodiada por cinco agentes, querían llevarla a una dirección ubicada al sur de la ciudad. Pero a unos tres kilómetros del centro de arraigo, ese vehículo fue embestido por una camioneta «como de panadero», según sus propias palabras.

El encontronazo fue bestial y la cabeza del hombre que iba conduciendo reventó contra el cristal de la ventana. Murió al instante. A pesar de que viajaba en el asiento ubicado justo detrás de Martí, el chofer, Juana Hilda salvó la vida.

Lo que vino después puso a temblar de indignación a la abogada. Dos ambulancias llegaron casi de inmediato y en ellas partieron hacia el hospital más cercano los cuatro agentes que sobrevivieron. En cambio, a Juana Hilda la subieron en una patrulla de tránsito para trasladarla de vuelta a su celda. Escandalizada, la abogada quiso saber por qué no la habían llevado a la misma clínica.

Su nueva clienta escuchó decir a los agentes que debía ser así para que los medios de comunicación no hicieran un escándalo. A Treviño no le cuadró aquel razonamiento. Era ilógico que a una interna la sacaran a esa hora de la madrugada para hacer una diligencia sin estar acompañada de su abogada. Si la habían traído de vuelta al centro de arraigo fue porque aquella salida debió haber sido irregular.

A Juana Hilda se le cortaba la respiración.

—¿Te tomaron radiografías? —interrogó Treviño.

Respondió que no, pero la habían hecho firmar un papel donde liberaba de responsabilidad a sus custodios:

—De otra manera no me iban a dar medicina para el dolor —completó.

Volvieron a quedarse en silencio. Era como si Juana Hilda estuviera y no estuviera ahí.

—Estos moretones van a confundirse con los que me hizo anoche el licenciado Ubaldo —comentó de pronto.

La licenciada no comprendió.

—Ayer me agredieron hasta que confesé no sé cuántas mentiras —informó la imputada.

—¿Qué fue lo que te hicieron?

Juana Hilda mostró el brazo libre cubierto de rasguños y contusiones.

—Lo del accidente pasó después —aclaró.

Ella dirigió la mirada hacia los pies de la abogada:

—¿Ahora quién va a creer lo que me hizo ese señor?

39

La licenciada Ámbar Treviño no sabía entonces cuánto iba a cambiar su vida a partir de aquel encuentro en el centro de arraigo con Juana Hilda. Ella dice que no eligió participar en esta historia, la historia la eligió a ella porque en el reparto de sus personajes se necesitaba a una abogada joven, ambiciosa y chingona que se hiciera cargo de una defensa imposible.

Sabía que no iba a ganar dinero, pero fama sí. A la pregunta sobre por qué tomó este caso, responde sin florituras que fue por vanidad: «Según Al Pacino, es el peor de los pecados; no lo dijo en *El padrino*, sino en otra película, *El abogado del diablo*», agrega.

Entonces le iba bien porque no perdía un solo caso. Creyó que, por la derecha, este asunto también lo tenía ganado. Cuando la buscó Rosa Morales, la mamá de César Freyre, no había nada en contra de su hijo. El ministerio público había convencido al juez de guardarlo porque le encontraron un rifle en su casa, pero ese delito no aplicaba, ya que el cliente era policía. Además, lo de las armas es un pretexto que la autoridad utiliza cuando no tiene algo más gordo.

La familia de César Freyre estaba desesperada, y es que nadie quería ayudarlos. Aquello llamó la atención a Treviño porque a los verdaderos mafiosos les sobran abogados: cuando alguien trae encima el delito de crimen organizado hacen cola porque ése el trabajo mejor pagado. Treviño visitó al licenciado Braulio Robles Zúñiga, el agente del ministerio público responsable del expediente; ese hombre la tuvo todo el día esperando y no fue hasta muy noche que le dio permiso para ver los documentos. A esa hora revisó hoja por hoja el interior de una carpeta flaca. Ahí dentro estaban las denuncias de la familia Wallace, presentadas siete meses atrás, pero en ningún lugar encontró Treviño el apellido Freyre. También halló el acta del cateo que la policía realizó en el departamento que César compartía con Juana Hilda, donde aparecieron las armas, unas fotografías y una licencia de manejo falsa. Esto último tampoco le pareció grave porque no la había utilizado para identificarse.

Treviño está convencida de que para presionar a Freyre habían detenido a sus familiares. A Rosa Morales, su madre, y Julieta Freyre, su hermana, les echaron el carro completo: las denunciaron por delincuencia organizada y privación ilegal de la libertad. Según el ministerio público, eran parte de la banda de delincuentes liderada por su pariente: se encargaban de recoger el dinero de los secuestros. A Rosa la agarraron con cien pesos en la bolsa y un par de vales de comida con sellos del gobierno. Las dos eran gente humilde, eso era evidente.

Ámbar ingresó a la oficina del juez para pedir que sacara a esas dos mujeres del centro de arraigo, pero no tuvo suerte. Cuando regresó con sus clientas, Rosa estaba más tranquila. Ella era como César: un vehículo todoterreno. Pero encontró a Julieta en un mar de lágrimas. Tenía razón al suponer que ahí la única extorsión era la que andaban enderezando contra su hermano. A ella y a su madre las estaban utilizando como moneda de cambio para que Freyre se entregara. Rosa había escuchado a los guardias apostar sobre quién iba a quebrarse primero, si César o Juana Hilda.

40

Las situaciones extremas suelen atraer gente cuya biografía no es común. Éste es el caso de Luis Miguel Ipiña, mejor conocido entre sus amigos como Koldo (así llaman de cariño en el país vasco a los Luises). De jovencito fue militante de ETA, la organización terrorista vasca. Cuando se cansó, migró a México donde se hizo taxista, y ya mayor se puso a escribir historias sobre mujeres que habían sido privadas de la libertad. Visitando a una conocida española que había caído en prisión, a Koldo se le ocurrió crear el blog *Cárcel de mujeres*.

Se improvisó como periodista y fue tomando experiencia porque sabía escuchar y no era torpe a la hora de hacer preguntas. También se le daba la pluma, así que entre las reclusas y sus familiares agarró buena fama por sus perfiles empáticos con esas mujeres. El vasco metió las narices en el caso Wallace gracias a Isabel Miranda. Antes conocía casi nada; sólo había visto los espectaculares y tenía a la señora como una justiciera a la que adoraba todo el mundo. Sin embargo, un día vio por televisión a esa madre atormentada hablar pestes del gobierno, porque se enteró de que la supuesta asesina de su hijo había tenido sexo con un hombre dentro del reclusorio.

A Koldo le hizo gracia. La señora estaba mal informada: el celibato era una obligación prevista para las monjas, no así para las mujeres encarceladas. Era legal, pues, que Juana Hilda González solicitara visita conyugal para poder acostarse con quien le viniera en gana. Por medio de otra conocida que compartía pabellón en la cárcel de Santa Martha Acatitla, el vasco consiguió que la exbailarina aceptara aparecer en su blog.

Ella llegó nerviosa a la conversación porque sería la primera vez que, lejos de policías, jueces, abogados y tribunales, contaría su versión. Como la mayoría de las reclusas, aseguró que era inocente, «al cien por ciento». Koldo había preparado algunas preguntas. No se le daba dirigirse a la gente hablándole de usted, así que de inmediato la tuteó. Después de abrir con un par de comentarios intrascendentes, optó por interrogar a propósito de la noche en que desapareció Hugo Alberto Wallace:

—¿Qué hiciste el lunes 11 de julio de 2005?

—Fui al cine con una amiga, luego regresé a mi casa y ahí me encontré a mi novio, César Freyre, que estaba pisteando con unos compas. Esa gente tardó en irse.

Koldo y Juana Hilda hablaron de los vecinos de Perugino, que no escucharon nada. Ella mencionó a sus amigos, Vanessa y Jesús Noel, que también fueron amenazados.

El vasco aceleró el interrogatorio:

—Dicen que confesaste.

—Después de lo que me hicieron, cualquiera lo habría hecho.

El entrevistador no pudo introducir a los locutorios su grabadora, así que anotó como pudo las palabras que la exbailarina iba pronunciando.

—Me confundieron con una prostituta, pero el chofer del desaparecido aclaró que no era yo. Luego, cuando me detuvieron, ese fulano cambió de opinión. Todo fue manipulado.

—Cuéntame sobre el día en que te detuvieron.

—No tenía ni un par de meses en México cuando vinieron a buscarme al nuevo departamento donde recién me había mudado a vivir con mi pareja, César Freyre, y con mi hermano, Armando. Estaba muy cansada, después de haber grabado un video en Los Ángeles y de hacer una gira por ciudades distintas de Estados Unidos.

Koldo sabía que Juana Hilda había trabajado para Grupo Clímax. La letra de la única canción que le proporcionó fama a ese conjunto musical dio idea al vasco del tipo de baile que hacía esa mujer: «Za za za / que todo el mundo aplauda. / Mesa que más aplauda, / le mando, le mando a la niña...».

El video de Grupo Clímax, que sigue colgado en la red, muestra cuerpos esculturales de mujer moviéndose a un ritmo que parece cubano. La referencia a la mesa que más aplauda obviamente se relaciona con los *table dance*, tan de moda por aquella época. Lo de «la niña» ofrecida a los aplaudidores pareció a Koldo de pésimo gusto, aunque no se habría atrevido a externar esa opinión delante de Juana Hilda.

Ella no pensaba abandonar la carrera artística, pero —explicó al vasco— decidió hacer una pausa. César estaba dispuesto a mantenerla por un tiempo. La recibió en su nueva casa, un departamento recién amueblado, donde ambos metieron todas sus pertenencias. De cumpleaños, el policía le regaló un automóvil deportivo que, luego se enteró, habría adquirido a crédito.

Juana Hilda negó haberse mudado a vivir con su novio de manera forzada. Si bien, después declaró cosas horribles contra Freyre, asegura que lo hizo porque la coaccionaron en la procuraduría. Juana Hilda también estaba agradecida con su pareja porque consiguió trabajo para su hermano menor, Armando, que ella hizo venir desde Guadalajara porque andaba consumiendo drogas.

«¿No te parece extraño que Freyre haya rentado un departamento tan cerca de los negocios de la señora Isabel Miranda?», cuestionó Koldo.

Juana Hilda le juró que no sabía dónde estaba ubicada la oficina de esa señora.

Poner ambas direcciones sobre un mapa hizo que estallara la cabeza del bloguero: Tenorios 91 y Brujas 1 estaban a pocos metros de distancia. O bien esos criminales eran imbéciles, o Freyre escogió la vivienda de Tenorios desconociendo que se encontraba a seis minutos, a pie, del centro de operaciones de Isabel Miranda.

El expolicía tenía experiencia de sobra como para saber que los delincuentes viajan sólo con lo puesto, por si acaso tienen que poner los pies en polvorosa. No suelen, por tanto, llevar fotografías íntimas ni documentos personales a su guarida.

«César dijo que había escogido el departamento de Tenorios por la cercanía con su trabajo, y también con el taller donde Armando había entrado a laborar», aclaró la exbailarina.

Para Koldo el rompecabezas de plano no encajaba: en la hipótesis de que Freyre no conociera la dirección de la oficina de Isabel Miranda, ¿cómo explicar que fue a ese domicilio donde envió por correo postal los tres comunicados redactados para exigir el millonario rescate a cambio de la libertad de Hugo Alberto Wallace?

El vasco descubrió que el tema de la dirección no era la única anomalía. De acuerdo con los periódicos, la detención de Juana Hilda se hizo en flagrancia, es decir que, al momento de apresarla, ella estaba cometiendo un delito.

—¿Cuál fue el crimen descubierto en ese momento? —interrogó cada vez más interesado.

Juana Hilda se burló:

—No me robé una cartera, tampoco apunté con un arma hacia esos agentes, ni vendía contrabando sobre una banqueta.

—¿Entonces?

Con sus propias palabras, Juana Hilda explicó que el delito cometido en flagrancia fue haber mostrado a los funcionarios la licencia de manejo número 5256270, expedida por la Secretaría de Transporte del Distrito Federal, a nombre de Sandra Gutiérrez. Según los hombres que la apresaron aquel día, eso fue lo que ella hizo; cuando preguntaron por Juana Hilda González Lomelí, presentó ese cartón plastificado a nombre de Sandra Gutiérrez.

—Tal cosa no puede ser cierta, ya que en ese momento la policía enseñó la misma identificación a mi hermano Armando dentro de la oficina de la fiscalía. Puede usted verificarlo en el acta del interrogatorio del ministerio público y luego comparar con la hora en que me detuvieron. Esa licencia no pudo estar en dos lugares al mismo tiempo.

Más tarde Koldo corroboró que entre el sitio de la detención y el edificio de la fiscalía anticorrupción había más de dieciocho kilómetros de distancia. Si Juana Hilda no traía encima el documento a nombre de Sandra Gutiérrez cuando la arrestó la policía, ¿cuál fue entonces el delito que cometió en flagrancia?

Koldo concluyó que aquella detención fue arbitraria porque no hubo motivo que la justificara. Y, sin embargo, ese documento falso, que tenía el don de la ubicuidad, fue el pretexto para retener a la bailarina y también para que los fiscales ordenaran el cateo del departamento de Tenorios.

En la argumentación para convencer al juez de otorgar la orden de allanamiento, el licenciado Braulio Robles Zúñiga copió la acusación que Isabel había entregado antes al subprocurador Santiago Vasconcelos. De ahí que la solicitud de cateo en el departamento de Tenorios sea el primer documento firmado por una autoridad donde se menciona a la exbailarina como criminal. Ahí dice textualmente: «...existe la fundada presunción de que Juana Hilda González Lomelí participó en el secuestro de Hugo Alberto Wallace».

—¿Cómo se llegó a esa conclusión? —cuestionó el vasco.

—Pues por la licencia falsa y también por los implantes de senos...

Koldo se sorprendió:

—¿Por unas siliconas?

Juana Hilda contestó con picardía:

—Porque mi busto coincidía con el de la tipa que el chofer señaló como la enganchadora.

—¿Qué encontraron en el departamento de Tenorios? —continuó el entrevistador ruborizado.

—Pues el lugar contaba con sala, comedor, cocina, un baño y dos habitaciones grandecitas. La mayoría de los muebles eran nuevos porque mi suegra, Rosa Morales, los había comprado, también a crédito. Eso está igualmente en el acta. La policía se refirió al inmueble como una vivienda normal. Lo puede usted ver en las imágenes que levantaron los fotógrafos de la policía científica.

—Sin embargo, hallaron armas y también algunos retratos comprometedores —recordó el bloguero.

—Está usted bien informado —reaccionó la exbailarina.

—Todo salió en la prensa. Encontraron, además, identificaciones falsas donde César Freyre aparece con otro nombre.

—Así es, pero ya explicamos por qué. A mi novio le habían matado a un hermano: Jonathan. Eso lo afectó muchísimo porque el asesino, Ricardo Trevedan, que antes había sido su amigo, perdió la cabeza. Teníamos miedo de que intentara hacernos algo. Por eso César mandó a hacer para los dos falsas licencias de conducir y credenciales para votar. Pero dichos documentos estaban guardados en un cajón dentro del departamento.

—¿Cómo se hizo la policía de la licencia de conducir que le mostraron a tu hermano Armando en la fiscalía?

—Es obvio que entraron a nuestra vivienda antes de que me agarraran.

—¿Quién? —insistió Koldo.

—No lo sé, pero durante los días previos yo me di cuenta de que alguien me estaba siguiendo. Por eso llamé a la policía. Tenía miedo de que fuera gente relacionada con Trevedan.

Koldo tomó nota. Era incongruente que la integrante de una banda de secuestradores, que se había instalado a quinientos metros del lugar donde fueron recibidas las notas de rescate, llamara a la policía para quejarse de que alguien la estaba molestando.

El vasco continuó:

—¿Y las armas que la policía halló debajo de tu cama?

—César era policía, así que no es extraño que poseyera armas. Yo conocía la pistola que estaba en el clóset. Sobre el rifle debajo del colchón, no tenía idea.

Juana Hilda contaba con una respuesta para cada duda. El tema más delicado, el que seguramente convenció a la juez de arraigarla, fue la fotografía donde aparece abrazada, en plan pareja, con uno de los sicarios más buscados en el país: Édgar Valdez Villarreal.

—Háblame de la Barbie.

—Pues, ¿qué te digo? Me trató bien. Me regalaba boletos de avión para visitarlo en Acapulco. Allá me la pasaba como una reina, en el reventón. Nunca supe a qué se dedicaba, porque no pregunté. No conocí entonces su verdadero nombre y tampoco supe que la policía lo buscaba. No fue hasta que vi su rostro por televisión cuando me enteré de que era un mañoso pesado.

—...y sanguinario —agregó Koldo.

—Conmigo siempre fue amable —replicó Juana Hilda—. Desde que me agarraron yo sabía que esa relación era el peor pecado por el que podían acusarme. Así que, en cuanto hubo oportunidad, conté todo. Hablé de los viajes y los guaruras, y aclaré que duramos poco.

—¿Cuánto?

—No más de ocho meses.

41

Dos días después de la detención afuera del departamento de Tenorios, Juana Hilda fue remitida a un centro de arraigo donde permaneció tres meses. Sirvieron la identificación falsa y el rifle escondido debajo de su cama como elementos para privarla de la libertad en lo que la policía lograba conseguir más pruebas de su involucramiento en el secuestro y asesinato del hijo de la señora Isabel Miranda.

—Me metieron con otras mujeres que sí estaban involucradas en delitos graves —narró Juana Hilda—. Durante casi un mes no tuve noticias del mundo exterior, no supe nada de César ni de mi familia, tampoco de mis amigas. Me mantuvieron incomunicada. El estado de ánimo se me vino abajo. Me sentí sola, angustiada, incapaz de comprender. Traía los nervios de punta. Sólo importaba que me sacaran de ahí.

Koldo estaba consciente de que Juana Hilda firmó dos declaraciones donde repitió la misma versión: que nunca conoció a Hugo Alberto, que no era una criminal y que la noche en que ese hombre desapareció ella había estado con amigos. Sin embargo, al final, sucumbió, y la tercera declaración proporcionada a los fiscales se convirtió en la principal pieza de evidencia para las investigaciones del caso.

El miércoles 8 de febrero de 2006, sin permiso del juez, la sacaron del centro de arraigo para llevarla a las oficinas de la fiscalía.

—Ahí estaba esperándome el viejo canalla de Fermín Ubaldo Cruz.

—¿Quién es esa persona? —quiso saber el vasco.

—El cabrón que me obligó a decir mentiras.

—¿Cómo te obligó?

—Ya traía yo el miedo en las tripas. Estaba angustiada por mi hermano Armando, a quien golpearon la noche de la detención. Querían que declarara en mi contra, pero sólo dijo lo que sabía, que la licencia de conducir era hechiza. También en esos días supe que habían maltratado a mi vecina, Vanessa Figueroa, y que traían en chinga a Jesús Noel, un compañero de trabajo. Luego, el mero día, vi entrar a una sala de interrogatorios que estaba junto a la mía a Rosa Morales y a Julieta Freyre, la mamá y la hermana de mi novio: las llevaban esposadas. El licenciado Fermín Ubaldo me dijo que, a diferencia de esas dos mujeres, a mí sí podía ofrecerme «beneficios»: siempre y cuando echara de cabeza a César. Prometió que si lo hacía conseguiría mi libertad.

—¿Qué respondiste?

—Lo mismo que las veces anteriores. Que se estaban inventando una historia para culpar a gente inocente por un crimen que alguien más había cometido.

—¿Qué pasó después?

—De tanta agua que me tomé para bajar el nervio, la vejiga comenzó a reclamarme. Necesitaba orinar y el tal Fermín me llevó a su oficina, después se metió conmigo en el cuartito de baño que tenía ahí dentro.

Koldo publicó en su blog que Juana Hilda no pudo con la sorpresa cuando ese hijo de puta la tocó con sus manos pequeñas para saber si sus «chichis» eran postizas. Ella trató de defenderse, pero él la sometió sin hacer demasiado esfuerzo. Terminó hincada sobre el piso con su cara cerca de la hebilla del cinturón de ese hombre. Estaba mareada y le dieron ganas de vomitar. Fermín Ubaldo simuló que iba a darle un puñetazo, pero al final la dejó a solas, chille y chille.

De vuelta en la sala de interrogatorios, ella se examinó para confirmar que ese sujeto le había dejado marcas en el cuello y las muñecas.

—¡Viejo cabrón! —se le salió decir a Koldo.

No se había repuesto del susto cuando el fulano le entregó el auricular de un teléfono. Una voz al otro lado de la línea la aterrorizó: «Mami, ¿cuándo vienes?», escuchó decir a su hija.

Después tomó la bocina el papá: hacía tiempo que no hablaba con su exmarido. Él informó que afuera de su casa había una camioneta negra y unos sujetos armados.

Juana Hilda entendió de inmediato el mensaje: entre Freyre y su hija no necesitaba elegir.

—¿Aceptaste darles la confesión que te estaban pidiendo? —inquirió Koldo.

Juana Hilda asintió.

—¿Tuviste asesoría legal?

—Pedí hablar con la abogada de oficio. Ámbar Treviño aún no se había hecho cargo de mi defensa. La primera se llamó Dolores Vera Murcia. Dijeron que venía en camino, pero que no me hiciera ilusiones porque era amiga de esa gente. La boca se me puso peor de seca y el licenciado Fermín continuó ofreciéndome vasos con agua.

—¿Te grabaron en video? —interrogó Koldo, quien ya había visto la declaración que Juana Hilda hizo aquel día ante una cámara.

—Para que no cometiera errores, una mujer había preparado unas cartulinas con el guion que debía repetir: recibí la orden de actuar lo más natural posible. Más tarde me hicieron firmar la transcripción de mis nuevas declaraciones.

—¿Todo ese tiempo estuvo ausente tu defensora? —insistió el entrevistador, sabiendo que sin la presencia de su abogada aquella confesión no habría podido presentarse en el juicio.

—La licenciada Vera Murcia entró y salió varias veces mientras yo hablaba ante la cámara. Cuando escribí mi nombre en la declaración que me pusieron enfrente, ella también estampó su firma. Traía prisa porque estaba atendiendo a otros clientes. Prometió que pasaría a verme más tarde, al centro de arraigo, por si había sucedido algo dentro de aquella sala con lo que yo no estuviera de acuerdo.

—¿Cuánto tiempo permaneciste ahí dentro?

—Habré llegado a la procuraduría hacia las cuatro de la tarde y no salí de ese lugar hasta después de las cuatro y media de la mañana del día siguiente.

42

Juana Hilda asegura que Fermín Ubaldo vertió alguna droga dentro del agua que le proporcionaron a lo largo del interrogatorio. De otra manera no puede explicarse cómo fue que se quedó dormida sobre el escritorio de la sala donde la grabaron hasta que los agentes de la Agencia Federal de Investigación fueron a buscarla, casi al amanecer.

—¿Cuánto tiempo después ocurrió el accidente? —preguntó el vasco.

—De ese evento recuerdo poco. Estaba tan atontada que mi memoria borró la mayor parte.

—¿De qué te acuerdas?

—Cuando me sacaron de la procuraduría, supe que no me llevarían de vuelta al centro de arraigo. Escuché decir que iríamos al gimnasio del papá de Paola Díaz, la esposa de Jael, el que quedó tuerto por culpa de Ricardo Trevedan. A esa hora de la mañana querían que señalara ese lugar como una de las casas de seguridad donde escondíamos a la gente secuestrada.

—¿Fue entonces cuando chocaron?

—De pronto vino el golpe. Una camioneta «como de panadero» se pasó un alto incrustándose contra la puerta del conductor. Yo venía justo atrás de él. Si no me morí fue de milagro. Diez centímetros atrás que hubiera sido el impacto y yo no estaría aquí.

—¿El conductor sí falleció?

—Ajá. Al momento. También se lesionaron los otros agentes que iban en ese vehículo de policía. Se los llevaron al hospital.

A mí, en cambio, me subieron a una patrulla de tránsito para regresarme al centro de arraigo.

—¿Crees realmente que fue un accidente?

Juana Hilda ladeó la cabeza.

—¡Demasiada casualidad!

—¿A qué te refieres? —inquirió Koldo.

—Una vez que lograron sacarme la confesión ya no les servía de nada.

—¿Piensas que quisieron eliminarte?

—Es muy obvio, ¿no?

—Pues no lograron hacerlo —subrayó el vasco.

—Les falló. No imaginaban que el conductor iba a ser el muerto.

El bloguero regresó sobre un tema anterior:

—¿Por qué no te llevaron al hospital?

—He pensado mucho en eso. Yo creo que querían evitar los análisis —sentenció Juana Hilda.

El vasco perdió el hilo de la conversación:

—No entiendo.

—Si me sacaban sangre o me tomaban una muestra de orina, los médicos iban a saber que el tal Fermín Ubaldo puso droga en el agua que estuve tomando el día anterior.

—¿Qué te explicaron entonces?

—Que no me condujeron al hospital porque querían evitar una investigación.

—Tiene sentido.

—No contaban con permiso para llevarme al gimnasio del papá de Paola, pero eso no fue lo grave. Esa gente lo planeó todo. Me drogaron, hicieron que confesara, y luego intentaron matarme. Cuando no funcionó, se volvió prioridad que el juez aceptara la confesión. En ese momento era la única prueba que había en nuestra contra. Si se sabía que me habían drogado se les iba a caer el teatro.

—El expediente dice que unos días después pasó la señora Isabel Miranda a verte al centro de arraigo.

—Sí, tal cual. Traía yo puesto un collarín y sentía dolores por todo el cuerpo. Antes me habían amenazado con que me negarían los medicamentos si no obedecía.

—¿Qué te pidieron que hicieras? —quiso saber el vasco.

—Primero que nada, debía liberarlos de la responsabilidad del accidente. También querían que le ofreciera disculpas a la señora. Entonces decidí seguirles la corriente, porque temí que intentaran terminar conmigo de nuevo.

—¿No ratificaste ante el juez la confesión que hiciste en la fiscalía?

—Claro que no. Me presionaron mucho, pero decidí que no iban a engañarme.

El vasco Luis Miguel Ipiña fue el primer periodista en dar a conocer la versión de Juana Hilda. En su caso, decir periodista es ir demasiado lejos. Koldo apenas se había estrenado en el oficio de la comunicación a través del formato blog que recién se estaba poniendo de moda.

43

Después de que detuvieron a Juana Hilda, Rosa Morales, madre de César Freyre Morales, le advirtió a su hijo que cometería un error si se quedaba: «¡Vete y llévate la camioneta!», le imploró días antes.

César decidió aguardar en el Distrito Federal en lo que lograba sacar a su pareja del centro de arraigo. Sin embargo, ya habían corrido quince días y aún no contaba con abogado, tampoco con información. Sólo sabía lo que dijo su cuñado, Armando Cruz: que a la bailarina la habían arraigado por unas identificaciones falsas.

Buscó a otra de sus novias, porque necesitaba dinero. Con esa chica sostuvo una relación al mismo tiempo que con Juana Hilda, por eso ella accedió a hacerle el préstamo y lo citó afuera de su domicilio trece días antes de que Juana Hilda entregara su confesión.

Freyre llegó temprano y, como tenía hambre, ingresó a un pequeño local que vendía tamales. A medio comer, se asomó de nuevo a la calle para cerciorarse de que su amiga no hubiera pasado de largo en lo que él merendaba. Estaba distraído cuando un vehículo sin placas montó la banqueta para cerrarle el paso; de él descendieron varios sujetos armados a quienes únicamente se les podían ver los ojos. Esas personas lo subieron por la fuerza a una camioneta; no eran policías, pero estaban bien entrenados.

Freyre asegura que Isabel Miranda estuvo presente en ese momento. Antes de llevárselo a otro lugar, ella corroboró la identidad del sujeto. Después lo condujeron a un inmueble abandonado. Tras cruzar una puerta negra de metal, lo arrojaron al suelo en lo que debió ser un taller mecánico. Ahí le retiraron toda la ropa y lo entablillaron con unas maderas largas, le pusieron un par de sábanas encima y ajustaron aquella tela percudida sobre su cuerpo con cinta aislante.

Los profesionales aplicaron toques eléctricos contra sus pies desnudos. El expolicía afirma que perdió el conocimiento. Cuando despertó estaba sobre el cemento frío. Lo volvieron a golpear mientras exigían que dijera dónde tenía escondido a Hugo Alberto. Dijo que no sabía de qué le estaban hablando y negó que hubiera participado en su secuestro. El hombre soportó aquella violencia que, según su versión, habrá durado poco más de dos horas.

Después, lo sacaron de aquel local para subirlo en una patrulla de tránsito que iba a transportarlo a su siguiente destino. Ya que entendía las claves de radio, Freyre se enteró de que antes el auto donde viajaba debía realizar un pequeño desvío. Fue entonces que arribaron a un cruce de calles donde había sido montado el escenario para presentarlo ante los medios. Ahí, un tipo alto, moreno y calvo presumió que, sin ayuda de la policía, los hermanos Isabel y Roberto Miranda habían logrado capturar a ese malhechor.

Freyre estaba evidentemente aturdido. Se hallaba al oriente de la colonia Polanco, casi frente al hotel Camino Real. Dos sujetos encapuchados lo tenían agarrado de los brazos. Cuando menos suponía, le fajaron un arma dentro del pantalón.

Después de la exhibición mediática, el policía fue conducido también a las oficinas de la fiscalía antisecuestro. Siguiendo la formalidad, un médico legista reportó el estado físico del detenido. De acuerdo con este profesional, Freyre presentaba quemaduras múltiples en la espalda baja, la cadera, el coxis y los pies; también exhibió contusiones en la región abdominal a la altura de las primeras costillas, en la axila derecha, la espalda media, la pared posterior del cuello, la barbilla y el pómulo derecho. Esas marcas son la prueba de que dijo la verdad respecto de su aprehensión: fueron el resultado de los golpes y la tortura que recibió a manos de sus primeros captores que no eran realmente policías.

¿Cuáles fueron los argumentos que ubicaron a Freyre como el líder de una banda criminal? Él no tenía antecedentes penales y en esa fecha no había una sola prueba que lo vinculara con el plagio de Hugo Alberto Wallace. Esa noche Juana Hilda no había confesado aún su involucramiento, o el de su pareja, en el crimen. Y si bien el ministerio público había instruido que se presentara a declarar, hasta ese jueves ningún juez dictó una orden de aprehensión en su contra, así que la presencia requerida de Freyre no era en calidad de imputado. Además, la razón de la comparecencia no tenía relación con el supuesto secuestro, sino con el fusil escondido bajo su cama. Tal acusación no alcanzaba para explicar la faramalla frente a las cámaras de los medios y menos aún la madriza que le pusieron previamente.

CAPÍTULO VII

44

Una vez que Juana Hilda proporcionó su confesión, el ministerio público emitió órdenes de localización en contra del resto de la banda. Entre ellas la expedida para buscar al médico responsable de descuartizar con una sierra eléctrica el cuerpo del hijo de la señora Miranda. El problema de ese documento es que no contenía el nombre de Albert Castillo Cruz.

Un par de semanas después, los investigadores contratados por Isabel dieron con ese sospechoso. Albert Castillo tenía entonces treinta y cuatro años y trabajaba para una compañía dedicada a diseñar programas de computación. Una tarde, al terminar la jornada laboral, salió acompañado de un par de colegas del trabajo, de camino a tomar el transporte público, cuando un sujeto lo llamó por su nombre. Al girar, Roberto Miranda preguntó si era hermano de Tony Castillo. Albert asintió y, para retenerlo, el interlocutor inventó que su hermano lo había recomendado como quien podía componer una computadora.

Albert no se creyó ese cuento, porque de ser cierta la historia, Tony hubiera proporcionado su número celular en vez de darle las coordenadas de la empresa para la que trabajaba; además, aunque era una compañía dedicada a desarrollar sistemas, eso no lo convertía en un componedor de computadoras, así que retomó su marcha dejando atrás al extraño individuo.

No había avanzado ni un metro cuando otras personas le cerraron el paso y el hermano de Isabel Miranda lo arrinconó, tomándolo con fuerza por el brazo.

—Suéltame —levantó la voz Albert observando a la distancia a sus compañeros, quienes habían quedado apartados por un cinturón de hombres fornidos.

—¡Ni madres, cabrón! —reaccionó Roberto.

Albert asegura que a empujones lo subieron a una camioneta. Por la ventana de ese vehículo reconoció a la señora Isabel. Fue en ese momento que entendió de qué iba todo aquello. Había visto a esa mujer en los noticieros: era la madre del tipo secuestrado.

—Me la vas a pagar, de aquí no te zafas, hijo de la chingada —gritó una vez que tuvo a Albert frente a ella.

Cuando comenzaron a interrogarlo, él dijo que se enteró del mentado secuestro por televisión, el día en que apareció César Freyre ante los medios; luego vio los espectaculares. Durante cuatro horas lo trajeron dando vueltas dentro de ese vehículo. Cuenta Albert que en todo ese tiempo uno de los sujetos le apuntó con una pistola. No sabría decir qué sucedió con la tal Isabel, pero asegura que el señor Roberto estuvo presente mientras lo golpeaban. Aquel maltrato fue porque querían saber dónde estaba su prima Brenda.

—Yo no tengo ninguna pariente con ese nombre —respondió, y cada vez se pusieron más agresivos—. Soy primo de una chica que vive en la colonia Jardín Balbuena y de otras que están en Cancún, pero ninguna se llama Brenda.

Cuando aquellos golpes no sirvieron para sacarle información, el hombre de la pistola se desesperó, cortó cartucho y pegó el cañón contra la sien derecha de Albert. Una voz lo salvó porque otro de los tripulantes se dirigió a Roberto Miranda para argumentar que ese «güey» no sabía nada.

En ese momento cambió el sentido de las preguntas:

—¿Dónde está Tony? —quiso saber Roberto.

El nombre de su hermano le devolvió fuerza. En ese caso sí tenía información, pero estaba decidido a no proporcionarla:

—¡Jálale si quieres, pero no te voy a decir ni madres! —asegura Albert que respondió envalentonado.

A pesar de que Roberto ordenó que le dieran otra ronda de cachetadas, Castillo intuyó que lo peor había pasado.

Lo levantaron hacia las seis de la tarde y no fue sino hasta las 10:22 p.m. que la camioneta en que lo torturaron se detuvo cerca de su domicilio. Fue a unas cuantas cuadras de distancia que aquellos civiles armados entregaron a la Policía Federal Preventiva a un Albert maltrecho y adolorido. Desde ahí lo trasladaron a las oficinas de la fiscalía antisecuestros.

Al día siguiente, muy temprano, el agente del ministerio público Braulio Robles Zúñiga autorizó que Albert llamara a su tío Luis, a quien le comentó que lo habían detenido porque lo acusaban de ser cómplice de César Freyre. El tío, que es abogado, no tardó en encontrarse a solas con su sobrino. Cuenta que, apenas lo tomó del brazo, se dio cuenta de que estaba muy lastimado.

Albert se quebró por primera vez:

—Me amenazaron con que a ti y a mi mamá se los iba a llevar la chingada.

Luis prometió que saliendo de ahí denunciaría ante la Comisión Nacional de los Derechos Humanos (CNDH).

—Déjalo, tío, así está mejor. Esa gente tiene recursos para rompernos la madre.

Luis preguntó si lo había revisado algún médico. Albert cambió el tema:

—Saben todo sobre nosotros: dónde vivimos, dónde trabajamos, qué carro tenemos, con quién anda mi hermano. Están inventando cuanta porquería, pero lo que en realidad quieren es que entregue a Tony. Dile a mi hermano que yo aguanto, pero que no vaya a dejarse agarrar, porque lo matan.

Luis lo interrumpió, angustiado, porque quería saber en concreto de qué acusaban a Albert.

—Figúrate tú, dicen que soy médico y que serruché el cuerpo del hijo de la señora ésa. Yo, que ni de primeros auxilios sé.

45

Días después, el agente del ministerio público, Braulio Robles, desembarcó en casa de la mamá de los hermanos Castillo. Ahí lo esperaba ya el tío Luis, a quien le pareció extraño cuando le preguntaron por el lugar donde se guardaban las herramientas en esa casa. El funcionario se decepcionó con el taladro que le mostraron. Lo que en realidad estaba buscando era una sierra eléctrica.

Una semana después, el mismo agente se desplazó hasta el municipio de Chimalhuacán, a las afueras de la Ciudad de México, porque allá vivía la suegra de Tony Castillo, mamá de Gabriela, su novia. El funcionario hizo lo mismo que en otras ocasiones: llegó acompañado de una legión de policías. Pobre señora: a su familia también le arruinaron la reputación aquel día en la unidad habitacional donde ella, su marido y sus hijas habían vivido en paz durante muchos años.

Confió después la suegra de Tony que ese agente no traía ninguna autorización para husmear entre sus cosas, y, sin embargo, dentro de su domicilio la amenazó con que ella y su hija Gabriela, la novia de Tony, iban a terminar tras las rejas.

Aquella buena mujer aguantó la majadería y, en cuanto pudo, corrió a buscar a su hija y a Tony, quienes, sin que lo supiera la policía, habitaban en una colonia vecina. Esa señora le pidió al yerno con firmeza que apartara a su hija de su problema. Tony prometió que así lo haría y tranquilizó a su novia, asegurándole que no tenía de qué preocuparse.

María Elena Cruz fue la primera persona a quien su hijo menor contó que pensaba entregarse. Sucedió a través del teléfono de una vecina que, poniéndose en peligro, prestó su casa para que la madre y el hijo pudieran comunicarse sin ser espiados. Cuando ella se dio cuenta de que a Tony le estaba ganando lo macho, puso un alto. Como decía su tío Luis, en esto había que tener la cabeza fría, y ambos sabían que cuando se trataba de meter el cerebro al refrigerador Albert tenía ventajas que Tony desconocía.

Al final de esa comunicación, María Elena y su hijo acordaron que esperarían un par de días para ver si tenía éxito el abogado que habían conseguido para sacar a Albert del arraigo; sin embargo, antes de que terminara la semana apareció el primer espectacular con las fotografías de los dos hermanos Castillo y una recompensa de cincuenta mil pesos para quien proporcionara información sobre ellos.

Tony ya había visto por televisión los anuncios donde aparecía César Freyre, pero jamás imaginó que a él y a su hermano les tocaría vivir esa misma suerte; sobre todo a Albert, quien no tenía relación de amistad con César Freyre.

Ver a su hermano exhibido como un vulgar hampón hizo que volviera a llamar a la vecina para que le ayudara a comunicarse otra vez con su mamá. Desde que escuchó su voz ella supo que esta vez nada lo haría cambiar de idea. Tony pidió dos favores: primero, que el día previsto para entregarse lo acompañara el abogado de su hermano, y segundo, que ella y su tío Luis acudieran también para darle fuerza. María Elena reaccionó contra la propuesta de que el tío pisara la fiscalía. Aprovechó para contarle a Tony lo sucedido con Rosa Morales y Julieta Freyre, la madre y la hermana de César Freyre. Las dos estaban acusadas de ser parte de una peligrosa banda de criminales. No fuera a ser que a su tío le hicieran lo mismo si lo acompañaba a la procuraduría. Con todo, precisó María Elena, ella sí acudiría con él; así los burócratas se darían cuenta de que Tony tenía madre y una que estaba bien plantada.

El sentimiento de culpa era grande. ¿Por qué Albert debía pagar por un error que no cometió? De manera esporádica Tony le hacía mandados a César Freyre, y con los ingresos de ese trabajo completaba para el gasto. Tony abrió un local donde reparaba celulares, pero como el negocio todavía no pagaba las cuentas, se ayudaba con lo que le daba Freyre. Sin embargo, Albert no tenía nada que ver con esa gente. Pensó que le contaría al juez todo esto y que al día siguiente podría volver con Gabriela; por eso desoyó el recado que Albert le envió con su tío, suplicándole que se escondiera.

Al final de aquella conversación, María Elena y Tony acordaron visitar al ministerio público acompañados del abogado. Cuando entraron a la fiscalía anticorrupción, una secretaria los hizo esperar durante un par de horas sentados en unas sillas duras y luego les informó, sin ninguna amabilidad, que el agente Braulio Robles se encontraba de vacaciones.

Entonces Tony pidió a la asistente que agendara una cita con ese agente ministerio público para cuando el funcionario tuviera previsto regresar a sus labores. Contempló volver mientras tanto a casa de su madre, pero antes llamó a su tío Luis y él aconsejó que no lo hiciera. Recordó que la intención de presentarse en la procuraduría por su propio pie era dejar asentada la voluntad de cooperar; si por un mal cálculo se dejaba aprehender lejos de ahí, las cosas podían terminar peor de enredadas.

Así que María Elena lo acompañó para que rentara un cuarto de hotel de medio pelo en la calzada de Tlalpan. Ella pagó cuatro noches por adelantado y lo dejó bien provisto de víveres con la promesa de volverse a ver en la puerta de la fiscalía el siguiente miércoles por la mañana. Aquellos cinco días fueron muy largos, tiempo suficiente para fabricar muchas pesadillas.

El día convenido Tony regresó a la procuraduría con María Elena y el abogado. Los recibió el licenciado Braulio. La madre de los hermanos Castillo preguntó aguerrida que qué hacía ahí la señora Isabel Miranda; Tony venía por las buenas, pero ella no estaba obligada a soportar la presencia de la mujer que había maltratado a Albert, su otro hijo, y que estaba destrozando la vida de su familia con sus espectaculares.

La señora Miranda se encendió tan rápido como María Elena. Acusó de asesino a Tony y dijo que se encargaría de que no volviera nunca a pisar la calle.

—Si te encuentro por ahí, no te hubiera reconocido —terció el licenciado Robles para meterse en medio de ese choque.

—¿Adelgazó el Panqué? —preguntó la señora Miranda, como si la nueva apariencia física de Tony fuera su victoria.

—Tuvo hepatitis y por eso bajó de peso —intervino el abogado, que hasta ese momento permanecía cómodamente sentado en la banca de la reserva.

—No sé quién sea el Panqué —interrumpió María Elena con la sangre aún corriendo a alta presión por sus venas; le chocaba ese apodo con el que se referían a su hijo algunos amigos.

Robles Zúñiga abrió la carpeta donde guardaba la orden de aprehensión en contra de Tony Castillo Cruz, alias el Panqué, y los presentes alcanzaron a ver la fotografía de Chalma donde él se encontraba arrodillado con una cruz. También esa otra imagen que la Vampi hubiera entregado a la señora Miranda , la que tomó durante el festejo de Ricardo Trevedan. En ella, entre otras personas, aparecen Hugo Alberto Wallace, César Freyre y Tony Castillo.

Gracias a ambos retratos fue posible corroborar que, en efecto, Tony antes cargaba con unos veinte kilos de más. Ese mismo día durmió en el centro de arraigo, donde ya habían encerrado a su hermano Albert. De nada sirvió haberse entregado. Antes de eso, la confesión de Juana Hilda lo había señalado como una de las dos personas que participaron en el secuestro, la muerte y el desmembramiento de Hugo Alberto Wallace.

46

Desde que fue señalada como integrante de la banda de secuestradores que supuestamente plagió y asesinó al hijo de Isabel Miranda, Brenda Quevedo redactó una serie de notas dónde narra diversos hechos relacionados con la tragedia que para ella ha significado el caso Wallace. Se incluyen aquí algunos de esos fragmentos escritos originalmente en primera persona:

«De regreso de Cancún, Jacobo insistió en que lo intentáramos una última vez. La familia de mi mamá es de Cuernavaca, y una de sus hermanas tenía una casita cerca de esa ciudad; durante una pausa que tuve en el trabajo le propuse que fuéramos a pasar un par de semanas por allá.

»Ahí nos encontrábamos cuando mi tía llamó para decirme que le urgía hablar personalmente conmigo. Me pidió que regresara cuanto antes al Distrito Federal, pero que no le dijera nada a mi pareja. Cuando nos encontramos, el semblante de mi tía anunció la gravedad de lo que debía decirme. Sin escalas, me contó que esa misma mañana un mundo de agentes había desembarcado en casa de mi mamá para llevarse varias cosas mías, entre ellas una computadora que le heredé al resto de la familia cuando me fui a vivir a Londres.

»—Necesitamos un abogado en quien confiar —continuó la tía.

»—¿Y yo por qué? —reaccioné sin entender nada.

»En vez de responderme puso frente a mí la primera plana de un periódico. En la parte central estaba la fotografía de un anuncio gigante con el rostro de Jacobo. Reconocí la estructura que había sido plantada en el patio de la casa de su mamá. Se me cerró la boca del estómago. Ahí fue donde me enteré de que un conocido de mi novio, un tal Hugo Alberto Wallace, había sido asesinado y su mamá acusaba a Jacobo, entre otras personas, de haber cometido el crimen. En ese espectacular, la señora ofrecía una recompensa para quien aportara información relacionada con el paradero de mi pareja.

»Dosificándome la información, mi tía contó que la policía tenía retenidos a mi madre y a mi hermano. El sentido común dictaba que, cuanto antes, Jacobo y yo nos presentáramos para aclarar que no teníamos nada que ver; así lograría que liberaran a mi familia. Debía llamar a mi novio para convencerlo de que me acompañara.

»—¿Y si la policía tiene intervenidos los teléfonos? —preguntó la tía con prudencia.

»—Pues entonces voy a marcarle por uno público.

»Jacobo se enteró de todo durante la hora posterior a mi partida de Cuernavaca. Alguien más le contó de su foto en los espectaculares y también le advirtió que no fuera a comunicarse con su madre porque podía meterla en problemas.

»—Vamos juntos con la policía —supliqué.

»Jacobo replicó que él sí debía algo.

»—¿Qué hiciste? —grité sin darme cuenta de que había asustado a un niño y a su madre, que paseaban cerca de mí.

»Contó que hacía algún tiempo vendió un carro, el cual, sin él saberlo, resultó robado.

»Me regresó el alma al cuerpo.

»—Eso es una tontería en comparación con lo que anda diciendo la señora Wallace de ti.

»—No conoces a esa mujer.

»—Ni quiero conocerla, pero no dejemos que siga haciendo acusaciones.

»—Me temo que ya es tarde.

»—¿Cómo que tarde?

»—Quisieron matar a Juana Hilda.

»Aquella noticia me alteró peor.

»—¿Juana Hilda? ¿La novia de Freyre?

»—Sí.

»—¿Y ella qué tiene que ver con todo esto?

»—La encerraron por lo mismo y entiendo que casi se le muere a la policía.

»—¿Quién quiso hacerle daño? —desesperé, y es que Jacobo podía ser muy fantasioso.

»—Sólo eso sé.

»—Será como tú dices, pero tenemos que presentarnos. De otra manera vamos a confirmar que somos culpables.

»—Yo no voy, Brendita —dijo, y con el uso del diminutivo encendió la pólvora.

»—Si no vienes conmigo, ésta será la última vez que hablemos.

»Pero Jacobo no se conmovió con mis argumentos y, en efecto, aquella fue nuestra última conversación en libertad».

17

«Mi familia contrató a un abogado que solamente nos sacó dinero; no quiso siquiera verme para que le contara mi versión de las cosas, y dijo que iba a promover un amparo que nunca redactó. Ignoro si le dio miedo, se corrompió o si asumió que mi asunto no tenía remedio. Al principio me negué a creer que también me estaban buscando. Supuse que me identificaban como la novia de Jacobo, pero el telón cayó encima de mi cabeza cuando unos fulanos que andaban en camionetas grandes comenzaron a seguir a mi familia.

»En lo que pensábamos cómo enfrentar las acusaciones, me llevaron a Guadalajara, donde me hospedó otra tía. Ahora reconozco el enorme riesgo que ella debió correr: no cualquiera recibe en su casa a una pariente que sale en las noticias como la peor delincuente. A toda hora veía la televisión y a toda hora, igual, aparecía la señora Miranda. Me duele el estómago sólo de revivir aquello. Por la pantalla vi los espectaculares. Primero el de Freyre, luego el de Jacobo, que ya conocía por el periódico, y después el de los hermanos Castillo. El último fue el mío. Recuerdo cuando la tía de Guadalajara me abordó, cruzada por el llanto:

»—Sacaron en las noticias que mañana van a instalar otro anuncio, esta vez con tu rostro.

»Yo también me puse a chillar. Estaba en shock, sin entender nada. Temía por mi mamá, también por mi hermano y por mi padre; no podía imaginar lo angustiados que debían estar.

»Me tocó escuchar al jefe de la policía informando que iban a imprimirse cinco mil fotografías de Jacobo para asegurar que todas las patrullas del Distrito Federal llevaran una pegada en sus ventanas. ¿Qué pruebas había realmente en su contra? Yo sabía que Hugo Alberto y Jacobo se conocían, pero en todo el tiempo que duró nuestro noviazgo nunca coincidí con él. Aquello era una farsa enloquecida. No había manera de que Jacobo se hubiera dedicado a secuestrar a gente sin que yo me diera cuenta.

»Durante aquellos días la comunicación con mi familia fluía mal. Una tía le hablaba a la otra y esa otra a mi mamá. Luego el teléfono descompuesto hacía el recorrido inverso. Así fue como me enteré de que Albert Castillo Cruz había sido detenido. Su familia le contó a la mía que lo habían golpeado duro y que también lo torturaron para que se declarara culpable. Solamente por coincidencia Albert y yo llevamos el Cruz como apellido materno; pobre, por esa razón lo presionaron fuerte. Querían que dijera dónde estaba su prima. El hombre no sabía nada de mi paradero, tampoco de mi vida, excepto que era novia de Jacobo. Nos habíamos visto una sola vez, cuando fuimos todos al santuario del Señor de Chalma.

»Después encarcelaron también a Tony Castillo Cruz, el hermano de Albert. A él no lo detuvo nadie, ya que se presentó por su propio pie. El pobre creyó lo mismo que yo le había pedido antes a Jacobo: que si acudía voluntariamente a la policía quedaría libre y que además lograría sacar de ahí a su hermano. Al final, a él también lo encerraron.

»Lo de Tony me obligó a pensar las cosas de manera diferente. Jacobo estaba en lo correcto: nada iba a convencer a esa señora, ni a todos los ministerios públicos y policías que trabajaban para ella, de que éramos inocentes. Con este último suceso mi familia tomó una nueva decisión y me trasladaron a un pueblo chiquito de Michoacán donde también teníamos parientes, aunque más lejanos. Esos primos eran cristianos, muy creyentes, y pertenecían a una comunidad bien solidaria.

»Cuando de niña me pasaba algo malo, solía meterme debajo de la cama; no estaba en edad de hacerlo otra vez, pero la angustia fue demasiada y no salí de ahí durante tres días. Aun así, mantuve encendida la televisión. Necesitaba estar conectada con el exterior.

»El morbo de los reporteros era grande. Andaban muy interesados en divulgar que esta vez la maldad del secuestrador no residía en una banda de señores porque detrás había una mente siniestra: una *femme fatale*. Yo hice subir el *rating* de aquellos noticieros. La señora Miranda me mencionó por nombre y dijo que yo había redactado el texto de la nota de rescate que le enviaron los secuestradores; también aseguró que era la autora de las fotografías que iban en el mismo sobre, además de ser la responsable de una amenaza de muerte contra ella y su nieta.

»Aquello era una metralla de mentiras, pero, salvo por un puñado de personas, el resto ya nos había juzgado. La señora subió el tono reclamando que yo era una suerte de prostituta dedicada a engatusar a hombres pudientes para luego secuestrarlos, una puta perversa capaz de cualquier cosa con tal de salirme con la mía.

»Me caló que en casa tuvieran que soportar esas calumnias. Me preguntaba al mismo tiempo qué pensaría la gente, más allá de mi círculo familiar, que me había conocido de antes. Mi mamá había hecho muchísimo esfuerzo para pagarme una carrera y yo me empeñé en titularme; durante la licenciatura trabajé duro para lograr mi independencia. ¿Cómo era posible que, de la noche a la mañana, mi reputación y el honor de mi familia se fueran por la coladera?

»El corazón y el cerebro terminaron por divorciarse el día en que la señora Miranda mencionó públicamente la dirección donde vivían mi mamá y mi hermano: aquello fue un llamado sin reservas al linchamiento. Era obvio que, a partir de ahí, ambos tendrían que abandonar la morada donde habíamos sido familia durante tantos años. El patrimonio de mi madre, quien trabajó durante décadas como secretaria en un banco, se desintegró con presionar un solo botón.

»Todavía no me recuperaba de esa noticia cuando volví a escuchar a la señora, esta vez exigiendo que el ejército me buscara porque las autoridades civiles no servían para nada. También dijo que, además de haber tomado las fotos del tal Hugo Alberto y redactar la nota de rescate, yo, personalmente, había trasladado los restos descuartizados de su hijo para arrojarlos al desagüe.

»Fue debajo de aquella cama, temblando durante largas horas, que llegué a la conclusión de que debía desaparecer. Tras de mí y de los míos había una maquinaria despiadada y la única manera de evitar que sus brazos largos nos destriparan era si me esfumaba para siempre».

48

«De pie junto al espejo, comencé a cortarme el pelo; cada mechón que caía era una metáfora de cuanto debía abandonar, por eso me tomó tiempo. Cuando dejé de manipular las tijeras, el nombre de Brenda Quevedo Cruz se desplomó con la misma gravedad que aquella mata larga que antes me llegara hasta la cintura.

»Había tomado una decisión que me robaba el aire. Muchas cosas que hasta ese momento daban sentido a mi entendimiento del mundo estaban a punto de cambiar. El miedo justificaba que me convirtiera en una fugitiva; no había otra salida si quería salvarme y, sobre todo, salvar a mi familia. Cuando la amenaza es superior a tus fuerzas, a tu capacidad para defenderte, como último recurso queda dejar de ser quien has sido, desechar tu nombre, desaparecer.

»Ahí, frente al espejo, tuve el coraje de reconocer que Brenda llevaba días desvaneciéndose. Pasaba tantas horas debajo de una cama que sus lágrimas hicieron nido en el polvo. Suplicaba que la pesadilla terminara, y sin embargo cada día era más real. La verdad se había distorsionado y una de sus versiones me sentenciaba por un delito que yo negaba rotundamente.

»Como si la antena del televisor hubiera extraviado la señal, la contradicción de aquellas versiones alternativas produjo una angustiosa estática en mi cerebro. El hombre que hablaba desde ese aparato jamás antepuso el término "presunta" a las palabras secuestradora o asesina. Sin que mediara un proceso judicial, ni pruebas ni mi propia voz, fui juzgada como culpable en cadena nacional. Había perdido la batalla. Ni cómo demostrar que se estaba cometiendo una monstruosa equivocación.

»Temblaba de impotencia, y de nuevo metía mi cuerpo entero debajo de la cama. "¡Brenda, basta de tus miedos!", comencé a repetirme en voz baja. "No tienes por qué temer, tú no hiciste nada".

»Tan mal me habrá visto aquel día la pariente que me albergó lejos de la casa de mis padres que me obligó a bañarme, a cambiarme de ropa y a maquillarme. Después me llevó a ver a su pastor. Habrá supuesto que ya sólo me quedaba la fe para salir adelante. Era una mujer muy religiosa, así que su pastor estaba enterado de que me escondía en su casa.

»Aquel hombre fue generoso y dijo que no pusiera en duda la voluntad de Dios:

»—Él siempre se coloca del lado de la persona que sufre las injusticias —aseguró.

»Ante ellos dos volví a llorar, pero esta vez las lágrimas me proporcionaron fuerza».

49

«Con una mochila mediana y otra más pequeña dentro, atravesé el país. Llevaba conmigo un celular barato en cuyo directorio únicamente había un teléfono: el de la persona a quien debía llamar cuando estuviera lista para cruzar la frontera. Llevé también conmigo un poco de maquillaje, doscientos dólares y una licencia de manejo a nombre de Nadia Vázquez, la persona que a partir de ese momento iba a ocupar mi cuerpo.

»Con la mirada puesta en un mapa que sólo existía en mi cabeza, tomé un autobús que me condujo a Piedras Negras. Aquel transporte se detuvo varias veces en el camino y, en una de las paradas, un grupo de soldados subieron para inspeccionar a los pasajeros: al mostrar la licencia de Nadia, un joven vestido de verde recomendó que no viajara sola. Yo asentí con tristeza por no poder hacerlo acompañada.

»Siguiendo las instrucciones recibidas, logré dar con una casa pequeña y sucia en un barrio marginal: dentro encontré a una decena de hombres, todos mayores, que igualmente aguardaban el momento propicio para meter el cuerpo en el río Bravo y sacar la cabeza del otro lado. Transcurrieron varios días en que me alimenté de barras de cereal y yogur líquido que unos chiquillos me traían de la tienda a cambio de una dotación generosa de golosinas; era mejor aquel alimento que el grasoso caldo de gallina cocinado diariamente por la señora de la casa. Por las noches escondía la cabeza y abrazaba mi mochila. Alguno de mis compañeros de viaje se ponía a mirarme de una forma que me incomodaba.

»Por fin, un sábado muy temprano, se presentaron dos sujetos tan jóvenes como groseros. No tuvieron respeto por nadie. A una orden suya, el grupo salió a toda prisa por la puerta trasera de la casa; apenas alcancé a cerrar mi mochila y rogué no haber olvidado nada. Caminamos unos veinte metros por una brecha que nos condujo al río: jamás imaginé que estuviera tan cerca de Estados Unidos. Me deslumbró el sol de aquella hora temprana y también el paisaje desértico. Era yo quien, en fila india, seguía a aquellas personas, pero también, desde una imaginaria toma aérea, miraba a aquel grupo que, por distintas razones, apuraba el paso para abandonar su país.

»En el lecho más próximo aguardaba una balsa inflable a la que se nos ordenó subir. A mí me detuvieron cuando iba a intentarlo porque a los polleros les pareció demasiado grande la mochila que llevaba. Si quería seguir adelante debía dejarla, o de lo contrario me quedaría junto a ella mientras el resto cruzaba esas aguas. Resignada, acepté lo que me pareció un asalto y extraje del interior la mochila más pequeña; ahí dentro guardé lo indispensable.

»Montamos unas trece personas sobre aquella embarcación improvisada, once varones y dos mujeres. Una cuenta rápida acerca del negocio de esas personas me llevó a concluir que aquel transporte representaba una verdadera fortuna: juntos, los pasajeros les habíamos pagado unos treinta mil dólares.

»El viento acariciaba las mejillas mientras nuestra embarcación surcaba la corriente. Avanzábamos a contraflujo, enfrentando la ansiedad. No podía apartar de mi cabeza el escenario que sufriría si aquel experimento salía mal. En la balsa nadie hablaba, nadie se movía, nadie se miraba. Cerré los ojos para concentrarme en el rostro de mis padres y de mi hermano, los argumentos principales para mi fuga. Si yo desaparecía, la policía, fatigada, terminaría por dejarlos en paz.

»Sin avisar, aquella barca topó con la otra orilla. Los polleros volvieron a ordenar, esta vez en voz baja, que descendiéramos aprisa. Obedecí, pero mis piernas respondieron con excesiva torpeza y los pies tardaron en reconocer la superficie resbaladiza que los recibió. Delante tenía a un hombre de unos sesenta años y sus canas me recordaron a las de mi padre; lo seguí por instinto para no romperme la cabeza.

»El paisaje comenzó a cambiar y de golpe nos encontramos rodeados por un bosque de carrizales. No era aún mediodía cuando alcancé a escuchar el rumor de una carretera. Los guías avisaron que ahí cerca merodeaba la policía migratoria; por tanto, debíamos mantenernos quietos. Entre las cosas que alcancé a salvar estaban una botella pequeña de agua y unas galletas de salvado. Sin nada más con qué alimentarme, pasé siete horas escondida en el mismo sitio.

»En algún momento de aquella jornada compartí con el hombre del pelo cano una de mis galletas. Teníamos prohibido hablar, pero por aburrimiento vencimos el silencio; mi compañero de viaje contó que recién había nacido su primera nieta y que su hija no podía llevarla a México para que la conociera, así que resolvió cruzar, él también, como indocumentado.

»A pesar de que el volumen de nuestra voz se confundía con el silencio del desierto, vinieron a callarnos y los dos obedecimos. Afortunadamente sucedió antes de que me viera forzada a mentir sobre las razones de mi propio viaje. Sin embargo, aquel abuelo dijo una última cosa: propuso que aparentáramos ser familiares, para que nadie se atreviera a meterse conmigo. Era obvio que así correría menos peligro. Sonreí agradecida y le entregué mi confianza.

»Cuando el sol llevaba varias horas de haberse despedido, escuchamos de nuevo las instrucciones de nuestros custodios. Debíamos avanzar, pero con la cabeza gacha para evitar ser descubiertos. Atravesamos sin prestar atención a todo tipo de cactáceas que no le ahorraron a mi piel ni un solo rasguño.

»Sin embargo, no sentí dolor en ese momento. El abuelo me tomó de la mano cuando nos ordenaron que corriéramos hacia una barda blanca protegida con púas oxidadas. En un punto encontramos que el obstáculo se había derrumbado, así que pasamos por encima de los fragmentos de piedra y alambre y yo estuve a nada de irme de bruces.

»A pocos metros nos iluminaron el rostro los faros traseros de la camioneta que aguardaba para sacarnos de ahí. Imité a mis compañeros de viaje y salté sobre la caja del vehículo. Encima de mí cayeron otros cuerpos, mucho más pesados; por un momento creí que la siguiente parada sería en el hospital, porque juré que mi columna se había fracturado.

»No tengo idea sobre el tiempo que habrá durado el suplicio hasta que llegamos a una casa espaciosa. Ahí nos dieron de comer trozos de jamón, pan blanco y mayonesa, también había refresco de cola para resarcir las largas horas del ayuno previo. Mientras masticábamos, aquellos sobrevivientes nos reconocimos con mayor empatía. Traíamos todos la ropa sucia, los pelos hechos una maraña y la piel lastimada por la saña de las espinas.

»Yo aproveché para remojar algunas de las manchas de mi ropa. Los custodios propusieron que recuperáramos fuerzas, porque aún no habíamos terminado la travesía: miré a la otra mujer del grupo y ambas suspiramos. Antes de cerrar los ojos me felicité por tener al abuelo postizo como compañero en aquel viaje tan extraño».

50

«La siguiente jornada comenzó igualmente temprano. Tenía ya rato despierta cuando escuché el sonido de un motor grande fuera de la casa donde habíamos pernoctado. Sin tocar a la puerta, ingresó un individuo que llevaba puesto un sombrero texano; a gritos nos hizo saber que teníamos veinte minutos para irnos. Corrí al baño para maquillarme las ojeras y retirar las últimas marcas que el desierto me había dejado el día anterior.

»Afuera nos esperaba un remolque para transportar caballos, el cual era jalado por una camioneta *pickup* de buen tamaño. Entramos de nuevo los trece, y por órdenes de aquel señor nos acomodamos con las piernas flexionadas. Cada uno buscó a qué aferrarse para sortear el movimiento. Antes de poner el cerrojo, el conductor nos advirtió que cada vez que nos detuviéramos iba a darnos instrucciones; no podría hablar con nosotros, así que cuando golpeara dos veces, quería decir que habíamos parado para cargar gasolina. En cambio, si daba tres golpes, debíamos entender que la policía estaba a punto de inspeccionar aquel vehículo y, por tanto, en cuanto la puerta se abriera, teníamos que saltar fuera y echar a correr lo más rápido que pudiéramos.

»El abuelo y yo nos miramos con preocupación. Ambos sabíamos que en ese escenario él tenía las de perder. De nuevo se hizo el silencio entre nosotros y así permanecimos durante un par de horas. La primera vez que nos detuvimos esperamos los tres golpes, pero sólo escuchamos dos. Respiré hondo. Un tanque de combustible más adelante, el hombre del sombrero texano abrió la puerta y dio instrucciones para que la otra chica y yo nos mudáramos a la cabina; miré con inquietud al abuelo y él me devolvió seguridad con un breve gesto de sus ojos dulces.

»Me puso feliz cruzar un letrero que indicaba la proximidad de Eagle Pass: entonces me atreví a preguntarle al conductor si ya podíamos estar tranquilos, y él asintió mientras tamborileaba con los dedos sobre el volante. Una descarga de entusiasmo electrificó mi cuerpo. Nadia estaba a salvo y con ella también mi familia.

»No tuve tiempo para saborear esa noticia cuando, por el espejo retrovisor, me sorprendió el parpadeo de unas luces azules y rojas. El conductor texano golpeó de nuevo el volante, pero en esta ocasión una sola vez y con mucha fuerza: estaba tan enojado como nosotras asustadas. La patrulla se aproximó hasta su ventana y una voz metalizada ordenó que detuviéramos el vehículo. Pensé que había llegado el momento de golpear tres veces el remolque, y que probablemente yo sería la encargada de tan ingrata tarea.

»Sin embargo, el control que mostró el conductor sobre sí mismo me contagió. Con lentitud, el hombre retiró de la guantera los papeles de aquel transporte y esperó a que alguno de los oficiales viniera a reclamarlos. No ocurrieron, sin embargo, las cosas como esperaba él: frente a cada puerta se detuvo un agente y nos ordenaron a los tres que descendiéramos de la *pickup*. Mi mandíbula se tensó cuando alcancé a ver que otras dos patrullas estaban por darnos alcance.

»Apartaron al conductor mientras a nosotras nos exigieron mostrar nuestros documentos de identidad. Había perdido la oportunidad para marcar los tres golpes: con tanta policía alrededor, ninguna carrera salvaría a nadie de la deportación. Me felicité por el tiempo que viví en Inglaterra cuando uno de los oficiales comenzó a hacerme conversación, y expliqué en su lengua que el conductor era mi pariente y que me llevaba de visita porque mi hermana había tenido una niña y yo iba a ayudarla. Me preguntó por qué sólo llevaba conmigo esa licencia de manejo y respondí que no tenía por costumbre cargar con el pasaporte por miedo a extraviarlo.

»Mientras tanto, el resto de los oficiales inspeccionaron el motor de la camioneta y revisaron con unos espejos la parte baja del remolque. Nadie ahí dentro hizo ruido durante toda la operación. Yo seguí parloteando sobre mi familia ficticia en Estados Unidos y sobre mi papá, que algún día vendría a conocer a su nieta. Sabía que todo estaba perdido, pero con mis palabras quería alargar el momento de la tragedia.

»De pronto vi a nuestro conductor caminar como si nada hacia nosotros, volvió a ocupar su asiento dentro de la cabina y lo observé paralizada, sin comprender nada. Arrancó el motor y con un leve movimiento de la mano izquierda se despidió de los agentes. Nos habíamos salvado porque no fue la policía migratoria la que nos dio alcance. Diez minutos después nos esperaban dos camionetas último modelo con los vidrios ahumados. Bajaron del remolque mis compañeros y nos dividieron en dos grupos. Tardé en darme cuenta de que el abuelo y yo habíamos tomado caminos distintos: lo lamenté mucho porque no tuvimos oportunidad para intercambiar nombres ni direcciones. Con su bondad, aquel hombre amortiguó mis primeros pasos en Estados Unidos. Jamás pude agradecérselo.

»Aquel trayecto desde Michoacán duró casi un mes, pero yo lo experimenté como si varios siglos me hubieran atravesado. Días después, por fin llegué a mi destino: Louisville, Kentucky, la ciudad donde Nadia iba a comenzar su vida».

51

La última vez que alguien de su pasado lo vio con vida fue durante la semana posterior al pleito con Brenda, es decir, en marzo de 2006. Escondiendo el rostro bajo la capucha de una sudadera, Jacobo Tagle se presentó afuera del banco donde trabajaba la mamá de su exnovia. Cuando ella lo vio, le hizo señas para que se alejara. La mujer era consciente de que también podían estarla vigilando.

El prófugo no tenía ahorros. En la nueva circunstancia, su único patrimonio era un automóvil usado y algo de mercancía que guardaba en la cajuela. Tomó la decisión de esconderse en las afueras de la ciudad. Primero se instaló en alguna de las últimas colonias fundadas dentro del municipio de Ecatepec, una demarcación popular con más de dos millones y medio de habitantes. Para pagarse el sustento vendió su vehículo y compró otro, también usado; Pedro Tagle, su papá, le había enseñado a vivir de los automóviles. También adquirió tres actas de nacimiento con nombres distintos y, gracias a esos documentos, consiguió igual número de identificaciones falsas.

A las pocas semanas de echarse encima esa primera capa de camuflaje, las patrullas del Distrito Federal pegaron en sus ventanas traseras la misma fotografía de Jacobo que antes había sido exhibida en los espectaculares de la señora Isabel. Entonces, además de cambiar de nombre, tuvo que mutar físicamente. Decidido a que nadie lo reconociera, se sometió a una dieta para engordar y se dejó crecer el pelo; en una tienda de disfraces adquirió varias pelucas, una dentadura postiza y un par de chupones de látex para engrosar el tamaño de sus fosas nasales.

Esta segunda transformación la acompañó con una nueva mudanza. Rentó en el municipio de Cuautitlán Izcalli, a nombre de Alejandro Salas, un cuarto en el cual permaneció por varios meses. Luego volvió a migrar. A la autoridad no se le ocurrió buscarlo en aquellos barrios. No fue sólo incapacidad burocrática, sino también que la señora Isabel distrajo la búsqueda aportando a la policía información falsa: dijo que Jacobo se hallaba refugiado en Israel.

«Su familia es de allá —declaró a la prensa— y ese país no tiene acuerdo de extradición con México».

Lo segundo era cierto, pero lo primero no. Efectivamente, entre México e Israel no hay tratado para repatriar delincuentes, pero la familia materna de Jacobo había migrado a México procedente de Ucrania, mientras que la paterna tenía ascendiencia turca y mexicana. Con todo, un año duró Isabel con la cantaleta del refugio en aquel país del Medio Oriente.

En diciembre de 2009, la madre de Hugo Alberto declaró a la prensa que, desde Israel, Jacobo había contratado a unos matones para que la asesinaran. Invitada a participar en el programa noticioso matutino de mayor audiencia, explicó que no podía aportar más información, ya que no quería interferir con una investigación internacional en curso.

Jacobo no era un espectador pasivo de esa narración fantasiosa. Cuando los reflectores se apartaron hacia otra geografía, comenzó a relajar sus hábitos. Mientras lo estuvieran buscando al otro lado del planeta, podía dormir tranquilo. A nadie reveló su verdadero nombre y tampoco recuperó su apariencia, pero dejó de mudarse cada tres o cuatro meses y empezó a confiar en algunas de las personas que conoció.

CAPÍTULO VIII

52

Claudia Muñoz fue espectadora de la mutación que experimentó Hugo Alberto. Con el tiempo, lo vio convertirse en un señor espléndido que gastaba miles de pesos invitando por igual a amigos y desconocidos en cada parranda. Él hacía dinero muy fácil y con la misma velocidad se lo gastaba. Hay familias para las que el dinero es su principal identidad. Como para otras lo son la comida, viajar o ir de día de campo, para la parentela de Hugo Alberto era importante mostrar riqueza.

Él no era ostentoso con los relojes o la ropa, pero sí a la hora de desenvainar las tarjetas bancarias. Claudia lo acompañó varias veces a Acapulco donde Isabel tenía una casa. Dice que conocían bien a su amigo en los antros porque era espléndido con las propinas y también porque no solía quejarse cuando las facturas de otros llegaban a su mesa.

Sin embargo, la forma de vestir de Hugo no compaginaba con sus ingresos. A diferencia de su hermana —que siempre iba vestida como si estuviera de camino a la ópera—, él prefería ropa sencilla. En vez de zapatos, acostumbraba usar unas sandalias baratas, de esas que uno lleva a los baños públicos para evitar contagiarse de bacterias; elegía también las camisas de manga corta con motivos de palmeras. Un conocido de Claudia llegó un día a criticarlo utilizando la palabra «dejado» para referirse al aspecto de Hugo. Ella se enfureció porque intuía que aquella manera de vestirse era un acto de rebeldía respecto de las reglas de su familia: una respuesta similar a la adicción que tenía por las motocicletas, los amigos raros, el alcohol y otras cosas.

La última vez que Hugo Alberto visitó al doctor Carlos León en Ensenada, llegó acompañado de su esposa Érica y de la hija de ambos. Hay distintas versiones sobre lo que pudo haber pasado durante aquel viaje. Sólo el médico sabe realmente qué ocurrió; el problema, cuando se le pregunta, es que Carlos León elude el tema. Alguno de los hermanos del empresario echa la culpa a que el padre y el hijo habrían decidido divertirse la última noche consumiendo droga. Al parecer no se distanciaron por algo que se hubieran dicho entre ellos, sino por una grosería que la entonces pareja del doctor hizo a la esposa de Hugo, cuando el grupo se encontraba en estado inconveniente.

Lo único que cuenta el doctor León es que, a medianoche, Hugo le exigió llevarlos a los tres a la ciudad de Tijuana, ubicada a hora y media de distancia, porque prefería pernoctar en un cuarto de hotel lejos de la morada paterna. El médico condujo todo el camino en silencio, con Érica y la nieta en el asiento trasero y Hugo furioso en el lugar del copiloto. Tan grave habrá sido la cosa que, a la vuelta, el hijo volvió a cortar relación con sus hermanos y también dejó de buscar a su abuela Guadalupe.

Muy poco después, Hugo y Érica decidieron divorciarse. Ella se quejó de la permanente intromisión de la señora Isabel en la vida de la pareja. Después Hugo y su hija se mantuvieron cerca. Siempre hubo una recámara para la niña en su casa y casi todos los domingos pasaba a buscarla para ir a comer y muchas veces acudían después al cine. Durante varios años el empresario vivió en la misma casa donde creció cuando era niño. La que Isabel y José Enrique abandonaron en cuanto tuvieron medios para adquirir una residencia en una de las zonas más caras de la ciudad.

Una vez divorciado, Hugo volvió a buscar a Claudia Muñoz, su antigua alumna de inglés. Ella bromea con que no aprendió realmente a hablar esa lengua gracias a él porque, cuando eran más jóvenes, en vez de darle clase ambos se dedicaban a conversar de otras cosas. Después de divorciado, la hija de Hugo se quedaba a dormir en casa de Claudia y algunos sábados los tres enfilaban hacia Cuernavaca, para pasar el fin de semana en la villa del padre de ella.

Interrogada por las razones que podrían haber provocado la separación entre Hugo y su esposa Érica, Claudia cuenta que con él era frecuente extraviar los papeles: a veces quería una novia, pero en la mayoría de las ocasiones pedía que lo trataran como si fuera un niño. Hugo solía tener miedo por las noches y entonces pedía a Claudia que le leyera una historia, como suelen hacer las madres con sus hijos. Cuando no estaban juntos, la llamaba y por la línea de teléfono ella le narraba tonterías —un cuento, una película, una anécdota de su vida—, cualquier cosa que tuviera a mano para hacer que él se quedara dormido.

53

Había algo que podía trastornar de manera radical la personalidad de Hugo Alberto. Para nadie perteneciente al círculo cercano fue un secreto su alcoholismo. En 2001 ingresó a Alcohólicos Anónimos, pero no duró mucho ahí dentro. Entonces se multiplicaron las anécdotas de lo que era capaz de hacer cuando perdía la conciencia. Las fiestas que organizaba en la casa de Coapa dejaron una fuerte impresión entre algunos de sus conocidos.

Aun si transpiraba alcohol por todos los poros, Hugo aprendió a aparentar sobriedad. Él se reportaba hasta cuatro o cinco veces al día con su mamá. A Claudia le tocó que Isabel se comunicara para ver si ya se había levantado, si se había bañado o si ya iba de camino a la oficina. La primera llamada ocurría todos los días, entre el cuarto para las siete y las siete de la mañana. Tras colgar, él repetía siempre el mismo parlamento: explicaba que debía mentirle para que lo dejara en paz. Y, tal cual, bastaba con que dijera lo que ella quería escuchar para que la llamada concluyera pronto.

Ciertamente el consumo de alcohol de Hugo era un buen pretexto para supervisarle la vida. Entre esas dos personas había una suerte de campo magnético que les hacía orbitar con gravedad, pero al mismo tiempo eran planetas cuyas personalidades colisionaban. Es impreciso decir que Hugo tenía una relación atípica con las mujeres, en plural. Su pasión siempre se conjugó en singular: Isabel.

Tal vez ella lo arrojó a buscar el afecto que no supo darle. Sostenían una pasión extraña que únicamente esos dos podrían explicar.

Los bienes materiales eran una parte importante de aquel vínculo. Al igual que la casa donde Hugo vivía, el vehículo en el que se transportaba o el teléfono celular que utilizaba, el patrimonio del empresario era prestado, ya que se trataba de bienes a nombre de su mamá o de la empresa de espectaculares.

No fueron pocas las veces que Hugo se quejó con sus amigos acerca de la jaula con barrotes de oro que su mamá le había regalado. En otras circunstancias, Hugo pudo haber escapado de esa relación, pero el nexo financiero se lo impedía. Por ningún motivo estaba dispuesto a renunciar al dinero que recibía de la compañía familiar. Este tema le iba a provocar más de un dolor de cabeza, porque, al parecer, Hugo estaría dispuesto a hacer cualquier cosa con tal de abrirse camino sin depender de Isabel.

54

En el verano de 1998, el Gobierno del Distrito Federal expidió un reglamento para ordenar la publicidad exterior, ya que los anuncios gigantes se habían multiplicado de manera caótica. Showposter, la empresa de la familia Wallace Miranda, ya era una jugadora importante en el sector, no sólo por los anuncios espectaculares que poseía, sino también porque la madre de Hugo Alberto lideraba la Asociación de Publicistas en Exterior.

Esto no evitó que llegara a su oficina una orden gubernamental para retirar varios de sus anuncios, ubicados en zonas que la autoridad consideró como riesgosas. Uno de esos anuncios, el que originó el problema, estaba demasiado cerca de unos cables de alta tensión. El citatorio para el desguace quedó fijado para un jueves por la mañana. Ese día Isabel arribó a las once en punto al predio donde se encontraba el espectacular; venía acompañada de Hugo Alberto y de unos veinticinco empleados a quienes ordenó que a toda costa evitaran el desmantelamiento.

Un puñado de esos operarios montó hasta la parte más alta: la patrona instruyó que, si alguien ajeno se atrevía a subir, lo lanzaran por los aires. Esos mismos trabajadores mutilaron los tubos de la escalera de ascenso. La gente del gobierno arribó prácticamente al mismo tiempo y eran tan numerosos como los trabajadores de la empresa de publicidad; se hicieron acompañar por una inmensa grúa hidráulica que podía cargar hasta cincuenta toneladas y cuyo brazo era capaz de elevarse más de treinta metros. Antes de que ese armatoste procediera con el retiro del anuncio, aquellos burócratas intentaron hacer entrar en razón a la dueña de la compañía: la orden era legal y ella no podía hacer nada.

Después de una eternidad, la grúa se aproximó al mástil que sostenía el anuncio. Sobre el extremo de su brazo subieron tres empleados del gobierno: si aquella maniobra no se realizaba por las buenas, iba a ocurrir de cualquier manera. Cuando la extremidad mecánica alcanzó el mismo nivel donde aguardaban los trabajadores de Isabel, una nueva negociación comenzó allá arriba.

Según contaron después varios testigos, ella se acercó entonces con una navaja para cortar las mangueras hidráulicas que hacían funcionar el brazo retráctil de la grúa: Hugo Alberto estaba a su lado. Ambos conocían el funcionamiento del aparato, sabían que una fuga del líquido de esas mangueras haría que la máquina se desplomara.

En cuestión de segundos saltó un fluido en forma de abanico y luego se escuchó una fuerte explosión: la grúa perdió equilibrio y su extremidad giró sin control contra el espectacular. La gente del gobierno logró aferrarse; también los empleados de la empresa sobrevivieron de milagro, porque un mal golpe contra el mástil del espectacular los habría hecho caer veinticinco metros.

Los funcionarios no daban crédito a lo que Hugo Alberto y su madre habían hecho. Primero lo enfrentaron a él, quien a toda velocidad subió a su coche y salió huyendo de aquel sitio. Lo mismo iba a hacer Isabel, pero un tumulto rodeó su auto: la gente estaba furiosa y quería lincharla. Un funcionario de mayor jerarquía exigió calma porque venían ya en camino la policía y el ministerio público; mientras tanto, ella se atrincheró dentro de su vehículo.

Había demasiados testigos como para que Isabel pudiera zafarse de la justicia. Entre otros delitos, la acusaron de tentativa de homicidio. El viernes 17 de julio de 1998 por la noche Isabel ingresó al Reclusorio Norte, donde permaneció hasta que un juez le dictó libertad bajo fianza mientras concluían las investigaciones y se celebraba el juicio. Hugo Alberto fue también acusado y obtuvo libertad condicionada.

El abogado que tomó la defensa de la dueña de Showposter fue Ricardo Martínez, el mismo que ocho años después representó a Isabel en el juicio contra la banda de Chalma. Por aquella época se dedicaba sobre todo a defender a explotadores sexuales; a él le debió la dueña de Showposter haber salido de aquel embrollo. Lo que tuvo que hacer para convencer a los magistrados es algo que sólo el licenciado Martínez podría explicar.

No es cierto que Isabel desconociera lo que podía ocurrir al sabotear aquel armatoste, llevaba tiempo en el sector de los espectaculares como para no conocer el funcionamiento de esas grúas: tan es así que por eso estaba enterada de que al trozar las mangueras hidráulicas iba a inhabilitar dicha maquinaria. Sólo por suerte aquello no acabó en una tragedia. Sin embargo, los magistrados que revisaron el caso concluyeron que ni la madre ni el hijo eran responsables: desde su punto de vista habían actuado con inconsciencia y por tanto sin dolo. Como no podía probarse la intención homicida, la declararon inocente. El jueves 1 de octubre de 1998 el tribunal de apelación la absolvió de todos los cargos. La sentencia borró este antecedente. La misma suerte protegió a Hugo Alberto.

55

A Hugo Alberto le encantaban los autos y las motocicletas. El día en que desapareció tenía estacionadas en su casa cuatro motocicletas Harley-Davidson y una de carreras; también tres automóviles, entre ellos un Mercedes-Benz y la Grand Cherokee negra. La pasión por las motos no encajaba con su entorno familiar. A su madre debió parecerle extraterrestre aquella gente toda tatuada que traía el pelo sucio y usaba ropa de cuero.

Entre los amigos de ese medio rondaba a la Vampi, también a Raúl Maldonado, un mecánico casado con una mujer horrible. Y Pedro Tagle, el papá de Jacobo, quien le vendió un pedazo de su casa para montar un espectacular. Con ellos Hugo se iba de viaje; le encantaba la rodada. Alguna vez fue a dar hasta Daytona, en Florida, a una fiesta de motociclistas: de allá regresó con dos tatuajes bastante feos.

También trajo la idea de montar una concesionaria de la marca Harley-Davidson en una zona de la ciudad donde no tendría competencia. El problema vino cuando, justo para independizarse de su madre, fue necesario pedirle un préstamo grande. Hugo logró convencerla después de que Isabel puso como condición que no se asociara con ninguno de los compinches de la banda de motociclistas. Ni Maldonado, ni Tagle ni la Vampi eran bienvenidos en el negocio que ella había financiado. Hugo mintió porque, por un breve periodo, se llevó a trabajar a Jacobo.

El taller para arreglar motocicletas, Déjà Vu, fue más exitoso que la venta de esos vehículos. El empresario había tenido razón:

en Ciudad Satélite no había competencia y, sin embargo, sobraban las personas aficionadas al motociclismo. Entonces, Hugo comenzó a traer piezas de Estados Unidos sin tramitar permisos de importación. Estaba dispuesto a hacer cualquier cosa con tal de abrirse camino por sí solo.

56

En 2002, Hugo Alberto fue acusado y sentenciado por un delito federal. El empresario intentó ingresar de contrabando mercancía extranjera por el aeropuerto del Distrito Federal. Volvía de San Francisco, acompañado por dos de sus primos; y entre maletas y cajas esas personas trataron de introducir ilegalmente una decena de bultos. Hugo declaró que la mercancía dentro de su equipaje tenía un valor que no superaba los mil dólares, e incluso se mostró dispuesto a pagar contribuciones por ese monto.

Sin embargo, cuando los agentes aduaneros abrieron los paquetes descubrieron compras por un precio catorce veces superior. Atrapado en su mentira, en vez de reconocer la falta se enredó peor en sus explicaciones: acusó a aquellos funcionarios de mezclar el contenido de sus pertenencias y también de tergiversar las notas de compra.

Entre la mercancía que importaba había una larga lista de artículos relacionados con el motociclismo: chamarras de la marca Harley-Davidson, chalecos y pantalones de cuero, gorras, sudaderas, cascos, radios y hasta una caja profesional de herramientas. Acostumbrados a tratar con contrabandistas, los aduaneros le preguntaron a Hugo Alberto si era dueño de un establecimiento donde se vendieran ese tipo de productos. Para esa fecha ya había abierto Déjà Vu, la *boutique* de motocicletas Harley-Davidson. Sin embargo, el detenido se refugió de nuevo en el engaño: dijo que esos objetos —más de cincuenta— eran para su uso personal o regalos para sus amigos.

Entonces le mostraron diez vestidos de piel y once blusas de tela, todas prendas para dama, fabricadas por la marca Easy Rider. Después de cuatro horas de interrogatorio, el contrabandista fue trasladado al ministerio público, donde los funcionarios de la aduana redactaron una denuncia formal en su contra. En esa oficina se quedó detenido dos días, al cabo de los cuales lo dejaron salir porque los abogados de su mamá pagaron una fianza generosa.

Aquel proceso siguió su curso y dos meses después un juez federal lo declaró culpable de quebrantar a la hacienda pública. Fue sentenciado a pasar tres meses en prisión. El juez no le impuso la pena más alta; no obstante, fue puntilloso a la hora de relatar en su resolución las mentiras, las marrullerías y los engaños empleados por el imputado desde el momento de la detención y a lo largo de todo el proceso.

57

Con el paso del tiempo la existencia de Hugo se volvió una construcción con muchas habitaciones, algo así como el castillo de Barba Azul. Claudia vivía dentro de uno de esos cuartos, pero no estaba encerrada: tenía libertad para entrar y salir de la vida de Hugo igual que él para hacerlo de la suya. Nunca hubo exigencias. Se acompañaban donde era posible, y cada uno hacía lo suyo donde no coincidían. Por eso funcionaron bien. De tanto ser familia, un día cruzaron la frontera y se volvieron pareja.

Cuando se hicieron novios las reglas no cambiaron; mantuvieron una relación abierta, incluso después de saber que venía en camino la segunda hija de Hugo. Dice Claudia que los celos no iban con ella. No consideraron casarse. Ello no se lo pidió y él tampoco preguntó. Si reflexiona en retrospectiva, se avergüenza por haber sido tan inocente. Ésta sería la razón por la que después se obsesionó con averiguar quién había sido Hugo realmente.

Hasta que se embarazó, Claudia no sabía lo aprensiva que podía ser. Las aventuras de Hugo le importaban poco, pero se encendieron mil alarmas el día en que cayó por su casa todo alterado porque lo habían atacado. Fue el año anterior al nacimiento de la niña cuando aterrizó, pálido y sudoroso, y de manera atropellada contó que unos hombres habían disparado contra su coche.

Necesitaba respirar, así que Claudia lo ayudó a tranquilizarse. Después de tomar un vaso de agua explicó que estaba sacando la camioneta Aztek del estacionamiento de su casa de Coapa cuando un grupo de personas le apuntó con armas largas. En el asiento del copiloto viajaba Israel, el chofer que tuvo antes de contratar al Chaparro.

La propiedad estaba en una calle cerrada, así que quedaron atrapados. Peor se puso la cosa cuando sobre sus cabezas apareció un helicóptero. Al primer tiro, que, según le dijo, se incrustó en la pared, él reaccionó echando en reversa la camioneta hasta meterla de nuevo dentro de la cochera. Una vez a salvo subió a la azotea, cruzó sobre la casa de su vecina, Laura Domínguez, y saltó hacia la avenida colindante con el muro trasero.

Como le tenía estima, Claudia preguntó qué había pasado con Israel, el chofer, y Hugo respondió que lo dejó dentro de su casa porque a él no lo andaban buscando. Dijo que no sabía quiénes podían ser esas gentes, y ella lo percibió tan angustiado que decidió dejarlo en paz. Ese día y esa noche Hugo se quedó con Claudia en un departamento que ella rentaba por el barrio de Taxqueña, a unos diez minutos de su casa.

No fue la conciencia sino el instinto lo que obligó a la futura madre a ver a Hugo de una manera distinta. Antes lo tenía por un hombre fuerte; cada vez que lo necesitaba, hasta para las cosas más nimias, él solía apoyarla. Pero había cambiado durante los últimos tiempos. La curiosidad hizo que Claudia pudiera también conocer la versión de Israel, el chofer, así como la de Laura Domínguez, la vecina. De acuerdo con ambos, nunca hubo una balacera y tampoco un helicóptero.

En el relato del chofer, era cierto que unos vehículos apostados al final de la calle los esperaban, por lo que Hugo reaccionó echando el carro en reversa y con el control remoto abrió de vuelta el portón del garaje; Israel dijo que en la maniobra golpeó el poste de la entrada. Luego se metió con prisa dentro de la casa, dejando al chofer al interior de la camioneta. No tardó en volver con una pistola que le entregó para que se defendiera en caso de que esas personas intentaran ingresar.

Israel le contó a Claudia que le dio diarrea, literalmente, porque nunca había tenido un arma en las manos. Hugo le informó que no tardarían en llegar los abogados de su mamá: ellos se encargarían de arreglarlo todo. Si se podía negociar con esos sujetos, entonces la cosa no era tan grave. Israel se tranquilizó. Tal como su jefe lo prometió, arribaron un rato más tarde al domicilio de Coapa los enviados de Isabel.

La versión de Laura Domínguez coincide en casi todo con la de Israel. Ella no era solamente la vecina de Hugo, sino una de sus mejores amigas. Después de que se divorció, Hugo se quedó a vivir en esa casa de Coapa que había sido antes de Isabel y su marido. Laura y Hugo tenían más o menos la misma edad, se habían separado casi al mismo tiempo y estaban criando, ella a un hijo y él a una hija, siendo los dos todavía muy jóvenes.

Contaba Hugo que, de vez en vez, el día podía terminar en la azotea de su casa fumando un cigarrillo con Laura, pues en ese nivel no había bardas que separaran las dos construcciones. Según esto, su relación nunca fue de pareja, pero a Claudia le consta que Hugo le tenía mucho aprecio.

Laura estaba en su casa cuando sucedió aquel episodio tan extraño, por eso pudo ayudarlo a escapar por el muro trasero de su vivienda, desde donde Hugo se echó a correr hasta que llegó a casa de Claudia. Igual que Israel, ella asegura que nunca hubo balazos y que aquellos hombres no se movieron de la esquina donde estaban apostados. No pudo descartar que se tratara de policías y tampoco se quedó con la impresión de que fuera un grupo de criminales.

Respecto del helicóptero, Laura explicó que a unos trescientos metros de su vecindario hay una base de la Secretaría de Marina desde la cual despegan y aterrizan a toda hora ese tipo de aeronaves. Según ella, era falso que alguno hubiera participado en el operativo narrado por su amigo. En conclusión, más de dos terceras partes de lo que le contó Hugo a Claudia eran una fantasía.

Quizá las razones por las que esa gente fue a buscarlo hasta su domicilio tuvieron que ver con el asunto por el que la Secretaría de Hacienda lo había denunciado. En cualquier caso, a partir de aquel episodio algo definitivo cambió dentro del cerebro de Hugo. Israel recibió instrucciones de cargar con la pistola para que lo protegiera, aunque el chofer nunca tuvo intención de aprender a usarla y mucho menos de graduarse como guarura.

Hugo decidió también vender la camioneta Aztek porque, según explicó, dada la curvatura de los cristales no podía blindarse con el máximo nivel. Fue entonces que Isabel le compró la Grand Cherokee: ese vehículo sí recibió tratamiento para convertirse en un tanque de guerra. Por la misma fecha Hugo dejó la casa de Coapa y se mudó a la calle de Galeana, por el barrio de San Jerónimo. La nueva vivienda estaba dentro de una privada muy segura donde Hugo mandó instalar decenas de cámaras dentro y fuera de su domicilio.

58

Cuenta Claudia que, después de años de relación, los dos hombres más importantes de su vida se habían vuelto cercanos. Hugo llamaba a su papá para consultarlo acerca de sus negocios y también sobre otras las cosas de la vida. No se atrevería a decir que lo trataba como a un hijo, pero sí como a un ahijado. Antes no hubo aviso de que el futuro padre de su hija iba a comportarse así: la acompañó al ginecólogo desde el primer ultrasonido y tanto la mamá como la hermana de Hugo estuvieron muy pendientes durante la mayor parte del embarazo.

Como al sexto mes de gestación, Claudia tuvo un accidente: se resbaló en la regadera y corrió muy asustada al hospital. Para cuando llegó, ya estaban ahí su suegra y su cuñada. Al poco rato también arribó Hugo. Todos salieron de ahí tranquilos cuando el médico afirmó que no había sucedido nada grave. Recuerda que esa vez Isabel pagó la consulta.

Pocos días después, Hugo pidió hablar con Claudia sobre su otra hija. Ella sabía que iban a operarla de la columna, pero no esperaba escuchar lo que entonces le dijo. Según esto, Isabel estaba inquieta por la manera como la primogénita iba a tomar la noticia de la llegada de una nueva hermana cuando el ingreso al hospital la tenía tan sensible; proponía, por tanto, que le dijeran lo del embarazo después.

La idea la dejó incómoda, más que nada porque eso obligaba a que ella también se ocultara. Ya no había manera de esconder su vientre. Hugo prometió que la mayor de las niñas sabría todo en cuanto se sintiera mejor. Ella aceptó, como siempre que Hugo le pedía algo.

Claudia rompió aguas durante la tercera semana de enero de 2003 y de inmediato buscó a Hugo para avisarle; le hizo dos, tres, siete, doce llamadas, y nada. El papá la tranquilizó, subieron a su automóvil y él la llevó al hospital. El episodio de Coapa volvió a pasar por su cabeza. ¿Y si algo malo le había sucedido de nuevo? Comenzó a imaginarse lo peor y ese estado de ánimo estresó su cuerpo. Cuando su útero dejó de dilatar, el ginecólogo habló con ella para pedirle que se concentrara.

Mientras tanto, su padre llamó varias veces a Isabel y también a la hermana de Hugo, pero ellas no respondieron. Era como si se hubieran puesto de acuerdo para borrarse de la Tierra. Claudia nunca se imaginó que Hugo pudiera dejarla sola, durante el parto o en cualquier otro momento. Era como si no lo conociera; como si durante tantos años hubiera simulado ser otra persona.

Por fortuna la bebé nació sana y bien. Fue el abuelo materno quien la cargó primero y también quien la colocó sobre el pecho de Claudia. Afirma que con su mirada le entregó la certeza de que nada iba a faltarles. También atravesó aquel quirófano un calambre de conciencia respecto al futuro de su relación con Hugo.

CAPÍTULO IX

59

Desde el día en que Ámbar Treviño conoció a Juana Hilda, no la había visto tan pálida. Al igual que Freyre y los hermanos Castillo, ingresó esposada al juzgado. La abogada se acercó para preguntar si estaba bien y ella tomó su mano con desesperación; luego, como a quien le urge deshacerse de un insecto repugnante, Juana Hilda le entregó un papel pequeño. Se trataba de un recado escrito con letra de molde que decía: «Piensa en tu hija».

Lo había recibido de manos de una persona desconocida minutos antes de ingresar a la audiencia. Treviño dijo que debía mostrárselo al juez; era más seguro si denunciaba la amenaza. Ella dio un respingo, enderezó la espalda y miró alrededor. Los muebles de aquel lugar estaban desvencijados y las paredes no habían recibido pintura en años.

Además de los clientes de Treviño, asistieron a aquel primer día del juicio la madre de los hermanos Castillo y también la mamá de Brenda Quevedo. De golpe se abrió la puerta y apareció un montón de gente nerviosa: Isabel arribó seguida de su hermano Roberto y otros integrantes de su familia. En ese mismo grupo estaba su abogado y el agente del ministerio público.

En 2006 era común que los jueces no asistieran a las audiencias. Para la abogada no fue novedad, pero sus clientes se sorprendieron al ver sentado en el asiento del juez al secretario del juzgado. Albert Castillo preguntó cómo iban a probar su inocencia si la persona que debía sentenciarlos ni siquiera conocería sus rostros.

Antes de comenzar, uno de los hombres que acompañaban a Isabel se puso de pie y caminó directamente hacia Ámbar Treviño. Se presentó como Ricardo Martínez, representante legal de la señora. La defensora intuyó que ese sujeto estaba relacionado con la amenaza.

La manera como miró a Juana Hilda hizo que César Freyre se alterara.

—Yo te conozco de antes —soltó ese licenciado.

La acusada respondió que jamás lo había visto.

—Claro que sí, tú bailabas en el Solid Gold.

El Solid Gold era un centro nocturno para hombres ricos que pagaban grandes cuentas mientras las bailarinas se desnudaban una detrás de la otra.

—En la vida lo he visto —insistió Juana Hilda.

—Claro que sí, también soy representante de los dueños.

Más tarde Treviño averiguó que, entre otros negocios, ese hombre se dedicaba a conseguir permisos de residencia para extranjeras que trabajaban en sitios como ése.

—Yo no soy así, no es lo mismo ser bailarina profesional que andarse quitando la ropa en público —insistió la mujer.

Treviño puso el cuerpo entre su clienta y aquel hombre.

—A usted, licenciado, le importa una chingada dónde haya trabajado ella, así que déjela respirar —tronó los dedos.

El sujeto hizo una reverencia y se retiró.

¿Por qué Isabel había contratado a semejante hampón? En este negocio el cliente y el abogado terminan siendo uno mismo, reflexionó Ámbar Treviño para sus adentros.

El secretario de acuerdos procedió a desahogar la primera diligencia. José Enrique del Socorro Wallace debía ratificar la denuncia que hizo ante la fiscalía antisecuestro la madrugada del miércoles 13 de julio de 2005, pero el marido de Isabel no estaba en la sala. En su lugar, el abogado Martínez explicó la inasistencia del denunciante principal del caso, y dijo que padecía una enfermedad grave que lo obligaba a guardar reposo.

—¿Cuándo podrá presentarse? —cuestionó el secretario.

Martínez respondió que no podía proporcionar una fecha cierta porque el padecimiento era impredecible.

—¿Usted sabe, abogado, lo que es la obstrucción de justicia? —interrogó el secretario.

Ricardo Martínez asintió.

—¿Cómo quiere que el juicio avance si no me ayuda? —insistió el suplente del juez e instruyó para que volviera a citarse al principal denunciante. Luego llamó a comparecer al señor Abraham Pedraza para que ratificara la denuncia presentada por el mismo caso, ante la Procuraduría General de Justicia del Distrito Federal.

De nuevo el abogado Martínez tomó la palabra, ahora para hacer del conocimiento del juzgado que no había sido posible localizar a la persona mencionada.

La abogada Treviño intervino:

—El señor Pedraza es cuñado de la señora Isabel, ¿cómo es posible que no se lo pueda localizar?

Aquello no era normal. Dos denuncias sobre un mismo crimen, presentadas por dos familiares distintos de la misma víctima, ¿y ninguno de ellos estaba ahí para cumplir con su obligación?

—Le advierto, abogado, que tales tácticas dilatorias no serán permitidas en este juzgado —sentenció el funcionario.

La asistente del secretario recibió la instrucción para citar nuevamente a Pedraza.

Vino entonces el momento de preguntar a los imputados si eran culpables o inocentes.

Primero declararon los hermanos Castillo y ambos dijeron que no tenían nada que ver con el delito por el que estaban siendo perseguidos.

Después tocó el turno a César Freyre; cuando aquel hombre que media más de un metro con noventa centímetros se incorporó y con su voz ronca dijo también que era inocente, Isabel Miranda levantó la voz:

—¿Dónde está el cuerpo de mi hijo?

El secretario intentó sin éxito contener el desorden:

—Señora, por favor...

—Eres un perro del mal, Freyre. Un cabrón sin hombría. Mira lo que hiciste... —continuó la mujer.

Como si estuvieran en el teatro, la madre de la víctima se quitó de encima el saco sastre con el que llegó a la audiencia para mostrar una camiseta estampada que también traía puesta: sobre ella había hecho imprimir una de las tres fotografías recibidas junto con las notas de rescate, aquella donde el torso del hijo aparecía desnudo y su rostro cubierto por una venda grande a la altura de los ojos.

—No eres humano, Freyre, eres un monstruo —insistió.

De nuevo la voz del secretario intentó callar a la señora, ahora con el argumento de que no estaba autorizada para hablar durante las audiencias.

Freyre, los Castillo y Juana Hilda miraban ese espectáculo con asombro. Les pareció grotesco eso de imprimir la foto del hijo, supuestamente muerto, sobre una camiseta.

El expolicía hizo señas porque quería responder a la señora.

No era momento para que él tomara la palabra y la abogada se lo hizo saber.

También María Elena, la madre de los hermanos Castillo, quiso hablar, pero el secretario del juzgado la fulminó con la mirada.

Le tocó entonces el turno a Juana Hilda y se declaró inocente, aunque su caso no era igual al resto porque ella había firmado una confesión detallando su involucramiento en el crimen y la complicidad de las personas sentadas a su lado.

Isabel enfureció al escuchar que la exbailarina se retractaba de sus últimas declaraciones: la llamó prostituta y otras cosas peores, pero la imputada se sostuvo a pesar de que la amenaza contra su hija volaba sobre su corazón como si fuera un cuervo.

—Es falso lo que dije antes, me obligaron a culpar a mis coacusados y a mí misma —argumentó.

Al concluir aquella audiencia, Treviño se aproximó al secretario del juzgado para pedirle que incluyera en el expediente la amenaza recibida por Juana Hilda poco antes de ingresar a la audiencia. Aquel funcionario del Poder Judicial pidió a su asistente que también quedara registro de ese incidente y prometió que la siguiente vez abordaría la cuestión.

60

Fuera del juzgado esperaba un grupo de reporteros que, a una seña de Isabel Miranda, la siguieron fuera del edificio. Ámbar Treviño intentó darles alcance creyendo que la prensa también podría estar interesada en lo que ella tenía que decir, pero el desequilibrio era evidente: los medios andaban tras las declaraciones de esa mujer y de nadie más.

La segunda audiencia comenzó donde concluyera la anterior. El secretario del juzgado mencionó la amenaza que había recibido Juana Hilda y advirtió que el juez no iba a tolerar ese tipo de intimidaciones. Isabel interrumpió al funcionario explicando que ni ella ni su familia tenían que ver con ese asunto y acusó a la imputada de querer distraer la atención.

El secretario respiró hondo, preguntó si esta vez se habían presentado para ratificar sus respectivas denuncias los señores José Enrique Wallace y Abraham Pedraza, y ambos habían desobedecido otra vez la orden de ese juzgado. Molesto, el funcionario se dirigió al abogado Ricardo Martínez para que exhibiera algún justificante médico confirmando la gravedad del estado de salud del señor José Enrique. El licenciado prometió que para la siguiente audiencia presentaría esa documentación.

Respecto del cuñado de Isabel, Martínez informó que continuaba ilocalizable. Treviño iba a intervenir, pero la cara de molestia del secretario la disuadió. El representante de Isabel Miranda quedó advertido de que, en caso de volver a desatender el citatorio, Abraham Pedraza merecería una sanción económica.

—Usted nos está maltratando —rechinó la madre de Hugo Alberto y luego, de la nada, cuestionó la honorabilidad del funcionario—: ¿quién le paga?

—No se pase de lista, señora —reventó la defensora—. La que tiene aquí todas las ventajas es usted. Afuera, la prensa repite sus mentiras sin que nadie la contradiga. ¿Cómo quiere que este juicio camine si ni su marido ni su cuñado se dignan a visitar este juzgado?

Aquella fue la primera vez que Ámbar Treviño levantó la voz.

El secretario desoyó el pleito y procedió a desahogar los alegatos que la defensa presentó contra la denuncia. Primero abordó el hallazgo de la camioneta Grand Cherokee que, según Abraham Pedraza, se encontró mal estacionada a un par de cuadras de donde vivía Juana Hilda. Ese vehículo era algo así como el eslabón perdido; de no haber existido, sus clientes estarían libres.

—Es falso que la Grand Cherokee se hallara mal estacionada —dijo sin ningún titubeo.

—Mentirosa —chilló Isabel.

—¿En qué basa su afirmación? —terció el secretario.

Treviño disfrutó el medio minuto de silencio que le tomó acercarle al funcionario del juzgado la declaración que Isabel hizo once días después de que fuera denunciada la desaparición de su hijo. Ahí relata que cuando llegó al lugar donde su sobrino Jorge Ortega había descubierto el vehículo, lo encontró «correctamente estacionado».

Mientras el secretario corroboraba esas afirmaciones, la defensora colocó dos documentos más sobre su escritorio: el primero era el informe policial de la agente Guadalupe Noria, la primera autoridad en acudir a Perugino. También proporcionó la declaración de un tipo al que le decían el Chaparro, quien había trabajado para Hugo Alberto. Él declaró igualmente que esa camioneta no tenía ningún daño.

—Es una lástima —se burló Treviño— que el señor Pedraza no esté aquí para decirnos de dónde sacó que la Grand Cherokee no estaba bien estacionada.

Como sucedía cada vez que se encontraba en una situación incómoda, la pierna de Isabel comenzó a moverse con nerviosismo.

—En su declaración —continuó Treviño— el señor José Enrique Wallace afirma haber hablado con un vecino, el cual le dijo que la noche del lunes 11 de julio de 2005 vio a dos sujetos bajar por la fuerza a un tercero de esa misma camioneta. Sin embargo, nadie ha podido proporcionar el nombre, la dirección o alguna seña que permita identificar a ese testigo. Para mí que es una invención del denunciante y del resto de su parentela.

—Usted no tiene derecho —recriminó el abogado Martínez— a llamar mentirosos a los integrantes de una familia respetable.

—Permítame continuar, porque ésta no es la única prueba que presentaré sobre los engaños que sus representados han fabricado.

El secretario del juzgado alentó a la defensora para que continuara.

—Jorge Ortega Miranda, sobrino de la señora, declaró que otra persona distinta dijo que en Perugino 6 había una casa de citas. Relató que por esa razón se dirigió al inmueble, acompañado de sus tíos, para indagar si la víctima se hallaba ahí dentro. Pero ese edificio jamás ha sido un prostíbulo: así lo reportó también la agente Guadalupe Noria y los peritos que en cuatro ocasiones inspeccionaron la construcción.

Treviño leyó sus notas y continuó:

—A este segundo vecino, el que dijo que en Perugino había una casa de citas, tampoco fue posible localizarlo. ¿No es extraño que los testigos desaparezcan cada vez que este juzgado los necesita?

—Tienen miedo —reaccionó Isabel Miranda con voz metálica.

—¿Miedo de qué? —cuestionó la defensora.

—De que el señor Freyre y sus cómplices puedan hacer más daño.

—¿Habla usted por el cobarde de su marido, o por su cuñado? —desafió la abogada.

El secretario exigió compostura y Treviño reconoció que se había excedido. Después continuó con su alegato:

—El señor José Enrique también relató que un menor de unos diez o doce años abrió la puerta del edificio de Perugino 6. Afirmó que ese niño lo recibió con la narración de un crimen increíble: que dizque durante la madrugada escuchó balazos, y que hacia las cuatro de la mañana vio que un hombre bajaba las escaleras del edificio derramando sangre. Por último, el muchacho confió al denunciante que su madre, la señora Vanessa Figueroa, se encargó de limpiar el reguero sobre las áreas comunes.

La defensora temió que para ese momento el secretario del juzgado se estuviera aburriendo, así que utilizó un recurso que en otras ocasiones le había sido útil: tosió como si una enorme partícula de polvo hubiera ido a parar dentro de su garganta y pidió que le regalaran un poco de su agua. Con amabilidad masculina, el suplente del juez sirvió un vaso mientras Isabel vaciaba la última gota de su paciencia.

—Es necesario informar a este juzgado que el niño al que se refieren estas personas también es un fantasma.

La señora se puso de pie y detrás de ella sus monigotes.

—Claro que existe —acotó el licenciado Martínez mientras buscaba un nombre entre sus apuntes—. Se llama Erick Figueroa Martínez.

Al escuchar ese nombre Treviño aceleró su alegato:

—La madrugada del martes 12 de julio de 2005 no había ningún niño de la edad referida por José Enrique Wallace en el edificio de Perugino. Erick Figueroa, el muchacho a quien el licenciado Martínez se refiere, no durmió con su madre porque se encontraba en casa de su abuela, la cual se halla a más de seis kilómetros de distancia. Ese chico no visitó el edificio de Perugino sino hasta bien entrada la mañana de aquel martes; esto quiere decir que no pudo ser testigo de nada ocurrido durante la madrugada previa. Así quedó asentado en las declaraciones que el menor hizo ante la agente Guadalupe Noria y también cuando lo convocaron a declarar en la fiscalía antisecuestro.

El abogado Ricardo Martínez se movió como basilisco.

—Todo se lo inventó esta gente por alguna razón que no soy capaz de explicar —refirió Treviño.

La defensora tomó un último trago de agua y remató:

—El señor José Enrique mintió, y mientras no venga a ratificar, su denuncia debería tirarse a la basura.

Un largo barullo asaltó aquella sala antes de que el secretario del juzgado anunciara la hora y la fecha de la siguiente audiencia.

61

No le sorprendió a Ámbar Treviño la presencia del juez Augusto Octavio Mejía Ojeda en la siguiente ocasión; Isabel metió intrigas cuando dijo que su secretario podría ser un corrupto y con eso logró sacarlo de su escondite. Flaco, calvo, de cejas muy pobladas y ojos grandes, esa figura de autoridad modificó el ambiente del juzgado. Además de ese señor, otra persona se añadió a la lista de asistentes: Abraham Pedraza, cuñado de Isabel, el mismo que presentó la denuncia por desaparición en las primeras horas del miércoles 13 de julio de 2005.

Antes de que Pedraza cumpliera con su obligación de ratificar, el juez Mejía tuvo que enviarle notificadores en seis ocasiones distintas porque el tipo había metido la cabeza en un hoyo. Treviño no sabía entonces que ese sujeto era empleado del Poder Judicial; seguro que se presentó porque una sanción habría afectado su carrera.

Mientras el juez vestía un traje gris de dos piezas impecablemente planchado y portaba un pañuelo blanco que asomaba por el bolsillo superior del saco, el cuñado de la señora era una de esas presencias refractarias a la memoria. Cuando llegó el turno para que la defensa lo interrogara, dijo que no tenía nada que agregar a las declaraciones que efectuara un año atrás ante la procuraduría de la capital.

Treviño no desaprovechó la ocasión:

—¿Ha visitado usted alguna vez el edificio ubicado en el número 6 de la calle Perugino?

El denunciante fue ambiguo a la hora de responder.

—¿Cómo se enteró de la desaparición? —apretó la abogada.

—Porque mi esposa me pidió que fuera a presentar la denuncia.

—¿Su esposa es hermana de la señora Miranda de Wallace?

—Sí.

—¿Fue ella quien le contó los hechos relatados en la denuncia?

—Ella y otros familiares.

—Entonces su testimonio es de oídas.

Pedraza, que era abogado, no cayó en la trampa.

—Yo no brindé ningún testimonio, me limité a presentar una denuncia de hechos.

Casi salía bien librado del interrogatorio, pero la abogada logró pescarlo:

—Usted no denunció un secuestro, sino una desaparición.

Una chispa nerviosa recorrió aquel inmueble.

—Aquí tengo copia de su denuncia y usted no dijo en ningún momento que se tratara de un secuestro.

Pedraza asintió y la defensa llamó la atención del juez. Quien realmente importaba era el otro señor, José Enrique, el marido de la señora: mientras ese tipo continuara negándose a ratificar su denuncia por secuestro, se estaba ante un caso de desaparición. El plagio debía ser descartado.

El licenciado Ricardo Martínez se dispuso a intervenir, pero al final no lo hizo, y es que el juez Mejía Ojeda había enviado tantos exhortos a José Enrique Wallace como los que recibió Pedraza. En respuesta, el abogado de la señora entregó al juzgado una receta médica firmada por un cardiólogo; en ella se manifestaba por escrito que el denunciante sufría de taquicardia y por eso no podía apartarse de su casa.

Al juez Mejía no le alcanzó con ese pretexto, así que nombró a un doctor que debía corroborar el estado de salud de ese hombre. Dio también órdenes para que fuera examinado en un hospital público; sin embargo, el señor José Enrique volvió a mandar muy lejos al juzgador. Para la defensa eso estaba bien. Sin el denunciante principal, el caso columpiaba con ventaja sobre su cancha.

62

Durante la siguiente audiencia la abogada Ámbar Treviño llamó a comparecer al edificio de Perugino 6. Esa construcción tenía tantas cosas que decir que por eso se la imaginó sentada en el asiento de los testigos: no era solamente una metáfora, había un mundo de testimonios y documentos que le permitirían examinar a ese edificio donde supuestamente se había cometido el más temible de los crímenes.

La vez anterior había logrado desestimar la hipótesis de la casa de citas. El informe de la agente Guadalupe Noria ayudó a clarificar las cosas. Comenzó entonces mostrando al juez las fotografías tomadas por los peritos de la procuraduría para que pudiera ubicarse espacialmente dentro del edificio. También había mandado hacer una ampliación de los planos para indicar las viviendas habitadas por los vecinos que testificarían durante el juicio.

En el departamento de la planta baja vivía Vanessa Figueroa Martínez, la mamá de Erick, el muchacho que supuestamente vio al hombre sangrante. En el primer piso se localizaba el departamento 1, habitado por Karla Sánchez. El número 2 había estado rentado por Jesús Noel Montaño, a quien todo mundo llamaba el Cubano. En el último nivel, Emmanuel Chávez Ledezma y su esposa vivían en el departamento 5, y Raúl Carvallo en el 6. Al *penthouse* no podía accederse por el inmueble de Perugino, sino por un edificio contiguo cuya entrada principal daba a otra calle.

El promedio de edad de los vecinos rondaba entre los veinticinco y terinta años, y de acuerdo con los testimonios que recogió la autoridad, se trataba de personas dedicadas a actividades honestas. No la llevaban bien ni mal, pero ninguno refería haber atestiguado actividades criminales antes de que les cayera encima este alboroto.

Cuarenta y ocho horas después de la desaparición de Hugo Alberto, personal de la procuraduría ingresó al departamento donde hasta ese momento vivía Juana Hilda. Las fotografías que acompañan el informe de ese cateo niegan el secuestro. Hay una cocina, una recámara con una cama y otra con un televisor. También un baño minúsculo, una regadera y un mini tendedero para secar ropa.

Afuera de la sala del juez Mejía Ojeda esperaban tres testigos cuyas declaraciones también serían examinadas aquel día: Karla Sánchez, Emmanuel Chávez Ledezma y Raúl Carvallo. Karla Sánchez era una mujer menuda, bajita y de buen ver que llevaba suelto el pelo pintado de güero. Comenzó contando con orgullo que se dedicaba al negocio de lo espectáculos y producía eventos masivos para una marca popular de refresco.

Cuando la abogada Treviño pidió que describiera el edificio de Perugino, refirió que el defecto de esa construcción era que resultaba imposible tener intimidad.

—¿Qué tanto se escuchan los ruidos de los vecinos? —preguntó Treviño.

—La recámara de Hilda estaba justo arriba de mi cocina. La verdad, se oía de todo; con decirle que cuando César llegaba a quedarse a dormir, me enteraba hasta de cuando estornudaba.

Por instinto la abogada giró la mirada hacia Juana Hilda, quien alzó las cejas con picardía.

—¿Percibiste ruido, disparos o algo fuera de lo común la madrugada del 12 de julio de 2005?

—No recuerdo nada que haya llamado mi atención. Por eso, cuando la señora que está ahí sentada —Karla señaló a Isabel Miranda— llegó acompañada de toda esa gente, preguntando por balazos y secuestrados, me pareció una tontería. El lugar es tan pequeño que habría sido imposible no percatarse. Mi novio José pasó esa noche conmigo y él también puede corroborar lo que estoy diciendo.

La abogada agradeció a la chica mientras el juez daba la palabra al licenciado Ricardo Martínez.

—¿Es usted amiga de Juana Hilda? —interrogó el abogado.

—Tenemos tiempo de conocernos, fuimos vecinas y compartimos alguna amistad en común.

—¿No será por esta razón que ahora la protege?

La defensora protestó y el juez le dio la razón.

—Prosiga sin promover especulaciones —argumentó el juez Mejía.

—¿A qué hora exacta llegó usted esa noche a su casa? —cuestionó Martínez.

La vecina respondió que no recordaba.

—Si no recuerda ese dato, ¿por qué recordaría algo más? —adelantó él y fue a sentarse de nuevo un lado de su cliente.

Treviño pidió otra vez la palabra y el juez le reclamó con la mirada porque pensó que ya había concluido.

—Karla, ¿te topaste aquella noche con alguien más dentro de las áreas comunes del edificio?

Ella asintió.

—Sí, con Jesús Noel, el vecino del departamento 2.

—¿Te refieres a la persona que los vecinos llaman el Cubano?

Karla Sánchez respondió afirmativamente.

—¿Qué hacía Jesús Noel Montaño fuera de su departamento?

—Pues… —buscó las palabras—, estaba ligando con la vecina de la planta baja.

—¿Se encontraba coqueteando con Vanessa Figueroa?

—Sí —respondió con seguridad.

—¿Dónde exactamente se hallaban esas personas?

—Estaban sentadas en los primeros peldaños de la escalera. Recuerdo que tuvieron que moverse para dejarnos pasar.

La abogada aprovechó esa respuesta para mostrar al juez otra fotografía tomada por el personal de la procuraduría en la que podía distinguirse el sitio donde el Cubano y la vecina de la planta baja habían sostenido aquella conversación nocturna. La imagen confirma que se trata de un espacio reducido, lo cual explicaría por qué ambos tuvieron que apartarse para permitir que Karla y su novio accedieran a su vivienda. En esa misma fotografía, a escasos centímetros del primer peldaño, también se distingue la puerta del departamento de Vanessa Figueroa, quien declaró que esa madrugada había permanecido abierta ya que dentro de su hogar dormía su hijo de once meses.

—Una última pregunta.

Karla suspiró porque con esa respuesta que estaba por aportar cerraría un año de incordios relacionados con este caso.

—Si un hombre herido hubiera bajado por esas escaleras, ¿crees que el Cubano o Vanessa habrían tropezado con él?

El licenciado Martínez pegó un brinco y exigió que la defensora retirara la pregunta porque también la consideró especulativa. Sin embargo, Karla igual alcanzó a responder:

—Seguramente sí.

El juez ordenó un receso de media hora. Al regresar tocó el turno a los dos vecinos que habitaban en el último piso de Perugino.

Primero ingresó Emmanuel Chávez Ledezma, más apacible y también menos elocuente que Karla Sánchez. Este joven jefe de familia refirió no haber notado nada inusual la noche en que supuestamente ocurrió el crimen.

El licenciado Martínez preguntó si había escuchado algún pleito en la calle y Chávez respondió que no.

—¿Tampoco percibió que en el departamento 4 hubiera movimiento de muebles o que alguien pusiera el sonido de la televisión demasiado alto?

—Mi departamento está justo encima del que habitaba la señorita Juana Hilda, y puedo asegurarle que si aquella madrugada hubiera sucedido algo importante me habría dado cuenta.

Los interrogatorios de esa mañana concluyeron con el de Raúl Carvallo, un profesionista también muy joven cuya memoria del día clave estaba intacta ya que durante la semana de la desaparición tuvo que convalecer por una lesión de espalda que le impidió distraerse en otras cosas.

—Estuve postrado desde principios de mes hasta el 14 de julio; por tanto, no salí ni un minuto de mi departamento. Puedo asegurar que en el edificio donde vivo, durante todo ese tiempo no hubo balazos ni violencia ni nada de lo que luego se dijo.

—¿Sabe usted que puede ser acusado por falsedad de declaraciones? —quiso intimidarlo Ricardo Martínez.

Iba yo a protestar, pero antes lo hizo el juez, quien desestimó ese comentario y animó a Carvallo para que concluyera.

—No vi ni oí nada.

Aún faltaban dos vecinos por ser interrogados, los testigos principales del caso: Vanessa Figueroa y Jesús Noel Montaño. Sin embargo, como se había vuelto ya una tradición en ese juzgado, tampoco se presentaron a ratificar sus declaraciones previas. Cuatro meses atrás ambos se habían esfumado.

Antes de que tal cosa sucediera, el expediente registraba cinco declaraciones distintas de Vanessa Figueroa, la vecina de la planta baja. En las tres primeras podía leerse un relato coherente, mientras que en las últimas dos se desdijo a partir de una narración difícil de corroborar con el resto de los indicios.

En las primeras deposiciones la mujer confirmó que había pasado buena parte de la noche y luego de la madrugada conversando con el inquilino del departamento 2. Según ella, esa charla, que se llevó a cabo mientras estaban sentados en el rellano de la escalera, duró entre las nueve y media de la noche del lunes 11 y las cinco de la mañana del martes 12 de julio. Jesús Noel confirmó esta versión, aunque difirió en la hora en que se habría retirado a su vivienda. De acuerdo con el Cubano, ambos se fueron a dormir hacia las tres de la madrugada.

Jesús Noel recuerda haber visto al novio de Karla Sánchez, José Silva, y los dos afirman que durante todo el tiempo que permanecieron juntos no escucharon ningún ruido que les llamara la atención. Añadió el Cubano que tampoco había percibido nada extraño proveniente de la casa de Juana Hilda.

Vanessa ya había informado a la policía que vivía con su bebé de once meses y que su otro hijo, Erick, residía, desde que nació, en casa de su abuela. Insistió otra vez en que era imposible que ese muchacho hubiera sido testigo de algún crimen; también negó haber limpiado manchas de sangre en el edificio.

Después de leer en voz alta los párrafos más importantes de estas declaraciones, la abogada Treviño hizo su mejor esfuerzo para introducir una mosca en la oreja del juez Mejía:

—Si alguna persona ingresó o salió aquella noche del edificio de Perugino, tuvo forzosamente que haber sido vista por alguno de estos dos vecinos. Si ellos reportaron que nada pasó, es que nada pasó.

Caminó hacia su lugar e hizo una pausa antes de continuar con su alegato:

—Otra vez nos encontramos con personas que se han esfumado. Cuando el agente del ministerio público le preguntó a la madre de Vanessa Figueroa dónde se encontraba su hija, Leticia Figueroa afirmó que después de entregar sus últimas declaraciones, por haber sido amenazada, decidió no volver a participar en el juicio.

—¿Amenazada por quién? —levantó la voz el licenciado Martínez mientras Isabel soltaba un bufido.

—Eso me lo puede responder usted, o quizá su clienta, porque lamentablemente no soy adivina —reviró la defensora.

Entonces el abogado de la señora Miranda con un gesto dramático llamó la atención hacia los documentos que depositó sonoramente sobre el escritorio del juez.

—Aquí puede leerse la verdad sobre lo que sucedió aquella noche.

Treviño sabía bien lo que contenían esos papeles. Eran las declaraciones cuarta y quinta de Vanessa Figueroa, y también la última de Jesús Noel Montaño. Igual que Juana Hilda, ambos fueron coaccionados para modificar la versión que originalmente aportaron sobre su participación en los hechos.

CAPÍTULO X

63

En vez de apersonarse, Hugo Alberto envió a Israel, el chofer que entonces trabajaba para él. Claudia apreciaba a ese muchacho, pero se sintió ofendida.

—Dice Hugo que no se preocupe por los gastos del hospital. Me pidió también que le diga a su papá que le va a reembolsar todo lo que haya pagado.

La madre recién parida estuvo a nada de correr al chofer de su casa.

—Hugo no me conoció en la calle, así que no necesito de su limosna.

Israel aguantó un palo que no era para él.

—Quiere que lo disculpe. Tuvo un problema muy fuerte, por eso debió esconderse.

—Conmigo no necesita mensajeros. Cuando tenga algo que decirme, aquí lo espero. Y el día que quiera conocer a su hija no tiene más que tocar el timbre.

Israel regresó una semana después cargado de regalos para la niña. Claudia conocía de sobra esos abusos a la tarjeta de crédito de Hugo, así que no la conmovieron. Además, estaba convencida de que el motivo de su ausencia era que andaba ocupado con alguien más, y así se lo hizo saber al recadero.

Ella esperaba una reacción menos honesta:

—No es sólo eso, señorita Claudia.

Casi se tira al piso con lo de «señorita», porque había una niña en la recámara exigiéndole a cada rato que la amamantara.

—¿Es decir, que sí anda con alguien?

Israel bajó la mirada porque claramente lo había puesto en un predicamento. Él supo esquivarlo recurriendo a la empatía:

—Yo también voy a ser papá.

La descolocó.

—¿Pronto? —interrogó Claudia.

—Sí, pero mi esposa me tiene amenazado con que no quiere que siga trabajando con el señor Hugo después de que nazca. De lo contrario, ella y el niño se irán a vivir a otra parte.

Claudia sintió un tirón en la espalda, a la altura de los riñones, y es que su cuerpo continuaba acomodándose de manera caprichosa.

—¿Qué tiene de malo trabajar con Hugo? —quiso saber.

—El señor no es la persona que usted piensa —respondió de manera críptica.

Estaba todavía muy dolida por el engaño. Se le quedó viendo y temió que una lágrima pudiera escaparse contra su voluntad.

—¿A qué te refieres?

—Yo la conozco, señorita; veo de qué familia viene, la calidad humana de usted, que es buena gente —se interrumpió, y aunque Claudia estaba sobrepasada, lo animó a continuar:

—Mejor aléjese de él, no le va a dejar nada bueno. Hugo no es la persona que usted piensa, ni su familia tampoco.

Sus ojos, su nariz, sus dientes, toda ella se fundió en un signo enorme y angustiado de interrogación.

—Sólo eso puedo decirle, que Hugo está en otro nivel, uno que usted ni siquiera imagina.

Ahora fue el hígado el que le dio una patada y eso la animó a replicar:

—Entonces, ¿por qué continúas trabajando para él?

—Por miedo, señorita.

—¿Miedo?

—Sí.

—¿De Hugo?

—No, de Hugo no.

—¿Y luego?

—Miedo de su mamá.

Claudia comenzó a desesperarse con las respuestas mínimas del chofer.

—¡Explícate, por lo que más quieras!

—Es que la señora Isabel me tiene amenazado. Cuando le informé que iba a renunciar, me advirtió que me lo pensara mejor.

—¿Cómo mejor?

—Pues sí, que ella sabía dónde vivíamos mi esposa y yo, y también el resto de mi familia.

Vino el tercer entuerto de la tarde.

—¿Por qué no te deja ir?

—Supongo que por todo lo que sé.

En aquel entonces se había puesto de moda en la televisión una serie de gánsteres y de pronto Claudia se sintió como si fuera la novia de Tony Soprano. Bromeó con Israel, pero él no entendió su sarcasmo, o bien no quiso restar un gramo de gravedad a lo que le estaba contando.

—En la familia de Hugo son unos monstruos —sentenció él antes de despedirse.

Claudia permaneció un largo rato sepultada bajo una manada de peluches gigantes, una tina para bebé y una carriola elegantísima para sacar a pasear a su hija.

Después de aquella visita no volvió a saber nada de Israel.

64

Hugo no se cansó de seguir enviando regalos hasta que la convenció de abrir de nuevo la puerta. No obstante, dice que lo hizo con mayor cautela. Un día se apareció por casa de Claudia sin avisar, tal como solía hacer cuando se conocieron y él era su profesor de inglés. Antes de presentarle a la bebé, se sentaron en la sala. Él quería explicar lo mismo que antes mandó decir con Israel, su chofer: que había faltado al nacimiento de su hija debido a un asunto legal que lo obligó a esconderse.

Claudia lo interrumpió para aclarar que no necesitaba justificarse con ella; él tenía libertad para irse, pero no para cambiar de opinión cada vez. No iba a permitir que su hija creciera con un padre intermitente. Hugo insistió en que no faltó por desamor: el asunto que había enfrentado era real, pero ya estaba resuelto. Juró que a partir de ese momento se haría cargo de las dos.

Hugo no sabía que la bebé había heredado sus rasgos: los mismos ojos, cejas, la misma boca y hasta el tono de piel. Dicen que los recién nacidos suelen parecerse al padre durante los primeros meses de vida, pero la hija de Claudia continuó siendo idéntica a Hugo aun cuando se convirtió en una mujer adulta.

«Fui un tonto», repetía mientras le daba de besos.

Aquella fue la primera visita de muchas; cuando a aquel hombre se le metía algo en la cabeza, su necedad podía ser avasallante.

Sabedor de la influencia que el papá de Claudia ejercía sobre ella, lo invitó a comer para conversar *de hombre a hombre*. Según se enteró después, el padre no se la puso fácil: de entrada, se negó a cobrar el dinero que aportó para el parto. Fue su manera de dejar en claro que Claudia podía superar su ausencia sin sobresaltos. Luego precisó que, a pesar de la amistad de tantos años, no pensaba que su presencia le hiciera bien a su hija ni a la recién nacida.

Hugo no se ofendió. Era consciente de que detrás de ese señor recio había una buena persona; también sabía que, al final, respaldaría cualquier decisión que Claudia tomara. Aquella charla concluyó con un buen apretón de manos, aunque la relación entre esos dos hombres jamás volvió a ser la misma.

Pocos días después Hugo propuso a Claudia que dejara la casa de sus tías para que pudiera visitarla a ella y a la niña con mayor libertad; si ella aceptaba, estaba dispuesto a montarle un departamento.

—Estás yendo muy rápido. Hay muchas cosas que deberías arreglar y que no tienen que ver con nosotras —respondió Claudia.

Hugo bajó la mirada.

—¿Qué puedo hacer para recuperar tu confianza?

—Con la niña vas bien —eludió.

—Quiero que lleve mi apellido.

—No voy a negarle un derecho que es de ella.

Fijaron una fecha y fue idea de Hugo que invitaran a las dos familias; la visita al Registro Civil sería como una presentación en sociedad, sin el pretexto religioso. Esa celebración impuso una tregua entre ellos. Él dejó de sentir que le suplicaba, y Claudia se liberó de tomar una decisión de pareja para la que le faltaba convicción. Mientras tanto, Hugo entregó las llaves para entrar libremente a su nueva casa en Galeana, donde a veces llevaba de visita a la bebé y otras ambos se encontraban a solas.

Un día la sorprendió con un anillo de compromiso: Claudia se confundió por la cantidad de veces que lo había escuchado decir, después del divorcio con la mamá de su primera hija, que jamás volvería a casarse.

Otro día Hugo de la nada soltó que planeaba irse a vivir a Estados Unidos.

El comentario cayó como un misil sobre el puente que apenas estaban reconstruyendo. Si bien la mamá de Claudia vivía en Houston y desde muy joven ella le consiguió papeles para residir allá, no la entusiasmaba nada que la niña creciera lejos de México.

—¿Cuándo pensabas decírmelo? —reclamó.

—Es sólo una idea.

—Cuéntame la verdad, ¿continúas con tus problemas legales? —interrogó.

—No es eso —contestó Hugo.

—¿Entonces?

—Imagínate comenzar una vida nueva, por ejemplo, en San Diego o en Chicago.

—¿Y tu hija mayor? ¿Crees que su mamá la dejaría venir con nosotros?

Hugo ya había contemplado esa dificultad:

—Para las dos niñas sería una cosa buena y para nuestra futura familia también. Te propongo que visitemos San Diego y así ves cómo te sientes.

La idea de viajar no desagradó a Claudia. Hugo miró el calendario y acordaron fijar esa vacación para la semana previa al registro de la recién nacida. El plan sería cruzar en automóvil desde Tijuana y Hugo se adelantó porque, según explicó, de última hora tenía un negocio que atender por allá. Fue a recoger a Claudia al aeropuerto y durmieron la primera noche en un lindo hotel del lado mexicano.

Todo fue bien hasta que, al día siguiente, cuando se alistaban para salir, ella descubrió que habían desaparecido su pasaporte y el documento de residencia. Estaba segura de haberlos guardado dentro de la maleta, los vio antes de irse a dormir y nadie, excepto ellos dos, entró a esa habitación desde entonces; Hugo se puso a buscar, voltearon al derecho y al revés los muebles y la cama.

Claudia aún no se había resignado cuando Hugo anunció que tenía una cita de trabajo en San Diego. Ella sabía que estaba explorando la compra de una franquicia para poner un casino, así que pasó sola aquel día y la segunda noche de su improvisada luna de miel. En su cabeza daba vueltas la convicción de que Hugo había robado aquellos papeles por algún motivo inconfesable; dudó incluso de que realmente hubiera cruzado la frontera. Se lo había advertido Israel meses atrás: el papá de su hija llevaba una doble vida cuyo «lado B» ella desconocía.

Veinticuatro horas más tarde, Hugo regresó como si nada. Según dijo, había renunciado a la idea del casino. Claudia lo felicitó, ya que por su condición era peligroso estar cerca de un lugar donde corrieran el alcohol y las drogas; a él no le cayó en gracia ese comentario y tampoco el estado agrio de ánimo que la acompañó durante el último día del viaje.

Claudia volvió a México un tanto frustrada. Le fastidiaba el engorro que significaría la recuperación de los papeles de residencia, indispensables para que la niña y ella visitaran a su mamá en Houston. Resignada, se despidió de Hugo en la puerta de la casa de sus tías con la promesa de que, el día acordado, él pasaría por Claudia y su hija para llevarlas al juzgado donde registrarían a la niña.

Llegada la fecha, Claudia vistió a la bebé con su ropa más elegante. Cuando las manecillas del reloj rebasaron la hora acordada lo llamó, deseando que el tránsito lo hubiera demorado; no tuvo suerte y volvió a intentarlo cinco minutos después. Aquello no podía estar sucediendo otra vez. Después del tercer intento marcó el número de Isabel. Su suegra la tranquilizó, dijo que esa misma mañana había hablado con su hijo y que quedaron de verse en el juzgado.

Claudia sabía que todas las mañanas, muy temprano, la madre y el hijo se comunicaban, así que prefirió suponer que se había confundido respecto del lugar de la cita. Durante el trayecto al juzgado, Claudia y su padre no cruzaron palabra: él siempre fue un hombre honorable y por eso prefirió acompañar en silencio aquella humillación.

Al juzgado no llegó nadie de la familia de Hugo. Habían sido invitados Isabel y Claudia Wallace, su cuñada. Sin embargo, ninguna tuvo la delicadeza de avisar que los iban a dejar plantados. Ese día Claudia decidió que su hija crecería con un apellido distinto al de esa tribu tan rara: sería un acto irreversible para separar el sendero que Hugo y ella habían recorrido juntos durante tantos años. No fue únicamente que le pareciera tóxico tenerlo en su vida, lo que más le importaba era el daño que ese señor podía provocarle a la niña una vez que ella comenzara a tener conciencia del tipo de padre que le había tocado.

65

Habían transcurrido poco más de dos años sin saber nada de Hugo cuando Claudia recibió una llamada de su exsuegra Isabel. Dijo que le urgía verla. La señora Miranda viajaba, como siempre, en una camioneta grande, conducida por un chofer. Traía un saco de cuadros azules y blancos estilo Chanel y lentes oscuros, de esos que cambian de color según la luz del sol. La peinadora personal seguro la había visitado aquella mañana.

Aquella tarde le dolió a Claudia constatar que la niña no existía en la cabeza de su abuela; sólo la otra hija de Hugo era su descendiente. Ella estaba consciente de que Hugo adoraba a su primogénita, más que a nada en el mundo, por eso no puso en duda las afirmaciones de Isabel. Por voluntad propia no la habría abandonado. Una cosa era que desapareciera durante una semana o varias, como solía hacer, y otra muy distinta era que se hubiera borrado deliberadamente del mapa.

En un principio le dijeron a la hija mayor que su papá andaba de viaje, pero al pasar los días la chiquita puso en duda esa explicación. De haberse ido de vacaciones, Hugo la habría llevado con él —razonó—, y entonces no quedó de otra que decirle lo que sabían.

Aquel vehículo era como un tanque disfrazado. Hugo se pasaba horas hablando de los distintos niveles de blindaje y algo le había enseñado a Claudia del tema; calculó que aquel transporte debía tener uno de los más altos, por eso andaba tan despacio. Tomaron camino rumbo al centro de la ciudad.

En el trayecto Isabel reveló que una integrante de la banda de criminales recién había confesado el asesinato de Hugo Alberto. Claudia dice que se sintió como un fósil presionado por el tiempo. Debido al tono utilizado por su exsuegra, no podía dar crédito a lo que escuchaba. Había algo en su desapego que desconectó su aparato emocional.

Durante el tiempo que duró la relación con Hugo la acostumbró a vivir con sus silencios. Ella sabía pelearse con su regreso triunfal, pero no tenía cómo lidiar respecto de una ausencia definitiva. La última vez que se disgustaron asumió que iba a ser madre soltera y que tal cosa no debía ser un problema para la hija, pero en algún rincón deseaba que, milagrosamente, quien había sido su pareja pudiera soltar todo aquello que le impedía vivir con ellas.

Isabel no la buscó para darle consuelo. Tampoco se atrevería a pedir que alguien lo hiciera por ella. Quería que la ayudara a reconocer el rostro de una mujer. En algún punto del recorrido ordenó a su chofer que detuviera el vehículo, abrió la puerta trasera y dispuso que bajaran. Sobre sus cabezas había un anuncio inmenso. Ésa fue la primera vez que vio el rostro de Brenda Quevedo.

—¿La conoces?

Negó, convencida.

—Es la pareja de Jacobo Tagle.

Claudia tiene buena memoria con los rostros: la chica que andaba con Jacobo, cuando Hugo y ella solían salir juntos, era rubia, delgada y alta. Nada tenía que ver con esa morena del espectacular.

Buscó el modo más cuidadoso para cuestionar a Isabel:

—¿Por qué Jacobo querría hacerle daño a Hugo si eran buenos amigos?

La señora Miranda la desestimó con un gesto irritado:

—No es lo que piensa la policía.

La recompensa ofrecida para quien entregara a Brenda Quevedo era de cincuenta mil pesos y la paga por Jacobo Tagle de doscientos cincuenta mil. Aunque no terminó la carrera de leyes, Claudia había tomado cursos suficientes como para concebir lo justo y lo injusto en términos legales. Al subir su rostro a esos anuncios monumentales, aquellas personas ya habían sido sentenciadas. No era como si el secuestro le diera credibilidad a la publicidad, sino que la publicidad había vuelto verdadero el secuestro.

66

Claudia se fue porque podía hacerlo, porque tuvo miedo y porque debió proteger a su hija. Varias mujeres de este relato tuvieron que hacer maletas y mudarse de país para sobrevivir. La advertencia de Isabel fue lo que más pesó en sus decisiones. Venía regresando de Houston, de visitar a su mamá, cuando Isabel volvió a llamar a casa de sus tías para invitarla a tomar un café. Aceptó y al día siguiente pasó a recogerla, esta vez acompañada de varios carros de escolta. Se sintió amedrentada. En unos cuantos meses el aparato de seguridad de su exsuegra se había multiplicado.

Esa, la última conversación, tuvo sus cosas raras. Isabel comenzó enumerando la lista de gastos en los que había incurrido desde la desaparición de su hijo; habló de las investigaciones, los seguimientos, los anuncios publicitarios, los informes y también del dinero que tuvo que repartir a funcionarios corruptos.

Claudia la escuchó con atención y por eso no la vio venir cuando, como quien arroja con descuido una cáscara de naranja, soltó que su hija no iba a poder reclamar nada del patrimonio de Hugo Alberto. Explicó que él no había dejado testamento y las pocas cosas que poseía se esfumaron con la búsqueda. Claudia se sintió ofendida, no tenía ninguna intención de pedirle nada. Si en vida de Hugo la niña y ella se las arreglaron sin el papá, ¿por qué pelearían ahora por su herencia? Le repitió lo que tres años atrás dijo a Hugo Alberto: que afortunadamente nunca le había faltado trabajo ni el apoyo de su familia.

Satisfecha por haberse hecho entender y más aún por la respuesta que recibió, Isabel pasó al segundo tema de aquella mañana:

—Lo mejor para ti sería que te fueras a vivir con tu mamá a Estados Unidos.

No era la primera vez que Claudia consideraba esa opción, así que casi en automático le respondió:

—Aquí está mi vida profesional, mi papá y el resto de mi familia.

Isabel tomó aire y acotó con condescendencia:

—No puedo decirte más, pero estoy inquieta por lo que pueda pasarte a ti o a la niña.

Claudia guardó silencio y la madre de Hugo Alberto insistió:

—No te conviene estar en medio. Por tu bien, intenta mantenerte al margen, y lo mejor sería hacerlo fuera del país.

En aquel entonces Claudia tenía un buen empleo, trabajaba para una fundación grande dedicada a temas culturales, había rehecho su vida y estaba contenta. Nada más lejos de su deseo que abandonar lo que tenía. Sin embargo, después de ese encuentro tan extraño, debió computar datos que hasta ese momento le habían parecido ajenos: lo sucedido con Hugo Alberto no tenía nada de normal y su madre, que parecía comprender mejor el fondo de las cosas, les recomendaba emprender la huida. ¿Qué sabía ella que Claudia ignoraba?

El padre enfureció como pocas veces cuando se enteró de que se había citado fuera de la casa con Isabel; no temía lo que los supuestos secuestradores de Hugo pudieran hacerle a ella o a la niña, sino el riesgo que Claudia corría al dejarse ver junto a esa mujer.

67

En julio de 2006 se cumplió el primer año de la desaparición de Hugo. Para esa fecha aún Claudia no se había decidido a hacer las maletas. Entonces ocurrió el evento que terminó por convencerla: cinco días antes de ese aniversario, Guadalupe Miranda Torres, la hermana favorita de Isabel, amaneció asesinada con un tiro en el cuello. La noticia fue reproducida hasta la náusea por los medios de comunicación, porque para ese momento la señora Miranda de Wallace ya se había convertido en un fenómeno de opinión pública.

A pesar de que Guadalupe era siete años menor, la exsuegra de Claudia le tenía gran confianza: cubría los roles de secretaria, asistente y brazo derecho, también la nombró socia y probablemente prestanombres. Era propietaria del cuarenta por ciento de las acciones de Showposter, la empresa de publicidad. El sesenta por ciento restante estaba a nombre de su excuñada, Claudia Wallace.

Cuando todavía trabajaba para su hermana, Guadalupe fue quien abrió los sobres recibidos por correo postal en cuyo interior venían los comunicados solicitando rescate a cambio de liberar a Hugo. Aun si Isabel dijo que su hermana se había mantenido alejada del caso, la verdad es que ella jugó un rol importante, ya que los espectaculares donde se denunció a los supuestos secuestradores eran también propiedad suya.

Claudia la trató poco. Sabía que estaba casada y era mamá de dos jovencitas. Cuando murió, la mayor tenía diecisiete y la segunda quince. Ambas estaban en su recámara cuando sucedió el homicidio; declararon a la policía que desde ahí escucharon la detonación y también que al salir a la calle vieron a Gabriel Bobadilla, el padre de las niñas, huir de la escena mientras su esposa se desangraba en su automóvil.

De acuerdo con el parte médico, Guadalupe Miranda recibió un tiro mientras sacaba un vehículo de la cochera de su casa. El asesinato habría ocurrido entre las seis y media y las siete de la mañana. De acuerdo con las hijas, sus padres sostuvieron una discusión acalorada la tarde anterior; llevaban diez meses separados y más de siete de haber iniciado los trámites de divorcio.

La policía descartó que ese evento estuviera relacionado con el secuestro de Hugo Alberto. Sin embargo, nadie se molestó en explicar por qué Bobadilla empuñó un arma para asesinar a la madre de sus hijas. Si bien las chicas aseguraron haber visto al padre, ¿cómo fue que atestiguaron el homicidio si se encontraban dormidas dentro de su recámara, cuando los hechos sucedieron fuera de su casa?

Sin indagar más, Gabriel Bobadilla fue señalado como responsable del homicidio de la tía Guadalupe. Justo cuando se cumplió el primer aniversario de la desaparición de Hugo, Isabel se comunicó con las autoridades para informar del paradero del asesino: si la policía quería detenerlo, debía presentarse en la estación Balbuena del metro. Los funcionarios aseguraron que, al arrestar al cuñado, casualmente portaba el arma con la que mató a su mujer. Alguna nota de periódico refirió que él intentó darse a la fuga, pero al final terminó por entregarse. Una vez en la oficina del ministerio público, ese hombre confirmó los dichos de sus hijas, narró la riña de la tarde previa y confesó la autoría del homicidio.

El jefe de la policía propuso darle un premio a Isabel por su ayuda en la detención de ese peligroso criminal: «Mi reconocimiento ciudadano a la señora Wallace por el valor con el que ha enfrentado no sólo el caso en que desafortunadamente su hermana perdió la vida, sino también la búsqueda de la verdad sobre lo que le ocurrió a su hijo».

No fue la causa principal por la que Claudia abandonó el país, pero sí la gota que derramó el vaso. Todo alrededor de la familia de Hugo era extraño. Hacía cortocircuito en su cabeza la coincidencia de la fecha del asesinato de la tía Guadalupe: ¿y si Gabriel Bobadilla sólo fuera un chivo expiatorio para encubrir las verdaderas razones del homicidio de su esposa?

Isabel tenía razón en algo: Claudia y su hija debían alejarse de todo aquello. Era momento de asumir que jamás conocería la verdad y que, más allá de lo que le hubiera contado Israel, el chofer de Hugo, tampoco sabría a qué se dedicaba realmente la familia Wallace.

Ante la impotencia se mudó a casa de su mamá en la ciudad de Houston. Recién había cumplido los treinta, y estaba obligada a reencarnar en otro país donde tendría que comenzar de cero.

CAPÍTULO XI

68

El juez Mejía Ojeda se ausentó de nuevo durante las siguientes audiencias y, en vez de mandar en su representación al anterior secretario del juzgado, envió a otra persona. Después de que Isabel acusó al primer funcionario de haber sido comprado, el juzgador puso en su lugar a otro subalterno que no sabía absolutamente nada del caso.

Durante el proceso, el juzgado cambió de secretario en más de diez ocasiones, cada vez por la misma razón: porque la señora iba a quejarse con Mejía y muy probablemente más arriba. Usó varios argumentos, uno más absurdo que el otro, como cuando dijo que el representante del juez había lastimado la autoestima del agente del ministerio público. ¿Así o más disparatado? En todo caso, el abogado Ricardo Martínez fue quien colocó en un rincón a ese empleado de la procuraduría, porque cada vez que debía intervenir le arrebataba la palabra.

Tanto cambio de interlocutor terminó por frustrar a la defensa. Aun si todo lo dicho en las audiencias se integró en el expediente, habría sido mejor que el juez prestara atención a los argumentos en vez de sepultarlos bajo la losa de papeles que su contraparte solía entregar.

Las notas que Ámbar Treviño preparó entonces sirven para recordar los detalles más importantes del caso. Por ejemplo, las pruebas de vida que Hugo Alberto, y el resto de sus familiares, fueron sembrando en el tiempo. Como en cualquier otro lugar del mundo, el gobierno mexicano tiene una línea telefónica que sirve para reportar a las personas extraviadas: si se marca a Locatel, ahí ayudan a ubicar a un familiar que podría estar inconsciente en un hospital, detenido por la policía o de plano en un congelador de la morgue. Pues resulta que ningún integrante de la familia de la supuesta víctima se comunicó a ese servicio en las cuarenta y ocho horas posteriores a la desaparición.

En la Ciudad de México existe otro número de contacto al que también puede llamarse en caso de que se presuma una desaparición; se trata del Centro de Apoyo a Personas Extraviadas y Ausentes (CAPEA). Pues tampoco a este lugar llamó Isabel Miranda ni nadie más perteneciente a su círculo íntimo. ¿Por qué asumieron tan rápido que se trataba de un secuestro y no de un accidente o una desaparición? ¿Por qué la madre de Hugo Alberto no esperó ni un minuto para comunicarse con la fiscalía antisecuestro en vez de hacerlo antes con Locatel o con el CAPEA?

Este hecho es sólo una de las tantas cosas extrañas que saltan como resortes de máquina vieja. Con las facturas de sus dos dispositivos celulares en una mano y los estados de cuenta de sus tarjetas de crédito en la otra, puede afirmarse que «la víctima» estaba bien mientras su madre acusaba a Jacobo Tagle Dobín, desde el día uno, de haberlo secuestrado.

El abogado Martínez intentó desestimar las pruebas de vida que Ámbar Treviño presentó en el juzgado. Advirtió al secretario que los gastos enlistados en los estados bancarios se habían realizado antes de su desaparición, pero los documentos proporcionados por las instituciones bancarias establecen las fechas precisas en que se realizaron las compras.

Por ejemplo, el lunes 11 de julio de 2005 —el día anterior de la supuesta desaparición— una tarjeta de crédito de Banamex a nombre de Hugo Alberto Wallace fue utilizada para contratar match.com, un servicio de citas por internet que entonces era muy popular: cubrió en esa ocasión seiscientos dos pesos por la prestación. El sábado 15 de octubre, tres meses después de que el hijo de Isabel se hubiera esfumado, se realizó otro abono a la misma compañía, pero por una cifra diferente y a través de una tarjeta de crédito distinta, proporcionada por el banco Santander Serfin. Suena ilógico que los secuestradores emplearan ese otro plástico para un propósito tan frívolo.

El licenciado Martínez intentó confundir al secretario del juzgado cuando argumentó que se trataba de pagos recurrentes, pero Treviño demostró con los papeles de los bancos Banamex y Santander Serfin que eso era falso. Los pagos recurrentes suelen hacerse sobre la misma tarjeta y en este caso el primero ocurrió en julio con un plástico y el realizado en octubre con otro; también los montos difieren, lo cual no es coherente con la hipótesis del abogado Martínez.

Hay otros cargos igual de sospechosos. Transcurridos catorce días de que se encontró estacionada la camioneta Grand Cherokee cerca de la calle Perugino ocurrió una compra, con la misma tarjeta Banamex, en la tienda digital Amazon. Tampoco en este caso se trata de un pago frecuente.

En la misma hebra sorprenden seis cargos realizados nueve días después de que José Enrique Wallace presentara la denuncia. En el estado de cuenta de la tarjeta de Santander Serfin aparece un pago por más de tres mil pesos en un restaurante de mariscos ubicado al sur del Distrito Federal. También se incluyen dos compras en una tienda departamental y una más en un establecimiento de conveniencia. Aún más intrigante es un cobro, por un total de cinco mil pesos, en un parque para jugar gotcha, localizado a poca distancia tanto del restaurante como de las tiendas donde se realizaron aquellas compras.

Como lo dijo la defensa ante el juzgado, estos gastos coinciden con los patrones de consumo reflejados en los estados de cuenta de Hugo Alberto y todos sucedieron en la zona de la ciudad donde esta persona hacía habitualmente sus actividades. ¿Qué criminal utilizaría las tarjetas de crédito de la persona que tiene secuestrada para ir a divertirse a un parque de gotcha o para contratar un servicio de citas? Estos gastos únicamente pudo haberlos realizado Hugo Alberto Wallace.

69

Los registros telefónicos corroboran también que nadie privó a esa persona de su libertad. Del teléfono Nextel salieron ocho comunicaciones durante la jornada del martes 12 de julio de 2005, cuando supuestamente Hugo Alberto ya había muerto. Hay evidencia de tres intentos de llamada al teléfono de Ricardo Gómez, un amigo con quien jugaba futbol americano; tres más a su primo Jorge Ortega Miranda, quien encontró la Grand Cherokee. Después del mediodía se reportan dos enlaces frustrados al teléfono del Chaparro, su último chofer. Hay una llamada más hacia las nueve y media de la noche, a la casa de Geazul Ponce, la novia de Hugo Alberto por aquella época. A diferencia de los demás intentos, la llamada de la noche sí obtuvo respuesta y tardó más de un minuto.

Es muy extraño que la policía no haya investigado estas bitácoras telefónicas. Un asunto más, relacionado con esta primera línea, es que su dueño la canceló el jueves 14 de julio de 2005, es decir, dos días después de que ocurriera el supuesto crimen. Resulta difícil creer que Isabel haya cerrado el contrato de esta línea, ya que se encontraba a nombre de su hijo de treinta y cinco años. ¿Por qué la compañía telefónica hubiera aceptado hacerlo sin contar con evidencia de la ausencia definitiva del dueño? La línea Nextel forzosamente tuvo que haber sido cancelada por Hugo Alberto Wallace.

El segundo dispositivo que esta persona portaba el día de su pretendida desaparición sí estaba a nombre de su mamá, o más bien, de la empresa de publicidad de la que su madre era representante legal. En caso de quererlo así, ella habría tenido libertad para cancelar y sin embargo no lo hizo, por lo menos hasta que concluyó aquel año.

Durante los meses posteriores a la desaparición se consultó en dieciocho ocasiones el buzón de mensajes de la línea Telcel. Estas operaciones únicamente pudieron ser efectuadas por una persona en posesión del dispositivo, o bien por alguien que conociera el código de acceso remoto para hacerlo desde otro teléfono. Cabría especular con que los familiares de Hugo Alberto fueron quienes realizaron estas consultas; sin embargo, tanto el señor José Enrique Wallace como Isabel Miranda estarían descartados porque ambos denunciaron como sospechosa esa misma actividad inscrita en las facturas telefónicas. Es más probable que haya sido Hugo Alberto el que sostuvo tal interacción con el buzón de su teléfono.

El jueves 1 de septiembre de 2005, de esa misma línea salió una comunicación a un teléfono, también celular, asignado a un sujeto de nombre Jesús García Sepúlveda. Cuando la policía citó a declarar a esa persona, él negó saber quién era Hugo Alberto, pero dijo que un desconocido recientemente había dejado un mensaje en el buzón de su línea. Por fortuna aún no lo borraba, así que lo compartió con la policía.

Al escuchar esta grabación, dos testigos reconocieron la voz del desaparecido: el guardia de seguridad que cuidaba el condominio de Galeana, donde residía la supuesta víctima, y un empleado que recién había colocado unas cámaras de seguridad en el mismo lugar. Geazul Ponce puso en duda que fuera la voz de Hugo Alberto, aunque ahí reconoció expresiones que él utilizaba cuando estaba pasado de copas.

70

La abogada Ámbar Treviño se arrojó durante varias madrugadas a devorar cuanta información —distinta a la contenida en el expediente— pasó frente a sus ojos: todo lo que se publicaba en los medios de comunicación y también en las redes sociales. Para entender las acusaciones de Isabel Miranda era necesario meter la cabeza en los archivos de la hemeroteca. Al hacerlo encontró una nota de periódico, firmada por uno de los reporteros que cubrieron el caso desde el comienzo, donde se menciona que ella pagó setecientos cincuenta mil pesos a los secuestradores de su hijo. Sin embargo, días después ese mismo periodista puso en duda que se hubiera tratado de un secuestro, ya que los plagiarios no solicitaron rescate a cambio de liberar a Hugo Alberto.

Treviño decidió investigar los detalles de este asunto. El material hemerográfico hizo que pusiera atención en el señor José Enrique Wallace. No podía pasar desapercibido su borramiento. Mientras Isabel salía a toda hora en televisión, él no pintaba. ¿Podía ser que el señor Wallace actuara de esa manera porque no era padre biológico de Hugo Alberto? Persiguiendo esta interrogante, Treviño comenzó a dar pasos fuera del terreno explorado previamente: ¿por qué los plagiarios se habían tardado más de un mes en comunicarse con la madre de «la víctima»?

La abogada Treviño revisó con lupa el voluminoso expediente. Ahí encontró que, siete días después de la desaparición, Moisés Castro Villa, de la Agencia Federal de Investigación, redactó un primer informe donde refirió que, hasta ese momento, la familia

Wallace no había sido contactada. Setenta y dos días más tarde otro agente investigador, Raúl Moreno Hernández, entregó a sus superiores un segundo informe con el mismo argumento: los plagiarios continuaban guardando silencio.

Si Hugo Alberto realmente hubiera sido secuestrado, el crimen caía fuera del rango de lo conocido. Cabía la posibilidad de que la señora Isabel hubiera decidido ocultar a la policía una eventual negociación con los criminales, sea porque la amenazaron o simplemente por temor a que la situación de su hijo empeorara. Sin embargo, en ese mismo lapso, comprendido entre julio y septiembre de 2005, presentó varios escritos denunciando a Jacobo Tagle como el principal sospechoso del secuestro. Por ejemplo, el lunes 22 de agosto de 2005 firmó un documento exigiendo que el joven Tagle fuera localizado, ya que tenía responsabilidad en el crimen. Diez días después, el miércoles 31, volvió a presentarse en la procuraduría reclamando la comparecencia del mismo sujeto por su participación en el plagio.

A Treviño le pareció evidente la contradicción: de haber habido negociaciones a espaldas de la autoridad y la condición de los criminales para entregar a Hugo Alberto hubiera sido no informar a la policía, ¿por qué la señora se atrevió a denunciar —en esas mismas fechas— por nombre y apellido a uno de los presuntos líderes de la banda?

Un mes y medio después de la desaparición, la paciencia de la fiscalía antisecuestro comenzó a agotarse. Sin demanda de rescate y sin ninguna otra exigencia para liberar a Hugo Alberto, la hipótesis del plagio iba volviéndose insostenible. Tampoco el *modus operandi* de la hipotética banda criminal coincidía con los patrones registrados por la policía. Por tanto, los hechos denunciados por José Enrique Wallace en julio de 2005 tendrían que ser reclasificados: no se hablaría más de secuestro, sino de desaparición.

En tal caso, la investigación habría de abandonar el ámbito nacional para convertirse en responsabilidad de la autoridad local. Esto significaría que la búsqueda de Hugo Alberto perdería recursos y reflectores; no sería el cierre de la investigación, pero implicaría restarle relevancia.

Justo cuando las cosas estaban a punto de naufragar, Isabel salvó la embarcación. Con un sobre de papel manila bajo el brazo visitó al agente del ministerio público responsable del expediente. Dentro de ese sobre había un comunicado que los secuestradores habrían enviado, vía correo postal, a la dirección donde se ubicaba su empresa de publicidad.

La mesa de trabajo de la abogada lucía enloquecida con tantos papeles. Nada concordaba. La licenciada Treviño se sentía extraviada dentro de ese laberinto. Al igual que los médicos tienen una letra torcida para que sólo entre ellos puedan entenderse, los agentes de ministerio público construyen murallas con papel para impedir la entrada a su castillo.

La pregunta era muy sencilla y una noche la defensora se prometió no irse a dormir sin tener una respuesta concreta. ¿Y si no fuera relevante la cuestión del rescate sino el comportamiento contradictorio de los esposos Wallace a propósito de este mismo tema? Mientras la señora Isabel declaró haber recibido tres comunicaciones provenientes de los criminales, el esposo negó el hecho las mismas veces ante el ministerio público. Decidir a cuál de los dos debía prestarse atención definía el caso de manera radical. Sin rescate no había secuestro, y sin secuestro no había nada que perseguir. ¿Isabel o José Enrique? ¡He ahí el dilema!

Detrás del despacho de la abogada Treviño transitaban vehículos de carga que hacían mucho ruido. Todo le restaba concentración. Sobre aquella mesa seguían apilándose las dudas. Reventaba su cabeza tanta discordancia. ¿Dónde había dejado el artículo del periódico que hablaba del pago del rescate? Se prometió mejorar el método para ordenar aquel material.

Treviño tachó la primera pregunta: la señora no pagó ningún rescate. El reportero que publicó ese dato no volvió a mencionar el tema y no había nada más que corroborara la información. Pasó entonces al siguiente asunto: la autoría de las notas de rescate. La procuraduría no puso en duda el origen de esas comunicaciones, pero Ámbar Treviño especuló sobre la posibilidad de que la señora Isabel hubiera fabricado los textos y también las fotografías.

La abogada escuchó ruido en el piso superior y supo que sus vecinos habían montado una fiesta. Era muy extraño que ese material hubiera sido enviado por correo postal, algo que ningún delincuente serio habría hecho. Por otro lado, las fotos de los tatuajes eran muy nítidas. Por aquella época, las lentes incluidas en los dispositivos celulares no eran capaces de realizar una captura tan diáfana, es decir que tales retratos tuvieron que haberse obtenido mediante una cámara de buena calidad.

Un par de tecleos en la computadora le permitieron saber más sobre los tatuajes. En el hombro izquierdo de Hugo Alberto había una calavera y una baraja española representando un juego italiano de cartas conocido como la Escoba. No podía imaginar por qué alguien escogería ese motivo para marcar su piel. En el hombro derecho el tema era un cráneo de toro de cuyos cuernos pendía una pluma de ave: se trataba de un emblema entre los grupos originarios de Nuevo México para designar a los espíritus libres.

Tanto la señora Isabel como el guardia de seguridad que cuidaba la casa de Hugo Alberto confirmaron que esos trazos sobre la piel pertenecían a la víctima. En su confesión Juana Hilda González dice que Brenda, la novia de Jacobo, fue responsable de tomar aquellas imágenes con su celular. Sin embargo, en esos dibujos se apreciaban pliegues, sombras, volúmenes y bordes que habrían sido imposibles de capturar sin un buen aparato fotográfico.

El lugar donde fueron tomadas las imágenes también representaba un problema. Según Juana Hilda, esos retratos se habían hecho en el baño de su departamento. Sin embargo, había indicios de que pudieron haber sido obtenidos en otro sitio. Treviño revisó la tercera imagen, muy distinta a las otras dos; ahí, tanto el cuerpo desnudo como el rostro vendado de Hugo Alberto habían sido sobrepuestos en una superficie de paredes lisas que parecían de granito gris.

En dicha composición se había truqueado el contorno del sujeto, y eso podía probarse porque el cuerpo no proyectaba una sombra homogénea sobre la pared. Detrás de la cabeza vendada se distinguía una juntura blanca de yeso, pero curiosamente la sombra proyectada por la cabeza no eliminaba la brillantez de esa raya vertical; era como si ese trazo hubiera sido exagerado deliberadamente.

También llamó la atención a la abogada el color de los labios de la víctima: era demasiado oscuro para pertenecer a una persona viva. Si los secuestradores querían que esa fotografía sirviera como prueba del secuestro, ¿por qué no atenuaron el morado de los labios? Había una verdad alternativa: que los labios hubieran sido retocados a propósito para simular un cadáver. Consideró Treviño la posibilidad de que esa fotografía no tuviera la intención de ser una prueba de vida, sino una evidencia de muerte.

Era obvio que la fotografía había sido fabricada en blanco y negro porque de otra manera no hubiera logrado engañar. Ese fotomontaje quería ocultar algo, por ejemplo, el sitio donde esas imágenes fueron tomadas. Contrario a lo declarado por Juana Hilda, ese retrato no se habría obtenido en el baño de su antigua morada, sino en otra parte cuya escenografía fue necesario camuflar eliminando los colores; de ahí que el contorno sombreado del cuerpo fuera tan notoriamente artificial y también que la juntura blanca resaltara como si se tratara de la obra del peor maestro albañil.

La abogada apartó entonces las fotografías que acompañaron a los dos primeros mensajes y dirigió su atención hacia la tercera comunicación, la que se recibió el jueves 22 de septiembre de 2005: el hecho de que este documento llegara a su destinataria por tres vías distintas era suficiente para dudar de su autenticidad. Isabel dijo a un agente de la policía que lo recibió vía correo electrónico; confió a otro funcionario que la habían llamado por teléfono, y varios meses más tarde mostró un sobre con sellos postales para probar que la tercera comunicación también había sido enviada mediante correo postal.

El contenido del texto también es intrigante: «Como te dije antes no va a ver [*sic*] tregua. A partir de hoy a tu hijo se le acaba [*sic*] todas las prioridades que se le han dado. Las fotografías que te envié eran indicios de que tu hijo de verdad lo tengo yo, pero pensaste que era para los expedientes de los cuerpos policiacos».

¿Cómo se enteraron los secuestradores de que la señora Isabel había entregado aquellas fotografías a la policía? La respuesta lógica era que tenían socios dentro de la procuraduría. Si así hubiera sido, llama la atención la estupidez cometida por los plagiarios al echar de cabeza a sus cómplices. Barajó la abogada la hipótesis de un pleito dentro de la banda, donde una facción mantuvo contacto con las autoridades corruptas mientras que la otra se quedó con la custodia de Hugo Alberto.

Esa solución le pareció rebuscada. Más simple era suponer que el tercer comunicado tenía como propósito relacionar a la policía con los secuestradores y de esto último Treviño encontró una prueba irrefutable: la carta que la señora Isabel envió al fiscal José Luis Santiago Vasconcelos advirtiéndole que volvería público el nexo criminal entre los funcionarios y los plagiarios. La prueba de su dicho era justo el tercer comunicado.

Treviño se preparó un café, tomó un breve sorbo que le quemó los labios y el respingo hizo que varias gotas del líquido hirviente mancharan el material de trabajo. Ella traía encima la ropa de deporte que algunas veces utilizaba para trabajar. Necesitaba aire, así que se calzó unos tenis y salió de su oficina para dar una vuelta a la manzana. Aquella madrugada era igual a cualquier otra y por ello las calles se mostraban desinteresadas de lo que pudiera suceder en la intimidad del vecindario. La cabeza de Treviño voló de nuevo en dirección del señor José Enrique Wallace; seguía sin comprender las inconsistencias de su comportamiento. ¿A qué se debió que fuera el primero en presentar la denuncia por secuestro y luego se retractara? Reflexionó si en alguno de esos dos momentos ese hombre había mentido.

La abogada tenía presente que cada vez que entraba en escena José Enrique Wallace, se refería a Hugo Alberto como su «hijo». ¿Cómo explicar las expresiones de afecto que podían percibirse en sus primeras declaraciones, con su indiferencia posterior respecto de este crimen? ¿Y si José Enrique Wallace no hubiera abandonado a Hugo Alberto en su momento más trágico, sino que en realidad dejó de buscarlo porque se dio cuenta de que las notas del secuestro eran falsas y quizá también de que todo el asunto del plagio era una mentira?

Era difícil explicar por qué la comunicación del 22 de septiembre había llegado exactamente a la misma hora en que José Enrique Wallace se encontraba dentro de la fiscalía antisecuestro declarando que los supuestos plagiarios no habían enviado ninguna nota de rescate. Era como si en ese preciso momento los señores Wallace hubieran decidido romper la sociedad matrimonial que los unía; sólo eso explicaría el comportamiento errático tanto del padre adoptivo de Hugo Alberto como de su madre biológica.

Durante el juicio, la señora Isabel dijo que su marido había negado la existencia de las notas de secuestro porque tuvo miedo de que los criminales se dieran cuenta de los tratos que su familia sostenía a escondidas con la policía. Ese argumento, sin embargo, era como el pez que se muerde la cola: si los Wallace tenían miedo, ¿por qué tal cosa no impidió, en esos mismos días, que Isabel Miranda acusara a Jacobo Tagle como uno de los criminales principales del caso? Nada tenía lógica. Una explicación posible del comportamiento incoherente de José Enrique, así como de su posterior apartamiento del caso, es que no estuviera de acuerdo con las maquinaciones de su esposa.

Quizá se dio cuenta de que ella era la autora de las notas de secuestro y también de las fotografías que luego mostró a la policía. O peor aún, pudo haber descubierto que Hugo Alberto participó en la misma maquinación. De lo contrario, ¿por qué el padre adoptivo aportó evidencia a la procuraduría sobre las llamadas que Hugo hizo durante las semanas posteriores a la supuesta desaparición?

71

Hay una anécdota que tuvo a la abogada Treviño varios días nadando en círculos. Sucedió durante la primera audiencia del juicio, cuando Isabel abrió los botones del saco sastre que llevaba puesto para mostrar una camiseta estampada con la fotografía del hijo —una de las tres que dijo haber recibido junto con las notas de rescate—, donde Hugo Alberto aparece con el torso desnudo y la cara vendada alrededor de los ojos.

De acuerdo con la confesión de Juana Hilda, Brenda Quevedo tomó esa fotografía con su teléfono celular para luego manipularla en la computadora; más tarde la habría enviado, impresa, acompañando los mensajes de rescate. La abogada consiguió un pequeño teléfono Motorola V300, de esos que se doblaban a la mitad; tenía integrada una camarita casi de juguete comparada con las que hoy circulan por todos lados. Según el ministerio público, Brenda había retratado a la víctima con uno de esos dispositivos.

Tratando de replicar los hechos, Treviño tomó con él una imagen de su perra, Bruna, y llevó el archivo a un establecimiento dedicado a estampar fotografías sobre prendas de vestir. La dependienta que la atendió explicó que ese material era inservible: le recomendó emplear una cámara fotográfica convencional que ofreciera una mejor resolución la próxima vez que pretendiera acudir a ese servicio.

Dispuesta a pagar el impuesto de la ingenuidad, aportó entonces una imagen de Bruna, impresa en papel bond, que antes había obtenido con el teléfono Motorola. Paciente como monje budista, la chica insistió en que la única manera de poder atender la petición era contribuir con un archivo digital que tuviera suficientes pixeles, de lo contrario se plasmaría sobre la playera una mancha sin ningún parecido con esa perra.

La displicencia de la empleada significó la derrota de Isabel Miranda. Sin ser consciente de ello, durante esa primera audiencia la madre de Hugo Alberto sembró una duda grande sobre la versión proporcionada a propósito del origen de esas fotografías: dada la baja resolución que los teléfonos celulares poseían en 2005, no habría sido posible derivar una camiseta estampada a partir de una imagen obtenida con sus lentes.

Aun menos factible habría sido utilizar como insumo una impresión en papel proveniente de ese mismo archivo digital. ¿Cómo explicar entonces que la madre haya conseguido una playera con el rostro de su hijo? La respuesta conduce directo a la fotografía original. Únicamente la persona que contó con el archivo digital de la imagen —en alta resolución— pudo conseguir la camiseta estampada presumida durante el juicio. ¿Cómo hizo la tal Isabel para obtener el archivo original si la imagen fue enviada por los secuestradores en papel? En caso de que Isabel no hubiera sido la verdadera autora de aquel retrato, ella debía saber quién fue la persona que tomó esa fotografía, muy probablemente con una cámara normal.

72

Con sus propios ojos Ámbar Treviño vio a Isabel hacer cosas que iban más allá de lo comprensible. La sangre que corre por las venas de esa mujer debía tener la temperatura del mar de Groenlandia. Aun si fuera cierto que le mataron al hijo, hay comportamientos suyos que no podrían explicarse desde una cabeza sensata, por ejemplo, el que exhibió la vez que el juez Mejía Ojeda ordenó la reconstrucción de hechos dentro del departamento de Perugino, donde vivió Juana Hilda.

En esa ocasión la madre del desaparecido llegó cargando un bulto grande; ante el asombro de la concurrencia destripó cartón y hule espuma hasta que, del amasijo, surgió una motosierra. Orgullosa de sí misma, conectó el aparato a la clavija del único baño de aquella vivienda. La distancia emocional con que presumió la herramienta hizo que Ámbar Treviño pensara en un talador de montes.

El espacio es tan reducido que sólo la señora, el juez y la motosierra cupieron dentro. Era obvia la imposibilidad de que en ese sitio los hermanos Castillo —según se cuenta en la confesión de Juana Hilda— hubieran podido mutilar un cadáver. ¿Cómo hicieron Tony y Albert, jóvenes robustos, para manipular ahí el cuerpo de un sujeto como Hugo Alberto, cuya complexión era la de un exjugador de futbol americano?

Como si el asunto no se tratara del desmembramiento del fruto de sus entrañas, sino del desmonte de un árbol seco, la señora encendió aquella máquina; el eco que produjo reventó varios pares de tímpanos. Después, como quien dirige una obra de teatro guiñol, sacó del baño al juez y metió en su lugar al licenciado Braulio Robles Zúñiga, quien recibió la motosierra andando, luego lo encerró tras atrancar la puerta.

Isabel se llevó al juez a la recámara contigua, donde ya tenía preparada una televisión que encendió para después subir el volumen a su máxima capacidad. Quería probar algo que no pudo: ni con el escándalo de la televisión dejó de escucharse el ruido proveniente del baño. La escena tenía algo de irreal.

Como si esas dos mujeres se disputaran el amor de aquel hombre alto y flaco, tocó el turno para que la defensora Treviño lo condujera fuera de la vivienda. Isabel los siguió, tratando todo el tiempo de imponerse.

Según la confesión de Juana Hilda, el descuartizamiento habría sucedido hacia las nueve de la mañana del martes 12 de julio de 2005; a esa hora la mayoría de los departamentos del edificio estaban ocupados. En el último piso se encontraba Raúl Carvallo, quien padecía una lesión en la espalda, así que no salió en todo el día. Este hombre declaró, al menos dos veces, no haber escuchado nada, a pesar de que la casa de Juana Hilda estaba debajo de la suya. Otro vecino, Emmanuel Chávez Ledezma —quien habría abandonado Perugino 6 a la hora del desayuno—, habitaba también en el tercer piso y, al igual que Carvallo, dijo no haber percibido ningún ruido.

Sin embargo, el día de la reconstrucción, en el pasillo que conduce hacia ambos departamentos podía escucharse el ruido de la motosierra recién estrenada, lo mismo que la televisión. La comitiva bajó luego a la primera planta, donde vivía Karla Sánchez. Esa chica había dicho en el juzgado que los muros de aquel inmueble eran tan delgados que cuando Freyre estornudaba en la recámara de Juana Hilda, ella podía escucharlo en su cocina.

«No es creíble que ninguno de los vecinos se haya percatado. Demasiada gente tendría que haber conspirado para negar el escándalo que hace la sierra», argumentó Ámbar Treviño.

Días después la abogada interrogó al jefe de peritos; quería saber si aquella motosierra en realidad podía servir para la carnicería propuesta por la hipótesis criminal. El funcionario refirió que, por las características del aparato, la sangre y la grasa provenientes de un cuerpo humano habrían provocado un cortocircuito. También dijo que los huesos hubieran dejado un montón de virutas imposibles de ocultar durante la inspección realizada tres días después del supuesto crimen.

Otro detalle relacionado con la motosierra es la nota de compra que Isabel Miranda presentó en el juzgado para demostrar que Freyre, Jacobo y Brenda adquirieron ese armatoste. Este papel aporta una incongruencia más: según Juana Hilda, el infarto que habría arrebatado la vida de Hugo Alberto sucedió a las tres de la mañana y sólo después de ese hecho tres de los secuestradores fueron a comprar la motosierra. El conflicto en la línea de tiempo está en que la adquisición de esa herramienta quedó registrada a las 2:48 a.m. en una tienda ubicada a veinte kilómetros de distancia de Perugino; es decir, la compra del instrumento criminal se habría realizado doce minutos antes del supuesto deceso. No tiene ninguna lógica.

Si la muerte de un hijo puede volver loca a una madre, ¿cómo llamar a la locura que lleva a una madre a inventar la muerte de un hijo?

CAPÍTULO XII

73

Los guardias del Estado Mayor Presidencial impidieron el paso. Una veintena de personas acompañaban a Isabel Miranda aquella mañana. La mayoría era gente humilde, víctimas del secuestro; también había reporteros, los más interesados en su causa. Un capitán de infantería trató de explicar que no podían presentarse sin aviso y proporcionó un correo electrónico para que ahí solicitaran una cita con anticipación. Isabel miró el pedazo de papel con desprecio antes de arengar a la audiencia congregada a su alrededor:

—¡Qué tristeza! No hay mano dura para la delincuencia, y en cambio a los ciudadanos nos sobajan.

El capitán se sorprendió con esa respuesta. Él había intentado ser amable.

—Perdone, señora, es que no puedo dejarla pasar sin autorización.

—Voy a colocar un espectacular aquí mismo. Ya veremos si el presidente no me atiende después de eso —amenazó la madre de Hugo Alberto Wallace.

—Deje ver qué puedo hacer —dijo el militar para ganar tiempo.

No demoró el capitán ni cinco minutos cuando el teléfono celular de la señora Wallace comenzó a vibrar. Al otro lado de la línea se presentó, con exceso de amabilidad, el licenciado César Nava, secretario particular del presidente Felipe Calderón.

Sin titubear, Isabel tomó la llamada y lo trató como si fuera un integrante más del contingente que tenías frente a ella:

—No me dejan pasar, licenciado. Dicen que no pedí cita, pero eso es un pretexto, porque así es como el gobierno trata siempre a las víctimas.

Los rostros de los seguidores se encendieron. Con una orden de la mujer, esas personas habrían pasado por encima de los soldados.

—Sólo quiero entregarle una carta —lo interrumpió.

—...

—Ahí dice lo que estoy pidiendo...

—...

—Busco reunirme con el presidente porque necesito que conozca mejor mi caso...

—...

—Gracias, licenciado.

Cuando colgó, Isabel estaba más calmada. La dejarían pasar, solamente a ella, para entregar la carta. Aprovechó para contarle a la prensa sobre el contenido de la misiva: además de solicitar una cita con el mandatario, quería que el ejército se hiciera cargo de encontrar los restos de su hijo y también de dar con el paradero de los criminales aún prófugos.

Ya dentro de Los Pinos, se enteró de que el presidente había salido a una gira por el norte del país. Más tarde le sorprendería la declaración que desde Monterrey hizo Felipe Calderón a propósito de su visita: dijo estar muy apenado por su ausencia y prometió que la recibiría lo antes posible.

Ese mensaje confirmó lo que ella ya sabía. Durante el año anterior se había vuelto un personaje muy relevante, tanto que los políticos no podían hacer como si no existiera. Ciertamente, 2006 cambió su vida: desde que colocó los primeros espectaculares la gente se acercaba a ella porque quería un autógrafo, una fotografía o simplemente decirle cuánto la admiraba. De buena fe le pedían que no se rindiera, porque su causa era la de ellos. Fue como si Hugo Alberto ya no le perteneciera, se volvió la bandera de una sociedad agraviada por la impunidad.

Ella solita había capturado a cuatro de los seis criminales que mataron a su hijo; librada a su propio esfuerzo detuvo a Juana Hilda, a César Freyre, a Albert Castillo y a su hermano Tony. En esta nueva narración ni siquiera su hermano Roberto Miranda aparecía en escena. Inspirada en las novelas rusas, era la encarnación mexicanizada de *La madre*, de Máximo Gorki, el primer motor y también el último de una revolución contra la delincuencia. En su discurso se expresaba la enemistad general de la ciudadanía con la política. Era la cuerda del hartazgo frente a un puñado de gobernantes peleados entre sí y absolutamente despreocupados por los asuntos de la gente.

Logró que la verdad detrás del mito fuera extirpada de raíz. Ante un fenómeno tan impresionante como su ascenso al *penthouse* del poder nacional, ¿qué relevancia podían tener las detenciones arbitrarias de esas personas? Fue también en 2006 cuando los victimarios abandonaron los papeles principales en esa narración para convertirse en extras de un elenco cada día más numeroso.

El presidente la citó en su oficina cuarenta y ocho horas después de que Isabel entregara la carta al licenciado Nava. Aquella fue la primera ocasión que entró a la oficina principal de Los Pinos, la residencia oficial. La tarde anterior ensayó su parlamento, porque no quería desaprovechar. Sin embargo, desde el saludo, lo formal cedió la plaza a la familiaridad:

—Tengo todo el tiempo que usted necesite —le dijo Felipe Calderón.

—Gracias, presidente.

—Me habría gustado atenderla antes, pero andaba fuera de la ciudad.

—Eso me explicó el licenciado Nava, señor.

—¿Qué puedo hacer por usted?

Respiró hondo antes de disparar:

—Vengo a verlo como una madre que ha sufrido mucho, no sólo por la tragedia que le ocurrió a mi hijo, sino también por la ineptitud de las autoridades.

Felipe Calderón preguntó si podía tomar notas. Cualquiera diría que fue un alumno muy aplicado cuando estudió la primaria.

—Cuénteme cómo va su caso.

—Estoy desesperada, presidente, porque continúo sin saber dónde están los restos de mi hijo.

—Según entiendo, hay varias personas detenidas.

—Sí, cuatro de los criminales están presos, pero la policía no ha logrado hacerlos hablar. A esa gente la tratan como reyes, mientras que a las víctimas nos minimizan.

—Todos tenemos derechos....

—Perdone que lo contradiga, presidente; ya estoy cansada de la cantaleta ésa de los derechos humanos. Son un obstáculo para conseguir que se haga justicia.

Isabel no podía saber si el presidente estaba de acuerdo con ella porque no movió ni una ceja. Así que continuó:

—Pero bueno, ese asunto habrá que arreglarlo con los jueces. Lo que yo vengo a pedirle es otra cosa...

Calderón asintió.

—Necesito una orden de usted para que el ejército me ayude.

De nuevo el mandatario puso cara de apostador profesional.

—Presidente, yo sé que usted recién acaba de hacerse cargo del gobierno...

Él la interrumpió:

—Llevo apenas cinco semanas ocupando esa silla —señaló en dirección a su escritorio.

—Lo sé, pero la gente que está en la procuraduría, quienes trabajan en seguridad, la policía, los peritos, los ministerios públicos... todos continúan siendo los mismos.

—No podría cambiarlos de la noche a la mañana.

—Coincido. El problema es que los nuevos tapan los errores de los de antes y es por eso por lo que la rueda continúa trabada. Yo estoy al cien con usted, no vamos a resolver nada si dejamos la solución en manos de funcionarios corruptos. Por eso vengo a pedirle que el ejército me ayude. ¿Puede imaginarse lo que significa para una madre no contar con una tumba donde ir a llorar cada vez que extraño a Hugo Alberto?

—¿Qué puede el ejército hacer por usted?

—Faltan dos, presidente, dos de los criminales que asesinaron a mi hijo aún están libres. Uno es Jacobo Tagle Dobín, el que ideó el secuestro, y la otra es su novia, Brenda Quevedo, la más perversa de toda la banda. Ayúdeme, se lo suplico, para que nos auxilie mi general secretario. Estoy convencida de que sin intervención militar el caso de mi hijo no va a resolverse.

Isabel calculó correctamente que el presidente recibiría bien la iniciativa. Ella había gestado la idea un mes atrás, en diciembre de 2006, cuando vio a Calderón vestido de militar. A diferencia de algunas voces críticas, a ella no le molestó que el comandante supremo de las Fuerzas Armadas Mexicanas se disfrazara con ropa de soldado: México necesitaba mano dura y ese hombre era de los que no se andaban con chiquitas.

La fama que logró amasar en tan pocos meses proporcionó también a Isabel roces con opiniones políticas sofisticadas. A Felipe Calderón no le preocupaban tanto los delincuentes como la mitad del país que, en las elecciones del año previo, votó por otro candidato; sobre todo, estaba preocupado por los electores que acusaron como fraudulentos los comicios donde se alzó con una victoria microscópica.

Era lo de menos si le tomaba prestada la ropa a los generales, lo verdaderamente importante es que también lo hacía con la legitimidad que tenían las fuerzas armadas. La idea era magnífica. A partir de Calderón, ése sería el nuevo ritmo del país, el himno marcial de la guerra contra la delincuencia organizada y también contra los opositores desorganizados.

—La banda que asesinó a Hugo se dedica al crimen organizado y ese tema le compete al ejército, ¿o no? —interrogó la madre de la víctima.

El mandatario asintió por fin:

—La vamos a ayudar, se lo prometo. Confíe en mí. No la voy a defraudar.

El mandatario se puso en pie y por un teléfono de color rojo se comunicó con el procurador general de la República. Sin saludos protocolarios, lo instruyó para que cuanto antes recibiera a la señora Wallace.

Luego regresó con ella y le extendió dos tarjetas de presentación: una era de César Nava, a quien ya conocía, y la otra de su asistente personal.

—Cualquier cosa que necesite, sin dudarlo, búsqueme a través de estos colaboradores. Son de mi completa confianza. De ahora en adelante tiene al presidente de México de su lado.

Antes de abandonar aquella oficina, el mandatario hizo una última propuesta:

—Usted podría ayudar mucho a mi gobierno si redactara un documento relatando todas las cosas que ha tenido que atravesar, sobre todo a causa de la ineptitud burocrática. También me caería bien si me sugiere algunas soluciones que yo pueda impulsar.

—Lo haré con gusto, presidente.

—Sea mi asesora para combatir el secuestro. El país y yo la necesitamos.

Isabel salió radiante de Los Pinos. Declaró a los reporteros que la había sorprendido la cercanía del mandatario; habló también de la libreta donde Calderón tomó notas y presumió que aquella reunión había durado más de una hora.

—Me siento loca de contenta poque ya no estoy sola en esto: el presidente me prometió que va a intervenir personalmente para que se haga justicia a favor de mi hijo. Ahora sí, todo el poder del Estado va a ayudarme para conseguir justicia.

Un día después de la visita a Los Pinos, dos hombres vestidos con uniforme color verde y varias medallas en el pecho se presentaron en el domicilio de Isabel. Ahí ella repitió la solicitud de ayuda y ellos le agradecieron las generosas palabras empleadas en favor de las fuerzas armadas cuando se entrevistó con el mandatario.

En contraste, quien recibió mal el reclamo fue el procurador general de la República, Eduardo Medina Mora. Ese hombre bajito y risueño se portó con Isabel altivo y arrogante; la amonestó por pedir audiencia con el presidente antes de solicitársela a él.

—Si usted hiciera bien su trabajo, no habría tenido que acudir con su jefe —se defendió.

—El mandatario tiene asuntos importantes que atender.

—Le repito: si fui a verlo es porque sus subalternos no hacen bien su trabajo —cortó ella de tajo.

74

Es muy probable que no se haya sorprendido cuando la invitaron como oradora. El nuevo gobierno quería adoptarla como vocera porque su visión coincidía con la de la señora Wallace. La sentaron en el presídium, junto a los principales dirigentes del partido. A su alrededor circulaba una corriente de admiración. Nadie hubiera querido estar en sus zapatos, porque la idea de perder un hijo es insoportable; sin embargo, despertaba fascinación el carácter con que había enfrentado la desgracia.

Ella sola había aprehendido a los integrantes de la banda que secuestró a Hugo Alberto. Era un formidable ejemplo para seguir. No supo resignarse a la ineptitud de los funcionarios, así que se puso a hacer el trabajo de la policía. Contra la estupidez de la burocracia, la virtud ciudadana: su sola presencia daba lecciones sobre cómo cambiar el país.

Durante aquel acto público se hizo una evaluación de los primeros cien días del gobierno del presidente Felipe Calderón. Invitaron a la señora Wallace para que hablara de seguridad pública: habían transcurrido poco más de dieciocho meses desde la muerte de Hugo Alberto y ya era considerada en los círculos de la alta política como una experta en cuestiones de violencia. Le entregaron quince minutos que no desaprovechó. Al principio hizo sentir incómoda a aquella audiencia, nadie esperaba que incendiara así el micrófono; agradeció que el presidente la recibiera en su oficina y reconoció que era un hombre con buenas intenciones, pero después cargó contra su gabinete:

«El procurador no está haciendo su trabajo y las víctimas de secuestro necesitamos algo más que promesas».

También dijo que el secretario de seguridad, Genaro García Luna, había olvidado su caso, porque seguía sin aparecer el cadáver de Hugo Alberto. Quienes la invitaron temieron haber cometido el peor error político de sus vidas, no esperaban que la señora Wallace fuera a flagelarlos con tan ingratas declaraciones: «La autoridad civil se ha visto incompetente, por eso quiero hacer un llamado para que el ejército intervenga en mi asunto. Habrá quien diga: "¡Qué exagerada!", pero a problemas graves, acciones severas».

El público aplaudió al escucharla respaldar la decisión que unas semanas antes tomara el presidente para que las fuerzas armadas sustituyeran a los cuerpos de seguridad.

«Debemos cambiar la política y ver qué hacemos para proteger a la ciudadanía. Si es necesario el toque de queda, no debemos tenerle miedo; pido también pena de muerte para los secuestradores, más vale que se mueran a que continúen haciendo daño. Ellos son los delincuentes más cobardes: te levantan sin dar la cara, te llevan a su guarida, te vendan los ojos y te echan montón. Esa gente no se puede readaptar. No se trata de inhibir el delito, sino de utilizar contra ellos un arma drástica».

Afirmó esa vez que las encuestas le daban la razón; una mayoría estaba de acuerdo con reinstalar la pena capital. Aprovechó también para referirse a las personas acusadas de pederastia: «Opino que debería colocarse sobre ellas un dispositivo para que cada vez que suban a un transporte público, cada vez que tomen un avión o entren a un lugar concurrido, suene una alarma que alerte a la sociedad sobre el peligro que esa gente representa».

Al terminar la intervención, la concurrencia se puso de pie; sus palabras habían conectado con el espíritu de la época. Atrás quedaron la timidez y la hipocresía. Salvo unos cuantos que no comulgaron con sus propuestas, los demás celebraron la honestidad. Estaban de acuerdo en que el ejército supliera a los funcionarios civiles porque eran ineficientes y también corruptos. Y aunque se considerara de mal gusto defender la pena de muerte, las frases sin florituras de la señora Wallace despertaron las emociones primarias de aquella clase política.

Las pocas personas que no se rindieron ante ella fueron las que alcanzaron a percibir en ese discurso un ánimo más cercano a la venganza que a la justicia, pero la ley del talión siempre ha sido más popular que cualquier otra y ese día aquella madre se los recordó.

75

Contó la señora Wallace a los periodistas que su nieto gritaba mientras ella lo abrazaba muerta de miedo por los disparos que reventaron muy cerca. Dijo que vio a tres hombres descender de un vehículo antes de que comenzaran a atacarlos. Narró también que uno de los agresores ingresó a su oficina y lesionó a una empleada.

Gracias a que los guardias estaban cerca, ella salió ilesa del atentado. Sólo uno de los tres delincuentes fue detenido; sobre el pavimento quedaron regados los casquillos percutidos. Cuando la prensa entrevistó a la señora Wallace, ella señaló a César Freyre, el líder de la banda que secuestrara a su hijo, como responsable de lo ocurrido. Aunque llevaba preso ya dos años, aseguró que él había contratado a los sicarios que trataron de asesinarla.

¿Qué hubiera sido de la señora Wallace sin los escoltas que el gobierno le asignó para protegerla? Ella solía quejarse de no tener privacidad, y es que a toda hora iba acompañada de ellos. Cuando solicitó seguridad a la procuraduría, comisionaron a esos funcionarios para que velaran por su vida. También enviaron a dos agentes para vigilar su casa; mandó poner cámaras en su domicilio y en sus oficinas para detectar cualquier amenaza. Durante poco más de trece años, ese aparato de protección fue pagado con los impuestos del pueblo mexicano.

Días después del atentado, el atacante rindió su primera declaración. Prácticamente nadie prestó oídos a lo que dijo en el juzgado: según su versión de los hechos, el objetivo no era la señora Wallace ni su nieto, sino uno de los escoltas, quien minutos antes del tiroteo había ingresado a un cajero automático para retirar dinero.

Cuando iban a asaltarlo, el guardia se defendió con el arma que portaba. Después de disparar, el escolta fue a refugiarse dentro de las oficinas de Showposter, ingresó con tal energía por la puerta que pasó encima de una empleada. Aunque años después la señora Wallace continuó repitiendo la historia del atentado, el ladrón fue procesado por robo a mano armada, ya que la policía no pudo confirmar la hipótesis de la agresión en su contra.

Sin embargo, este episodio ayudó para seguir alimentando la fama de la señora Wallace como una mujer que despreciaba el riesgo. Al contrario de la mayoría, estaba dispuesta a hacer cualquier cosa para enfrentar a la delincuencia. Por aquel entonces promovió una marcha por las calles de la capital para exigir, de nuevo, pena de muerte para los secuestradores. «Iluminemos México» se llamó esa movilización. La señora aprovechó el entusiasmo creciente de la gente con su causa para confirmar la alianza con los generales. Respaldó de nuevo la idea de que las fuerzas armadas sustituyeran a la policía y aprovechó para proponer la creación de una defensoría de los derechos del personal militar; declaró que se había echado a andar una campaña para desprestigiar al ejército porque a los criminales no les convenía que los soldados patrullaran las calles.

Cargó también la señora Wallace contra las organizaciones de derechos humanos: «Me queda claro que muchos delincuentes se victimizan y buscan el apoyo de esas organizaciones, pero la protección en México únicamente sirve para perpetuar la impunidad. Cualquier cosa la hacen pasar como tortura y esos supuestos defensores siempre lucran con ello».

Con estos y otros argumentos creó su propia organización: Alto al Secuestro. Se tomó muy en serio la propuesta que le hizo el presidente para ser su asesora. Comenzó a publicar todos los meses un informe con las cifras de los secuestros ocurridos en el país. Cuando un gobernador veía que el número de plagios crecía en su entidad, la invitaba para que lo ayudara a bajar ese indicador. Si, por el contrario, sus números favorecían a un gobierno, se organizaba un evento con mucha prensa para que la señora Wallace reconociera en público la buena gestión.

Muchas veces los datos de Alto al Secuestro no coincidían con las cifras oficiales; en tales casos nadie se atrevió a contradecir esa información. Tampoco hubo quien se preocupara por investigar su metodología ni en conocer a las personas que procesaban los números dentro de las oficinas de la organización. El dueño de un periódico le prestó una mansión ubicada en un barrio caro del sur del Distrito Federal, y ahí instaló a los integrantes de la familia Miranda que laboraban para Alto al Secuestro.

Cinco años después de la desaparición de Hugo Alberto, la reputación de la señora Wallace tocó el cielo. Ninguna víctima había conseguido tanto protagonismo, todo mundo quería conocerla y presumir su amistad. Su osadía sin límite la llevó a promover ante el Senado a un aliado suyo para que fuera presidente de la CNDH: Raúl Plascencia. Ese espaldarazo le entregó los votos necesarios para hacerse con dicho cargo público.

Luego, cuando Brenda, Jacobo, Freyre o Albert Castillo denunciaron el trato inhumano que les daban en la cárcel, la CNDH se encargó de desestimar sus quejas. Para ese momento, la única versión válida del caso Wallace era la que ella proporcionaba: toda interpretación alterna quedó enterrada. Su voz se había convertido en sinónimo de verdad, y quienes se atrevieron a poner en duda sus dichos merecieron en automático trato de criminales.

76

Los familiares de Brenda, Freyre y los hermanos Castillo trataron de conseguir que los medios les entrevistaran, pero cada vez la puerta se cerró. Entonces el cuñado de César Freyre grabó unos videos y los subió a la red; sin embargo, durante un largo tiempo tuvieron muy pocas vistas. Otros atributos de las familias pasaron a un segundo plano: que fueran la madre, el tío o la hermana de un criminal se había convertido prácticamente en el único adjetivo sobre sus personas. Socialmente fue como si les hubiera caído la lepra. Nadie quería emplear al familiar de unos asesinos.

Mientras todo en la vida de la señora Wallace iba en ascenso, las suyas se desplomaban. Era obvio que formaban parte de un mismo molino que, para girar, requería que algunas de sus aspas miraran al cielo mientras otras lo hacían hacia la tierra. Aquellos espectaculares, como el instalado en el patio de la casa de Raquel Dobín, la madre de Jacobo Tagle, habían vuelto famosa a una mujer que no aparecía en ellos; sin embargo, cualquier noticia sobre la señora Wallace cargaba de audiencia los programas de televisión y de tinta las páginas de los diarios. Los periodistas querían montarse en el lomo de su celebridad porque ella encarnó, como nadie, el reclamo contra los malhechores.

Con su venganza, la madre de Hugo Alberto había sabido tocar las cuerdas más tensas de una mayoría alejada de la justicia. El colmo fue cuando el jefe de gobierno de la capital, Alejandro Encinas, felicitó a la señora Wallace por convocar al linchamiento: dijo que, en una ciudad donde nadie quería denunciar a los criminales, esa señora se había vuelto un ejemplo de valentía.

Otras personas preferían sus cualidades de madre. La lógica del molino funcionó bien cuando el protagonismo de la señora Wallace se opuso a los hombres de la banda, pero el magnetismo de la narrativa subió de nivel una vez que la controversia comenzó a orbitar alrededor de las mujeres. En un extremo se hallaba la madre dispuesta a hacer lo que fuera para conseguir justicia a favor del fruto de sus entrañas, y del otro las arpías, esas hembras que envenenaban su propia piel para ofrecerla como carnada: las enganchadoras, las traficantes, las portadoras de un vientre podrido. El caso Wallace es una epopeya entre la madre y las prostitutas. La virtud del amor materno —sacrificado, incansable, irrompible, abnegado, tenaz— contra esas hembras despreciables, frías, hipócritas y manipuladoras.

No muy lejos del círculo del infierno donde la señora Wallace puso a Brenda y a Juana Hilda, también colocó a las autoridades. Nadie se salvó de su denuncia: la policía, el ministerio público, los jueces, el procurador, el jefe de gobierno y los políticos. Aquí sí, todos los adversarios eran varones y ella la única mujer capaz de confrontarlos. La fuerza de la señora Wallace se alimentó de la destreza con la que sabía utilizar la lengua para destruir reputaciones.

La clase política se tiró a sus pies como si debiera agradecer el maltrato. Ella era una madre ejemplar, una mujer sobresaliente y también una ciudadana notable; esa triple personalidad proporcionaba aire caliente a su zepelín. Todo siempre y cuando abajo, en la tierra, sus adversarios —las mujeres de mal vivir, las autoridades ineptas y los políticos corruptos— se mantuvieran en la hoguera.

Por todas las vías imaginables la señora Wallace se encargó de que esas personas no pudieran argumentar en su contra. Cada vez que alguien desafiaba su verdad, esa persona era arrojada a un caldero de aceite hirviendo. A la madre de Brenda la acusó de tener también un vientre alegre; a Juana Hilda González la censuró por su poder seductor; a Luis Carrillo, tío de los hermanos Castillo, por corromper a las autoridades, y a los periodistas o los políticos que intentaron entender mejor el caso los acusó de haberse dejado comprar por los peores criminales.

CAPÍTULO XIII

77

Aquellas audiencias duraban entre ocho y diez horas diarias. La tensión tenía agotada a Ámbar Treviño. En cambio, el representante de la señora Wallace, el abogado Ricardo Martínez, se presentaba cada vez como un niño recién levantado. Quizá fuera por la confianza que tenía en que la iba a derrotar, o porque no cargaba sobre su espalda la posible condena de cuatro personas inocentes.

La defensa estaba consciente de que, eliminando la confesión de Juana Hilda, el caso Wallace se desplomaría; una prueba débil porque no la ratificó ante el juez, porque esas declaraciones no eran coherentes, porque no estuvo acompañada todo el tiempo de la defensora de oficio que entonces la asistía, la licenciada Dolores Vera Murcia, y porque la narración que ahí aparece fue inducida.

—Inclusive en la época de la Santa Inquisición, cuando era legal torturar a las personas para que confesaran sus delitos, sólo eran tomadas en consideración aquellas declaraciones que se ratificaban ante un tribunal —comenzó ilustrando la licenciada Treviño.

—No venga a lucirse con su cultura, abogada. Si bien la inculpada no ratificó sus declaraciones ante el juez, las hizo en presencia del agente del ministerio público y con eso basta —replicó el abogado Martínez.

—La prueba está viciada porque la historia que ahí se cuenta no es creíble. Alguien con mala imaginación fabricó un parlamento que puso en boca de mi clienta y la obligó a repetirlo frente a una cámara.

—¿Por qué serían falsas esas declaraciones? —quiso saber Ricardo Martínez.

Ámbar Treviño presumió de nuevo su cultura, esta vez cinematográfica:

—El guion sobre el que se montó la confesión es sospechosamente parecido a la película *La ventana indiscreta* de Alfred Hitchcock; un sujeto que asesinó a una mujer y la descuartizó durante la madrugada dentro del baño de su departamento, luego introdujo los restos en una maleta y se deshizo de ellos arrojándolos a un río. Excepto por lo del río, todo lo demás es observado por un vecino. Al final del filme el asesino intenta eliminar al testigo, pero falla; entonces el delincuente, acorralado, confiesa su crimen a la policía.

—Ahórrese sus referencias chabacanas, Treviño, que en este juzgado no van a servir de nada —insistió Ricardo Martínez.

Sin resignarse, la defensa procedió a desarrollar el primer argumento de aquella jornada: la ausencia de la licenciada Vera Murcia durante el tiempo que tomó el interrogatorio de Juana Hilda. La prueba es el video que registró la confesión:

—Ese material dura poco más de una hora. ¿Por qué no aparece la abogada defensora en esas imágenes? —cuestionó la defensa.

Ricardo Martínez estaba preparado para responder:

—Una cosa es que no salga en el video y otra que no se hallara presente.

Treviño pidió al operario del juzgado que corriera las imágenes. En ellas aparecen tres personas, y aunque no se ven, se percibe la presencia de otras dos. Además de Juana Hilda hay una mujer que transcribe lo que ella va diciendo, un hombre joven que en algún momento se pone de pie para tomar una llamada telefónica, y otro sujeto, que es quien estuvo a cargo del interrogatorio. Es obvio que, además, hay una persona a quien Juana Hilda mira cada vez que duda sobre lo que debe decir. Según la bailarina, esa persona le fue mostrando unos cartelones donde estaba escrito el argumento que había de seguir. En efecto, por ningún lado aparece la abogada de oficio, Dolores Vera Murcia.

—¿No será que es la mujer araña y se pegó al techo de la habitación? —se burló la defensora.

—Guarde sus bromas para cuando tome café con sus amigas —insistió con condescendencia la parte acusadora.

—¿Qué tal si mejor demuestro que esa licenciada andaba en otra parte? —reaccionó Treviño—. Debo recordar aquí que Rosa Morales y Julieta Freyre fueron acusadas de extorsión, motivo por el cual las detuvo la policía el mismo día que Juana Hilda proporcionó las declaraciones que estamos discutiendo.

—¿Qué tiene que ver ese hecho con el tema que hoy nos ocupa? —cortó el licenciado Martínez.

—La abogada Dolores Vera Murcia, que entonces representaba a mi clienta, no pudo estar en dos lugares al mismo tiempo: atendiendo a esas mujeres mientras acompañaba a Juana Hilda en sus declaraciones.

—¡Claro que sí! Pudo haberse desplazado de una sala de interrogatorios a la otra para cumplir con las dos diligencias —reviró la contraparte.

—El problema, señoría, no es el lugar, sino la hora. Si usted revisa el documento donde quedó consignada la diligencia en la que participaron las familiares de César Freyre y lo contrasta con la confesión de mi clienta encontrará que ambos actos ocurrieron al mismo tiempo.

Entonces Treviño solicitó que el asistente del juez proyectara el video a partir de la segunda media hora; para mejorar el efecto pidió también al operario que eliminara el sonido. Un murmullo recorrió a los asistentes.

—Observe por favor, su señoría, cómo mientras Juana Hilda está hablando, la luz natural de la sala va perdiendo intensidad y por tanto se encienden las lámparas.

—¿Qué relevancia tiene todo esto? —se quejó el abogado de la señora Wallace.

—Toda la relevancia —subrayó la defensa—. Según el Servicio Meteorológico Nacional, en el Distrito Federal, el miércoles 8 de febrero de 2006, el sol se puso entre las seis y media y las siete de la tarde. Esto prueba que Juana Hilda estaba declarando justo a esa hora sin la presencia de la defensora Vera Murcia, porque ella se encontraba en otra parte del edificio asistiendo a la cuñada y a la suegra. Repito lo que ustedes ya saben —subrayó Treviño, dirigiéndose primero al licenciado Martínez y luego al juez—: sin abogado, ninguna confesión puede ser considerada como válida.

Treviño aprovechó que había descolocado a su adversario para denunciar ante el juez la difusión ilegal del famoso video:

—Coincidirá conmigo, señoría, que al dar a conocer públicamente este video se rompió además el secreto que debe guardarse mientras el proceso judicial concluye y con ello se vulneró el derecho de mi clienta a la presunción de inocencia.

El juez debió de saber que en esto la licenciada Treviño tenía razón. La señora Wallace subió ese material a YouTube y con ello el relato de la perversa criminal cobró vida propia fuera del juzgado. Como si se tratara de una telenovela puede verse a la villana, sin una pizca de arrepentimiento, confesar su participación en el crimen más horrendo. La abogada temió que el impacto mediático fuera irreversible: ¿cómo se atrevería el juez Mejía Ojeda a declarar inocente a la imputada si esa evidencia problemática sobre su culpabilidad había sido divulgada sin ningún aviso del contexto en que fue obtenida?

Treviño logró desentenderse del tremendo dolor que traía en las lumbares, respiró hondo y se lanzó sobre la siguiente cuesta de aquella empinada montaña. Sacó de su arsenal lo que ella consideró su arma más poderosa: la manipulación del video. Esa grabación demuestra también que las respuestas de Juana Hilda fueron inducidas y que tanto la fotografía como el sonido fueron alterados:

—Más de la mitad del material tiene cortes de edición donde la pantalla se va a negros, sin otra excusa que la necesidad de sacar de cauce el flujo de la narración de mi clienta. Respecto del sonido, son muchos los momentos en que la voz deja de escucharse y ésta es sustituida por estática. Cada vez que tal cosa sucede, cada vez que lo que ella dice se vuelve incomprensible, como si se tratara de una película en lengua extranjera aparecen unos subtítulos dispuestos para tergiversar el sentido de sus palabras.

—La única que manipula aquí las cosas es usted, abogada Treviño; esa confesión no deja lugar a dudas —se entrometió el licenciado Martínez.

—Pido permiso, señoría, para mostrar las anomalías que restan credibilidad a estas imágenes —se impuso la defensa.

Mejía Ojeda asintió.

—Un ejemplo de lo que estoy diciendo se encuentra alrededor del minuto quince de la grabación; ahí se dice que las supuestas agresiones de Jacobo Tagle contra Hugo Alberto le habrían provocado un paro cardiaco. Sin embargo, sin ayuda de los subtítulos no es posible asegurar que tal cosa haya sido realmente pronunciada por mi representada. Lo mismo sucede entre los minutos diecinueve y veintidós del video, donde la declarante acusa a los hermanos Castillo de algún tipo de responsabilidad.

Para demostrar su argumento Treviño pidió al operario que ubicara las imágenes a las que se refería, donde aparece el siguiente discurso:

> JUANA HILDA.—Este Tony, su hermano [*estática*] que fue el que [*estática*] el principal que hizo todo eso.

—¿Qué significan exactamente las frases «fue el que [...] el principal que hizo todo eso»? A lo largo de la filmación hay por lo menos quince momentos similares, donde la voz de Juana Hilda se vuelve inaudible y su expresión es sustituida por subtítulos poco fiables.

—¡Miente! —chilló la señora Wallace.

—Diga usted lo que quiera, pero este video no sirve para una chingada —reventó Treviño porque ya no podía mantenerse en pie.

—Le exijo que se abstenga de utilizar términos soeces en mi presencia —amonestó el juez.

—Perdone, su señoría. No volverá a pasar.

El tic de la pierna de la señora incrementó su velocidad.

—Otro vicio de este video es la manera como el interrogador conduce las declaraciones de la imputada. Esta confesión sería válida si hubiera sido libre y espontánea, pero son muchas las ocasiones cuando ese hombre dirige a Juana Hilda para que sus expresiones coincidan con una historia que alguien escribió de antemano. Por ejemplo, cuando Juana Hilda menciona al hermano de Tony Castillo y el interrogador cuestiona si se trata del «médico». Albert Castillo Cruz no es doctor, y sin embargo ese funcionario de la procuraduría condujo a mi cliente para que pronunciara esa mentira. Esta misma táctica se repite al menos una decena de veces.

El abogado Martínez pidió la palabra y el juez volvió a concedérsela:

—Me parece obvio que el interrogador está ayudando a conseguir mejor precisión sobre lo que la imputada va narrando. Eso no es «inducir», como dice la abogada, sino «clarificar».

—¿Qué parte del significado de la palabra «espontánea» no entiende usted? —insistió la defensa—. Si a la hora de «clarificar» el interrogador dirige al testigo en una dirección arbitraria, lo que se produce es la anulación de esa espontaneidad.

—No me interrumpa, abogada.

El juez dio la razón al representante de la señora Wallace y ordenó a la defensa que dejara continuar a Ricardo Martínez:

—Es evidente que la acusada emitió dos confesiones la tarde del 8 de febrero. La primera quedó escrita y firmada, y la segunda se produjo más tarde ante la cámara de video. Durante la grabación el interrogador ayudó a la imputada a recordar lo que antes había dicho.

—¿Por qué está usted tan seguro de que fueron dos declaraciones? —cuestionó Treviño.

—Pues porque al principio del video el funcionario pide a Juana Hilda González que vuelva a contar los hechos —respondió el abogado.

—Difiero. Lo más probable es que el video haya registrado el momento mismo en que se hizo esta confesión y que cualquier cosa que Juana Hilda haya dicho antes sucedió fuera del procedimiento legal.

—No puede usted probar lo que está diciendo —refuto el licenciado Martínez.

—Usted tampoco puede hacerlo respecto a la hipótesis de las dos declaraciones —remató Treviño.

—Vuelvo a preguntar: ¿cómo explica usted que el funcionario haya pedido narrar de nuevo los hechos? —terció Martínez.

Ámbar Treviño se acercó al operario de la videocasetera y solicitó que rebobinara la cinta desde el principio.

—¿Se refiere a la parte donde el funcionario de la procuraduría le dice a Juana Hilda que cuente otra vez lo sucedido?

—Así es.

El técnico apretó el botón y se escuchó el parlamento tal cual fue pronunciado:

> INTERROGADOR.—Necesitamos que me vuelvas a platicar, pero... así, [de] corrido, ya sin que nosotros te preguntemos.

Treviño produjo el efecto que esperaba cuando repitió las palabras: «...sin que nosotros te preguntemos».

Tragó agua y retomó su argumento:

—Traicionando su propia afirmación, el interrogador indujo a mi clienta todo el tiempo con sus preguntas. Por ejemplo, cuando ella dice «se bajaron» y el funcionario de la procuraduría cuestiona: «¿A comprar qué?». Y entonces Juana Hilda responde: «Un serrucho». ¿Un serrucho? La diferencia entre una sierra eléctrica y un serrucho son como dos mil años de evolución humana —se desesperó Treviño.

Buscó en ese momento dentro de su bolso un analgésico que le ayudara a terminar aquella jornada de pesadilla. La espalda la estaba matando.

—¿Algo más que la defensa desee agregar? —cuestionó el juez.

—Sí, su señoría. Hay un tema más.

La señora Wallace se quejó con fatiga.

—Necesito referirme a los letreros.

Juana Hilda le había contado que detrás de la mujer que transcribía en la computadora su declaración, alguien le mostraba unos carteles con las frases que debía decir. Esto es evidente porque en el video, cada vez que ella olvida un dato, para recordarlo aparta la mirada de la persona que la está interrogando y la fija en el horizonte.

> JUANA HILDA.—Hugo me habló un sábado, domingo, lunes, ¿no? Porque creo que fue un lunes; salí con él un viernes y pasó sábado, domingo y el lunes, me acuerdo...

En esta parte, mientras la imputada va recorriendo prácticamente todos los días de la semana, busca desesperadamente inspiración en un punto de fuga que estaría justo detrás de la computadora. Y cada vez funciona: encuentra súbitamente los datos extraviados y emprende de nuevo la narración.

—Puras especulaciones, licenciada —reclamó el abogado Martínez.

—El video es la prueba —dijo la defensa e indicó al operario que fijara la cinta esta vez en el minuto siete.

Surgió entonces la imagen de Juana Hilda reproduciendo justo el gesto que la abogada acababa de describir: la acusada mira en dirección de algo (o alguien) detrás de la persona que está transcribiendo sus dichos.

El licenciado Martínez avanzó un par de pasos para bloquear con su cuerpo el monitor de la sala:

—A la abogada le encantan las conjeturas apresuradas. Hay personas que cuando intentamos recordar cerramos los ojos, otras echamos la cabeza hacia atrás, y en el caso de la imputada, muy probablemente prefiere poner la mirada en el horizonte. Eso no quiere decir que le hayan mostrado letreros, mucho menos que alguien le haya sugerido un guion.

El dolor la tenía desesperada; era como si cada vez que ese abogado o la señora Wallace se dirigían a ella, el cuerpo le reclamara. Llevaban demasiados días de audiencia, y cuando no estaba en el juzgado, pasaba horas revisando documentos y preparando sus intervenciones. Si Treviño hubiera creído en la magia negra, se habría explicado ese padecimiento como algún tipo de brujería.

El abogado Martínez aprovechó la pausa tomada por la defensa para describir, a partir del video, la personalidad de Juana Hilda:

—Se trata de una mujer superficial, frívola, chacotera, incluso cuando explica los detalles más horrendos de este crimen. En esta grabación no se observa que haya sido presionada: habla sin parar, como si le estuviera contando el crimen a un par de amigas dentro de un salón de belleza mientras le hacen la manicura. Usa el mismo tono de voz para contar la ida al cine que cuando narra el desmembramiento del cadáver que emprendieron los hermanos Castillo. La imputada está plenamente consciente de lo que dice, pero no actúa igual que la mayoría, a quienes esta historia nos parece una abominable pesadilla.

Sin atender lo que estaba escuchando, Treviño volvió a la carga. Por fortuna, aquella sería la última intervención del día. Instruyó al operario que ubicara el video hacia el final de la cinta.

INTERROGADOR.—¿Y luego qué pasó?

JUANA HILDA.—...pero más bien estuve en Los Ángeles; fueron seis, porque mi abuelita es la que es de Houston. En Los Ángeles...

—¿Cómo explicar las incoherencias evidentes en esta parte de la confesión? Debo precisar, señor juez, que ninguna de las abuelas de mi clienta nació en Houston ni visitaron nunca Estados Unidos. Tampoco su madre ni el resto de su familia. Sólo Juana Hilda cuenta con pasaporte y visa para viajar a ese país.

—Ahora va a argumentar que la acusada está loca —sentenció la señora Wallace.

—Hay otras explicaciones posibles. Juana Hilda asegura que un agente de la fiscalía, un hombre llamado Fermín Ubaldo Cruz, puso algún narcótico en el agua que se le dio de beber esa tarde.

Esta explicación ayudaría a entender el tono indolente al que ha hecho referencia el licenciado Martínez. Sé que esto último no lo puedo probar, ya que nadie analizó la sangre ni la orina de la acusada después del interrogatorio. Sin embargo, me permito recordar aquí otro hecho que podría validar mi argumento.

—Abrevie, abogada, por favor, que ya todos nos queremos ir a casa —presionó el licenciado Martínez.

Treviño puso los ojos en el juez para sugerirle que interviniera, pero Mejía Ojeda la miró con indiferencia.

—La madrugada posterior a la supuesta confesión, mi representada sufrió un accidente de tránsito en el que casi perdió la vida. El chofer que conducía el vehículo oficial murió porque su cabeza pegó contra el cristal blindado. Después, el resto de la tripulación fue trasladada a un hospital; todos excepto Juana Hilda. ¿Por qué esta tremenda arbitrariedad? Me atrevo a sugerir que mi clienta fue privada de atención hospitalaria no porque la policía temiera que el accidente trascendería a los medios; tampoco confío en que se haya tratado de una medida para ocultar la salida irregular de Juana Hilda del centro de arraigo. La verdadera razón tiene que ver con que, de haberla conducido también al hospital le habrían practicado análisis de laboratorio cuyos resultados muy probablemente confirmarían la versión de mi clienta en el sentido de que fue drogada durante el interrogatorio en el que se declaró culpable.

78

Los integrantes de la falsa banda de Chalma fueron procesados por un homicidio sin cadáver. No se encontraron los restos de Hugo Alberto en los canales de Xochimilco, tampoco hallaron el automóvil donde supuestamente fueron transportados hasta ese lugar. En algo tenía razón la señora Wallace: el luto por su hijo quedó postergado porque no estaba oficialmente muerto. Para corregir ese pequeño detalle, ella consiguió que la autoridad expidiera un certificado de defunción. Ese papel, a su vez, se basó en el dictamen forense firmado por Olimpia Patricia Crespo Arellano, una médica adscrita a la procuraduría.

De acuerdo con ese dictamen:

> Hugo Alberto Wallace Miranda fue lesionado por contusiones simples y complejas, [también] por un intento de asfixia mecánica externa a nivel cervical en su variedad de estrangulamiento manual, así como asfixia a nivel de tórax y abdomen por compresión [...] aunado a un choque hipovolémico, lo cual en su conjunto es mortal.

Una cosa es obtener conclusiones a partir de un conjunto de hechos confirmados y otra muy distinta es producir una ficción para luego hacerla pasar como verdad. El acta de defunción estaba más cerca de la fantasía que del derecho. Prueba de ello es que la médica forense haya improvisado tres causas de muerte contradictorias. Si no tuvo acceso a los restos, ¿cómo hizo para determinarlas? Pues dio por buenos los dichos emitidos por Juana Hilda González Lomelí en el contexto de su confesión.

Primero afirmó la forense que Hugo Alberto murió por estrangulamiento, aunque según la narración de la bailarina él perdió la vida por un paro cardiaco: César Freyre lo habría golpeado cuando no quiso entregar el código para desactivar la alarma de su vehículo y esa violencia lo condujo a la muerte hacia las tres de la mañana del martes 12 de julio de 2005.

La forense también escribió que la víctima padeció un choque hipovolémico, es decir, una pérdida severa de sangre que impidió al corazón irrigar el resto del cuerpo. Si Hugo Alberto falleció de un paro cardiaco a las tres de la madrugada es imposible, médicamente hablando, que a la hora del desayuno haya vuelto a morir por el desmembramiento realizado con una sierra eléctrica. Para que un choque hipovolémico le hubiera arrebatado la vida era necesario que las extremidades fueran destazadas mientras el corazón aún funcionaba.

Es absurdo que el hijo de la señora Wallace haya perdido simultáneamente la vida por estrangulamiento, después por un paro cardiaco y al final por un choque hipovolémico. En su dictamen, la doctora Crespo abusó de términos poco conocidos para el común de las personas, contando con que sus argumentos contradictorios pasarían desapercibidos.

El testimonio de Juana Hilda excluye el estrangulamiento, el cual no fue referido que ocurriera a las tres de la mañana, y también el choque hipovolémico, ya que el cercenamiento se habría practicado sobre el cadáver y no sobre un cuerpo vivo. Resulta obvio que tanto el informe pericial de la doctora como el acta de defunción son documentos hechizos. César Freyre, Juana Hilda González y los hermanos Tony y Albert Castillo fueron procesados por haber asesinado a un hombre cuya causa de muerte no pudo determinarse, ya que el cadáver jamás apareció, y también por las invenciones que la forense introdujo a pesar de su falta de sustento.

79

Después de que la señora Wallace dedicó tanto tiempo y dinero para investigar sus vidas, las familias de los acusados tomaron la decisión de hacer lo mismo para poder defenderse de ella. Cuando Enriqueta, la madre de Brenda, y María Elena, la madre de los hermanos Castillo, comenzaron sus investigaciones, contaban con un solo hilo por jalar: la mención que Hugo Alberto le hizo a Jacobo Tagle acerca de que José Enrique Wallace no era su padre biológico.

Judith, la hermana de Jacobo, recordaba muy bien esa conversación sostenida en Acapulco mientras Pedro Tagle atravesaba a nado la bahía. Aquellas madres hicieron equipo para indagar. Al principio, este pequeño dato se extravió bajo el tsunami que significó el hallazgo de los restos de sangre en el departamento que fuera de Juana Hilda, los mismos que al analizarse coincidieron en un noventa y nueve por ciento con el señor José Enrique Wallace. Sin embargo, si ese hombre no era el padre biológico de Hugo Alberto, ¿cómo explicar que esa mancha diminuta encontrada en la supuesta escena del crimen perteneciera a un hijo suyo?

El Registro Civil fue el sitio donde esas mujeres se pusieron a buscar. Una vez que se metieron ahí dentro salieron peor de confundidas porque hallaron dos actas de nacimiento y otra de reconocimiento, todas relacionadas con Hugo Alberto. Como los apellidos de aquel hombre no coincidían en esos documentos, al menos dos de las actas debían ser apócrifas.

Detrás de esos papeles se asomaba una historia que entonces no fueron capaces de desenterrar. Una periodista dio a conocer esos pedazos sueltos de papel, lo cual le salió caro a la madre de Brenda, porque el fiscal Rodrigo Archundia la mandó traer y la hizo pasar un muy mal trago. A ella también le quitaron la ropa durante la clásica revisión médica, y un subordinado le pegó de gritos exigiendo que dejara en paz las mentadas actas.

Tuvo que pasar tiempo para que apareciera la persona que descifraría la conexión entre esos papeles del Registro Civil y la biografía de Hugo Alberto. Paradójicamente, fue la señora Wallace quien ayudó a encontrar a Carlos León Miranda, testigo clave de esta historia.

80

Costaba creer que la prueba más importante, la pieza definitiva para confirmar la confesión de Juana Hilda, fuera una minúscula mancha de color café que logró permanecer siete meses adosada al borde de una regadera utilizada por el inquilino que rentó el departamento 4 de Perugino, después de Juana Hilda.

El documento redactado por la perito Yanet Montes de Oca dice sin ambigüedades que la sangre hallada en el sardinel de aquel baño era compatible en un noventa y nueve por ciento con la prueba de ADN que se obtuvo del señor José Enrique del Socorro Wallace. También está escrito que la coincidencia genética con la señora Wallace es superior al noventa y cinco por ciento. En otras palabras, los restos hallados durante la inspección de febrero de 2006 confirmarían que un individuo descendiente de estas dos personas había dejado un rastro para la posteridad en el baño inspeccionado.

Sin embargo, el mismo reporte de Montes de Oca contiene un argumento que pone en duda la principal hipótesis. Las mujeres son el sexo homogamético, lo cual se expresa con las letras XX. La sorpresa vino cuando los restos hallados junto al sardinel exhibieron la misma característica, es decir, que también eran homogaméticos. En efecto, la perito estableció en su reporte que la gota correspondía a una mujer y no a un varón.

Ámbar Treviño se convenció de que alguien, queriéndose pasar de listo, metió de contrabando un chisguete de sangre de una pariente de Hugo Alberto dentro del edificio de Perugino, y la única sujeto homogamética que podía al mismo tiempo coincidir con la señora y su esposo era Claudia Wallace Miranda, la media hermana del desaparecido; por tanto, la gota de sangre muy probablemente había sido sembrada.

Cuando terminó de redactar las notas para su intervención del día siguiente, Treviño sintió que la adrenalina corría con fuerza por sus venas. En el tribunal de su cabeza el caso se había resuelto, se merecía un aplauso y sus representados una disculpa pública. Sólo faltaba que en el último tramo del filme aparecieran proyectadas, en dorado, las tres letras de la palabra FIN.

No obstante, durante la audiencia para la que tanto se preparó, las cosas se desarrollaron de una manera distinta. Cuando el licenciado Martínez llamó a la perito Yanet Montes de Oca para que aclarara el punto, ella aseguró haber cometido un error de dedo: dijo que escribió por equivocación la doble equis femenina donde debió poner las letras XY.

—¡A ver, espéreme! —casi gritó la defensa—. ¿Sabe usted que de su dictamen podría depender la libertad de mis clientes?

Montes de Oca asintió.

—No mienta entonces cuando dice que se descuidó al poner una X en vez de una Y; éste no es un error de dedo, sino de conclusión.

—Sostengo lo que dije. Aunque escribí XX, los marcadores de amelogenina de la muestra corresponden a la sangre de un sujeto varón.

La señora Wallace aplaudió con ritmo pausado pero sonoro.

Después de lo anterior, ni cómo argumentar que esos restos fueron sembrados en el baño o que provenían de la otra hija. La abogada Treviño cambió de estrategia porque le quedaba un solo recurso: solicitar que se realizara un nuevo análisis, desde cero.

—Su señoría —se dirigió con su mejor solemnidad al juez Mejía Ojeda—, estos errores de dedo no pueden admitirse en un proceso judicial serio. Le ruego que considere autorizar a la defensa para que se lleve a cabo un peritaje alterno.

El juzgador asintió y luego miró a la perito Montes de Oca, quien respondió sin ningún remordimiento:

—Eso no será posible.

—¿Cómo? —reventó la abogada.

—La muestra se agotó.

El dolor de espalda regresó sobre Treviño como un huracán de la peor categoría.

—¿Me está usted diciendo que la defensa debe conformarse con su palabra?

—¿Qué quiere que hagamos si no hay más sangre que analizar? —sentenció el abogado Martínez.

—Esto es inadmisible, señor juez; si encontraron restos en esa regadera, los peritos podrían rescatar más sangre en el mismo sitio. Bastaría con abrir la coladera para conseguir otras muestras hemáticas, algún fragmento de hueso, de piel o de tendones. Si se supone que ahí fue descuartizado un cuerpo humano, resulta ridículo que nada, excepto una minúscula mancha, haya sobrevivido a la carnicería.

—La acusación rechaza esa posibilidad —declamó con voz engolada el licenciado Martínez—. Este juzgado debe sentenciar con las pruebas presentadas en el expediente. No se justifica buscar nueva evidencia, porque tal cosa implicaría prolongar innecesariamente el juicio.

Treviño se había imaginado un desenlace distinto.

—Con la declaración que hizo la perito Montes de Oca es suficiente —se pronunció el juzgador y su voz sirvió para apretar unos clavos que, de la nada, se habían vuelto irrompibles.

La columna vertebral de la abogada se movió como una víbora enfurecida; casi se derrumbó del dolor.

81

El periódico *Centro* publicó en su portada que la policía había encontrado, dentro de la computadora incautada en casa de la madre de Brenda Quevedo, fotografías y materiales coincidentes con las notas de rescate recibidas por Isabel Miranda. En realidad se encontraron fragmentos digitales poco confiables.

Cuando Brenda estudiaba la licenciatura, su madre, Enriqueta Cruz, compró aquella computadora para que ella hiciera sus tareas; una vez que se graduó y se fue a vivir a Inglaterra, la heredó a su hermano Omar. De ahí que los peritos refieran haber hallado programas y documentos, cargados desde que el aparato era nuevo, y otros archivos —imágenes, canciones, trabajos de escuela, conversaciones y búsquedas por internet— generados por un par de jóvenes que se estrenaron en la computación durante la década de 1990.

¿Cómo fue que dentro de esa computadora fueron halladas las pruebas utilizadas para involucrar a Brenda como cómplice del secuestro y la muerte de Hugo Alberto Wallace? Hay argumentos para suponer que esta evidencia fue sembrada. El primero de ellos es el plazo sospechosamente largo transcurrido entre la incautación de la máquina y el análisis forense de su contenido. La procuraduría no exploró el disco duro de ese aparato sino hasta dieciocho meses después, justo cuando sus funcionarios procedieron a solicitar la extradición de Brenda ante un juez en Estados Unidos y necesitaron pruebas para convencerlo de mandarla de vuelta a México.

Esta información importa ya que pone en duda la cadena de custodia de la computadora. ¿Dónde fue almacenada la máquina durante todo ese tiempo? ¿Quién estuvo a cargo de su resguardo? Si una gota de sangre fue sembrada en el baño del departamento de Juana Hilda, no debe descartarse que lo mismo haya sucedido con el disco duro de aquella máquina.

Cuando la abogada Ámbar Treviño pidió acceso a ese material digital, la procuraduría refirió no haber hallado nada en la computadora incautada ya que el dispositivo fue reformateado y por tanto se extravió el material que contenía. Con posterioridad se utilizó un programa diseñado para recuperar los archivos borrados. Estos fueron entregados a la defensa en dos volúmenes de alta densidad, tipo DVD; cada uno contenía, supuestamente, una copia exacta del disco duro de la computadora.

De los más de diecisiete mil archivos recuperados sólo ocho sirvieron para relacionar a Brenda con el caso. Según los agentes del ministerio público, entre otras cosas, esos archivos probarían que ella había tomado las fotografías del cadáver con su teléfono celular que más tarde editó. Ahí dentro también se localizó un mapa de la colonia donde vivía la Hugo Alberto y fragmentos del texto de rescate. Dijeron los técnicos que, por medio de esa máquina, se accedió igualmente a la página de internet www.tesoro.com, abierta por Isabel Miranda para comunicarse con los secuestradores.

Una primera sorpresa ocurrió cuando, al analizarlos, se descubrió que, en realidad, el contenido los dos discos no era el mismo. Prueba de ello fue que cuatro de los archivos, presuntamente inculpatorios, no aparecen en el primer DVD; por ejemplo, el que supuestamente contenía el texto del comunicado de rescate; tampoco están ahí el mapa del barrio donde se localiza la casa de Hugo Alberto, la *cookie* que comprobaría el ingreso de la computadora al sitio www.tesoro.com, ni la imagen del cuerpo de Hugo Alberto dentro del baño.

¿Cómo es posible que, siendo copias idénticas del disco duro de la computadora confiscada, no se hayan encontrado esos restos digitales tan relevantes en el primer volumen? Los metadatos de ese mismo DVD cuentan lo que posiblemente sucedió: los archivos originales habrían sido alterados para introducirlos luego en el segundo disco.

Destaca el documento denominado «Tangrandeeselmiedo(2)» que, en el primer dispositivo, remite a la letra de una canción muy popular cantada en 2005 por un dueto argentino cuyo nombre artístico es, coincidentemente, Miranda! En el segundo volumen hay un documento cuyos metadatos son casi idénticos y que contendría palabras que, según la procuraduría, fueron utilizadas en uno de los mensajes de rescate. ¿Cómo fue que la letra de una canción popular derivó en el texto redactado por los secuestradores? Muy probablemente se extrajo del primer volumen el archivo con la letra de la canción para luego intervenirlo y reintroducirlo dentro del segundo volumen como huella relacionada con el rescate.

En igual circunstancia se encuentra el archivo que sirve para rastrear la actividad de la computadora en internet. De acuerdo con los técnicos de la procuraduría, gracias a una *cookie* fue posible determinar que el jueves 1 de diciembre de 2005, desde la computadora de la familia de Brenda, se ingresó a la página www.tesoro.com. Vuelve a ser extraño que en el primer DVD no aparezca dicha *cookie*. Existe, sin embargo, otro archivo creado el mismo día y a la misma hora, del mismo tamaño y, a excepción del nombre, que contiene la misma información. Esa otra *cookie* identificó a la computadora inspeccionada cuando accedió al sitio www.bravenet.com, al que el hermano de Brenda habría acudido varias veces antes de la fecha del secuestro y por tanto previamente a que la página. www.tesoro.com fuese subida a la red. Es obvio que quien fabricó la falsa cookie lo hizo a partir de otra realmente existente para hacerla pasar como legítima.

Respecto al plano que aparece únicamente en el segundo disco hay que precisar que mintió la procuraduría cuando dijo que en él puede localizarse la casa donde vivía Hugo Alberto. En realidad, se trata de un mapa digitalizado de una guía con las calles del Distrito Federal, que los funcionarios de la policía científica debieron encontrar junto con otros cientos de mapas, imágenes de la Guía Roji que entonces usaban sobre todo los taxistas para ubicarse.

La silueta del retrato de Hugo Alberto en el baño es otro archivo más que aparece exclusivamente en el segundo DVD; lo que en realidad se encontró fue un trazo casi infantil cuya curvatura requiere de muchísima imaginación a la hora de hacerla coincidir con el retrato de la víctima. Fue falso lo que publicó el periódico *Centro*: en la computadora de la mamá de Brenda jamás apareció esa fotografía, lo más cercano que se encontró fue esa línea extraña que alguien, con dolo, hizo pasar como evidencia.

En contraste, hay cuatro archivos que sí se encuentran en los dos discos. La procuraduría dice que fueron empleados para simular las paredes del baño de Juana Hilda, y también alguna parte del cuerpo de Hugo Alberto. Contienen imágenes que, sin embargo, varían notoriamente cuando se contrastan los contenidos del primero y el segundo volumen: es evidente que en la segunda versión alguien hizo aparecer puntos, rayas, sombras y figuras, todas calculadamente imprecisas, para hacerlas coincidir con alguna de las fotografías recibidas por la madre de Hugo Alberto junto con las notas de rescate.

En este punto de la investigación de nuevo es necesario hacer referencia al teléfono celular que la policía decomisó de casa de la mamá de Brenda: se trata de un aparato Motorola V300 que entonces era muy popular. Este tenía una camarita con pocos pixeles que podía tomar imágenes en baja resolución, pero no podía editarlas.

Como la licenciada Treviño hizo notar durante el juicio, las personas que elaboraron este material cometieron un error muy básico: dos de estos últimos archivos aparecen como creados alrededor de las 5:30 a.m. del martes 12 de julio de 2005, la fecha en que Hugo Alberto habría muerto. Luego, los metadatos de esos mismos documentos digitales advierten que fueron editados menos de cinco minutos después. Esto no tendría mayor importancia de no ser porque es imposible que Brenda Quevedo haya estado en dos lugares al mismo tiempo.

Según la confesión de Juana Hilda, esa mañana, a esa hora, ella se encontraba en el edificio de Perugino. El problema está en que el teléfono Motorola V300 con el que supuestamente tomó las imágenes del cadáver de Hugo Alberto no cuenta con la función necesaria para modificar imágenes; por tanto, ella tendría que haber obtenido esos retratos con el celular y trasladarse a casa de su mamá —a más de veinte minutos de distancia— para poder transformarlos. De nuevo se confirma la mentira, dado que hay dos o tres minutos de diferencia entre la hora de creación y el momento en que fueron editados los archivos; por un asunto de temporalidad es irreal que tales archivos hayan sido editados en la computadora.

Si cuatro de los archivos digitales con los que acusan a Brenda no fueron localizados en uno de los dos dispositivos de alta densidad y todos fueron manipulados, esos vestigios digitales no debieron ser considerados por la procuraduría —mucho menos por el juzgador— porque son chatarra informática.

82

El jueves 31 de agosto de 2006, al mismo tiempo que la señora Wallace llevó a la fiscalía antisecuestro las notas de rescate que recibió a través del correo postal, entregó una carta en la que solicitó que se investigara a la persona propietaria del teléfono celular número 22 28 64 48 90. De acuerdo con ese mismo escrito, esa línea pertenecía a una mujer llamada Carmen Ortega Becerra.

La empresa telefónica corroboró más tarde el dato proporcionado por la madre de Hugo Alberto. En un informe firmado por el representante legal, la compañía establece que dicha mujer activó el teléfono el segundo miércoles de junio de 2005, aunque no realizó llamadas hasta el domingo 3 de julio, ocho días antes de la desaparición del empresario. La señora Wallace aseguró entonces que ésa fue la línea utilizada para enganchar a su hijo. Afirmó también que Juana Hilda González había proporcionado el nombre falso de Carmen Ortega para contratar el servicio.

Conforme se fueron acumulado páginas en el expediente, esa hipótesis se convirtió en una verdad repetida por agentes del ministerio público y jueces. Sin embargo, no existe un solo documento que pruebe el vínculo entre Juana Hilda y Carmen Ortega. Se citó un peritaje que confirmaría las afirmaciones de la señora, pero ese documento no aparece por ningún lado.

Una investigación independiente aportó aún mayor confusión respecto de este asunto: entre los años 2004 y 2008, la línea 22 28 64 48 90 estuvo asignada a una mujer de apellido Landeros, con residencia en el Estado de México, y no a Carmen Ortega Becerra, vecina del Distrito Federal, como se dice en el expediente.

Igual que con el resto de la evidencia sobre la que se sostiene este caso, aparece la fabricación cada vez que se pone la lupa. Esta línea llevó a que la señora Wallace apuntara su dedo contra Juana Hilda como la persona que condujo a su hijo con sus captores. De no haberse presentado dicha prueba en la fiscalía antisecuestro, nada habría ligado a la bailarina con Hugo Alberto, excepto el hecho circunstancial de que la camioneta Grand Cherokee apareció estacionada a unos ciento cincuenta metros del edificio donde vivía.

Otra prueba igual de endeble es el vehículo supuestamente utilizado por César Freyre, Jacobo Tagle y Brenda Quevedo para transportar los restos de Hugo Alberto a los canales de Cuemanco. En el guion que Juana Hilda repitió para inculparse, ella refirió a un automóvil Corsa, perteneciente a Brenda Quevedo Cruz. No existe, sin embargo, nada que corrobore este dicho ya que el vehículo se esfumó. A excepción del testimonio de la bailarina, no hay confirmación de que haya tenido algún papel en esta trama.

En sentido inverso, es poco creíble lo dicho por Juana Hilda ya que el automóvil sufrió un accidente antes del presunto plagio de Hugo Alberto. El seguro contratado por Brenda reconoció el reembolso considerando la pérdida total del valor del vehículo. Si esto ocurrió en el mes de mayo, ¿cómo explicar entonces que el Corsa haya cargado con las extremidades desmabradas del hijo de Isabel en julio de ese mismo año?

83

No es una pregunta filosófica sino científica: ¿cómo es posible que alguien sea culpable e inocente al mismo tiempo? Se trata de una flecha con dos cabezas, la primera apuntando en un sentido y la otra en un rumbo diametralmente opuesto. Si se camina en una dirección, la banda de Chalma es culpable. Al recorrer el trayecto inverso, esas mismas personas se convierten en víctimas. Es como si los términos *culpable* e *inocente* fueran reversibles. El significado de la palabra «reversible» se refiere a una acción mediante la cual las cosas vuelven al estado en que se encontraban originalmente. Si Hugo Alberto no murió en la calle Perugino número 6, ¿cuál fue realmente el crimen que se cometió en ese domicilio?

CAPÍTULO XIV

84

Raquel Dobín tuvo una conversación decepcionante con la directora del jardín de niños para el que llevaba trabajando más de una década. La jefa fue empática y hasta cariñosa, pero le hizo saber que la escuela estaba teniendo problemas con algunos padres de familia. Unos de manera más velada y otros, de plano, sin ningún pudor, habían externado preocupación por tener a la madre de un delincuente al cuidado de sus menores. Así que, de común acuerdo, Raquel y la directora decidieron que aquel semestre sería el último en el que la mamá de Judith laboraría para ese centro educativo.

Por esos mismos días Judith dormía poco y por eso no se despertó con el mensaje que llegó a su celular hacia las dos de la madrugada. Alguien de la comunidad lo había mandado por Facebook: se trataba de una fotografía suya acompañada de una etiqueta que la acusaba, a ella también, de ser una criminal. Al día siguiente corrió a contarle al rabino de su mamá. Después de escucharla, aquel hombre prometió que investigaría. Días después, por él se enteró que la cuenta desde donde había salido aquella comunicación pertenecía a una mujer de la comunidad que afirmaba haber extraviado el teléfono un día antes de que se emitiera el mensaje.

Cuando Judith le narró a su madre lo sucedido, ella encontró la oportunidad para contarle que alguien que laboraba en la escuela donde estudió desde niña le advirtió que en ese plantel no iban a recibirla para cursar el último año de preparatoria. Tenía que ser un error: había sacado las mejores notas de su generación y sus maestras, desde preescolar, le tenían cariño. Judith no tardó ni un día en visitar a la directora porque sabía que ella la defendería, pero se encontró con que esa mujer no trabajaba más en el centro escolar. En su lugar halló a una señora malencarada que confirmó lo dicho por Raquel. El pretexto que le dieron carecía de sentido: era falso que el periodo de inscripciones hubiera cerrado. Ninguna se atrevió a pronunciar en voz alta el nombre de Jacobo, y sin embargo ambas sabían que él era la verdadera razón de lo que ocurría.

Aquella vez fue la última que visitó las aulas donde trascurrieron sus años más felices. En el Distrito Federal únicamente había otra escuela donde podría concluir sus estudios, pero ahí también le bloquearon la entrada, en este caso sin esmerarse siquiera en elaborar una excusa. El argumento era el mismo, aunque tampoco se expresó. No cabía entonces en la cabeza de Judith acudir a una preparatoria donde no asistieran mujeres de su comunidad, así que por un tiempo abandonó la escuela y al final terminó consiguiendo el título de bachillerato en una institución que ofrecía cursos a distancia.

De golpe sus expectativas se vinieron abajo. Desde que cumplió quince años se le metió la idea de que quería estudiar criminología: le encantaban las historias de detectives, y le gustaban la química y otras ciencias que debían servir para convertirla en una forense con buena fama. Nadie podría haber profetizado entonces que en esta vida no iba a tocarle investigar crímenes, sino vivir uno tremendo desde su núcleo más oscuro. Ése fue, paradójicamente, el motivo por el que no pudo hacer una licenciatura, además de que no hubiera contado con los medios económicos para solventar los estudios.

El portazo de la escuela no fue el único, también las amigas de la infancia le dieron la espalda. Hasta que sucedió lo de Jacobo, había sido irrelevante que uno de sus cuatro abuelos no fuera judío. De parte de Raquel cumplía con todos los méritos, pero del lado de su papá era diferente; sus abuelos maternos eran migrantes europeos que llegaron a México escapando de la invasión nazi sobre Kiev, y la mamá de su papá era descendiente de judíos sefaradíes venidos de Turquía. En cambio, el abuelo paterno no tenía el mismo origen: su familia era católica. Después del episodio de Jacobo, las dudas sobre la pureza de su linaje cobraron fuerza; era como si el apellido Tagle hubiera alcanzado una categoría de irrefutable a la hora de explicar por qué su hermano se había convertido en un monstruo. Esa sospecha, repetida de mesa en mesa, hizo las veces de una bomba nuclear que terminó arrasando con la honra de toda su familia, justo a la edad en que la mayoría de sus amigas, como es costumbre entre las suyas, comenzaron a contraer matrimonio.

Judith afirma que las pocas invitaciones que tuvo para salir con algún pretendiente concluían incendiadas por el morbo de aquellos que querían escuchar de primera mano su versión sobre el hermano malvado que había descuartizado a Hugo Alberto Wallace. Al principio, replicaba que Jacobo era inocente, pero nadie quería escucharla; mientras tanto, la fábula seguía creciendo. Amigas y conocidos hablaban del tema sin que hubiera una sola persona, fuera del círculo familiar, que pensara diferente.

Todavía alcanzó invitación para asistir a las bodas de las amigas que se casaron primero. Sin embargo, en ninguno de esos festejos se sintió bien acogida. Aun si coincidía con alguno de sus primos, por lo general la ignoraban. Muy pronto llegó a la conclusión de que era injusto exigirles a esas chicas tan jóvenes que defendieran la amistad sostenida en la infancia precisamente en el momento en que ellas se integraban a otra familia.

Judith aprendió a vivir con ello. Sin embargo, fue duro ver cómo esas vidas tomaban un rumbo aparte. Podían arrebatarle la escuela, las amigas, los novios o cualquier otra cosa, pero nada lograría separarla de su identidad. Antes de que las aplastara el infundio, Raquel ya era una mujer muy religiosa; ése fue el principal problema que tuvo con su exmarido. Con los eventos más recientes se volvió aún más ortodoxa y Judith no encontró motivos para perseguir otros pasos que no fueran los de su madre. Con Pedro muerto, Salomón estudiando para rabino y Jacobo desaparecido, Raquel y su abuela materna significaban el único asidero. Judith jamás se habría atrevido a sumar otra herida sobre la familia. La sociedad donde nació la proscribió y sólo le quedaba el núcleo más íntimo.

85

No había nada que Omar, el hermano de Brenda Quevedo, disfrutara más que jugar futbol. Los dos hacían deporte, pero él era el más dedicado. Durante la adolescencia entrenaba tres y hasta cuatro veces a la semana. Entre ellos hay seis años de diferencia, así que cuando Brenda decidió esconderse, Omar estaba por cumplir la mayoría de edad. Para conseguir la ubicación de la hermana, el agente Braulio Robles optó por presionarlo. Un día llegó a su casa una acusación en su contra por falsedad de declaraciones: decían que había mentido cuando dijo que Brenda no pertenecía a una banda de secuestradores. Enriqueta, la madre, se desesperó porque ningún abogado quería tomar su defensa: era como si todos los despachos de la ciudad hubieran recibido una advertencia sobre la radioactividad de esa causa.

El acoso contra Omar Quevedo no provino solamente de la autoridad, alguien comenzó a meterse en su vida privada. Recibió un correo electrónico desde la dirección de la chica con la que salía; al principio no dudó del remitente, pero conforme fue leyendo el texto se extrañó por las preguntas. Lo interrogaban a propósito de la verdadera opinión que tenía sobre Brenda y también sobre el lugar donde ella podía estar escondida. Cuando el muchacho se dio cuenta de que se trataba de una trampa, apagó espantado la computadora. Durante los días posteriores continuaron entrando mensajes provenientes de esa misma cuenta, pero éstos se habían vuelto amenazantes. El hermano de Brenda llamó a su amiga y juntos concluyeron que alguien había hackeado el correo de ella.

A pesar de que su mundo se desmoronaba, Omar y su madre trataron de continuar con la vida como si fuera normal. Él atendía el último año de la preparatoria y ella intentaba concentrarse en su trabajo. Cuando fue acusado por falsedad de declaraciones, a Enriqueta Cruz se le ocurrió un acto tan ingenuo como desesperado: le escribió al presidente de México —también por correo electrónico— para pedir que intercediera por su familia.

Después de tres o cuatro comunicaciones enviadas desde el servidor institucional del banco, el jefe la mandó llamar para informarle que de otra área habían tenido que entregar sus estados financieros por órdenes de la procuraduría. Luego le reclamó que utilizara el correo del trabajo para enviar mensajes privados. Ambos sabían de qué se trataba: en treinta y tantos años que tenía de trabajar ahí nunca le habían llamado así la atención.

Después del cateo en su casa y la acusación contra Omar, Enriqueta tomó la decisión de vender el departamento que compró con tanto esfuerzo. En una sola semana ella y su hijo se mudaron a otro lugar. En parte se debió a la acusación que hizo el agente Braulio Robles en el sentido de que podría haber adquirido ese inmueble gracias al pago del rescate que hizo la madre de Hugo Alberto Wallace. También consideró que no debían permanecer ahí porque la policía continuaría acosándolos; sobre todo, urgía contar con dinero para pagar la defensa de su hija.

No se cambiaron lejos. Omar necesitaba estar cerca de la escuela y de su entrenamiento de futbol, y la madre no quería alejarse del banco. La siguiente vez que su jefe la citó fue para anunciarle que, por órdenes superiores, sería necesario cambiarla de área. Le prometió que le guardaría el puesto para que volviera a ocuparlo en cuanto el asunto de Brenda se hubiera resuelto. Confesó que se sentía fatal; sin embargo, no era cosa suya. Para Enriqueta Cruz aquello fue demasiado. Esa institución bancaria significaba mucho: ingresó cuando era muy joven y era su principal seguridad.

Pocos días después, los nuevos vecinos convocaron a una reunión para comentar sobre unos hombres que habían ingresado ilegalmente al inmueble disfrazados con uniformes de la compañía de teléfonos. Enriqueta y Omar no dijeron nada, aunque ambos coincidieron en que ese hecho podía tener que ver con la cacería desatada en su contra. Tampoco descartaron la posibilidad de que esas personas hubieran sembrado cámaras y micrófonos dentro de su nueva vivienda.

Por aquellos mismos días se estacionó enfrente una camioneta grande, tripulada por tres sujetos que hacían guardia de día y de noche. No había servido mudarse para escapar de esa gente. Luego vino el espectacular que la señora Wallace mandó instalar con el rostro de Brenda a unos cuantos pasos de la escuela a la que asistía Omar; a su mamá le tocó ser testigo cuando los operarios del gobierno podaban los árboles de una avenida grande para despejar la visibilidad del anuncio.

Una camioneta idéntica a la apostada afuera de la casa familiar paró también frente a la preparatoria donde asistía el muchacho. Un par de días después, los hombres de aquel vehículo entraron a la oficina del director para comunicarle que era urgente interrogarlo. Aquel viejo maestro tenía particular consideración sobre el alumno, y antes de acceder exigió que le mostraran una orden judicial.

Esas personas se molestaron y prometieron que regresarían con el papel solicitado. Seguramente, como los operarios de la compañía de teléfonos, esa gente se estaba haciendo pasar por quienes no eran. En cuanto se enteró, la madre corrió a la escuela. El director prometió que ayudaría a Omar, pero para poder hacerlo pidió que abandonara esa institución por un tiempo. Aquello era una pésima idea, a Omar le faltaba sólo medio año para concluir su bachillerato; ¿cómo iba a conseguir el certificado si no asistía a clases? Para aprovechar el tiempo libre, el joven se preparó para aprobar el examen de la Universidad Nacional Autónoma de México y logró que lo aceptaran.

Durante el año siguiente, Omar y Enriqueta navegaron montados sobre una lancha pequeña, tratando de no estrellarse contra las rocas que los amenazaban. Les dio tranquilidad que Brenda se encontrara en otro país, pero era obvio que sobre el resto de las cosas que importan, se habían vuelto unos parias. Omar sufrió delirio de persecución, ya no podía concentrarse en otra cosa; se sentía observado todo el tiempo.

Luego vino el episodio que lo forzó a abandonar también el país. El hermano de Brenda trató de ocultarlo, pero se quebró durante una reunión familiar. Una prima buscó a Enriqueta para avisarle que él había sufrido una agresión muy fea cerca de su casa: varios sujetos lo abordaron cuando se dirigía a su entrenamiento de futbol, le dieron golpes en la cabeza, le quitaron el celular y le exigieron que le dijera a su mamá que ya «le bajara de huevos». Es muy probable que la amenaza estuviera relacionada con los correos electrónicos que ella envió para solicitar el auxilio presidencial.

Omar se prometió no alarmar a sus papás, pero la angustia lo llevó a contar el episodio y gracias a ello la madre pudo reaccionar: corrió a la Procuraduría General de Justicia del Distrito Federal para denunciar el acoso en su vivienda, el espectacular, la vigilancia afuera de la escuela y la agresión más reciente en contra su hijo. Gracias a esta gestión, se emitió un documento que fue útil cuando Omar pidió asilo fuera de México.

Enriqueta Cruz ya había entrado en contacto con la abogada Ámbar Treviño, quien conocía el caso gracias a que casi desde el principio representó a la familia Freyre y también a Juana Hilda. Después de escuchar el relato de la violencia sufrida por Omar, Treviño le sugirió que lo sacara cuanto antes del país. Así fue como el muchacho terminó tomando un avión rumbo a Canadá que lo obligó a dejar atrás a la madre y su vida en México.

86

Brenda continúa así su relato redactado en primera persona:

«Quince meses pude esconderme bajo el nombre de la venezolana Nadia Vázquez. Durante ese tiempo llegué a creer que lo peor había pasado, pero un miércoles, después del mediodía, dos agentes del FBI ingresaron al restaurante de Louisville donde trabajaba. Volvió el horror cuando mi jefe se aproximó, con el rostro lívido, para informarme que esos hombres querían hablar conmigo.

»Por la manera cómo iban vestidos, no encajaban con el resto de la concurrencia del Mojitos. Minutos antes les había preguntado si querían ver el menú; dijeron que esperaban a alguien. Aquello fue un pretexto para asegurarse de que mi rostro correspondiera al de la fotografía que me mostrarían más tarde. Cuando mencionaron el nombre de Brenda Quevedo Cruz entendí que no estaban ahí por cuestiones migratorias.

»Ambos se pusieron de pie, indicándome que no fuera a hacer teatro; uno tomó mi brazo para conducirme hacia la pequeña oficina del gerente del restaurante. Ahí dentro acepté que el nombre de Nadia Vázquez era falso. Una vez confirmado ese dato me leyeron mis derechos, igual como se ve en las series policiales, y luego me esposaron. Atravesada por la vergüenza, crucé miradas con mi jefe y el resto de las compañeras; la verdad es que había hecho buenos amigos en ese restaurante.

»Fuera del local encontré una caravana de camionetas de color negro y un grupo grande de agentes que portaban chamarras azules estampadas con las letras amarillas del FBI. Después me enteré de que la señora Wallace presenció la escena parada del otro lado de la acera. Los policías le cerraron el paso para que no me abordara porque si se aproximaba a mí podía afectar la legalidad de la detención. Todo sucedió en cámara lenta, como cuando te caes de una bicicleta y antes de darte de bruces crees que el accidente puede todavía revertirse.

»La puerta del vehículo se cerró y alguien puso un aparato celular en mi oreja. Al otro lado de la línea había un hombre que llamaba para burlarse: "¿Qué? —preguntó—. ¿Creíste que no te agarraríamos?".

»Mi mamá supone que esa persona era el jefe de todos los fiscales, José Luis Santiago Vasconcelos, responsable de cazarnos a quienes salimos en la fotografía de Chalma. Era ocioso preguntarme cómo habían dado conmigo. Una persona en todo Louisville conocía mis circunstancias; nos hicimos amigas porque ambas trabajábamos en el Mojitos. Ella era venezolana, igual que Nadia Vázquez, a quien tomé prestada la identidad. Un día se nos hizo fácil compartir la renta de un departamento, y también la soledad que implicaba comenzar una vida nueva lejos de casa.

»Cometí un error cuando le conté parte de mi historia. Ella investigó en internet hasta dar con la señora Wallace, y ahí se enteró de la recompensa ofrecida a quien ayudara a mi captura. Todo esto ocurrió alrededor de la fiesta de Halloween donde quienes trabajábamos para el Mojitos nos disfrazamos: a mí me tocó vestirme de conejita *dark*, una especie de modelo de *Playboy* que hubiera resucitado para pasar la noche entre los vivos. Esa vez se tomaron varias fotografías y una de ellas, conmigo de cuerpo entero, fue enviada a México por correo electrónico para corroborar que mi compañera decía la verdad. Era el mismo retrato que traían los dos agentes que me detuvieron dentro del restaurante. Nunca volví a saber de la chica venezolana.

»La oficina internacional de la procuraduría integró la solicitud de extradición apoyada por la gente que la señora Wallace contrató para dar conmigo. Al fiscal gringo le presentaron dos piezas de evidencia en contra mía: la confesión de Juana Hilda, registrada en video, y los archivos digitales supuestamente encontrados en la computadora confiscada en casa de mi mamá.

»Esa evidencia, aseguraron, demostraba que yo había tomado las fotografías de un muerto para hacerlo pasar por vivo; también que escribí las notas de rescate, las cuales envié después por correo postal. Por último, me acusaban de haber conducido el vehículo dentro del cual fueron trasladados los restos del hijo de la señora para arrojarlos a un cárcamo de aguas negras.

»Aunque el FBI hubiera puesto en duda la evidencia proporcionada por las autoridades mexicanas, lo que al gobierno gringo realmente le importaba era mi estatus ilegal dentro de su país; así se lo hicieron saber a la señora Wallace, quien viajó acompañando a los funcionarios de la procuraduría mexicana porque no quiso perderse el momento de mi detención. En el relato que ella repitió años más tarde, una de sus principales medallas sería su participación en las aprehensiones relacionadas con el caso de su hijo.

»Aquella misma mañana, antes de que llegaran los agentes al Mojitos, el FBI se reunió con la señora para conocer su testimonio. Durante ese encuentro dijo que deseaba estar presente durante el operativo y ahí mismo le aclararon que no sería posible porque el hecho podría ser utilizado en la corte como una irregularidad; sin embargo, aquel día todo mundo entendió que a esa señora era difícil decirle que no. Sin importar las razones, se apersonó en el restaurante —según declaró después ante la prensa mexicana— suponiendo una fuga que sólo ella estaba dispuesta a evitar; señora mentirosa, lo que quería era sumar otra fotografía a su colección de caza.

»En la oficina del FBI, a distancia me tocó presenciar el reclamo de los agentes gringos, indignados porque ella los había desobedecido. Mientras tanto, otro funcionario puso frente a mí un papel para que lo firmara: ese sujeto no esperaba que fuera a leer aquel documento línea por línea. Habrá supuesto que no hablaba inglés y que por tanto no iba a darme cuenta de que había rellenado, en mi nombre, un formulario para solicitar voluntariamente mi deportación a México.

»Estaba desconcertada y no lograba entender por qué tanta gente se ocupaba de mí, pero nada de eso afectó la conciencia que tenía sobre lo que sucedía. Si estampaba mi firma, renunciaba a cualquier protección que pudiera brindarme la justicia estadounidense. Entonces comprendí lo que en realidad estaba aconteciendo: mientras la señora Wallace distraía a los agentes del FBI con un rollo intraducible sobre sus derechos como víctima, un cómplice suyo intentaba meterme a su ratonera. No encontré mejor manera de hacerme respetar que pegar un grito para denunciar que ese individuo me estaba acosando: los gringos regresaron donde me encontraba para apartar a ese individuo, quien salió de ahí como un hámster asustado.

»Cuando por fin me tocó el turno de ser interrogada, referí al FBI mi situación de la manera más detallada posible. Era verdad que me agencié una identidad falsa para permanecer en Estados Unidos, pero lo había hecho por razones justificadas. La señora apostada afuera me seguía difamando, acusándome de un crimen que no cometí: yo no conocí nunca a su hijo y mucho menos estaba asociada a una banda de secuestradores. Sin embargo, había sido perseguida sin respetar uno solo de mis derechos, hasta el punto en que no me quedó otra opción que cruzar la frontera para esconderme con un nombre que no era el mío. Al término de mi intervención solicité asilo político, ya que si regresaba a México corría el riesgo de ser torturada, igual que Albert Castillo y César Freyre.

»Aunque atendieron pacientemente mis explicaciones, no logré conmover a aquellos agentes. Insistieron en lo que habían explicado aquella tarde: no estaba detenida por participar en un secuestro en México, sino por haber violado las leyes migratorias del país. Pasadas las diez fui trasladada a la cárcel del condado de Louisville. Aquella noche fue miserable: la celda donde me encerraron tenía las paredes acolchadas como en los manicomios. Ahí dentro me dejaron sola, muerta de frío y con unos espasmos horribles porque ese mismo día me había venido la regla.

»Tengo memoria de haber gritado por horas sin que nadie respondiera; ni un alma me proporcionó medicamento para ayudarme con los calambres ni ropa limpia, porque la que llevaba puesta se había manchado. La madrugada de aquel jueves 29 de noviembre de 2007 me arrebataron la dignidad que implica ser una persona libre, para convertirme en un objeto sucio y prescindible. Comenzó entonces para mí una nueva vida, si es que puedo llamarla así, mayormente encerrada entre cuatro paredes».

87

«A los pocos días de la detención me trasladaron a una cárcel en Chicago. En esa ciudad se llevó a cabo la primera audiencia del juicio para extraditarme a México. Con el dinero del departamento que vendió mi mamá, ella logró convencer a un abogado para que la acompañara hasta allá; después de dos años, por fin alguien se atrevía a representarme. Ese licenciado no hablaba inglés, así que puso como condición que mi mamá pagara también el hotel y los traslados para su hermano.

»Durante la audiencia pensé que cuando menos abrazaría a Enriqueta, a quien no veía desde que debí esconderme. Sin embargo, fue frustrante cuando sólo pude verla en un monitor de televisión. Por esa misma vía conocí también al abogado Juan Carlos Durán.

»Para los gringos es muy penado decir mentiras en un proceso como ése, pero a la señora Wallace no le importó inventarse ahí dentro una grande. Cuando pidieron a las partes que nos identificáramos, mi abogado presentó una carta demostrando que yo no tenía ningún antecedente penal. Lo mismo hizo la acusación, pero en ese caso el documento era falso; la tontería fue que nos enteramos tiempo después. Hugo Alberto Wallace había sido investigado y sentenciado por el delito de contrabando, y la señora Miranda fue denunciada por tentativa de homicidio.

»Quizá si el licenciado Durán hubiera investigado a esas personas en los archivos judiciales, ese mismo día mi caso habría sido desestimado. Tiempo después, ese abogado presentó su renuncia.

A pesar de que cobró sus honorarios, se quedó callado prácticamente durante toda la audiencia. Cuando mi mamá lo presionó para que diera alguna explicación, dijo que tenía miedo de que lo fueran a matar; dio a entender que lo amenazaron mientras hacía turismo con su hermano por la ciudad de Chicago.

»Así fue como Ámbar Treviño llegó a nuestras vidas. Nadie conocía mejor el caso. Ella trató de convencer al juez de que yo corría peligro si regresaba a México. Sin embargo, desde el principio ella nos advirtió que sería difícil conseguir asilo en Estados Unidos, y es que yo había ingresado de manera ilegal a ese país. Uno a uno fui perdiendo todos los recursos hasta que, finalmente, el juez emitió la orden de extradición. El viernes 25 de septiembre de 2009 me trajeron de vuelta al Distrito Federal en un avión de la procuraduría; ese día conocí a Braulio Robles Zúñiga, el agente del ministerio público responsable del caso. Desde Chicago salí vestida con un overol color naranja y viajé esposada todo el tiempo. Una vez en tierra, por la ventana de la nave alcancé a ver una pancarta que decía: "¿Dónde está mi hijo?". Era la señora Wallace quien la cargaba. Acudió a recibirme acompañada por un mundo de gente.

»Pregunté dónde estaba mi abogada y el licenciado Braulio me informó que no había venido porque nadie sabía de mi extradición. La presencia de la señora Wallace refutó su mentira. Nadie avisó a mi familia de mi arribo, pero bien que ella supo dónde y a qué hora debía presentarse. Fui conducida hacia unas oficinas dentro del hangar de la procuraduría. Ahí dentro un médico revisó que estuviera bien. Luego me interrogó una persona que venía de la CNDH. Dije que había venido a México para defenderme, insistí con que era inocente y que mi familia y yo éramos víctimas de una persecución.

»Salieron todas esas personas de la oficina y me quedé sola, acompañada únicamente por los agentes de la policía. Cuando me di cuenta, tenía ya frente a mí a la señora Wallace. No perdió tiempo para proponerme el trato que traía entre manos: me dijo que podía ofrecerme "beneficios" a cambio de que testificara contra el resto de los plagiarios. Quería que confesara mi participación en el crimen y también que le dijera dónde estaba escondido Jacobo. Si aceptaba sus condiciones conseguiría que los jueces me dejaran en libertad.

»Al escucharla se me subió lo Cruz a la cabeza, y levanté la voz para preguntarle cómo se atrevía a dirigirme la palabra después de todo el daño que nos había causado:

»—Hágale como quiera —le dije—, porque usted sabe perfectamente que jamás conocí a su hijo y también que soy inocente.

»—No sabes con quién te estás metiendo —amenazó—. Me voy a encargar de que te pudras cien años dentro de la cárcel.

»—Pues no tendré el dinero que usted tiene, pero me voy a defender.

»Su cara se puso roja y pensé que ahí mismo se me iba a echar encima.

»—¡Me la vas a pagar y tu madre también! —volvió a elevar el tono.

» La licenciada Treviño me aleccionó para que, en caso de que me trajeran de vuelta al país, no hablara con nadie, pero no pude hacerle caso. Tratando de dominar la ansiedad exigí que me sacaran de inmediato de ese sitio. La señora abandonó antes que yo el hangar, seguida por un séquito de subordinados.

»Del aeropuerto me llevaron a Almoloya, en el Estado de México, a una cárcel conocida popularmente como "Santiaguito": era un reclusorio estatal donde encerraban a las peores delincuentes. Un mes atrás había cumplido veintiocho años y ahí dentro iba a encontrarme con una mayoría de mujeres de mi edad. Al recibirme, las reclusas sabían quién era; algunas habían visto por televisión las imágenes del avión y la pancarta de la señora.

»Al día siguiente recibí mi primer golpe de realidad en tierra mexicana: las notas de los diarios me recordaron que ante la opinión pública yo ya había sido juzgada.

»Martín Moreno, el periodista que escribió *El caso Wallace*, me acusó de plano de ser una prostituta: "la morena que les coqueteaba y que, a la menor provocación, se agachaba para dejar descubiertos sus muslos posteriores y enseñar el contorno de las nalgas redondas, incitando a la delectación puberta".

»Mi mamá y yo presentamos una denuncia por difamación en contra de ese sujeto, que tampoco prosperó.

»La única ventaja de volver fue que pude ver a mi familia otra vez. Omar, mi hermano, no vivía ya en el país, pero entre las primeras visitas aparecieron mi papá, mis tíos, mi abuela y, desde luego, mi mamá. Gracias a que los míos ayudaron con dinero, la cárcel me trató mejor en comparación con mis nuevas compañeras. Lo primero que hice fue comprar un colchón para no dormir en el suelo».

88

«Transcurrieron un par de meses sin que supiera nada de la señora Wallace. Esa tregua concluyó el viernes 27 de noviembre de 2009. Hay testigos que pueden confirmar lo que me pasó, porque aquella noche en Santiaguito no habría podido suceder sin que muchos se hubieran puesto de acuerdo.

»Poco antes de la cena estaba jugando volibol con un grupo de compañeras cuando la jefa Uriarte, la mandamás entre las custodias, fue a buscarme a la cancha. Ordenó que me aseara, ya que asistiría a una audiencia; a diferencia de mí, porque todavía era muy ingenua, mis compañeras se sorprendieron. Nadie ahí era conducido a una "audiencia" sin haber recibido antes una notificación oficial.

»Descolocada, le dije a la jefa Uriarte que la licenciada Treviño no me había informado nada. Ella levantó los hombros y aclaró que sólo recibía órdenes. Me condujo primero a las regaderas para que me bañara y cambiara de ropa, y luego caminamos fuera del área donde nos encontrábamos las reclusas. Al darme cuenta de que no conocía aquella zona de la prisión comencé a ponerme nerviosa; la jefa Uriarte se dio cuenta y para tranquilizarme relató que entendía bien mi situación porque tenía un pariente que también estaba encerrado.

»Por instinto me aferré a su brazo y le rogué que no fuera a dejarme sola; ella insistió en que no tenía de qué preocuparme. Quiero todavía creer que la jefa tampoco sabía lo que estaba a punto de pasar. Las dos entramos a una sala grande que en medio tenía una mesa de esas que se utilizan para los interrogatorios, y sobre ella alcancé a ver un maletín de cuero que parecía el de un médico. Ahí dentro estaban dos hombres con el rostro cubierto. Eran más altos que yo, iban vestidos con ropa negra y llevaban guantes.

»Antes de que me diera cuenta, la jefa Uriarte había abandonado esa sala. Grité hasta que lograron amordazarme, después me vendaron los ojos y me esposaron.

»Vinieron entonces las majaderías.

»—¿Sabes por qué estamos aquí? —preguntó un tipo que tenía la voz tipluda.

»Asentí, con la memoria fija en la señora Wallace.

»El otro, con un tono más neutro, recitó los nombres de mi mamá, mi papá, mi hermano y mi abuela. Luego precisó:

»—Si no cooperas, van a sufrir por tu culpa.

»—Dinos dónde están los restos de Hugo —soltó el primero.

»Negué con la cabeza para reiterar mi desconocimiento sobre el paradero de esa persona.

»Vino entonces el primer golpe con la palma abierta: la cabeza me dolió como si hubiera recibido un tablazo. Después cayó el segundo y el tercer mazazo. No tenía cómo esquivar aquella agresión. Entendí que, para no dejar huellas en mi rostro, aquellos verdugos escondían su violencia detrás de mi pelo, que después de un par de años había crecido de nuevo.

»El de la voz aguda aplaudió contra mis oídos, dejándome sorda. Luego me retiró la mordaza. Aproveché para pegar un nuevo grito que, estoy segura, debió escuchar la jefa Uriarte.

»De pronto, mi cabeza entera nadó en el interior de una bolsa de plástico. Con la falta de aire sentí que me desmayaba, pero una nueva agresión me regresó la conciencia. Poseedor de la fuerza de un simio, uno de los verdugos retiró la bolsa de plástico y jaló mi pelo con tal fuerza que la silla en que estaba sentada perdió equilibrio y terminé tumbada en el suelo.

»—Para que veas lo que sintió Hugo —refirió su pareja, como si yo supiera de qué me hablaba. Acto seguido, el cómplice me dio una patada en las costillas y otra en el estómago.

»Había imaginado antes que podrían hacerme daño, pero hasta ese momento ninguna pesadilla se asemejaba. Aquellos sujetos levantaron de nuevo la silla y volvieron a meter mi cabeza dentro de la bolsa. Después retiraron la venda que me habían puesto sobre los ojos: querían que viera las manos sucias del hombre de la voz desagradable recorrer lascivamente mi cuerpo.

»—Tú sabes que podemos hacer contigo lo que se nos dé la gana —amenazó.

»Estaba paralizada. Entendí de pronto lo obvio: esa gente tenía permiso para volarse todos los límites. Sólo en ese momento lamenté haberme enfrentado a la señora en el aeropuerto. Si dentro de la cárcel podían abusar de esa manera, no quería imaginar lo que fuera de ella serían capaces de hacer con mi familia.

»Esos profesionales de la crueldad habían colocado sobre la mesa un papel y una pluma. Tenía la vista nublada por la rabia y también por las lágrimas, y sin embargo alcancé a leer que se trataba de una suerte de confesión. No tengo idea de dónde recuperé fuerzas, pero cuando me acercaron la pluma negué enfáticamente con la cabeza.

»—Lo único que tienes que hacer es proporcionar los nombres de tus amigos, los secuestradores —dijo el más grande.

»—Si aceptas colaborar —terció el otro—, te vamos a dejar en paz.

»—Piensa en tu familia. Piensa en tu hermano, el que está en Canadá.

»Sacaron entonces de la maleta una jeringa que contenía un líquido rojo; aseguraron que se trataba de sangre con sida.

»En ese momento un hombre abrió la puerta de la sala, vio lo que sucedía y volvió a salirse. Aproveché una vez más para gritar. Un minuto después ingresó al lugar un grupo de guardias y supuse que ése sería el final; sin embargo, mis verdugos se asustaron, a toda velocidad recogieron sus cosas y se escabulleron dejándome atada a la silla. Permanecí así un par de horas más, sola y humillada.

»Cuando regresé a la celda, mis compañeras se dieron cuenta del estado en que la jefa Uriarte me había devuelto. Mi rostro estaba limpio de golpes, pero el resto de mi cuerpo era un mapamundi de lesiones. Hay varias compañeras de aquella época que pueden confirmarlo. Recuerdo que cuando me preguntaron, sólo atiné a explicar que la señora estaba loca.

»—¿Qué señora? —cuestionó alguna.

»—La misma que me quiere muerta».

89

«Al día siguiente me llevaron a la enfermería de Santiaguito. Ahí el médico registró las lesiones que sufrí la noche anterior: patadas en el vientre, excoriaciones en los brazos y quemaduras por choques eléctricos. Se tomó al menos dos horas para redactar en su computadora lo que estaba escrito en mi piel. Una vez vaciada la información, todo lo que me hicieron esos hombres desapareció; no quedó siquiera rastro de que hubiera estado en la enfermería. Si mis compañeras no conservaran el recuerdo de cuánto sufrí, podría resbalar en la tentación de creerme loca.

»Fueron esas mismas reclusas quienes, por medio de sus familiares, informaron a mis papás. El fin de semana los dos ingresaron a Santiaguito sin pedir ningún permiso especial, e igual constataron las huellas de la violencia. Cuando Enriqueta exigió el reporte médico para presentar una queja ante la CNDH, nos enteramos de que la evidencia que sustentaba mi verdad había sido destruida. Mi papá quiso hablar con la dirección del penal, pero esa concesión tampoco era para gente como nosotros.

»Ese mismo sábado les propuse que buscáramos a la prensa: quizá algún reportero se interesaría en lo que nos estaban haciendo. Mi mamá me devolvió una mirada resignada. Durante tres años, ella y el resto de mi familia ya habían intentado ese camino. Con palabras suaves me explicó que los medios eran incapaces de prestar atención a nada que no fuera la señora Wallace.

»—¿De plano nadie? —insistí.

»Fue entonces cuando Enriqueta mencionó a un bloguero español, a quien describió como "ya mayorcito", que había entrevistado a Juana Hilda y publicado su testimonio en un blog llamado *Cárcel de mujeres*. Quise saber más de él. Ella contó que en realidad no era periodista, sino un conductor de taxi que se había convertido en escritor; desde hacía algún tiempo recogía historias de mujeres presas por el simple hecho de que merecían conocerse, según él.

»Para vencer mis dudas mi mamá dijo que era, hasta entonces, el único en haber tratado con dignidad a Juana Hilda, y también el único en poner el caso Wallace en duda. Intrigada por el personaje, acepté que Enriqueta concertara una cita con él. Por algún lugar debíamos comenzar si queríamos defendernos más allá de los juzgados. Un par de semanas después, Luis Miguel Ipiña vino a visitarme. Lo encontré un hombre recio y a la vez muy humano; me gustó que fuera directo. Antes de dejarme entrevistar, lo entrevisté yo.

»Me pidió que lo llamara Koldo, porque allá en su tierra así se les dice a los Luises. Contó que llevaba casi treinta años en México y que había viajado desde España escapando de una vida que no iba para ningún lado. De jovencito había sido pescador y, también por aquella época, se enroló en las filas de ETA. En 1980, un año antes de que yo naciera, decidió venirse a México.

»Aquella conversación se benefició de que él hubiera entrevistado antes a Juana Hilda. Los detalles generales de la historia ya los conocía, así que pudimos concentrarnos en mi propia experiencia. Hablamos de mi huida a Estados Unidos, el tiempo que trabajé en el Mojitos, la traición de mi examiga venezolana allá en Louisville, y de los dos años que pasé encerrada en Chicago. También le conté de la pancarta de la señora Miranda y, sobre todo, de la tortura que recién había vivido ahí en Santiaguito. Sus ojos me miraban con atención, sin que nada interrumpiera el flujo de mi relato. Sentí como si su cerebro se convirtiera en la barca que salvaría del naufragio una memoria amenazada; por más que el mundo conspirara en mi contra, Koldo sería la prueba de que había una alternativa frente al gran borrado».

CAPÍTULO XV

90

El hermano de Jacobo, Salomón Tagle Dobín, quería ser rabino. Lo decidió antes de terminar la preparatoria y con ayuda de su abuela compró un boleto para irse a vivir a Tierra Santa. Lo admitieron en una yeshivá prestigiada de Jerusalén y ahí fue tan buen estudiante como durante toda su vida.

Un año más tarde comenzaron las acusaciones en su contra. Fue después del cateo que la procuraduría hizo en la casa donde vivían Judith y Raquel: primero se inventó la autoridad que el tercer piso de esa construcción había sido utilizado para retener contra su voluntad a los plagiados de la banda de secuestradores. Luego, la señora Wallace afirmó que Salomón era parte de ese grupo de criminales liderado por su hermano Jacobo.

A pesar de que prácticamente desde el primer interrogatorio Raquel informó a la policía que Salomón tenía previsto estudiar fuera, la señora lo acusó de haberse fugado del país para escapar de la justicia. Cuando la procuraduría emitió una orden de presentación contra él, Raquel buscó a la abogada Ámbar Treviño para que los ayudara y ella tramitó un amparo contra ese acto de autoridad. Resultaba absurdo que ese muchacho, buen estudiante y con vocación religiosa, fuera señalado como criminal.

Cuando el agente Braulio Robles confirmó que el hermano de Jacobo continuaba viviendo en Israel, la señora Wallace pidió una cita con el embajador de ese país en México y, al salir de la reunión, declaró a la prensa que colocaría en aquella nación varios espectaculares con los rostros de los hermanos Tagle Dobín. Dijo que tenía evidencia de que Jacobo se encontraba escondido allá y pidió al gobierno israelí que cooperara para hacerlo venir. Por medio de sus contactos en la procuraduría, la señora consiguió también que la Interpol emitiera una ficha internacional ordenando la búsqueda de ambos delincuentes.

Al terminar sus cursos, Salomón aceptó la invitación que le hicieron sus primos del lado materno para asistir a una boda en Panamá. Además de que extrañaba estar en familia, en ese lugar podría conocer a su futura esposa: para convertirse en rabino ya sólo le faltaba casarse. Al concluir la celebración, uno de sus parientes propuso que lo acompañara a un viaje de negocios a República Dominicana, y a él le entusiasmó conocer otro país antes de volver a Israel.

Aquel viaje transcurrió sin sobresalto hasta que Salomón y su primo se disponían a tomar el vuelo que debía llevarlos de vuelta a Panamá: al mostrar su pasaporte, la ficha roja de la Interpol hizo sonar las alarmas. Mientras lo interrogaban, el primo llamó a Judith, la hermana menor, para contarle que habían retenido a Salomón por algo relacionado con un secuestro, y a partir de ahí comenzaron los trámites para trasladarlo.

La gente de la procuraduría no tardó ni un día en visitar Santo Domingo, la capital dominicana, para presionar en favor de la extradición del aspirante a rabino. En diciembre de 2009 concluyó el papeleo y Salomón fue llevado en un avión del gobierno mexicano a la ciudad donde nació; viajó esposado y, al descender por la escalerilla, la prensa lo presentó como otro más de los integrantes de la banda de Chalma.

91

Judith corrió a la procuraduría para recibir a su hermano, y lo halló en estado de shock. Ella mostró el amparo obtenido tres años atrás, pero el ministerio público lo desestimó con el argumento de que ese documento protegía a Salomón respecto de las imputaciones relacionadas con Hugo Alberto Wallace, pero no servía para los otros casos en que la banda de secuestradores hubiera participado.

Salomón fue identificado como el Blanco: se le relacionó con el plagio de una señora de nombre Bárbara Zurita y de su hijo de cuatro años. De acuerdo con esta acusación, ambas víctimas fueron privadas de la libertad en el tercer piso de la casa de la familia Tagle Dobín. La señora Wallace contó después a la prensa que, en ese mismo lugar, los plagiarios habían abusado sexualmente de la mujer. Mientras tanto, el Blanco entretenía al niño jugando PlayStation.

En 2004 Salomón tenía diecisiete años y no faltó un solo día a la escuela durante aquel curso escolar. El director de la preparatoria fue llamado a declarar y dijo que el muchacho se pasaba la jornada entera preparándose para ser admitido en la yeshivá de Jerusalén; llegaba al centro escolar a las siete de la mañana y salía a las siete de la tarde. Habría sido imposible que participara en el delito que le imputaban: por un lado, los horarios no cuadraban, y por otro, mencionó el director, su personalidad recta y orientada a los demás era contraria a lo que se necesitaba para convertirse en criminal.

A pesar de que tenía ya veintiún años a la fecha de su detención, Ámbar Treviño consiguió que Salomón fuera recluido en un centro para menores porque no era adulto en el momento en que se cometió el delito imputado. Si bien el Blanco no había tenido nada que ver con el caso Wallace, la señora Isabel impugnó la decisión del juez. Al final, la abogada Treviño se salió con la suya porque había antecedentes que apoyaban su argumento.

Durante los casi cinco años que duró el juicio, la señora Wallace no se perdió una sola audiencia; parecía tan obsesionada con que lo condenaran que todas las veces asistió como público. También la cabeza de Salomón fue exhibida como trofeo en sus espectaculares. El más grande fue colocado afuera del centro donde estaba recluido, para que nadie ahí dentro dudara de su culpabilidad.

Judith Tagle reventó el día en que vio a su otro hermano sentenciado en el tribunal de la publicidad exterior. Tomó el teléfono para exigir que la entrevistaran en los medios de comunicación; llamó a la radio, a los periódicos y a la televisión sin obtener nada. Igual que sucediera antes con los demás familiares, el derecho al micrófono también le fue negado. Era obvia la estrategia de la señora Wallace. Ella, que sí tenía el privilegio de ser escuchada, declaró varias veces que la detención de Salomón debía servir para dar con el paradero de Jacobo. El joven rabino era, en efecto, una mera carnada para atrapar al «principal implicado en el plagio» de su hijo.

Con Pedro muerto, Jacobo desaparecido y Salomón detenido, Raquel y Judith tuvieron que asumir su impotencia. Lo que sucedía era demasiado grande para ellas. La hija corrió a pedir consejo al rabino y éste le recomendó que buscara a la gente del Comité Central. El nombre de ese órgano era como de partido político, pero así se llama también la instancia más encumbrada de la comunidad judía mexicana.

Se acercaba el *sabbat* y a Judith le preocupó que su hermano lo pasara encerrado. Llamó entonces a todos los números de teléfono que le proporcionó el rabino hasta que logró que alguien respondiera; estaba consciente de que su familia no era rica ni influyente dentro de la comunidad, pero ella y su madre se encontraban entre las más ortodoxas.

Para cuando estableció la comunicación, alguien había visitado antes al presidente de ese órgano para acusarlo de proteger a los hermanos Tagle Dobín. Según se enteró después, la señora Wallace dio de golpes en su escritorio para exigir que entregaran a los dos prófugos. Amenazó también con que, de no cooperar, haría pública su demanda. Por esta razón, Judith fue maltratada: antes de terminar de explicar la situación de Salomón le dijeron que su familia «apestaba». Judith no se resignó. Argumentó que su hermano era inocente.

«No te vamos a ayudar y punto».

Judith suplicó, lloró y trató cuanto pudo de que no le colgaran el teléfono.

Se cortó la línea.

Una a una las puertas se iban cerrando. ¿Qué habían hecho ellas para volverse unas apestadas?

92

Llegó el viernes y transcurrió el *sabbat*. El domingo sonó el aparato celular de Judith y al responder, quien llamaba era la misma persona que la había agraviado antes. Sin embargo, el tono había cambiado. Era como si el ritual religioso hubiera adelgazado el grosor de su corazón. El interlocutor sugirió el nombre del señor Eduardo Margolis para que las auxiliara en el asunto; ella le dio las gracias, colgó y corrió a despertar a su mamá. Cuando escuchó a su hija, Raquel tomó con escepticismo la noticia. Había escuchado mentar al tal Margolis y no recordaba que fuera con buenos adjetivos.

Durante las tres horas siguientes, ambas llamaron a sus conocidas para indagar sobre el hombre propuesto por la comunidad para sacar a Salomón del atolladero. En poco rato se enteraron de muchas cosas: ese sujeto contaba con buenos amigos en el gobierno y sobre todo dentro del ejército. Alguna le dijo a Raquel que había hecho dinero vendiendo pintura para los cuarteles militares de todo el país y que contaba con un establecimiento dedicado al blindaje de automóviles. También era propietario de una empresa de seguridad que proporcionaba personal armado y entrenado para proteger a las familias judías más adineradas. Se rumoraba que solía dar empleo a agentes retirados del Mosad, la temida central de inteligencia del gobierno israelí.

Mientras más averiguaban, más nerviosas se iban poniendo; la vida las había colocado a la entrada de un universo para ellas incomprensible. El segundo lunes de diciembre de 2009 sonó de nuevo el aparato de Judith. Era el señor Margolis, quien al primer respiro ya estaba dando órdenes:

—No quiero hablar contigo, niña; pásame a tu mamá.

Raquel no estaba en ese momento en casa y así se lo hizo saber.

—Dile que venga a verme a la oficina.

—¿Cuándo?

—Que llame a mi secretaria y ella le dirá cuándo estoy disponible.

—Ahí estaremos.

—Ya te dije, niñita, que no es a ti a quien quiero ver.

Sin esperar respuesta, Margolis colgó y una sensación de pequeñez volvió a apoderarse de Judith. Le pasó el recado a su mamá y también le dijo que ese hombre no le daba confianza:

—Es un arrogante. ¡No vayas, por favor!

Raquel no quiso ir sola y tampoco se atrevió a desafiar la desinvitación impuesta contra su hija, así que terminó yendo acompañada por su madre. La oficina de Margolis estaba en el mismo local donde tenía el negocio de blindaje para vehículos. Era obvio que el anfitrión no escatimaba en lujos.

Al recibirlas, no fue más amable con Raquel de lo que había sido con Judith. Lenguaraz y prepotente, desde el saludo las trató con desconsideración. Raquel se dispuso a contarle sobre las circunstancias de Salomón, pero él la interrumpió con grosería para aclararle que estaba al tanto de todo.

Calvo, con los ojos hinchados y una nariz fina y prominente, Margolis rondaba los sesenta años. Su voz no era grave, pero tam poco aguda; en cualquier caso, sonaba autoritaria.

—No veo cómo evitará usted que su hijo se pudra en la cárcel.

El cerebro de Raquel se electrificó.

—¿Por qué dice eso? Mi hijo no cometió ningún delito.

—Yo tengo otra información.

La mamá de Raquel hablaba poco, pero cuando lo hacía, solía cambiar el curso de las conversaciones:

—Dudo que sepa realmente de lo que está hablando. Salomón es un buen muchacho que estaba por convertirse en rabino —reconvino esa mujer cuya edad merecía respeto.

—Créame, señora, que sé de lo que hablo.

Raquel no encontraba todavía el momento para que ese señor tan engreído aceptara escuchar lo que venía a decirle. A diferencia de Jacobo, Salomón no estaba siendo acusado por el caso Wallace. Además, el delito por el que lo detuvieron en República Dominicana tuvo lugar cuando era menor de edad.

Margolis continuó hablando sin atender lo que aquellas mujeres necesitaban decirle:

—Me parece importante que sepan —prosiguió— de mi relación con Isabel Miranda de Wallace. Ella es mi amiga, y desde que mataron a su hijo la he venido apoyando.

Ya era demasiado tarde cuando Raquel y su madre tomaron conciencia de lo que acababan de escuchar. Judith estaba en lo correcto cuando dijo que no tenía buena pinta esa reunión.

—¿Qué quiere decir con eso? —interrogó Raquel para no salir corriendo de esa imponente oficina.

—La señora Wallace va diciendo que ella detuvo a los integrantes de la banda que secuestró a su hijo, pero eso no es verdad. Ella me contrató para que yo los investigara. Fue mi gente quien agarró a César Freyre, a uno de los hermanos Castillo, y a Juana Hilda.

—¿También participó en lo de Salomón? —interrogó la abuela.

Margolis la ignoró y siguió de largo:

—Mi agencia de seguridad tiene a la mejor gente para ubicar delincuentes.

Raquel intuyó que las camionetas con guaruras estacionadas afuera de su casa podían pertenecer a ese hombre. Luego le vino a la mente la imagen de César Freyre en la televisión, muy golpeado el día en que fue detenido.

La abuela hizo que su hija volviera a lo que estaban:

—¿Cómo nos va a ayudar con el asunto de Salomón?

—Si ustedes hablan bien de mí con la comunidad, veré qué puedo hacer.

—Necesitamos pagar el abogado —se atrevió a decir Raquel.

—Con eso no puedo hacer nada, pero conozco a alguien que quiere ayudarles.

Cuando Margolis desapareció tras una puerta a su espalda, las mujeres quedaron desconcertadas. Un par de minutos después volvió acompañado de la señora Wallace.

Primero la abuela y después la madre de Judith se pusieron en pie: nadie les avisó que iban a sufrir esa humillación. Se disponían a abandonar la oficina cuando Margolis bloqueó con su corpulencia el camino a la salida.

—Escuchen primero lo que esta señora tiene que decirles.

Raquel y su mamá se quedaron de una pieza. La madre de Judith conocía a esa mujer de la vez que celebraron la compraventa del pedazo de patio donde se sembró el anuncio maldito.

Siempre parecida a sí misma, la señora Wallace evitó los rodeos. Tenía un trato que proponer a la madre de los hermanos Tagle Dobín:

—Mire, Raquel, si quiere conseguir la libertad de Salomón, lo que puede funcionar es que me entregue a Jacobo.

—No entiendo —balbuceó Raquel.

—Claro que entiende: un hijo por el otro.

—Lo que me pide es imposible; primero, porque no sé dónde está Jacobo, y segundo, porque, aun si supiera, no lo haría.

—Pues entonces Salomón va a quedarse donde está.

—Pero él es inocente y eso usted lo sabe.

—A mí lo único que me importa es que uno de sus hijos pague por lo que le hicieron al mío.

—Mis hijos no tuvieron nada que ver —replicó Raquel tratando de no llorar.

—Usted es responsable por haber educado a criminales —lanzó la señora.

—Ni Jacobo ni Salomón son lo que usted anda diciendo.

—¿Y su hija? —cuestionó.

—¿Mi hija? ¿Qué tiene que ver Judith con todo esto?

—Recuerde que ella todavía está libre. Si quiere que no le pase nada, tráigame a Jacobo.

Raquel buscó refugio en la mirada de hiena con la que Margolis observaba aquel intercambio. Hasta ese momento comprendió por qué ese fulano se había opuesto a que Judith asistiera a la reunión: ¿qué le iba a explicar a la comunidad si algo le pasaba a su hija?

—¡Está usted loca! —dijo en voz alta la abuela y salió azotando la puerta de aquel lugar, no sin antes tomar del brazo a Raquel para llevársela con ella.

93

Un hijo por el otro, ésa es una sentencia macabra. ¿Salomón por Jacobo? ¿O Jacobo por Hugo Alberto? Puestos en una hipotética balanza, ¿quién valía más, el alumno del rabinato, el huérfano desbalagado o el hijo de la señora Wallace? Únicamente a ella pudo ocurrírsele una proposición como ésa. «Alguien tiene que pagar por lo que le sucedió a mi hijo», dijo en la oficina de Eduardo Margolis. ¿Qué fue realmente lo que le ocurrió a ese hijo? ¿Por qué los hermanos Tagle Dobín estarían relacionados con ese hipotético crimen? Jacobo cometió un error: el de haberse amigado con César Freyre y Hugo Alberto a la vez. Suponiendo que no supo elegir a sus compañeros de fiesta —cuestión que Judith le reclamaba entonces—, ¿cómo fue que tal cosa lo convirtió en un asesino?

¿Y Salomón? ¿Qué pecado había cometido el otro hermano de Judith? A Salomón lo habían nombrado públicamente como el Blanco, pero más allá del sobrenombre, no escapó de las páginas de los periódicos el dato de su religión y tampoco que vivía en Israel. Luego vino otro golpe bajo cuando la señora Wallace acusó a la comunidad de ocultarlos, y fue entonces que ésta le pidió a Eduardo Margolis que entrara en escena.

No era la primera vez que se encargaba a este señor la misión de limpiar el batidillo de otros. Él se movía en el mismo nivel de juego que la señora Isabel: tenía conexiones políticas. Era también un macho de manual, de esos que ostentan a toda hora el largo de la corbata. La misión de Margolis era domesticar la impertinencia de esas mujeres; había que silenciarlas por la buena. En ningún momento ese sujeto se vio a sí mismo como intermediario entre las dos madres, la mediación que le tocaba administrar era entre los intereses de la comunidad y los de la señora Isabel, y para ello era imperioso que Raquel y su hija dejaran de rebelarse frente a hechos consumados.

A Raquel le dolió cuando la señalaron como responsable de que Salomón y Jacobo fueran unos delincuentes, le hizo daño porque esa acusación la equiparaba con la señora Wallace. No solamente se trataba del intercambio de un hijo por otro, sino de una madre por la otra: juzgar a Raquel por haber tenido un mal vientre tenía como único propósito rescatar la irredimible maternidad de esa mujer. De Hugo Alberto se decían muchas cosas, pero ninguna que hubiera sido investigada por todos esos periodistas que escribieron pestes sobre los hermanos Tagle Dobín.

94

Salomón Tagle Dobín estuvo encerrado durante casi cinco años en un centro de detención para adolescentes. En un principio la abogada Ámbar Treviño creyó que iba a conseguir la libertad del aspirante a rabino porque las acusaciones no tenían ni pies ni cabeza: no era creíble que el tercer piso de la casa de Raquel Dobín se hubiera utilizado como guarida de una banda criminal, y aún más absurdo, que Salomón se encargara de vigilar a un niño secuestrado dentro de un ropero inexistente. Era también una mentira que la mamá del niño lo reconociera como su secuestrador.

Treviño logró separar esa acusación para que no se mezclara con las denuncias presentadas contra los demás imputados, ya que Salomón nunca fue vinculado al caso Wallace. El hermano de Judith niega haber sido torturado, pero Raquel no confía en que tal cosa sea verdad; conoce a su hijo y sabe que sería capaz de mentir con tal de ahorrarle más preocupaciones. Su personalidad, a la vez reservada y prudente, no es compatible con la victimización y tampoco se habría atrevido a arrojar más angustias sobre su hermana y su madre.

Raquel y Judith cuentan que durante la estancia de Salomón en el centro de detención, se convirtió en un mentor para varios de los muchachos con quienes convivió; dado que eran en promedio unos diez años más jóvenes que él, lo buscaban para pedirle consejo. Aunque para ese momento su vocación religiosa comenzaba a cuartearse, el estudiante del Talmud hizo mucho bien dentro de esa comunidad de adolescentes: Judith asegura que aquellos chicos lo adoraban y los custodios también le tomaron cariño porque enseñó a leer y escribir a varios de los internos.

Judith y Raquel lo visitaban con regularidad y acudieron a todas las audiencias del juicio. Fue una ventaja que el juzgado se encontrara en un edificio anexo al centro de detención. Sin embargo, cada vez tenían que aguardar de pie durante varias horas en el pasillo de acceso a la sala; aprendieron a tener paciencia, porque la jueza que llevaba el caso era muy impuntual. En cambio, la señora Wallace podía entrar y salir cuando le viniera en gana y siempre tenía un lugar en primera fila. Dado que la denuncia contra Salomón no estaba relacionada con el expediente de su hijo, esa mujer no tenía nada que hacer ahí: sin embargo, no se perdió ninguna audiencia. Judith cuenta que un día la vio firmar un cheque y entregárselo a un asistente de la jueza. A partir de entonces tuvo la convicción de que las cosas iban a salir mal para Salomón.

En efecto, después de aquel juicio el segundo de sus hermanos recibió una sentencia condenatoria como cómplice de secuestro, con una pena de cinco años de prisión; pero al computar el tiempo que llevaba encerrado en el centro de detención y constatar que era mayor al previsto por la pena, la juez permitió que fuera liberado ese mismo día.

El joven recibió la noticia con ambigüedad. Por un lado, lo hacían culpable de un delito que no cometió, pero del otro, la juzgadora le devolvía la libertad. La misma noche que pisó de vuelta la calle, un grupo de amigos con los que había cursado la preparatoria le organizaron una fiesta. Judith lo acompañó, contenta por el cariño que esa gente le tenía a su hermano; no obstante, Salomón estuvo mentalmente ausente desde que llegaron hasta que se fueron de ahí.

Tres días después de recuperar la libertad, montó en un avión que lo regresó a Panamá. A pesar de la tristeza que eso le provocó a Raquel, el joven no quería pasar una hora más en el país donde nació: tenía miedo de que le inventaran otro delito, y es que había experimentado en carne propia lo injusta que podía ser la ley mexicana.

95

El blog *Cárcel de mujeres* estaba firmado por Koldo Mikel; sabía que algunas de las historias ahí contadas podían implicar cierto riesgo y por eso utilizaba ese seudónimo. Con todo, el vasco pagó caro haber dado voz a las víctimas del caso Wallace. Cuando la policía lo detuvo, constató cuán grande podía ser el castigo por contradecir en público a la señora Wallace. El martes 17 de mayo de 2011 tocó a la puerta de su departamento un fulano interesado en comprar una motocicleta. La visita agarró a Koldo ocupado, así que con ánimo de quitarse de encima el fastidio despachó al desconocido, aclarándole que ahí no se vendía nada.

Desde que llegó a México, Koldo vivía en un barrio popular conocido como El Gallito. En esa zona de la ciudad había que andarse con cuidado, y ésa era la razón por la que el taxista guardaba su vehículo de trabajo dentro de una jaula improvisada sobre la banqueta, igual que el resto del vecindario cuidaba sus automóviles. A las cinco y media del viernes 20 de mayo de 2011, como solía hacer todas las mañanas, Koldo caminó hacia el taxi. Antes de que pudiera abrir el candado, un sujeto le ordenó que levantara los brazos. Cuando giró la cabeza se encontró rodeado por cuatro hombres armados, y lo primero que cruzó por su mente es que lo iban a secuestrar.

«Tírate al piso, Ipiña», le ordenaron.

¿Cómo sabían su apellido? Koldo pegó de gritos para despertar a los vecinos. Los atacantes no esperaban que, en unos cuantos segundos, se encendieran las luces y que la gente se asomara para saber qué pasaba.

Como no quiso obedecer, aquellos hombres lo obligaron: no les fue fácil porque Koldo es un individuo fuerte al que se le da con facilidad la mentada de madre. Alguno de sus vecinos creyó que se trataba de un narcotraficante, y es que muy rápido muchos carros de la policía rodearon el vecindario; quienes sometían al vasco no eran delincuentes, o si lo eran, tenían permiso para hacer lo que estaban haciendo.

Su ingreso a la procuraduría fue similar al de cualquier otro criminal. Lo revisó un médico que constató su estado de salud, después lo ficharon y terminó en una sala de interrogatorios donde se negó a responder hasta que le permitieran comunicarse con su abogado. Insistió en que tenía derecho a una llamada telefónica, a lo que el funcionario respondió que ése era un cuento de las películas: la gente denunciada por delincuencia organizada no tenía derecho a nada.

A punto de perder de nuevo la paciencia, Koldo preguntó al funcionario que tenía enfrente si sabía de qué iba todo aquello. La autoridad se limitó a responder que debió pensársela dos veces antes de meterse con quien no debía; luego, sin transición, le informó que el gobierno mexicano estaba enterado de que pertenecía a un grupo terrorista. El vasco no podía creerse lo que escuchaba: hacía treinta años que no tenía nada que ver con ETA, y si algún delito le hubiera quedado pendiente allá en España, a esas alturas ya habría prescrito.

Entonces ingresó a la sala una mujer que apestaba a alcohol. Dado que no eran siquiera las diez de la mañana, Koldo temió lo peor, sobre todo cuando se enteró de que ella era la licenciada designada para defenderlo. La abogada le propuso firmar un documento donde él confesaba dedicarse a la venta de armas prohibidas por internet; esto lo hacía en nombre del grupo terrorista, que se deshacía de su artillería dentro del mercado negro. Todo era ridículo. Koldo afirma que jamás en su vida había visto un rifle como el que describían, y que ETA no se dedicaba al tráfico de armas.

Asumió que le estaban haciendo lo mismo que a Juana Hilda y a Brenda, así que se preparó para el maltrato físico que vendría después. El día continuó corriendo y el humor del detenido fue coleccionando demonios. Después de la hora de la comida se puso a pegar de gritos mientras golpeaba la mesa para dejar en claro que no iba a firmar ninguna confesión y que sería capaz de hacer cualquier cosa con tal de que le permitieran llamar a su abogado.

Antes de que terminara aquella larga jornada, Koldo consiguió su propósito: cuando tuvo enfrente al defensor que él escogió, contó que no lo habían detenido por un tema de armas, sino por el blog que escribía sobre mujeres encarceladas. Si bien había ahí casi sesenta relatos, dos en particular podían ser el motivo detrás de lo que le ocurría, ambos relacionados con el caso Wallace.

Esa noche el vasco durmió en el sótano de aquel edificio y a la mañana siguiente volvió su abogado con malas noticias. Contó que había visitado su departamento en el barrio El Gallito y lo encontró desvalijado; no halló la computadora ni los archivos relacionados con las entrevistas que hacía a las prisioneras. En la red tampoco dio con el blog. Era como si alguien hubiera eliminado cualquier rastro de *Cárcel de mujeres*.

Tres días después el vasco fue trasladado a la prisión de Chiconautla, una de las más miserables del país: un reclusorio que el gobierno construyó donde antes había un basurero municipal que nunca cerró. Por esta razón ahí dentro apestaba a podrido, sobre todo en la temporada de lluvias. Lo peor eran las cucarachas. También era ingrato el hacinamiento: en celdas diseñadas para cuatro personas, los custodios llegaban a meter hasta veinte reclusos.

En esas condiciones Koldo vivió un año y medio de su vida. Durante el proceso judicial las acusaciones en su contra fueron cayéndose, y es que el ministerio público fue incapaz de probar la existencia de la presunta red de tráfico de armas a la que el taxista pertenecía . Pocas semanas antes de concluir 2012, el juez absolvió al vasco. Cuando regresó a su casa, lo que más lamentó fue que le hubieran robado la computadora. También descubrió que la policía se había llevado *El caso Wallace*, el libro del tal Martín Moreno, aquel periodista macho que tanto detestaba a Brenda y Juana Hilda. Para Koldo no cabía ninguna duda, la fabricación tuvo como propósito hacer que se esfumara el blog donde aparecían esos testimonios. Ese desplante también sirvió para amedrentar a cualquier otra persona, sobre todo periodistas, que se atrevieran a meter la nariz en los asuntos de la señora Wallace.

CAPÍTULO XVI

96

Tenía treinta y ocho años recién cumplidos y en los tribunales Ámbar Treviño era ya conocida por ser una buena penalista. Hacia la mitad del proceso todavía estaba convencida de que iba a lograr la libertad de sus clientes, no sólo porque tenía razón, sino porque sus argumentos eran sólidos. Sin embargo, ésa fue su oportunidad para aprender que no basta con tener la verdad, y tampoco con ser la mejor abogada. Nada se sostiene cuando se impone la influencia de los que mandan. La historia de Vanessa Figueroa, la vecina de la planta baja de Perugino, sería una de las varias lecciones que Treviño recibió durante aquel juicio.

Del montón de gente que aparece en los noventa tomos del expediente Wallace, una madrugada el fantasma de Vanessa vino a sentarse en el borde de su cama. Era la chica que había pasado la noche noviando con su vecino cubano cuando supuestamente sucedió el crimen. El insomnio la sacó de las cobijas y, como tantas veces por aquella época, lo aplacó visitando el archivo del caso. Ella había declarado en cinco ocasiones, tres de ellas a favor de Juana Hilda y otras dos en su contra. Primero dijo que en Perugino 6 no había sucedido nada y luego cambió de opinión; lo mismo hizo el Cubano, Jesús Noel Montaño, el inquilino del departamento 2. Durante las primeras veces defendió a Juana Hilda con un tono que pareció tan sincero como desenfadado. En cambio, en la última —cuando le dio la espalda a su exvecina— sus palabras se leían más bien tiesas y falsas. ¿Qué fue lo que la hizo modificar su testimonio?

Treviño no pudo llamar como testigos a estas personas porque, al igual que otros —incluido el marido de la señora Wallace—, de la noche a la mañana se esfumaron. Por más que su despacho intentó dar con ellos, no hubo poder humano que pudiera encontrarlos, así que en este punto su defensa se había quedado flaca. Fue entonces cuando dio con la declaración de Leticia Figueroa, madre de Vanessa: la vez que el ministerio público la interrogó, ella dijo que la hija se había sentido amenazada. Aunque la acusación no cuadraba, la señora Wallace señaló a César Freyre como responsable de esa intimidación.

Ámbar continuó leyendo hasta que halló un párrafo perdido dentro de la declaración número 4 de Vanessa: en esas líneas ella acusaba a Roberto Miranda de agredirla. ¡Bendito insomnio, que la puso sobre la pista correcta! Aun si la chica se había volatilizado, quedaba la mamá, cuyo domicilio estaba también en el expediente. Ese mismo día se apersonó en la dirección indicada; ahí le informaron que Leticia Figueroa se había mudado. Tuvo mejor suerte cuando se puso a buscar a los otros hijos de esa señora; ellos tenían amigos a los que Treviño conocía y así fue como logró conseguir una cita con esa mujer.

La halló con ganas de hablar, pero también fue cauta. No se había retirado aún, vendía autos en una agencia, y presumió que durante varios años había ganado el primer lugar entre sus compañeros. Tenía un carácter resuelto y voluntarioso, era menuda y poseía unos ojos guapos. Estaba dispuesta a responder todas sus preguntas siempre y cuando la abogada prometiera que no la llamaría a comparecer en el juicio: no quería saber nada más de la señora Wallace o de los fiscales. Treviño prometió que respetaría su voluntad, pero suplicó que le contara las razones por las que Vanessa se sintió intimidada.

Llevaba consigo una grabadora, así que la abogada registró todo cuanto le contó aquel día y luego transcribió sus palabras. Como ése fue el compromiso, no pudo presentar su testimonio en el juzgado, pero desde entonces supo que algún día esa grabación iba a servir para narrar este eslabón clave en la historia del caso.

97

Durante casi siete meses, unos señores estuvieron molestando a Vanessa Figueroa. Ella había visto en varias ocasiones al señor Roberto Miranda rondar afuera de su casa, aunque nunca tan de cerca como cuando se puso a perseguirla. La muchacha echó la carrera hacia la avenida, calculando que el bullicio la protegería, pero el sujeto no se detuvo. Entonces se refugió dentro de una papelería; el dependiente la conocía, así que la ayudó a saltarse el mostrador para refugiarla detrás de la máquina fotocopiadora. Vanessa llevaba un estuche con las joyas que vendía para sacar adelante a sus hijos.

El fulano entró gritando que Vanessa era una asesina. Otra clienta que andaba por ahí pidió auxilio, y en unos cuantos minutos se juntó un grupo de curiosos afuera del local. Roberto Miranda trató de arrastrar a Vanessa, pero ella le reventó una cachetada, y eso sirvió de pretexto para que él la violentara de vuelta. Con valentía, el señor de la papelería intentó defenderla. Mientras ellos se hacían de palabras, Vanessa llamó por teléfono a su madre. Leticia estaba tomando una clase de pintura a unos quince minutos de ahí; dejó botadas las acuarelas y salió disparada. Para cuando llegó a la papelería, además del gentío, había varias patrullas. Se abrió paso hasta que alcanzó a su hija.

Leticia sintió que moría cuando la vio con las muñecas esposadas; a un lado iba un sujeto malencarado que no le quitaba los ojos de encima. Como pudo, Vanessa pidió a su madre que recuperara el estuche de bisutería que había escondido detrás de la fotocopiadora, Leticia hizo caso y luego buscó al oficial de más alto rango entre los que la habían detenido. A ese hombre le exigió una explicación y el funcionario señaló al sujeto parado junto a Vanessa; cuando los agentes acudieron al llamado de los vecinos esa persona mostró una orden para que Vanessa fuera presentada ante la policía. No sabía todavía aquel oficial de qué se la acusaba, pero prometió que cuidaría bien de ella durante el traslado.

Leticia se subió a su automóvil y persiguió a la caravana de patrullas. En lo que conducía llamó a otra de sus hijas, la mayor, para que consiguiera a un abogado. También se comunicó con el papá de su nieto, el más pequeño; debía avisarle que Vanessa no pasaría a buscar a Moisés sino hasta el día siguiente. La verdad es que nunca le cayó bien ese yerno, así que no le dio mayor explicación. Además, debido a la deteriorada relación que sostenían esos dos, supuso que Vanessa no habría querido avisar a su expareja de los problemas. Al llegar al búnker encontró que, además de su hija, aquellos agentes también habían cargado con el dependiente de la papelería.

98

Leticia no sabía entonces que el búnker tenía muy mala fama porque ahí torturaban gente. Nada le impidió colarse en medio de los hombretones que rodeaban a su hija; cuando se dieron cuenta, ya estaba abrazando a Vanessa. Uno de los agentes dijo que bajarían a su muchacha al sótano: le entró miedo y, todavía sin saber lo que podía pasar ahí dentro, pepenó a Vanessa y le dijo que no fuera a abrir la boca hasta que llegara el abogado que su hermana estaba buscando. La chica temblaba y se puso peor cuando la metieron a un cuarto sin luz natural; ahí sujetaron sus muñecas a la silla donde la sentaron.

Pasó una hora sin que tuvieran ninguna noticia. Mientras, Vanessa aprovechó para contarle a su mamá cosas que ella aún no sabía. Según la vecina de la planta baja, no había razón para tanto alboroto porque se trataba de una equivocación. Era falso que alguien hubiera disparado un arma dentro del edificio donde vivía.

En lo que Leticia la escuchaba descubrió los moretones que le habían hecho en los brazos y el cuello. Un médico vino a buscarla y la acompañó a la enfermería: ahí el doctor confirmó las lesiones sufridas durante la detención. En el acta quedó escrito que no habían sido los policías quienes le causaron aquellas marcas, sino el tal Roberto Miranda. Leticia se puso furiosa y, aprovechando que su hija estaba en manos del médico legista, buscó a alguien que pudiera darle una buena explicación de lo que pasaba.

No tardó en dar con el mismo agente de policía que conoció antes, el que le prometió que nada malo iba a pasarle a su hija dentro de la patrulla. Lo primero fue preguntarle por qué la trataban como la peor criminal, y por él se enteró de que Vanessa estaba acusada de haber proporcionado declaraciones falsas. Aquel funcionario también le contó que, con ese pretexto, alguien había pagado buen dinero para que la llevaran al búnker. Entonces se ofreció a interceder con sus jefes, en caso de que ella también aceptara aportar algún estímulo económico: no podía creer lo que escuchaba, pero Leticia dio a entender que accedería a lo que fuera con tal de sacar a la muchacha de ahí.

De vuelta en la sala donde tenían a Vanessa, la encontró hablando con un licenciado que no había visto antes:

—He dicho muchas veces que pasé casi toda la noche hablando con mi vecino y que nadie desconocido entró al edificio. Tampoco hubo ruidos ni balazos, mucho menos sangre ni gente herida. ¿Qué más quieren de mí? —reventó la muchacha.

Al parecer el funcionario venía preparado para esa respuesta, porque les enseñó un documento que contenía letras muy pequeñas. Sus manos continuaban atadas, por lo que la madre ayudó a su hija para que pudiera leerlo. Era el reporte de una llamada a la policía, realizada la misma noche en que desapareció el tal Hugo Alberto.

Sin hacerse la remolona, Vanessa reconoció que ella había marcado, desde su celular, para reportar una riña callejera y después olvidó el asunto.

—¿Después de qué? —quiso saber aquel funcionario.

—Después de que me puse a platicar con el Cubano.

—El vecino del departamento 2 —agregó la madre, porque nunca le ha gustado llamar a la gente por su apodo.

—¿Por qué no mencionó nada de esto antes?

Vanessa le explicó después a su madre que no le dio importancia a aquella llamada, en primer lugar, porque el reporte fue anónimo; segundo, porque lo originó un pleito de barrio entre borrachos afuera del edificio; y tercero, porque supuso que si mencionaba el tema iba a alimentar la teoría equivocada de que algo malo había ocurrido dentro de los departamentos de Perugino.

—¿Se da cuenta de que sus declaraciones son discordes?

Era la primera vez que ambas mujeres escuchaban esa palabra y la persona se dio cuenta.

—No coinciden, pues —repitió para que comprendieran.

—Omití mencionar ese reporte porque nadie me preguntó —aclaró Vanessa—, y no veo por qué ese hecho, como usted afirma, chocaría con el resto de las cosas que he dicho antes.

Cuando Leticia se dio cuenta de que su hija había recuperado control sobre sí misma, le volvió el alma al cuerpo. El funcionario se puso de pie y las dejó solas. Leticia lo siguió por el pasillo. Eran casi las ocho de la noche y a esa hora, en los sótanos del búnker, conoció a la señora Wallace.

Leticia Figueroa la vio conversando con el fulano cacarizo y desgarbado que lastimó a Vanessa en la papelería. También estaban ahí el comandante de policía que le pidió dinero y el agente responsable del interrogatorio. La señora daba las órdenes:

—A mí no me importa cómo tengan que hacerle, lo único que quiero es que se retracte —alcanzó a escuchar la madre de Vanessa Figueroa.

Leticia tuvo razón cuando supuso que alguien más, tras esos muros, dirigía las preguntas. Alcanzó a ver cuándo esa mujer entregó un teléfono celular al interrogador para que ella pudiera escuchar lo que sucedía en la sala.

Víctor Palemón, como se llamaba el agente que hacía las preguntas, regresó cinco minutos después y puso sobre la mesa aquel aparato de comunicación.

—Necesito ir al baño —informó la detenida.

Palemón aceptó acompañarla al sanitario siempre y cuando la señora Leticia los esperara dentro de aquella sala.

La madre no entendió la razón hasta que el corrupto comandante aprovechó la oportunidad para colarse en la sala y retomar la charla que dejaron pendiente; sin preámbulos, insistió en que podía encargarse de que esa misma noche Vanessa abandonara el búnker. Explicó luego, como si fuera idea suya, que sus jefes habían accedido toda vez que su hija se retractara de sus declaraciones previas. También recordó la idea de apoyar con algo de dinero a los policías encargados de la investigación.

A Leticia todavía le restaba fuerza para pelear:

—Mi hija cree que la chica que era su vecina es inocente.

—¿Y de qué le ha servido hasta ahora esa equivocación?

—No veo cómo pueda convencerla.

—Mientras más defienda a esa persona, peores se van a poner las cosas para ustedes.

El plural obligó a que Leticia pensara en sus nietos.

—¿Qué es lo que tendríamos que hacer para que la dejen en paz?

—Usted no se preocupe. Nada que vaya a incriminarla…

—¿Pero de qué servirá que se retracte si el resto de los vecinos han dicho cosas parecidas?

El comandante negó con la cabeza.

—Solamente nos interesan las declaraciones de su hija y del otro fulano, el cantante cubano. Por cierto, ese sujeto ya aceptó firmar.

Vanessa reingresó a la sala y un guardia ató de nuevo sus muñecas a los postes de la silla.

—¿Podría traer algo de beber para mi hija, por favor? —pidió Leticia al comandante, quien accedió, y tras él salió también el agente Palemón, dejando el celular sobre la mesa.

La madre no esperó para contarle a Vanessa la propuesta que recién le habían hecho. Dado que la hermana no había logrado contactar a ningún abogado que a esa hora aceptara asesorarlas, ambas concluyeron que tenían muy poco margen.

—Está bien —dijo Vanessa—. Firmo lo que quieran siempre y cuando me prometan que la policía me dejará en paz, lo mismo que la señora ésa y su hermano.

El agente Palemón regresó, pero había olvidado el vaso de agua; para ese momento la detenida llevaba ocho horas sin tomar ni comer nada. El funcionario portaba un fólder con unos documentos que entregó a la señora Leticia sin decir nada. Las mujeres se miraron como buscando aprobación mutua antes de ponerse a leer; evidentemente alguien había trabajado duro mientras Vanessa aguardaba entre aquellas paredes.

Meses más tarde, la abogada Treviño tuvo acceso a la ampliación de declaraciones donde la chica se retractó de sus testimonios anteriores. Al leer ese texto fue que le vino a la cabeza la similitud de este caso con *La ventana indiscreta*, la película de Alfred Hitchcock. Esos funcionarios corruptos le propusieron a Vanessa que se convirtiera en James Stewart, es decir, en el vecino capaz de atestiguarlo todo.

De acuerdo con la nueva versión, ella se enteró de que Hugo Alberto Wallace y Juana Hilda habían quedado en ir al cine; también escuchó ruidos siniestros provenientes del departamento de la bailarina a pesar de que se encontraba dos pisos arriba del suyo. A la mañana siguiente vio bajar, por la escalera del edificio, un par de maletas muy pesadas que fueron subidas a un automóvil Corsa.

En estas nuevas declaraciones Vanessa y el Cubano ya no pasaron la noche en el rellano de la escalera, por lo que era posible que otras personas hubieran paseado por el edificio sin que ellos se dieran cuenta. La ventaja de esta nueva relación de hechos es que dejaba fuera a su hijo Erick, ya que ahí no se hablaba más del tipo que recibió un balazo ni del rastro de sangre que ella habría supuestamente limpiado; tampoco se hace referencia a la casa de citas ni a las vecinas que se dedicaban a la vida alegre. Era como si el guionista de la película hubiera sido despedido para contratar en su lugar a otro mucho peor.

—Esto no se lo va a creer nadie —reaccionó Vanessa cuando terminó de leer.

Leticia miró alrededor y constató que el celular se encontraba cerca.

—Con todo respeto, señorita, eso a usted no le importa —respondió el agente Palemón.

—Si Jesús Noel no corrobora lo que estoy diciendo aquí, de nada va a servir que firme estos papeles.

—De eso nos encargaremos nosotros —reaccionó lacónico el comandante de policía, quien, acto seguido, propuso a su colega que se apartaran para dejar que esas dos mujeres pudieran meditar con libertad.

—¿Dónde está el abogado que iba a traer mi hermana? —interrogó Vanessa y Leticia alzó los hombros, tan frustrada como ella.

Ambas sabían que estaban arrojadas a su propio criterio. De negarse a firmar esa nueva declaración, Vanessa podría terminar en el centro donde, según estaba enterada, desde hacía veinte días se encontraba arraigada Juana Hilda. Leticia le aseguró a su hija que no entregaría el dinero solicitado por el comandante hasta estar segura de que habían abandonado aquel edificio tan sórdido: ésa era su verdadera póliza de seguro.

Al volver, el agente Palemón mostró satisfacción cuando le informaron que Vanessa estaba dispuesta a firmar. Sin embargo, antes de esto la chica puso una condición: quería que en ese mismo papel quedara escrito que el señor Roberto Miranda la había violentado. El agente habrá calculado que, si abandonaba aquel sitio para consultar, cabía el riesgo de que Vanessa se echara para atrás, así que aceptó que ella, de su puño y letra, agregara aquella información.

Sin beber una gota de agua en más de diez horas, Vanessa recuperó la libertad. Fuera del búnker su hermana mayor las esperaba dentro del automóvil familiar; llevaba quince mil pesos en efectivo que Leticia entregó al comandante. Ya se marchaba cuando aquel hombre le cerró el paso para informarle que todavía faltaba una última cosa antes de dar por concluido el asunto.

—Vanessa tiene que volver en unos días para ratificar las declaraciones que hizo hoy.

Sin poder controlar su reacción, Leticia Figueroa caminó lo más rápido que pudo hacia el vehículo donde estaban sus hijas y les ordenó que se fueran de ahí cuanto antes.

Transcurrieron diez días en los que el estado de ánimo de Vanessa y también el de Leticia no dejaron de fluctuar. Esa fue la razón por la que la madre decidió acudir a la Comisión de Derechos Humanos del Distrito Federal para denunciar el acoso y la extorsión que sufrieron.

Luego se arrepintió de haber procedido así, y es que vieron por televisión los espectaculares con los rostros de Juana Hilda y de su novio César. Vanessa tuvo la convicción de que ella sería la siguiente en ser exhibida. Por esta razón Leticia volvió a ponerse en contacto con el comandante, quien a esa hora ya estaba enterado de la queja presentada ante la Comisión de Derechos Humanos del Distrito Federal.

—Si quiere arreglar las cosas, reúnase conmigo para que platiquemos. Venga a verme sólo usted, sin su hija —ordenó a través de la línea.

Cuando llegó a la cita, Leticia no vio por ninguna parte al comandante; en el restaurante donde la convocó estaban, en cambio, un par de abogados bien vestidos que se presentaron como representantes de la señora Wallace.

Leticia enfureció por haber caído en aquella ratonera. Sin embargo, esa gente no la hizo sentirse intimidada. Los abogados llevaban una nueva propuesta: si Vanessa estaba dispuesta a reconocer al resto de los secuestradores, recibiría un apoyo económico importante.

—¿La están queriendo comprar?

—De ninguna manera —reaccionó uno de los licenciados—. Solamente se trata de un apoyo para compensar las molestias.

—¿Y si no aceptamos?

El otro abogado alzó los hombros:

—Pues la policía podría suponer que su hija es cómplice de los delincuentes.

Narra Leticia que salió de esa reunión decidida a preparar la fuga. Más tarde llamó al comandante para decirle que Vanessa contaba solamente con dos horas para firmar la ratificación, que pusieran ahí lo que les viniera en gana mientras no la involucraran en el crimen. También advirtió que, si en esas dos horas no salía del búnker, mostraría a la prensa la queja presentada días atrás ante la Comisión de Derechos Humanos del Distrito Federal

Al final, casi todo salió como estaba planeado. Vanessa acudió con el comandante, firmó los nuevos papeles, abandonó aquel lugar de pesadilla y se fue, acompañada de su madre, al aeropuerto de la ciudad de Toluca; desde ahí volaron con rumbo al norte del país, hasta Monterrey. En esa población las esperaba una pariente que contaba con residencia en Estados Unidos, una mujer físicamente muy parecida a Vanessa. Sin esperar un solo minuto, madre e hija tomaron prestado el automóvil de su familiar y cruzaron a Texas. En la frontera Leticia se identificó con una visa de turista y Vanessa con la mica de residente que le había prestado su prima. Una vez a salvo, Vanessa continuó sola el viaje hasta la costa oeste. Un par de meses después allá la alcanzó Erick, su hijo adolescente; él también tuvo que cambiar de nombre por temor a que los persiguieran.

99

Apenas salió de la cárcel, Julieta Freyre, la hermana de César Freyre Morales, se puso a organizar a los familiares de los encarcelados para denunciar el atropello. La abogada Ámbar Treviño la presentó con Enriqueta, la madre de Brenda, y también con María Elena, la mamá de los hermanos Castillo. Las tres convocaron a la primera conferencia de prensa donde contaron su versión de la historia. También grabaron videos para internet donde decían que sus parientes eran las verdaderas víctimas del caso Wallace.

En septiembre de 2010, Julieta se enteró de que una senadora iba a dar una charla por el rumbo de Coapa, cerca de donde vivían sus padres. Cuando la legisladora, Rosario Ibarra de Piedra, terminó su intervención, Julieta pidió la palabra: frente a un auditorio numeroso contó que ella y su mamá fueron imputadas por un delito falso y que las habían metido a la cárcel para presionar a su hermano. Además de su familia, otras personas estaban sufriendo por este caso, que se había vuelto muy político: «Nosotras solas no podemos hacer nada contra la señora que nos ha destrozado la vida», dijo señalando a Enriqueta y a María Elena.

Aquella fue la primera vez que los clientes de Ámbar Treviño tuvieron oportunidad de hacerse escuchar por una persona influyente. Habían transcurrido más de cuatro años desde la detención de Julieta y Rosa, y hasta entonces nadie que pudiera hacer contrapeso les prestó atención.

Al salir del evento, la senadora prometió que sus asesores revisarían el asunto. El lunes 11 de octubre de 2010 las tres mujeres fueron atendidas en su oficina; Rosario Ibarra no estuvo presente. Dos de sus colaboradores las recibieron en su representación. María Elena y Enriqueta dejaron que Julieta hablara, porque era la más elocuente.

No obstante, a diferencia de otras ocasiones, apenas comenzó a expresarse, sus palabras surgieron en desorden. Tenía tantas cosas por decir que no logró articular un flujo coherente: de manera atropellada narró la desgracia que había caído sobre su familia, las detenciones arbitrarias, el secuestro inventado y los meses transcurridos en la cárcel.

A media historia, cuando hizo referencia a sus hijas de siete y cinco años, comenzó a llorar; los funcionarios la interrumpieron para recomendar que se tranquilizara. Era evidente que esa conversación la sobrepasaba. En algún momento las frases se volvieron incomprensibles. Fue entonces que Enriqueta intentó tomar el relevo, aunque ya era demasiado tarde. Mientras hacía ruidos muy extraños, Julieta extendió los brazos hacia la madre de Brenda y se desplomó sobre su regazo.

Los asesores de la senadora quedaron paralizados: sólo Enriqueta pareció darse cuenta de la gravedad de la situación. Julieta había perdido el conocimiento y su falda se encontraba empapada. A gritos, Enriqueta pidió que trajeran a un médico. Subieron a Julieta a una ambulancia, y Enriqueta y María Elena la acompañaron en un traslado que tardó una eternidad porque el vehículo las condujo a un hospital que se encontraba muy lejos. Aún sin recuperar la conciencia, en el trayecto repitió dos palabras varias veces: «Soy inocente».

En cuanto ingresaron a la sala de urgencias, el médico ordenó a las acompañantes que desvistieran a Julieta porque era imperioso realizar una tomografía. Después de ese estudio, el diagnóstico quedó confirmado: aquella paciente había sufrido un derrame cerebral. El doctor consideró que, sin dilación, debía practicarse una cirugía para detener la hemorragia dentro del cráneo.

Ámbar Treviño llegó a este caso porque Julieta y Rosa fueron quienes primero la contactaron. Entonces no imaginó lo que habrían de terminar viviendo: a ambas las acusaron por un delito absurdo. En febrero de 2006, para poder cubrir sus honorarios, ellas visitaron al empleador de César para pedirle dinero prestado. No hay manera de considerar eso como un acto de extorsión, y sin embargo, por ese motivo las arraigaron y luego las metieron al reclusorio de Santa Martha Acatitla.

Julieta se deprimió mucho durante ese periodo. No soportó que la apartaran de sus hijas, lloraba todas las noches. Sin preguntar, el papá de las niñas decidió enviarlas a Huichapan, en el estado de Hidalgo, a más de dos horas de distancia; en esa población vivían los otros abuelos, que en ese momento eran la única familia dispuesta a hacerse cargo de las niñas, ya que él necesitaba seguir trabajando si es que quería hacer frente a los muchos gastos que aquella circunstancia imponía.

Ámbar Treviño hizo todo lo que pudo para enfrentar la arbitrariedad cometida contra esas dos mujeres. Logró que el juez las desvinculara del caso Wallace, la supuesta extorsión contra el patrón de César no estaba en modo alguno relacionada con el secuestro del hijo de la señora Wallace; esa batalla la ganó. A pesar de que el supuesto agraviado nunca acudió al juzgado para ratificar la denuncia por la presunta extorsión, el juez las sentenció como culpables en primera instancia. Apelaron esa decisión y no fue hasta que una magistrada revisó el asunto que obtuvieron la absolución. En total, el proceso enderezado contra ellas tomó poco más de tres años.

Una vez declarada inocente, Julieta demandó a la Secretaría de Educación Pública para que la reinstalaran en el puesto que ocupaba en esa dependencia cuando sucedió su arraigo. Para ese momento podría decirse que Julieta casi había recuperado su vida. Rescató su trabajo, volvió a ocuparse de sus hijas y rehízo la relación con su pareja. Sin embargo, no estaba dispuesta a dejar que su hermano se pudriera en la cárcel, sobre todo después de que César le contó que vivía aislado en una celda sucia y diminuta, donde con frecuencia lo torturaban.

Julieta tomó la defensa pública de las verdaderas víctimas del caso Wallace en una época en que muy pocas personas estaban enteradas de esta injusticia. El círculo de esta historia se cierra con la visita a los asesores de la legisladora Rosario Ibarra de Piedra. Nadie imaginó que aquel lunes de octubre, en esa precisa oficina del Senado, Julieta sufriría un accidente vascular tan grave. Tampoco que once días después habría de dejar huérfanas a sus hijas por segunda ocasión. No logró recuperarse de la intervención quirúrgica y el viernes 22 de octubre de 2010 murió a la edad de terinta y seis años.

Devastado, su marido decidió irse a vivir lejos, por lo que Rosa Morales no volvió a ver a sus nietas sino hasta que cumplieron la mayoría de edad. César Freyre, por su parte, cuenta que sufrió la peor tortura el día en que su hermana perdió la vida. Sus verdugos fueron quienes le dieron la fatal noticia porque decidieron aprovechar la situación para ver si por fin se confesaba como el líder de la supuesta banda de secuestradores.

CAPÍTULO XVII

100

Primero los enterraron dentro de un ataúd de madera, luego en uno de acero, y por último al interior de una bóveda de banco. Tres jueces distintos, uno después del otro, decidieron condenar a los integrantes de la falsa banda de Chalma. El jueves 24 de diciembre de 2009, víspera de Navidad, se dio a conocer la primera sentencia: en ella el juez Octavio Mejía Ojeda declaró culpables a César Freyre, Juana Hilda González y los hermanos Castillo Cruz. Al expolicía le cayeron cuarenta y siete años de prisión, a la bailarina veintiocho y a los falsos descuartizadores treinta. Compartieron imputaciones por secuestro y delincuencia organizada; César y Juana Hilda añadieron años por las armas que la policía encontró en su morada de la calzada de los Tenorios. Para esa fecha Jacobo Tagle aún se encontraba escondido y el juicio de Brenda recién había dado comienzo, así que ese veredicto no los incluyó.

Fue sorpresiva la reacción de la señora Wallace cuando conoció la decisión: amenazó con que denunciaría penalmente al juez por haber dictado penas «tan bajas». Declaró a la prensa:

> A la familia Wallace el juez Mejía Ojeda nos dio migajas porque le faltaron tamaños. Su sentencia no refleja lo mucho que agravia a la sociedad mexicana el delito de secuestro. También pone en duda la capacidad de algunos integrantes del Poder Judicial.

De cumplirse cabalmente el castigo, Freyre no abandonaría la cárcel antes de cumplir ochenta y dos años, Tony y Albert setenta y Juana Hilda cincuenta y ocho. Este nuevo capítulo de la madre tratada con injusticia, ahora por los tribunales, permitió a la señora Wallace seguir siendo la estrella. Cuando apeló la decisión, se desató una competencia entre jueces, todos tratando de complacer su insaciable necesidad de venganza. Mientras esa señora actuaba su berrinche, dijo cosas inolvidables: «Me siento muy frustrada y desilusionada porque después de haber visto a la gente más importante del país, estoy igual que al principio».

Más frustrados quedaron Juana Hilda, Freyre y los hermanos Castillo, quienes jamás habrían podido soñar con un milímetro de la influencia de esa poderosa mujer. El que se tratara de un crimen tan mediático los afectó desde el primer día: únicamente María Elena Cruz, madre de Tony y Albert, logró que una declaración suya fuera publicada en los periódicos: «Al juez sí le tembló la mano, pero para dictar libertad por falta de elementos».

Experta en escalar las cosas, la señora Wallace pidió que el caso fuera atraído por la Suprema Corte: quería que desde ahí se elevara el castigo contra sus víctimas. En ese otro episodio las personas inculpadas tuvieron suerte, porque el ministro que revisó el asunto bateó de vuelta la pelota en dirección a los jueces inferiores.

Aunque las pruebas presentadas eran endebles, las sentencias que vinieron después serían mucho más duras. Durante los treinta meses que tardó el juicio, la licenciada Ámbar Treviño hizo su mejor esfuerzo para exhibir las torceduras de la imputación. Habló tantas veces con el juez Mejía Ojeda que estuvo segura de que también él experimentó dudas sobre la culpabilidad de sus clientes, pero eso en nada ayudó: él y los demás juzgadores gastaron casi tres mil hojas de papel en asegurarse de que la versión de la señora Wallace aplastara. Se encargaron de que prevaleciera como la única verdad. En vez de dejar que las pruebas contaran la historia, su historia se impuso sobre las pruebas.

Nunca debió considerarse como secuestro la desaparición de Hugo Alberto Wallace la madrugada del 12 de julio de 2005. El grueso de la evidencia apunta en esa dirección: al día siguiente, desde su teléfono salieron varias llamadas a sus amigos y a su chofer, también se comunicó a casa de su novia. No resulta creíble que esos telefonazos los realizaran los plagiarios. En septiembre del mismo año dejó un mensaje en el buzón de un celular ajeno: al escuchar la grabación, tres personas reconocieron que se trataba de él.

También están los cargos realizados a dos de sus tarjetas de crédito nueve días después del supuesto secuestro: incluyen una comida en un restaurante caro de mariscos ubicado muy cerca de su domicilio, boletos para jugar en un parque de gotcha, y diversas compras en una tienda departamental y otra de conveniencia, ambas localizadas en la misma zona de la ciudad.

El lunes del supuesto plagio, Hugo Alberto hizo el pago de una inscripción a un servicio de encuentros amorosos por internet, el cual se repitió en octubre y noviembre del mismo año. Los jueces asumieron que se trataba de cargos automáticos; sin embargo, eso tampoco es cierto, ya que los montos variaron de manera importante.

Es obvio que este caso jamás habría prosperado si la confesión de Juana Hilda se hubiera eliminado del expediente. Pero los tres jueces que sucesivamente lo revisaron fueron indiferentes ante la acusación de la bailarina de haber sido coaccionada, así como a que su relato fuera inverosímil y a que no contara con una defensa legal adecuada.

Se suma a esto el testimonio contradictorio de Vanessa Figueroa, la vecina de la planta baja de Perugino. Tres veces declaró que la noche del supuesto secuestro no sucedió nada dentro de ese edificio. Primero la descalificaron diciendo que no era confiable porque era amiga de Juana Hilda, luego, cuando cambió de opinión, tomaron con seriedad sus últimas deposiciones porque ahí apoyaba el guion de la película inventada. Nadie mencionó, sin embargo, las razones por las que esa mujer modificó su parecer: Roberto Miranda la agredió físicamente y logró que la esposaran durante muchas horas en la central de policía.

Igual desestimaron las declaraciones de la madre de Vanessa, Leticia Figueroa, quien dijo que su hija no estaba dispuesta a ratificar nada de lo que afirmó porque tenía miedo de la familia

Wallace. Para embutir un clavo más, el juez Mejía Ojeda arrojó al cubo de la basura los testimonios del resto de los vecinos, que dijeron no haber escuchado nada dentro de una construcción donde el ruido podía difícilmente pasar desapercibido.

¿Cómo explicar que a las nueve de la mañana de ese martes 12 de julio, con una sierra eléctrica, fuera descuartizado un cuerpo humano dentro de un baño diminuto sin que nadie —excepto Vanessa, bajo coacción— se hubiera percatado? A esa hora, dentro del edificio de Perugino, había al menos cinco personas adultas cuyo testimonio refuta la versión de Juana Hilda.

Tampoco Jesús Noel Montaño, conocido ahí como el Cubano, corroboró el secuestro, a pesar de haber modificado también sus declaraciones originales: al igual que Vanessa, después de que la familia Wallace lo denunciara por falsedad de declaraciones, tomó sus maletas y desapareció.

La adquisición de la supuesta sierra es otro asunto inquietante. Según la bailarina, el hijo de la tal Isabel murió hacia las tres de la mañana de un paro cardiaco. Sin embargo, la señora presentó el recibo de compra de una sierra marca Black & Decker adquirida diez minutos antes del supuesto deceso. Si César Freyre estaba comprando esa herramienta a dieciocho kilómetros de distancia del departamento de su novia, no pudo haber participado en la muerte de Hugo Alberto. La incongruencia de tal línea de tiempo debió bastar para desechar ese documento. En vez de ello, los jueces especularon sobre la mala memoria de la bailarina.

Para que exista secuestro debe haber una exigencia de rescate, y este otro elemento también quedó a deber. De acuerdo con José Enrique Wallace, su familia nunca tuvo comunicación con los criminales. Así lo afirmó en tres ocasiones, la primera fechada en julio y las otras dos en septiembre de 2005. En la última dijo: «Probablemente ocurrió una desaparición, pero no podría afirmar que se trate de un secuestro».

¿Por qué los jueces no tomaron en consideración lo dicho por el marido, nada menos? ¿Por qué desestimaron también su negativa a ratificar en el juzgado la denuncia que presentó antes que nadie en la procuraduría? Hay que recordar que el sobre con las fotos y el mensaje de rescate tardó más de cuarenta y cinco días en llegar. Esos papeles fueron obviamente fabricados.

Luego vino el error cometido por la señora Wallace cuando apareció en una de las audiencias vestida con una camiseta sobre la que mandó estampar la imagen del hijo con el rostro vendado y el cuerpo desnudo: ese estampado no podía provenir de las impresiones en papel fotográfico que supuestamente llegaron a su oficina. La única explicación posible es que ella contara con el archivo digital original y por tanto hubiera simulado también esa pieza de evidencia.

Tampoco fueron relevantes para los tribunales los arrestos arbitrarios de César y Albert, que Tony acudiese a la procuraduría en dos ocasiones por su propio pie, ni la mentira a propósito de que Albert era médico. Desecharon también que ni Tony ni Albert habían contado con asistencia consular, a pesar de que tenían la nacionalidad estadounidense.

Los jueces se negaron a considerar la asimetría del debate público respecto de este caso: no ponderaron el abuso de los anuncios espectaculares, la influencia brutal de la señora Wallace sobre los medios de comunicación ni la sumisión de la política y de los funcionarios respecto de su causa. En resumen, la presunción de inocencia jamás fue un derecho que las personas imputadas merecieran.

Ciertamente las cosas se complicaron cuando, además de la confesión de la bailarina, la procuraduría anunció el hallazgo de una mancha de sangre de un centímetro de largo por dos milímetros de ancho dentro del baño abandonado por Juana Hilda siete meses atrás: para los jueces, ésa fue la prueba definitiva de que el cuerpo de Hugo Alberto había sido desmembrado en ese sitio. Cuando el laboratorio entregó los resultados del análisis genético se estableció que la sangre perteneció a una persona del sexo femenino, lo cual fue arbitrariamente descartado. Ya corría también el rumor de que José Enrique Wallace no era el padre biológico, aunque entonces no pudo probarse, como tampoco se logró desacreditar la licencia de manejo vencida que los peritos hallaron debajo de la alfombra. Esos dos elementos ayudaron mucho a darle veracidad a una historia falaz.

Fue frustrante cuando Ricardo Paredes Calderón, magistrado del tribunal unitario, después de revisar por última vez la evidencia, concluyó sin titubeos que Hugo Alberto había sido secuestrado y asesinado por el expolicía, la bailarina, el falso médico y su hermano dentro del departamento de Perugino.

Si bien en la primera instancia el juez Mejía Ojeda los declaró culpables, no impuso en su sentencia la pena máxima, ya que ninguno de los clientes de la abogada Treviño tenía antecedentes penales. Cuando la señora Wallace impugnó esa sentencia, Jacinto Ramos Castillejos, el juez a quien le tocó revisar esas penas, optó por elevar el castigo imponiendo, parejo, dieciséis años más contra las personas condenadas. Pero la madre de Hugo Alberto volvió a impugnar: había prometido que nunca volverían a caminar en libertad y por eso convenció al último magistrado, Paredes Calderón, de tapar cualquier orificio. Este juzgador demostró que la abyección puede no tener límites. Haciendo gala de su apellido, con una resolución de más de mil páginas selló los muros de la bóveda donde arrojó los cuerpos de las personas imputadas.

Para que no fueran también a acusarlo de entregar migajas, ordenó que la condena de Juana Hilda pasara de veintiocho a setenta y ocho años, la de los hermanos Castillo de treinta a noventa y tres y la de César Freyre de cuarenta y siete a ciento treinta años de prisión. Estos castigos son elocuentes a la hora de describir la demagogia que siempre ha estado detrás de este asunto. Aunque la señora Wallace no pudo conseguir para estas personas la pena capital, porque las leyes mexicanas se lo impidieron, sí se aseguró de que se pudrieran en vida.

Con el paso de los años, al material que presentó la defensa durante el juicio se han sumado otros elementos que confirmarían las mentiras del caso. Si bien entonces los jueces no se tentaron el corazón, Ámbar Treviño hizo su mejor esfuerzo para dejar sembradas distintas pistas a lo largo del expediente con el propósito de que, pasado el tiempo, otros ojos pudieran desnudar una narración fraudulenta.

101

Carlos León Miranda se enteró del secuestro porque su tío, Fausto Miranda Romero, visitó en el otoño de 2005 la casa en la calle de Monclova. No sabía el papá de la señora Wallace que Guadalupe Miranda comenzaba a tener síntomas de demencia. Si bien esa mujer no había perdonado nada, es probable que se haya negado a recibir a su hermano porque al momento de la visita no recordaba su existencia; lo dejó esperando durante un buen rato en la sala y al final la trabajadora del hogar se encargó de decirle a ese hombre mayor que mejor regresara otro día. Don Fausto partió, pero antes dejó el mensaje que portaba: Hugo había desaparecido.

En algún momento posterior de lucidez que la señora Guadalupe aún conseguía de vez en cuando, ella tomó el teléfono para contarle a su hijo. El padre de Hugo afirma que no fue por indolencia sino por convicción que no se preocupó: sabía que muy pronto Hugo aparecería. Quizá había tenido problemas con alguno de sus socios, pero, al igual que el resto de la familia Miranda, su hijo tenía las agallas para enfrentar cualquier complicación.

Corrieron varios meses sin que don Carlos tuviera más noticias hasta que un día pasaron en la televisión imágenes de los espectaculares que Isabel mandó colocar en varias avenidas del Distrito Federal. Al padre de Hugo esa solución le pareció equivocada, calculó que cientos de vivales llamarían para tratar de conseguir la recompensa.

Una semana después el doctor recibió otra llamada en su casa de Ensenada. Se sorprendió cuando escuchó la voz de su prima al otro lado de la línea: tenía casi treinta años sin saber nada de ella. Sin saludar, la madre de Hugo preguntó si estaba enterado de la mala noticia. Carlos temió que se hubiera comunicado para informarle que habían hallado el cadáver.

Para romper el hielo, el doctor narró la visita del tío Fausto a su madre. Sin darle mucha importancia, la señora Wallace dijo que no estaba enterada. Luego transmitió que la policía había dado con los restos de una persona y le pedían ayudar con su identificación para corroborar si se trataba de Hugo; el doctor propuso un análisis genético para despejar las dudas.

«Justo para eso te hablo —informó la señora—. Quiero pedirte que vengas al Distrito Federal para que proporciones una muestra de tu sangre. Si aceptas, te mandaría el boleto de avión hoy mismo».

Aun si estaba convencido de que esos restos no pertenecían a su hijo, el doctor jamás se habría negado a atender esa petición. Un tanto ofendido por la oferta del pasaje, desestimó la generosidad de su prima y propuso que en cuanto estuviera en casa de su madre le devolvería la llamada. Un par de días más tarde arribó a la calle de Monclova; antes vio el espectacular enorme que la señora Wallace había instalado a muy poca distancia de ese domicilio, al otro lado del Viaducto.

En cuanto la llamó, la prima dijo que no perdieran tiempo y lo citó en las oficinas de la procuraduría. Cuando el doctor se enteró de que los restos referidos eran en realidad una minúscula gota de sangre se sintió muy decepcionado: aquel viaje iba a ser una pérdida de tiempo.

—Después de siete meses a la intemperie las partículas hemáticas se desnaturalizan —intentó explicar el doctor a su pariente—, pierden minerales, les entran hongos y bacterias. Esa materia ya no sirve.

—De eso yo no entiendo, pero puede que los peritos de la procuraduría sepan más que tú, ¿no crees?

A partir de este argumento, Isabel logró que Carlos entregara un par de tubos con su sangre. Mientras se la extraían, la prima contó que ella había pasado por el mismo procedimiento una semana atrás, de modo que la comparación de la muestra hallada en el departamento de Perugino se realizaría con el ADN de ambos.

Al retirar la aguja del brazo, Isabel sacó de su bolso un cabestrillo y ordenó al padre de su hijo que se lo colocara.

—No es para tanto —opinó el médico, extrañado.

—¡Póntelo! —ordenó de nuevo ella con un tono que él no había olvidado.

Se sorprendió al constatar que Isabel se parecía en mucho a su propia madre; explica el doctor que en la familia Miranda todos saben dar órdenes.

Antes de abandonar aquel cubículo, un funcionario puso frente a los ojos del médico un documento que debía ser firmado. Como el cabestrillo atrapaba su mano derecha estuvo a punto de retirárselo, y entonces la señora Wallace lo sujetó con fuerza para que no lo hiciera.

—¡Tú estás lastimado, así que firmaré por ti!

Al doctor aquello le pareció muy extraño, pero no quiso contradecir a su prima en presencia de ese burócrata y se limitó a echar una mirada al texto donde ella estampó la firma. En ese momento alcanzó a distinguir que, en vez de su nombre, en el papel aparecía el de José Enrique del Socorro Wallace Díaz: supuso que ésa no era la primera vez que Isabel suplantaba la identidad de su segundo marido.

En cuanto pisaron la calle, el doctor manifestó el enojo que le producía aquel engaño. Lo había hecho venir desde Ensenada para hacerlo pasar por el imbécil ese con el que se había casado:

—¿Qué pensaría Hugo si se enterara de lo que estás haciendo? —demandó.

Sin proporcionar mayores explicaciones, la señora Wallace dejó a Carlos plantado sobre la banqueta, todavía portando el ridículo cabestrillo, para alejarse subida en una de sus enormes camionetas seguida de varias patrullas de policía.

El médico volvió a la calle de Monclova y encontró en un buen momento a su madre, se hallaba aún en esa fase inicial de la demencia en que las memorias van y vienen como la marea sobre la playa.

Molesto aún con lo ocurrido, le contó la historia de la falsificación de la firma:

—Eso es un delito —subrayó el médico—. ¿Para qué hizo tanto teatro?

—Conozco a Isabel mejor que tú. Te aseguro que detrás de todo esto hay un negocio grande —propuso la mujer mayor.

Carlos se quedó meditando antes de reaccionar:

—¿Crees que quiera cobrar algún seguro de vida?

—No lo sé, pero ella siempre piensa en metálico —afirmó la primera maestra de Isabel en el tema de los negocios.

Aun si Carlos León se enteró después de que la prueba genética había resultado positiva, continuó creyendo que Hugo estaba bien porque aquel examen había sido tan falso como la presunta muerte de su hijo. El doctor no sabía por qué Hugo se hallaba escondido, pero estaba convencido de que un día aparecería. Mientras tanto, la demencia de la señora Guadalupe continuó avanzando hasta que, en 2012, su mente y su cuerpo se desconectaron definitivamente.

102

Si la gota de sangre era fabricada, lo mismo pudo haber sucedido con la licencia de manejo descubierta en una de las recámaras: de otra manera no podía explicarse cómo fue que ese documento sobrevivió a la mudanza y los arreglos que realizó el inquilino nuevo. Además, esa licencia estaba vencida; según la Secretaría de Transporte, caducó en febrero de 2005 y en esa misma fecha fue remplazada por una nueva. Si Hugo Alberto contaba con una identificación actualizada, ¿por qué habría cargado con la anterior el día en que presuntamente salió al cine con Juana Hilda?

Hay una cuerda que relaciona directamente a Isabel con la fabricación del crimen: la persona que rentó el departamento de Perugino entre octubre de 2005 y febrero de 2006, Rodrigo Osvaldo de Alba Martínez.

Este sujeto no entró en escena sino tres meses después de que fue denunciado el secuestro de Hugo Alberto: él arrendó el departamento a partir del 1 de octubre. ¿Por qué el arquitecto Simón Arnal, dueño del edificio, tuvo permiso para rentar el inmueble donde se encontraba la escena del crimen? Volviendo atrás, hay que recordar que dos días después de la denuncia por secuestro los peritos de la procuraduría ingresaron por primera vez al departamento que aún ocupaba Juana Hilda sin encontrar nada relevante. Durante el cateo del viernes 15 de julio de 2005 se descartó que en ese inmueble se hubiera cometido algún delito. Juana Hilda narra que después de esa inspección decidió abandonar Perugino, ya que durante la diligencia le robaron varios objetos; hizo maletas y le regaló la mayoría de sus muebles a la vecina de la planta baja.

La vivienda permaneció abierta y sin sellos durante los siguientes dos meses. Por esta razón el arquitecto Arnal, por medio de la persona que administraba sus propiedades, se comunicó con el comandante Franco, responsable del caso en la Procuraduría General de Justicia del Distrito Federal, y este funcionario respondió que podía arrendar de nuevo el departamento. Llama la atención esta respuesta porque la primera nota de rescate llegó supuestamente a la oficina de la señora Wallace un mes antes de que el dueño solicitara la recuperación del inmueble; esto podría significar que Franco menospreció la veracidad de los mensajes y por tanto la ocurrencia del secuestro.

Rodrigo de Alba era entonces un joven de veinticuatro años recién casado. A la firma del contrato de arrendamiento solicitó al casero que le permitiera cambiar la alfombra y también pintar las paredes. En algún momento de ese mismo octubre, su esposa y él habrían mudado sus pertenencias y comenzaron a hacer uso de las instalaciones, incluida la regadera del baño donde después apareció la gota de sangre.

Tres meses y medio más tarde, el martes 14 de febrero de 2006, la policía volvió a irrumpir en el departamento 4. En el acta de cateo de esa segunda diligencia se refiere que el inmueble estaba deshabitado. La administradora del edificio de Perugino explicó que, a pesar de haber signado el contrato de arrendamiento por un año, el locatario decidió abandonar la propiedad cuando se sintió amedrentado por la policía. Cabe también la posibilidad de que jamás haya vivido ahí.

Si Hugo no murió en Perugino, ¿cuál fue realmente el crimen que se cometió en el departamento 4? El joven inquilino ayuda a responder esta pregunta. En septiembre de 2005 quedó asentado en los libros contables de Showposter un pago a favor de Rodrigo Osvaldo de Alba Martínez. Entonces la directora de esa empresa era la señora Wallace y las accionistas Claudia Wallace y Guadalupe Miranda, es decir, la madre, la media hermana y la tía de Hugo

Alberto. El hecho de que el arrendatario que ingresó al departamento donde vivió Juana Hilda, fuera al mismo tiempo empleado de Showposter, hace suponer que él participó en el sembrado de los restos de sangre y de la licencia vencida.

El vínculo entre la señora Wallace y el señor De Alba no se agota ahí. Showcase Publicidad, la otra empresa de la familia de Hugo, inscribió a esta misma persona como su trabajador ante el Instituto Mexicano de Seguro Social en febrero de 2010. También aparece registrado en 2011 como empleado del Colegio Aztlán, otro de los negocios de la familia Wallace. Luego, en 2014, Rodrigo de Alba se casó con Gabriela Ortega Miranda, prima hermana de Hugo Alberto y hermana de Jorge Ortega, el testigo que supuestamente encontró la camioneta Grand Cherokee estacionada a un par de cuadras del edificio de Perugino. Ambos tuvieron una hija en 2018.

No hay mucho más que agregar. La señora Wallace, en complicidad con este empleado que años más tarde se integraría a su familia, pudo haber sembrado evidencia en el departamento de Juana Hilda para simular la muerte.

CAPÍTULO XVIII

103

Judith Tagle Dobín no podía concebir que Jacobo hubiera decidido esfumarse sin antes hacerle llegar algún mensaje. Por más enredadas que estuvieran las cosas —era cierto, la religión se había impuesto como obstáculo entre su madre y su hermano— le costaba comprender el silencio, sobre todo después de que apareció su rostro en los espectaculares. Pero Jacobo tuvo otras consideraciones; temió que los teléfonos de casa de Raquel hubieran sido intervenidos y también que la morada donde creció estuviera bajo vigilancia.

Jacobo se enteró de la aprehensión de Salomón en República Dominicana. Ésa era su peor pesadilla, que la señora Wallace se ensañara con su familia. Él vivía tranquilo, entre otras razones, porque sabía que su hermano menor se había ido al extranjero; no le cabía en la cabeza que Salomón se hubiera puesto en riesgo al cruzar de vuelta el Atlántico. Calculó, sin embargo, que en cualquier momento lo dejarían libre, ya que su hermano nunca convivió con Hugo Alberto y tuvo muy poco que ver con las otras personas que estaban siendo acusadas.

Durante la primavera de 2010, Jacobo conoció a una mujer que trabajaba en un centro nocturno. La primera vez contrató sus servicios porque le pesaba la soledad; la chica le cayó bien y volvió a citarse con ella, ya no en plan de prestación de servicios, sino para ir al cine y luego conversar. Edith Nava tenía hijos y él se encariñó con aquellos niños tanto como con la madre. No ganaba dinero en abundancia, pero con su discreto negocio de compra y venta de autos le alcanzó para proponerle que cambiara de empleo.

En tal conversación se hallaban cuando ella quedó embarazada. Contrario a toda lógica, Jacobo se ilusionó con la noticia: era como si una vida distinta fuera todavía posible. Por esta razón le propuso a Edith mudarse a vivir todos juntos. La pareja consiguió una casa en renta cuyo contrato fue firmado a nombre de Alejandro Salas.

Jacobo nunca fue bueno para leer a las personas; de lo contrario Judith, Salomón y su madre se habrían salvado de tanta tragedia. Pero con nadie se equivocó como con Edith Nava. La urgencia por huir de la soledad lo llevó a elegir a una delatora. Jacobo tiene una opinión distinta y argumenta que, al haberle ocultado su verdadera identidad, arrojó a Edith a la desconfianza.

El fugitivo tenía escondidos dentro de una maleta deportiva objetos que lo relacionaban con su pasado, y otros que le permitían apartarse de él. Dentro de ese equipaje estaban, por ejemplo, su licencia original de manejo junto con otras identificaciones apócrifas. Además, había guardado ahí las pelucas, la dentadura postiza y las prótesis nasales.

Un viernes que él salió de casa para visitar a un cliente, Edith descubrió el contenido de la maleta y, mordida por la curiosidad, se puso a averiguar en una computadora quién era realmente su pareja. Albergaba dudas sobre la verdadera identidad de Alejandro Salas, pero no hubiera podido imaginar lo que estaba a punto de descubrir: cuando tecleó el nombre de Jacobo Tagle Dobín, los resultados arrojados por la búsqueda fueron incontables y uno tras otro le confirmaron que había metido a un asesino a la vida de sus hijos.

Sin detenerse a reflexionar, subió a un taxi y cargando la maleta con las pruebas se dirigió a la estación de policía más próxima; en ese edificio tuvo que permanecer durante varias horas porque al principio ningún funcionario le creyó. Los registros del sistema utilizado por los agentes de investigación indicaban que Jacobo Tagle había abandonado el país cuatro años atrás y desde entonces vivía en Israel.

Las horas transcurrían, pero Edith no renunció a la denuncia que había ido a presentar. En internet dio también con la recompensa que la señora Wallace había ofrecido tiempo atrás para quien proporcionara información sobre el principal responsable de la muerte de su hijo, un dinero que le era necesario para continuar pagando la renta de la casa nueva y también para cubrir los gastos del parto.

Conforme se acercaba la noche, Edith llamó a un familiar para pedirle que sacara a sus hijos de aquella casa, porque debía protegerlos de lo que estaba a punto de suceder. Una hora más tarde Jacobo regresó a su domicilio y no se sorprendió al encontrarlo vacío, ya que supuso que su nueva familia se hallaba visitando a la madre de Edith. Descubrió entonces que el refrigerador estaba vacío y volvió a salir para comprar unos refrescos. Caminando de regreso a su morada, vio que dos hombres descendieron de un taxi nuevo: la intuición lo condujo a apretar el paso y eso provocó que aquellos sujetos le ordenaran detenerse.

Jacobo no creyó que fueran policías, pero en sus muchas noches de insomnio se había preparado por si una situación como ésa le sucedía, así que aventó la bolsa con refrescos y echó a correr lo más aprisa que pudo; lo que no calculó fue que esa gente estaba dispuesta a detenerlo a tiros, así que el miedo se apoderó de sus piernas cuando las balas comenzaron a reventar muy cerca de sus pasos.

Primero se puso de rodillas y luego, siguiendo órdenes, se recostó bocabajo, colocando las manos contra la nuca. No fueron dos, sino un tumulto de gente el que acudió para someterlo. Lo patearon, lo esposaron y le colocaron una funda negra sobre la cabeza; después hicieron que se montara en un vehículo amplio en el que lo pasearon durante un tiempo que le pareció una eternidad. Jacobo no supo entonces que en esa misma camioneta de color blanco viajaba también Edith Nava, la futura madre de su hijo.

104

La captura de Jacobo echó a perder la primera vacación que Judith Tagle Dobín había podido tomarse en años. Se encontraba en Costa Rica visitando a unos familiares cuando la noticia fue transmitida por la televisión de aquel país; sorprendida, se preguntó por qué el caso Wallace podía importar también en el extranjero. Volvió a México en el primer vuelo disponible. Después del amargo episodio de su hermano Salomón, había aprendido a lidiar con los funcionarios de la procuraduría, así que en esa segunda ocasión no se amilanó cuando tuvo que saltar los obstáculos que la separaban del sitio donde se hallaba recluido el primogénito de la familia.

Al mirarlo de frente sintió lástima porque su cuerpo desprendía un olor terrible. No se había mudado de ropa en un par de días y sus pantalones estaban chorreados —según le contó— porque no pudo contenerse cuando lo golpearon. Judith sentía curiosidad a propósito de lo sucedido con su hermano a partir de que desapareció, pero Jacobo iba a guardarse esa parte de la historia para relatarla en otro momento. Los hechos más recientes lo tenían avasallado y se le había metido en la cabeza que sus horas estaban contadas, de ahí que necesitara de forma compulsiva denunciar a sus verdugos.

Se había convertido en otra persona, no sólo físicamente, sino también porque la ansiedad y la paranoia lo tenían con los nervios al borde; quedaba poco de aquella personalidad segura y condescendiente con la que antes solía dirigirse a su hermana. No le fue sencillo a Judith procesar el flujo de información que él quería comunicar. Ese día narró que, después de aprehenderlo, lo tuvieron con la cabeza cubierta dentro de un vehículo grande mientras lo agredían brutalmente. «¡Ya te cargó la chingada, tenemos órdenes de matarte!», sentenciaron.

Más tarde, ya en las oficinas de la policía, la señora Wallace acudió acompañada de su hija Claudia. Jacobo las reconoció de inmediato; no parecían la madre y la hermana de una víctima, sino unas funcionarias con mucho poder. Sin introducciones, la mayor preguntó dónde estaban los restos de su hijo. Tagle juró que no lo sabía. Ante el rostro impertérrito de esas mujeres afirmó que no había tenido nada que ver con el secuestro de quien, durante una época, fuera su amigo. La señora ignoró sus palabras y lo amenazó con el daño que sufrirían él y su familia si se negaba a cooperar.

Habían pasado unas doce horas desde la captura de Jacobo cuando la señora Wallace hizo una llamada desde su celular, y al recibir respuesta, encendió el altavoz del aparato para que nadie en ese cuarto dudara de la importancia de la persona que había atendido a su comunicación:

—¿Señor presidente? —la escuchó decir todo mundo dentro de esa sala.

—¿Qué tal, Isabel?

El timbre de voz era inconfundible. Se trataba realmente del presidente Felipe Calderón.

—Le llamo para informarle de la detención de Jacobo Tagle, el último criminal que participó en el asesinato de mi hijo.

Del otro lado de la línea el mandatario la felicitó y ordenó que se pusiera al teléfono la persona encargada de conducir el interrogatorio; ella apagó el altavoz y le pasó el dispositivo a un individuo canoso parado detrás del detenido. A pesar de que el volumen se redujo, el hermano de Judith alcanzó a escuchar cuando el presidente dio la orden para que se asegurara de que ese reo fuera a dar a la cárcel.

Al concluir la llamada, la señora irradiaba satisfacción. Aprovechó para anunciarle a Jacobo que pronto ella tendría un puesto público importante y que por tanto no le convenía ponerse en su contra. Lo dejó entonces bajo la custodia del comandante canoso y de otro individuo, que le apuntó con el cañón de una pistola durante las siguientes horas.

Jacobo no olvidará lo que vino más tarde. El policía utilizó los dedos pulgares para presionar con fuerza los globos de sus ojos: entonces no tenía idea del dolor que puede provocarse con ese método. Fue como si le hubiera atacado la peor de las migrañas; en cada ocasión su cabeza se partía en dos mitades.

Luego vinieron golpes en los oídos, chorros de agua, presión con los codos sobre el abdomen y toques eléctricos en los pies desnudos, todo mezclado con amenazas que iban cargando de culpa la conciencia del detenido a propósito de lo que podría sufrir su familia si no obedecía.

Por fin Jacobo se quebró y aceptó firmar un documento que, dada la ceguera provocada por la tortura, estaba impedido para leer; asegura que Claudia Wallace fue quien redactó ese papel. Ahí aceptaba haber participado en el secuestro y asesinato de Hugo Alberto. Accedió también a repetir frente a una cámara de video algunos fragmentos de la confesión. El hermano de Judith cuenta que, además de la hija de la señora Isabel, participó un sobrino, encargado de operar la cámara con la que lo grabaron.

Igual que cuatro años antes con las declaraciones de Juana Hilda, la secuencia de video de Jacobo fue editada. Alguien dictaba lo que debía decir y luego lo obligaban a repetir tres o cuatro veces cada parlamento; él relata que no podía equivocarse, porque el tipo del pelo cano volvía a lastimarlo con los pulgares.

Así fue como surgieron, escena tras escena, las declaraciones presentadas al día siguiente a los medios de comunicación. La señora Isabel citó a una conferencia de prensa en la que ningún reportero tuvo autorización para realizar preguntas: en la sala únicamente hicieron uso de la voz el fiscal y la señora. También Jacobo, que fue presentado como el peor de los malhechores: cabello largo y graso, barba de varios días, exceso de peso, rostro abotagado, ojeras que le ocupaban media cara y los ojos rojos, como si se hubiera drogado justo antes del evento. Al escuchar su versión, Judith comprendió por qué en las imágenes transmitidas por la televisión él tenía los párpados hinchados. A pesar de que el video divulgado había sido evidentemente alterado, ningún reportero puso en duda su veracidad.

Al concluir la proyección, la señora Isabel lo interrogó para asegurarse de que ratificara frente a la prensa sus declaraciones. Fue cuando el hermano de Judith respondió con una frase críptica:

—¡Estamos en lo dicho!

Después la señora felicitó a las autoridades por la captura del delincuente, la única, según dijo, ocurrida sin su participación. Dio también a conocer el testimonio de Jacobo sobre la responsabilidad de su exnovia en el secuestro:

—Jacobo confirma que Brenda Quevedo tomó las fotografías del cadáver, redactó las notas de rescate y las envió por correo postal.

Por último, ordenó a la policía que desnudaran el torso del detenido; acto seguido, los guardias retiraron el chaleco antibalas y después la camisola que Jacobo llevaba puesta.

—Quiero que comprueben que no ha sido golpeado, porque después los delincuentes andan diciendo que fueron torturados.

Tanto el discurso de la señora Wallace como las declaraciones de Jacobo proyectadas en el video ocuparon al día siguiente las portadas de los diarios. Cada medio subrayó la parte que supuso más escandalosa: la narración del descuartizamiento, las cartas de rescate o el ocultamiento de los restos de Hugo Alberto. Ahí mismo la madre de Hugo Alberto dijo que mantenía la esperanza de recuperar el cuerpo mutilado de su hijo. Afirmó que, con la cooperación de Jacobo, podría finalmente darle sepultura.

El día de la conferencia de prensa Jacobo fue revisado por un doctor; el dictamen firmado por el médico de guardia confirmó las lesiones sufridas. Ese reporte iba a servir después para que la CNDH reconociera que, en efecto, padeció tortura a manos de sus captores.

105

La señora Wallace mandó traer pizza para dar de comer al mundo de gente que se puso a buscar los restos de su hijo; había policías, peritos, reporteros y trabajadores que ella llevó hasta el Barrio 18 de Xochimilco para que la ayudaran a escarbar. Estaba también Jacobo Tagle, protagonista de la búsqueda. Cuando éste se enteró de que sólo había pizza de *pepperoni* se quejó, ya que no podía consumir carne de cerdo. No se debía a su origen judío, porque hacía más de una década que se había apartado de la religión; el problema era de su aparato digestivo, que reaccionaba fatal con ese alimento.

—No comes marrano y sin embargo fuiste capaz de destazar a Hugo Alberto —se burló la señora Wallace.

Durante la jornada ella trató a Jacobo con un tono familiar que sorprendió a la concurrencia. Salvo Claudia Wallace, que no se despegaba de su madre, las demás personas ignoraban que el detenido y Hugo Alberto fueron amigos.

Jacobo sonrió ante la mirada intrigada de las muchas personas que presenciaron la escena:

—Ay, señora, usted sabe que eso no es cierto.

Una de esas personas fue Miguel Ángel, un obrero de la construcción que se sumó a la cuadrilla encargada de hallar los restos. Además del relato de Jacobo sobre aquel recorrido en los alrededores del Canal de Cuemanco, el testimonio de Miguel Ángel permite completar la narración de los hechos.

Algún sujeto que trabajaba para Showcase, una de las empresas de la familia Wallace, le ofreció a este albañil pagarle bien si les echaba la mano. Seis individuos integraron la cuadrilla dedicada a cavar; a excepción de Miguel Ángel, el grupo estaba formado por empleados que en días normales instalaban las lonas de los espectaculares.

El albañil recuerda la caravana de unos veinte vehículos que arribó al Barrio 18 el lunes 6 de diciembre de 2010. Los estrobos azules y rojos, el ruido de los motores y el vocerío avisaron al vecindario entero de que algo muy importante estaba a punto de suceder. Miguel Ángel distinguió a Jacobo porque llegó montado en la caja trasera de una pickup de la policía; iba custodiado por un par de agentes encapuchados que portaban armas largas.

«Al chavo se le veía bien espantado», confió Miguel Ángel.

Detrás de la pickup venía el vehículo en que la señora viajaba acompañada de su hija Claudia. Como era su costumbre, traía varios teléfonos celulares desde los cuales ametrallaba con sus instrucciones. Los automóviles que lo seguían eran tripulados por funcionarios de la procuraduría y al final venía la gente de la prensa.

El recorrido inició en el perímetro del vaso regulador, que captura el agua de lluvia procedente de la montaña; después el convoy se aproximó al Canal de Cuemanco, donde los equipos profesionales de remo suelen darse cita los fines de semana. Aquel nudo de vehículos parecía una araña a la que le hubieran arrancado una pata, se retorcía sin ninguna predicción.

La señora Wallace ordenó que Jacobo descendiera de la pickup porque quería conversar con él en privado. La autoridad no se opuso y el joven subió a la camioneta de la señora. Jacobo le contaría después a Judith que ahí le dio instrucciones sobre el lugar al que debía dirigir el convoy; para que pudiera ubicar la ruta, Claudia Wallace desplegó un mapa del Barrio 18 y señaló un punto preciso cerca del canal de canotaje.

De vuelta en la pickup, Jacobo señaló hacia delante y en pocos minutos el operativo arribó a la coordenada aportada por la media hermana de Hugo Alberto.

«Era evidente que el tipo no sabía dónde estaba parado», asegura Miguel Ángel.

Ya fuera de los transportes, la señora Wallace ayudó al presunto delincuente a salir del pasmo. Le recordó el terreno baldío que había marcado antes en el mapa; entonces el imputado se encaminó hacia la esquina que hacen las calles Canal Hierba Buena y Canal Tezhuilo.

La prensa publicó al día siguiente que Jacobo reveló el sitio donde escondió las bolsas que contenían los restos descuartizados de Hugo Alberto. Nadie reparó en la contradicción entre las declaraciones: según Juana Hilda González, los miembros cercenados fueron lanzados al agua dentro de unas bolsas de color negro. Sin embargo, Jacobo había modificado la versión.

Representó un problema que en el terreno por él indicado hubiera sido edificado recientemente un salón de belleza. La señora Wallace ordenó a sus trabajadores que buscaran a la dueña de la propiedad, ya que necesitaba permiso para escarbar debajo.

Aquel lunes se detuvo la búsqueda. Miguel Ángel cuenta que, al día siguiente, la madre de la víctima volvió a citarlos temprano para retomar la tarea. El morbo que despertó el operativo hizo que un número mayor de medios acudiera durante la jornada posterior, el olfato de los editores condujo a la convicción de que por fin se conocería el paradero de Hugo Alberto Wallace.

El martes, los trabajadores hallaron un inmenso trascabo de color amarillo frente al salón de belleza; la propietaria del establecimiento dio permiso para que esa máquina rascara debajo de la construcción. Una hora y media después hubo un hoyo de por lo menos cinco metros, cuya entrada se abría como la boca de una pequeña caverna.

Entonces fue que entró en acción la cuadrilla de Miguel Ángel. Él recuerda que la tierra estaba lodosa y fría, seguramente debido a la época del año y también a la proximidad con el canal. Por turnos, con sus palas, aquellos hombres ampliaron la talla de la excavación hasta que dieron con unas bolsas de plástico transparente atadas con cinta canela. La declaración de ese día fue macabra: la señora Wallace dijo que, durante la edificación del local, las piernas y los brazos de su hijo resbalaron fuera de aquellas bolsas y por tanto era necesario cavar más hondo.

Nadie recordó tampoco que Juana Hilda había referido en su confesión que las bolsas utilizadas por los criminales eran de color oscuro. Los fotógrafos fueron autorizados para captar, en todos sus ángulos, esos plásticos que milagrosamente abandonaron el color negro para volverse traslúcidos.

Pasado el mediodía se autorizó un receso para comer; fue cuando la señora mandó traer pizzas de pepperoni para alimentar a los trabajadores. Miguel Ángel afirma que después de escucharla cuestionar a Jacobo por no comer carne de cerdo, comenzó a pensar que todo aquello era un teatro. ¿Qué tipo de madre puede bromear sobre el cuerpo descuartizado de su hijo y mezclar en el mismo argumento el disgusto del supuesto perpetrador por la carne de marrano?

Miguel Ángel narra que se aproximó a Jacobo para preguntarle, «al chile», si realmente sabía dónde se encontraba el cuerpo que andaban buscando.

«Yo sólo estoy haciendo lo que la señora y la policía me indican», refirió Jacobo con resignación.

En ese intercambio de palabras se encontraban los dos cuando una voz masculina pegó un grito: debajo del salón de belleza había aparecido una osamenta. Los reporteros corrieron a retratar la nueva evidencia.

«Hallaron, en efecto, un montón de huesos», recordó Miguel Ángel.

Los peritos de la procuraduría se llevaron aquel material para analizarlo. Entre tanto, la prensa especulaba. Una nota de esa misma semana afirmó que la osamenta estaba desprovista de carne porque «el cuerpo de las personas obesas se descompone más rápido, por los niveles de grasa».

Días después, los resultados del forense fueron negativos. Los restos no pertenecían a un ser humano sino a un animal cuadrúpedo, muy probablemente un perro. Fue sobre todo una mala noticia para los excavadores, ya que habrían de continuar removiendo tierra por varias jornadas. Tras el descubrimiento de la osamenta del canino, la señora Wallace se ausentó de la búsqueda. Algún trabajador que tenía tiempo laborando para sus empresas le contó a Miguel Ángel que ella viajaba con frecuencia al extranjero; dijo que ignoraba el motivo, pero no descartaba la posibilidad de que esas ausencias estuvieran relacionadas con su hijo.

Relata también Miguel Ángel que en cuanto la señora se marchaba, el grupo dejaba de trabajar. Sin ella la prensa perdía interés, y sin periodistas no había público para los excavadores. Esos días de ocio permitieron que el obrero de la construcción se amigara con los demás operarios. La mayoría llevaban años laborando para Showcase y por eso conocían los rumores que rondaban a la señora.

También tenían información sobre Hugo Alberto: le platicaron a Miguel Ángel que le gustaba excederse con el alcohol y tenía fama de mujeriego. Cuando el albañil se decidió finalmente a preguntar por lo obvio, uno de los rastreadores improvisados respondió que dentro de la compañía la gente dudaba del secuestro: «En concreto, me contaron que podía estar vivo y que habría abandonado el país».

106

A pesar de que Judith la había preparado para la sorpresa, cuando Raquel se encontró con Jacobo le costó trabajo reconocer a su propio hijo, no sólo por el terrible olor que desprendía o porque había engordado tanto: sobre todo desconoció aquellos ojos que encontró tan vacíos. Tenía los párpados hinchados, como si recién le hubieran practicado una cirugía. Además, la saliva se le acumulaba en las comisuras de la boca al hablar:

—Perdón, perdón, perdón —repetía, como si no conociera otra palabra—. Jamás hubiera querido que vivieran esto. Perdón por la ropa, me oriné y llevo tres días así.

—No tienes que disculparte conmigo —reaccionó Raquel, aún sin salir de su asombro.

—Discúlpame por andar con amigos que no debía.

Raquel pensó en César Freyre, pero Jacobo la corrigió:

—No me imaginé que la amistad con Hugo Alberto Wallace iba a provocarnos tanto daño.

Raquel atrapó la mano derecha de su hijo y la apretó con fuerza.

—¿Cómo está Salomón? —quiso saber Jacobo.

A la madre se le mojó la mirada.

—¿Crees que algún día pueda perdonarme? —insistió.

La mujer guardó silencio porque no quería mentir.

—Sé que lo escogieron como carnada, pero me iban a matar en cuanto asomara la cabeza, ¿entiendes? A él lo van a soltar un día, pronto, ya verás. No tienen nada en contra de mi hermano. Él no tuvo relación con Hugo Alberto y tampoco con Freyre.

Raquel no hallaba qué responder.

—¡Ayúdame!

—Lo que tú me pidas —reaccionó la madre.

—Ayúdame a terminar.

Raquel creyó equivocarse con lo que escuchaba.

—Me dijeron que tenían secuestrada a Judith dentro de un carro amarillo, y que si no decía todo lo que me dictaban la iban a matar, y después a ti.

—¿Un carro amarillo? —interrogó Raquel—. Nosotras ya ni carro tenemos.

—También me amenazaron con lastimar a Salomón.

Para enjugarse las lágrimas, Raquel tuvo que soltarlo.

La tarde anterior había escuchado, por voz de Judith, sobre los toques eléctricos y la presión contra los ojos. Pero Jacobo no lo sabía, así que sometió a su madre, esta vez de propia voz, a la tortura de la narración detallada de todo cuanto le hicieron para forzarlo a firmar.

Sobrepasada, Raquel se refugió en un rincón de su cabeza para tratar de poner en orden el relato enrevesado que Jacobo intentaba compartirle.

Durante una breve pausa en la narración, se atrevió a preguntar:

—¿Quién es la mujer que te denunció?

Ahora fue el turno de que Jacobo mirara en otra dirección.

—Vas a ser abuela —agregó después de un breve silencio.

Un hormiguero de confusión hizo que Raquel se sintiera mareada.

—¿La mamá del niño fue quien llamó a la policía?

Jacobo asintió.

—Me agarraron afuera de la casa donde vivía con ella y sus hijos.

—¿Por qué no me avisaron que te detuvieron ese mismo día? —interrogó Raquel.

Jacobo miró su propio cuerpo con condescendencia y aprovechó para contarle sobre la llamada que la señora Wallace le hizo al presidente. La primera vez que la escuchó, a su madre esa historia le pareció fantasiosa.

—¡Me quieren matar! —soltó de nuevo, aterrado—. No importa lo que diga o haga, ya tienen mi confesión. Lo que sigue es eliminarme; van a hacerme lo mismo que a Juana Hilda. Por eso me traen de un lado para el otro, montado en una *pickup* de la policía. Voy a morirme en un accidente de tránsito, estoy seguro.

Raquel necesitaba que su hijo se callara, así que se le colgó al cuello y se puso a besarlo. Detrás de ellos, la voz de un custodio, cuya presencia ambos habían olvidado, les recordó que esos gestos de afecto no estaban permitidos ahí dentro.

—¡Ayúdame para que no sean ellos quienes me quiten la vida! Tengo ese derecho.

—¿Cómo crees que me voy a prestar a una cosa así? No podría luego vivir con mi conciencia, tú me conoces.

—Ayúdame, por favor. Consígueme unas pastillas, lo que sea —susurró en voz baja.

Raquel cambió de estrategia y preguntó por el hijo que esperaba. Jacobo logró salir de su torbellino y aseguró, con absoluta certidumbre, que se llamaría David.

—¿Cuándo nacerá?

—En abril, creo.

—Tienes que resistir para poder conocerlo.

La madre sabía bien quién era su hijo. Si Pedro había sido la persona más importante para él, ahora tocaba que Jacobo lo fuera en la vida de ese niño. Del bolsillo sucio del pantalón él extrajo una carta escrita con una caligrafía espantosa, a juicio de Raquel. En esas páginas Edith Nava, la futura madre, se esmeró en explicarle las razones por las que acudió con la policía: no fue por la recompensa, que jamás le pagaron, sino por el susto que le provocó enterarse de que el padre de su hijo no se llamaba Alejandro Salas, sino que en realidad era un asesino al que ella había presentado con sus hijos mayores.

En esas líneas le suplicaba comprensión; Jacobo debía entender las contradicciones que la arrinconaron. De un lado, ella sería responsable de que David no pudiera crecer al lado de su padre; del otro, debía proteger del engaño a sus otros hijos.

Cuando terminó de leer esas páginas, Raquel quedó en blanco. No sabía qué sentir ni qué pensar. Tan cierta era la noticia de que iba a ser abuela como podía ocurrir que David creciera lejos de la familia Tagle Dobín.

«¿Debía perdonar a la delatora?». Esa pregunta le provocó aún mayor incomodidad cuando Jacobo pidió que buscara encontrarse con ella:

—Dile por favor que entiendo y que también la perdono. Mantenla cerca de la familia. Hazlo por mí, por el niño, por lo que más quieras.

Raquel aceptó, aun sin estar convencida. Entre auxiliar a Jacobo para que se quitara la vida y buscar a la madre de su futuro nieto no había una verdadera elección.

—Sólo si resistes —exigió la madre.

—¿Resistir? Si ya me quebraron. No sólo tienen una confesión firmada, también me grabaron incriminándome en no sé cuántos delitos.

—Tu hermana dice que no podrán utilizar esa confesión en el juicio.

—¿Y cómo voy a probar que me torturaron?

—Ten confianza.

—¿En quién, mamá? A estas alturas, ¿en quién puedo tener confianza?

Antes de responder, Raquel se forzó a recordar que ella y Jacobo ya no creían en el mismo Dios, así que cambió la respuesta en el último segundo:

—En tu hermana y en mí. No vamos a dejarte solo.

Después del 15 de diciembre de 2010, Jacobo Tagle Dobín fue ingresado al penal federal de Nayarit.

Por esas fechas, el entonces presidente Felipe Calderón entregó a Isabel Miranda el Premio Nacional de Derechos Humanos por ser un ejemplo para la sociedad mexicana contra la impunidad.

CAPÍTULO XIX

107

Ámbar Treviño recibió la primera amenaza poco después de que el juez Mejía Ojeda emitió su sentencia. Una voz al otro lado del teléfono dijo que la matarían si no «le bajaba de huevos». A los pocos días también comenzaron a llegar comunicaciones por correo electrónico. Aún conserva alguna de ellas: «Pinche abogadita, muérete con tu amante Freyre, y como no te apartes, también vamos a matar a tus padres».

Uno no educa a su temperamento, el temperamento lo educa a uno. Nació orgullosa y hasta ese momento tal rasgo de personalidad le había traído buenos réditos. Así que, en vez de preocuparse, de momento decidió —negligentemente— desentenderse de esas advertencias.

Un par de semanas después ingresaron dos personas armadas a su casa; se encontraba sola, trabajando en el comedor. Como tenía una estrella grande nunca la habían asaltado, así que tardó en reaccionar. Esos hombres portaban el mismo recado de antes:

—¿Sabes por qué estamos aquí?

No respondió.

—¡Ya bájale, cabrona!

Supone que reaccionó distinto a como esa gente esperaba, porque antes de partir le lastimaron la mano. Mientras lavaba la herida intentó convencerse de que no iban a poder con ella. Aunque después de esa visita comenzaron los insomnios, pasaron varias jornadas sin que cambiara la rutina. No consideró abandonar a sus clientes porque estaba preparando la apelación contra la sentencia de Mejía Ojeda.

El día en que esa gente se metió en su intimidad, cumplía cuatro años de haberse involucrado con el caso. Terminó siendo abogada de casi todos: fue representante de Freyre y Juana Hilda, así como de la hermana y la mamá del expolicía, de Salomón, hermano menor de Jacobo, y, hacia el final, de Brenda Quevedo. Aunque los hermanos Castillo prefirieron contratar al licenciado Mario Hernández, él y ella formaban parte del mismo equipo. Durante las audiencias, él la dejaba hablar en su nombre y todos los escritos los redactaron juntos.

Con algunos de los familiares fue construyéndose un nexo que superó la frontera de lo profesional. Dice Enriqueta, la mamá de Brenda, que ella la eligió el día en que la vio alegar a favor de Juana Hilda.

Aquellos hombres regresaron quince días después. Esa vez la hallaron en la oficina; el despacho está ubicado en un inmueble de varios pisos en cuyo sótano se encuentra el estacionamiento. Fue ahí donde su ropa terminó sobre un charco de aceite, de un solo golpe esas bestias la arrojaron al suelo y luego le apuntaron con el cañón de una pistola. Uno de esos individuos preguntó si ya había olvidado el recuerdito que le dejaron en la mano. Mientras negaba con resignación, el tipo continuó hablando:

—¿Ya sabes de dónde venimos?

De nuevo la insensatez se apoderó de su lengua floja:

—¿Me vas a meter un plomazo aquí?

—¿Por qué no lo haríamos?

—¡Hay más gente en el edificio! —gritó para que la oyeran los vecinos.

Es mucha la adrenalina que produce el cuerpo cuando se sabe que de la actitud que se tome en un momento dado dependerá el resto de la vida.

—Dame las llaves de tu carro —exigió otro de los fulanos.

—¿Para qué las quieren?

—Porque nos vamos de paseo.

Obedeció con docilidad, pues en cuanto escuchó esa instrucción vio una oportunidad de escape. Tomó de su bolsa el llavero y, sin que se dieran cuenta, separó la llave del dispositivo para desconectar la alarma; hoy esas dos funciones suelen venir integradas en el mismo aparato, lo que hace quince años era diferente. Cuando el sujeto trató de echar a andar el motor, el coche de la abogada lanzó un pitido que se multiplicó por cien gracias al eco en el sótano.

Mientras intentaba incorporarse con un desagradable dolor de rodilla, los muy cobardes corrieron lejos, pero antes de abandonar el estacionamiento uno de ellos alcanzó a pronunciar una frase que permanece hasta hoy en su cabeza:

—¡Ya estás pagada, así que nos vemos pronto, hija de puta!

Era obvio que alguien había pagado para sacarla de en medio. Fue una ingenua al creer que con ella no se meterían. Después de haber atestiguado tanta fregadera, ¿a qué hora se le ocurrió que podría escapar de la maldad? Había llegado el momento de podar su ego.

Visitó al magistrado Ricardo Paredes Calderón para contarle lo que esa gente le había hecho. No era común que los abogados de la defensa fueran atacados de esa manera, y sin embargo ese funcionario del Poder Judicial hizo como si no le creyera. Saliendo de su oficina concluyó lo obvio: estaba arrojada a su propia suerte.

Ámbar no era de esas que se quiebran. Antes había visto a otras personas tener ataques de pánico y las despreciaba porque le parecían débiles, pero después de lo ocurrido en el estacionamiento algo se rompió por dentro. Apenas cerraba los ojos, volvía a ver la pistola con la que le habían apuntado; también escuchaba la frase «¡Ya estás pagada!» y entonces le entraban mareos.

«Dejé de ser yo para convertirme en una lagartija asustadiza», confiesa.

Le implicaba un esfuerzo enorme salir a la calle y no se atrevía siquiera a asomarse por la ventana. Todo era amenazante: el sonido del timbre de la vecina, el repartidor montado en su bicicleta o la llamada del banco. Perdió la cabeza y con ella la concentración.

Era como si no contara con sus piernas para volver a caminar. Se le hizo imposible continuar a cargo del despacho y de los clientes.

Se comunicó con César y Juana Hilda para informar que iba a dejar el caso. Ella lo entendió, pero él se sintió traicionado. Creyó que la habían comprado, igual que sucedió con la primera abogada pública. No tenía fuerzas para contradecir al expolicía. Si después de las cosas que pasaron juntos era incapaz de creerle, ¿qué podía hacer?

Llamó también a Raquel, la madre de Salomón, y tampoco le cayó bien la noticia. Con quien más dificultad tuvo fue con Enriqueta Cruz, no sólo porque en su caso ella era la tercera abogada que la dejaría tirada, sino también porque en su fuero interno Ámbar sabía que todo ese teatro tenía que ver con Brenda.

Una vez cumplida la obligación moral, llevó al juez un escrito renunciando a su cargo; no debió dar explicaciones porque durante la visita anterior ya lo había hecho. Tenía entonces la certeza de que, con su salida, los clientes terminarían representados por la defensoría pública, y eso le producía desconfianza sobre su porvenir. Conocía como nadie el expediente y, modestia aparte, dudaba que otros licenciados pudieran librarlos de tanta injusticia. La consumía, por tanto, el egoísmo que había ganado en las vencidas, pero aquello no tenía remedio.

A pesar de las cartas de renuncia continuó con el insomnio y los ataques de angustia la visitaban varias veces al día. Su mamá decidió tomar cartas en el asunto; no iba a permitir —dijo— que siguiera así. Tenía que hacer algo para enfrentar la fobia al exterior que desarrolló de la noche a la mañana. Su progenitora afirmó que había cumplido con todo lo que le pidieron, así que no tenía razones para temer. Con estos argumentos, el martes 9 de marzo de 2010 la convenció de acompañarla, junto con su papá, a la ciudad de Toluca; obviamente, el propósito principal era dar un paseo.

«Cuando subí al carro, sentí que el corazón quería echar a correr calle abajo», recuerda.

Trató de controlarse y se dejó conducir, como los adultos suelen hacer las pocas veces que los padres vuelven a hacerse cargo.

Tomaron carretera por el rumbo de La Marquesa, el bosque estaba pálido porque en esa época del año no llueve. Cuando el auto cruzó el río Lerma, justo antes de entrar a Toluca, una manada de camionetas les cerró el paso, obligando al vehículo en el que viajaban a estacionarse sobre el acotamiento.

Ámbar reconoció de inmediato los emblemas de la Procuraduría General de la República; aquello la alarmó por lo que esa gente podría hacer con sus viejos. Apenas tuvo oportunidad, exigió que le mostraran el papel donde se autorizaba su detención y le entregaron un documento firmado por el agente del ministerio público Braulio Robles Zúñiga. En realidad, se trataba de un citatorio para que se presentara a declarar, ya que había sospechas de que ella formaba parte de una banda dedicada al secuestro, y también se le acusaba de haber falsificado pruebas y mentirle a la autoridad.

Calculó que, de no haber viajado con sus padres, esos agentes habrían sembrado droga y armas dentro del vehículo; supuso que la había librado porque iba acompañada. No era lo mismo presentarla como delincuente que acusar de traficantes a dos médicos respetables. Un par de horas después compareció ante el juez. Sin mayor trámite, ese señor decidió enviarla al mismo centro de arraigo donde, cuatro años atrás, conoció a Juana Hilda.

De camino a su encierro, volvió a preguntarse por los motivos que la condujeron a asumir la defensa de los imputados de este caso maldito. Entonces, como al principio de esta historia, se respondió que lo había hecho por vanidad.

«Con todo lo que esta experiencia me enseñó, cambié de parecer: la vanidad no es el peor de los pecados, el más detestable de todos es la crueldad», agregaría más tarde.

108

Braulio Robles Zúñiga la miraba con cara de burla.

—¡Bravo, licenciado! Hasta que lo lograste. ¡Qué pocos huevos tienes! No sé cómo le haces para dormir.

—Usted se la buscó, abogada.

—No pueden encerrarme por cumplir con mi trabajo.

—La va a tener difícil. Es lo único que puedo decirle.

—¿Qué quieren de mí?

El agente del ministerio público tomó la orden de aprehensión con la punta de los dedos y la mostró a manera de respuesta. Para ingresarla al centro de arraigo también le imputaron el delito de delincuencia organizada. Era de no creerse: recién había renunciado a defender a unos supuestos secuestradores y, sin ningún trámite de por medio, se convirtió en su cómplice.

—Lic, ya dejé el caso. ¿No era eso lo que querían? Pregúntele al magistrado Paredes Calderón, hace un par de semanas que se lo hice saber.

Braulio Robles volvió a mofarse:

—Eso ya no importa.

—¿Entonces?

—Hizo trampa, Treviño.

El funcionario se puso de pie y con un movimiento perezoso de la mano la dejó en ascuas.

Tantas veces que había visitado ese centro de arraigo no le sirvieron para imaginar el infierno que vive la gente ahí dentro.

«No es como si te encerraran en una cárcel normal, porque ese sitio es literalmente un hotel de mala muerte donde esperas mientras te envían a otro lugar peor. Si durante la estancia en esa especie de purgatorio no logras probar que eres inocente, te conviertes en enemiga de la sociedad; lo más jodido es que le vales madres a esa sociedad que supuestamente quieren proteger. Ahí dentro nadie te oye ni te ve, dejas de ser una persona para convertirte en un bulto».

Roberto, el esposo de Ámbar Treviño, intentó no interferir en su trabajo a pesar del riesgo que significaba enfrentar con las manos desnudas a la señora Wallace. No obstante, trazó un límite cuando se metieron a su casa y, luego, cuando atacaron a su pareja en el estacionamiento de la oficina. El pánico que le entró a Ámbar después de ese segundo episodio también tuvo que ver con el cálculo sobre lo que pudiera pasarle a él.

Cosa rara, apenas ingresó al arraigo se esfumó el horror. Otra vez la adrenalina la sacó adelante. Ámbar entendió que la abogada Treviño era la única persona capaz de liberarla: «A ver, mi reinita, aquí no se vale chillar. Si fuiste buena para meterte en este problema, pues ahora vas a tener que demostrar que también lo eres para salir de aquí», se dijo.

Obvio que mientras estuviera encerrada no podía hacerse cargo de la defensa; alguien tenía que redactar los escritos, visitar al juez y demostrar que le estaban tendiendo una trampa. Por eso Ámbar llamó al licenciado Mario Hernández, que por aquella época todavía era abogado de los hermanos Castillo. Le tenía confianza por el tiempo que hicieron mancuerna y porque sabía que llevaría la defensa tal como ella se lo ordenara.

Al desmenuzar las imputaciones, resultó que el único delito relevante era el de fabricación de documentos; lo demás era una pirámide de basura que iba a caer por su propio peso. Resulta que durante los meses más tensos del juicio, Ámbar tuvo unos dolores terribles de espalda; había días en que no podía mantenerse de pie. En vez de escuchar el reclamo de su cuerpo y asistir a ver a un doctor, un día que se sentía fatal se comunicó con su hermano:

como el resto de su familia, también es médico. Él le recomendó a un alumno suyo que en ese momento hacía su residencia como ortopedista en el Hospital General de Balbuena, lo llamó y aquel joven amablemente le dijo que enviara a un chofer por la receta médica para que no tuviera que moverse de la cama. Aprovechando el viaje, a la abogada se le hizo fácil pedirle un justificante para ausentarse del juzgado, ya que más tarde debía acudir a una audiencia presidida por el juez Mejía Ojeda.

Aquel episodio quedó enterrado en su memoria sin que el juez ni ella le dieran mayor importancia. No esperaba que cuatro años después alguien se parara en el Hospital General de Balbuena para corroborar que aquel día efectivamente había asistido a una consulta presencial, según decía aquel papelito; dado que su nombre no constaba en los registros y el residente que la atendió vía telefónica ya no laboraba ahí, el ministerio público denunció a Ámbar por presentar una prueba simulada durante el juicio.

Aun si faltaban tres meses para que esta falta prescribiera, sus peores enemigos montaron aquel teatro absurdo.

«Reconozco que fue una mala decisión y que en esta vida una nunca termina de aprender. Sin embargo, fue una exageración que por un justificante médico me metieran a vivir con los narcos más pesados».

Por cierto que, con algunas de las amantes de esos señores hizo buena relación, porque las ayudó a redactar escritos para su defensa. Ahí dentro no es de buen gusto andar preguntando si eres inocente: todas lo eran, o por lo menos, así se trataban entre sí.

Durante alguna de sus visitas, el marido contó a Ámbar que la gente de la procuraduría se había metido a su despacho para llevarse unos documentos. Confirmó entonces lo que antes ya sabía: quienes la condujeron al arraigo no estaban interesados en el resto de los acusados. Los papeles que se robaron tenían que ver con el nuevo juicio contra Brenda Quevedo.

Por aquel tiempo, la señora Wallace organizó una conferencia de prensa para hablar mal de Ámbar, tergiversó las cosas y por la tarde los reporteros repitieron su mensaje como loros. Hubo un periodista que, en la televisión, se atrevió a decir que ella había falsificado un papel de la ONU. Aquello le habría dado risa de no ser porque con tanta basura estaban destruyendo una reputación profesional que le había costado muchos años conseguir. ¿Quién iba a querer contratar a una abogada con antecedentes delictivos?

Las cosas se pusieron peores cuando también se le fueron encima a Mario Hernández, el licenciado que la ayudaba con la defensa; ni siquiera se atrevió a decirle a la cara que la abandonaría. Por Roberto, su esposo, supo que lo amenazaron de muerte. Ése fue el motivo por el que los hermanos Castillo terminaron también en manos de un defensor público.

109

Como a los dos meses volvió a visitarla el licenciado Braulio Robles. Le reclamó que aún la tuvieran ahí dentro y él respondió que, según la ley, podían retenerla hasta por noventa días. Ámbar había guardado un último recurso para tal emergencia y decidió ponerlo sobre la mesa: le contó a Robles que muy al principio, cuando él apenas investigaba el caso, César Freyre le habló de la existencia de una maleta en cuyo interior había dinero. Freyre insistió entonces en que ese objeto era la verdadera razón por la que Juana Hilda y él estaban siendo acusados; mientras fue su abogada no podía divulgar dicha información, pero eso había cambiado.

La sorprendió que el tema no fuera relevante para Robles; al parecer, hacía tiempo que el agente del ministerio público estaba enterado de aquella maleta y lo tenía sin cuidado. Entonces Ámbar lamentó no haber cuestionado a su cliente sobre la verdadera relación entre ese objeto y la persecución emprendida en su contra.

El viernes anterior a que se cumpliera el límite del arraigo fue informada de que sería trasladada a un verdadero reclusorio. La sacaron de su celda y, sin darle nada de beber ni de comer, la tuvieron aguardando en una salita durante nueve horas. Estaba ocurriendo igual que con Juana Hilda, a ella también le negaron alimento la jornada posterior al accidente contra la camioneta de panadero.

En su caso, tuvo suerte de que la jefa de custodias abogara por ella. Da fe de que esa funcionaria era la más dura de todo el centro, pero le había agarrado respeto porque ayudaba a sus compañeras. Hacia las once de la noche, volvió el licenciado Braulio para mostrar la orden de traslado: la llevarían a un penal del norte del país.

—¿Todo por un justificante médico?

—A la autoridad no se le miente —respondió el muy cínico.

—No eres mejor que yo.

—Le recomiendo que se comporte, abogada.

—Eres un vendido, licenciado. Un recadero, un lacayo de la señora.

El funcionario se retiró sonriendo.

En ese momento Ámbar volvió a tener un ataque de pánico: ¿y si era mentira que querían llevarla a otro reclusorio?

—Agarra tus cosas —ordenó la jefa de custodias.

—Está bien, pero quiero salir de aquí vestida con mi propia ropa.

La jefa aceptó. En caso de morirse, no deseaba que su familia la viera con el uniforme del centro.

—¿Puedo despedirme?

—Hágalo rápido.

Era casi medianoche, pero eso no impidió que recorriera las celdas de las mujeres con las que había hecho migas durante las últimas semanas.

«En ese lugar, sin importar si te quedas o te vas, toda despedida sabe mal», reflexionaría después.

Supuso que también podría convencer a los guardias de que no la esposaran; sabía que Roberto, su marido, acampaba afuera de ese edificio y quería ahorrarle esa imagen denigrante. Si ella no era una vulgar delincuente, tampoco tenía por qué parecerlo.

De nada sirvieron las súplicas. Roberto vio cómo la subían a una camioneta con vidrios polarizados. Aquel vehículo arrancó haciéndose notar, y detrás otro idéntico la fue siguiendo. El marido pensó en alcanzar al convoy para averiguar a dónde la llevaban, pero un agente de policía le recomendó que no lo hiciera, ya que los custodios de su esposa podían creer que quería rescatarla y con ese pretexto cabía que le dispararan.

Una hora y media después arribaron al hangar que la procuraduría tenía en el aeropuerto de Toluca. Ahí la esperaba un jet al que la hicieron subir como si fuera la peor delincuente: de la nada se había convertido en el Chapo Guzmán. Cuatro de los agentes que la escoltaron subieron con ella a esa nave que voló a medianoche hacia Durango. No podía comprender que su persona justificara el despliegue de tanta gente.

«Tamaño desperdicio de recursos públicos en esta humilde ciudadana no tenía explicación», juzgaría.

Al aterrizar la subieron a otra camioneta; desde el asiento delantero, el conductor y el copiloto la saludaron con un gesto compasivo. Debió de ser la primera vez que topaban con una mujer tan vigilada. Entre los asientos alcanzó a ver que el copiloto revisaba el expediente con sus papeles: sin percatarse de que Ámbar lo espiaba, encendió una lamparilla y los fue recorriendo con irritación. Al final se quejó con su compañero de que desde el Distrito Federal hubieran enviado sólo fotocopias.

—Así no la van a recibir —sentenció.

—Aquí en Durango son muy estrictos, a ver si no tenemos que llevarla a otra parte —completó el conductor.

Ámbar imaginó que esa «otra parte» podía ser un descampado, o la cuneta de una carretera. Asustada, miró el asiento detrás de ella, donde dos sujetos cargaban un par de fusiles. Por la ventana trasera constató que los seguían más vehículos. Se puso a rezar, pidió a Dios que si le pasaba algo no le fuera a doler, que sucediera rápido y le ahorrara dolor a su familia.

«Soy aries y por eso me acusan de exagerar, aunque en ese momento todo pintaba fatal».

Fijó la mirada en la luna llena; creyó que ésa sería la última vez que la vería.

«Ningún abogado puede ganarle al Creador, así que me concentré. El último amparo que me quedaba era el suyo: "Neta, Dios, ya no tengo a nadie más"».

El horizonte comenzaba a clarear cuando llegaron al reclusorio, tuvo suerte porque el subdirector se había quedado de guardia. Mientras esperaba en una salita anexa a su oficina, lo escuchó refunfuñar por el caos de los papeles que habían viajado con ella.

—A todo esto, ¿por qué tanto desmadre por esta pinche vieja?

Algo murmuraron los agentes federales que Ámbar no logró escuchar. En reacción, aquel funcionario volvió a tronar:

—¿Cuántos cabrones son ustedes?

De nuevo, la respuesta de los agentes fue inaudible.

—¡Me vale madres! No se la van a llevar. Se quedará aquí hasta que un juez revise su caso —replicó a gritos el funcionario.

«Nunca imaginé que un ángel del Señor pudiera tener un cargo tan siniestro».

En dos segundos el subdirector se dio cuenta de que había algo chueco con su traslado, y tomó la iniciativa de hospedarla en su prisión hasta que una autoridad judicial resolviera.

«Me había salvado de morir asesinada por la espalda en un descampado».

Ese santo varón también le permitió avisarle a su familia que se encontraba en Durango; durante las siguientes horas pudo dormir en paz.

Más tarde aterrizaron sus hermanas en aquella ciudad. Ellas asistieron a la audiencia, celebrada el lunes temprano. Como no tenía quien la representara, decidió hacerlo Ámbar misma. Ella expuso al juez la lista de inconsistencias y concluyó anunciándole que ya había prescrito el delito por el que la acusaban; el juez la escuchó con atención y no tardó en decidirse. El lunes 10 de mayo de 2010 Treviño recuperó la libertad gracias a ese otro juzgador y volvió a casa en un avión comercial. Tenía los nervios destrozados.

CAPÍTULO XX

110

Judith y Raquel viajaron a Nayarit preocupadas por el estado de ánimo de Jacobo. Si bien no lo creían capaz de quitarse la vida, debían asumir que pudo haber cambiado durante los años en que lo dejaron de ver. Esa vez se cruzaron por primera vez con Edith Nava. Raquel había intentado localizarla sin resultado; se conmovieron al saludar a aquella mujer embarazada de siete meses. De saber que coincidirían en el penal, la habrían invitado a viajar juntas en el autobús.

Durante el breve encuentro, Edith reaccionó con timidez. La futura madre ingresó primero al penal; cuando tocó el turno para Judith y Raquel de salvar los innumerables filtros, ella se había esfumado. Hallaron a Jacobo muy mejorado, le había caído bien la reconciliación. Tal como previó Raquel, el niño se convirtió en una razón para seguir adelante.

Otro motivo para no rendirse eran las noticias que llevó Edith a propósito de la señora Wallace. Narró que, días después de la detención de Jacobo, sus hijos llegaron llorando a casa porque un hombre los maltrató en la calle. Más tarde, el mismo individuo se presentó en el pequeño lugar de comida casera que Edith atendía en su barrio.

—Mi hermana tiene que hablar contigo —dijo a bocajarro Roberto Miranda.

—¿Sobre qué tema? —interrogó Edith.

—Sobre tu situación legal.

—Quizá usted no lo sepa, pero fui yo quien denunció a Jacobo.

—Si no quieres que te involucren a ti también, más vale que me acompañes.

—¿Tengo opción? —cuestionó ella.

—Ninguna.

Edith dijo haber accedido contra su voluntad; puso como condición que jamás volviera a acercarse a sus hijos. Asegura que en el trayecto iba muerta de miedo, temiendo que ese hombre no le permitiera regresar a su casa. El viaje fue largo porque las oficinas de Alto al Secuestro se encontraban a más de una hora de distancia. No pasa desapercibido el hecho de que haya sido conducida de manera forzada a la sede de una organización supuestamente dedicada a combatir el secuestro.

Edith contó que la señora Wallace fue ruda; quería imperativamente que declarara en contra de Jacobo. El recluso estaba fuera de sí, lo desquiciaba la posibilidad de que le pasara algo a su pareja. Raquel no lo dijo entonces, pero respiró con alivio porque su hijo se había aferrado de nuevo a la vida. Judith aprovechó para insistirle a su hermano que denunciara todo aquello.

Después de esa primera visita al penal, de nuevo Raquel trató de contactar a Edith, pero todas las veces ella se hizo la perdediza. El niño nació en abril de 2011. Cumpliendo el pacto, fue registrado con el nombre que sus padres acordaron: David Tagle Nava. Pedro David era el nombre compuesto del papá de Jacobo. Cuando él supo que Edith acudiría de nuevo a la prisión, esta vez acompañada del niño, llamó a Raquel y a su hermana para que coincidieran en la visita; hicieron maletas y volvieron a realizar aquel viaje por carretera que tomaba más de doce horas.

No lograron ver al niño, y encontraron otra vez desconsolado a Jacobo porque Edith había sido portadora de una terrible noticia. El interno mostró dos imágenes: una de David y otra de su hermano gemelo, que nació muerto. Nadie en la familia tenía noticia de que en el vientre de Edith se gestaron dos niños idénticos y mucho menos de que el segundo perdió la vida.

Esa información nubló la felicidad; de encontrarse libre Jacobo el día del alumbramiento, probablemente los dos bebés estarían con vida. El hijo de Raquel contó que, contraviniendo las reglas de visita, quiso abrazar a Edith, pero ella se negó a que la tocara: lo culpaba de la tragedia.

Mientras amamantaba a David, ella relató que la señora Wallace le ayudó con los gastos del parto y luego la hizo firmar unos papeles.

—¿Los leíste al menos?

La respuesta de Edith fue ambigua.

No era difícil suponer el contenido de esos documentos.

Cuando Edith y el niño abandonaron la cárcel, Jacobo se decidió a contarlo todo. Primero denunció ante el juzgado; después aceptó que su madre y su hermana fueran entrevistadas por un periodista que quería publicar su historia. Le escribió también una larga carta a Edith, suplicándole que se reuniera con el reportero y ella aceptó. Enriqueta Cruz, la madre de Brenda, se encargó de organizar el encuentro, y por tanto le tocó estar presente; también asistió la esposa del periodista Jorge Carrasco. Aunque el contenido de esa conversación jamás vio la luz, porque la entrevista no se publicó, ambas mujeres coinciden en cuanto a la narración que Edith efectuó.

Cuando Jacobo se enteró de su contenido, quedó devastado: entendió por qué durante las visitas que la madre de su hijo hizo a la prisión, ella se negó a que la abrazara. Edith confesó que la señora Wallace se las arregló para que las autoridades penitenciarias la dejaran entrar con un micrófono escondido debajo de la ropa: llevaba la consigna de conseguir alguna declaración de Jacobo que ayudara a inculparlo. De hecho, todas las veces que viajó a Nayarit fue transportada en un avión privado que la señora rentó para acompañarla. Ésta era la razón por la que cada vez se escabullía de su suegra y su cuñada.

La peor información vino al último, cuando le dijo al periodista que jamás existió el gemelo muerto; David llegó solo al mundo y la fotografía de su supuesto hermano era en realidad una imagen truqueada. Aseguró que la idea fue de la señora Wallace, quien con esa mentira quería quebrar psicológicamente a Jacobo. Edith se deslindó de ese acto de crueldad y dijo que, si había aceptado, fue porque la acorralaron.

La mamá del niño era una persona voluble, lo mismo podía denunciar a Jacobo que escribirle una carta pidiéndole perdón, o bien conspirar a partir de una mentira atroz. Tales cambios podían ser un signo de su carácter, pero cabía también explicarlos como el resultado de una relación económica. Confirmaría esta versión el hecho de que haya recibido dinero del gobierno a partir de que, por un tiempo, su nombre quedó inscrito en una lista de testigos protegidos.

111

Fragmento de los escritos redactados por Brenda Quevedo:

«Durante cuarenta y ocho horas nadie supo nada de mí, fue como si me hubieran llevado los extraterrestres. No pude despedirme de mis compañeras: en menos de diez minutos me obligaron a recoger mis pocas pertenencias. Únicamente quedó una cajita con artículos de baño a nombre de "Brenda". Mi mamá se volvió loca, temió que hubieran vuelto los encapuchados. Mis vecinas de celda supusieron, en cambio, que me enviaban a otra prisión. Corría el rumor de que se estaba construyendo un nuevo penal en Nayarit y que pronto nos trasladarían ahí.

»El jueves 7 de octubre de 2010, mi familia presentó una denuncia por desaparición. Mientras tanto, yo volaba en dirección a las Islas Marías. Cuando me enteré del destino tuve miedo: en México, desde que eres niña, sabes que a esa prisión van a dar los peores criminales. Durante el viaje me atreví a preguntar a los policías si sabían por qué yo era la única pasajera, y uno de ellos respondió que se hacía la misma pregunta; dijo que a Islas Marías solamente iban a dar quienes ya habían sido sentenciados. No era mi caso y esa gente lo sabía. Mi juicio apenas comenzaba. Otro custodio mencionó que me estaba volviendo muy mediática, y que por eso se tomó la decisión de apartarme de los reporteros: así escuchó decir a sus jefes. Yo no era responsable de tanta publicidad, la señora Wallace era la experta en hacerse notar.

»En cuanto aterricé pasé la revisión de rigor para asegurar que no hubiera traído de Santiaguito nada que en Islas Marías estuviera prohibido. Luego me condujeron al campamento El Zacatal, un sitio alejado de la mayoría de las reclusas. No pasé ni dos días ahí. Durante la segunda noche, dos guardias ingresaron a mi celda mientras dormía y con gritos me obligaron a apartarme de la cama. Dijeron que alguien dio aviso de que yo escondía droga en aquella celda. Revisaron cada centímetro de aquel diminuto espacio hasta que dieron con un blíster de carbamazepina, un medicamento recetado a las personas que padecen epilepsia. Yo nunca había visto esas pastillas así que sólo había una explicación: las mismas custodias que armaron ese escándalo pusieron aquel fármaco debajo del colchón.

»Antes de que amaneciera, las dos custodias me sacaron de El Zacatal para llevarme a una celda de castigo conocida como La Borracha. Nombrar ese sitio es perturbador: un cuarto pequeño, sucio y sin ventanas que sirve para sancionar a quienes se portan mal. Sabía que nada justificaba ese escarmiento, y sin embargo ahí te sientes culpable incluso de lo que jamás hiciste. Dos largos días permanecí en La Borracha, comiendo y bebiendo poco. Lloré porque ahora sí estaba total, completa y absolutamente sola. Podía morirme y nadie iba a enterarse».

112

El martes 12 de octubre de 2010, día del aniversario número cuarenta y uno de Hugo Alberto, un avión procedente del Distrito Federal aterrizó cerca del penal de Puente Grande; de esa nave oficial descendió el agente del ministerio público Braulio Robles Zúñiga acompañado de otras personas. En esa otra cárcel de alta seguridad habían encerrado meses atrás a Albert Castillo Cruz.

Un custodio al que luego enviaron a Islas Marías contó sobre la manipulación de las cámaras de vigilancia. Esa persona corrobora lo que Albert Castillo relataría años después a propósito de la brutal tortura a la que fue sometido: dice que lo entregaron amarrado de pies y manos a un grupo de hombres encapuchados. Aun si llevaba el rostro cubierto, Albert Castillo asegura que uno de ellos era el agente del ministerio público Braulio Robles Zúñiga, lo reconoció por su voz y su corpulencia.

Las cosas que le hicieron ese día habrían quebrado a cualquier ser humano. Lo envolvieron en una sábana mojada para golpearlo sin misericordia, usaron una toalla para estrangularlo y le cubrieron la cabeza con una bolsa de plástico. Cuenta el reo que entre pausas le prometían una hipotética liberación siempre y cuando declarara contra sus cómplices.

Dice que sobre el techo de ese siniestro lugar había un paso de gato a través del cual podía atestiguarse la agresión. Vino otra tunda, y luego esa gente le aplicó choques eléctricos. Mientras tanto, insistían en que confesara: Albert respondió todas las veces que no iba a aceptar la culpabilidad de un crimen en el que no participó.

Entonces aplicaron contra su piel un fierro electrificado que galvanizó su cuerpo. Está cien por ciento seguro de que, entre tanto, reconoció por encima de su cabeza a la señora Wallace.

Narra que varias veces sintió que no podía más, pero que concentrarse en Tony lo ayudó a soportar; sabía que, si se quebraba, los dos pasarían la vida encerrados. No puede decir cuánto tiempo duró todo aquello. Para cuando recostó la cabeza dentro de su celda, ésta se encontraba divorciada de su cuerpo. Al día siguiente, muy temprano, los custodios de Puente Grande volvieron a sacarlo con las muñecas y los tobillos amarrados. Estaba seguro de que lo someterían de nuevo a una sesión de sufrimiento, pero no fue así.

En la zona de locutorios lo esperaba la señora Wallace, acompañada de su hermano Roberto Miranda: los identificó de cuando lo detuvieron cerca del lugar donde trabajaba. Ahí estaba también un juez y el licenciado Braulio Robles, ahora vestido de gente normal. Los hechos de la tarde anterior habían agotado sus fuerzas y, sin embargo, dio un respingo cuando la señora insistió en la misma cantaleta:

—No tengo mucho tiempo para esto. Declárate culpable para que pueda ayudarte a salir de aquí.

—Ni mi hermano ni yo le hicimos ningún daño a su hijo —respondió Albert mirando al juzgador.

—Será como dices, pero ya estás aquí y te chingas —intervino Roberto Miranda.

—Lo que la señora te está ofreciendo es que te vuelvas testigo protegido —explicó el licenciado Robles Zúñiga.

—Prefiero morirme —contestó Albert.

—Me parece que no estás entendiendo tu situación —añadió la señora.

Albert decidió no decir una palabra más. Por esta razón volvieron a torturarlo brutalmente el día después.

Aquel episodio en Puente Grande no fue el único. Todas las veces que lo interrogaron, Albert negó su participación en el crimen que le habían colgado. Algo debe significar esa firmeza. De ser culpable, ¿no habría sido más fácil aceptar la oferta que recibió en la prisión de Puente Grande?

113

Continuación de las notas de Brenda Quevedo:

«Lo ocurrido a Albert Castillo en Puente Grande se relaciona con lo que iba a pasarme al día siguiente. Mientras estaba encerrada, el mismo avión que aterrizó en aquel penal distante volvió a tomar vuelo para dirigirse a Islas Marías. A las tres de la madrugada del miércoles 13 de octubre de 2010, un comandante y dos custodias vinieron a buscarme a La Borracha. Me sacaron de esa celda de castigo para subirme a la caja de un vehículo sin toldo; aterrada, pregunté a dónde íbamos. Una de las mujeres respondió que había un grupo de personas que querían hablar conmigo.

»—¿A esta hora? —cuestioné sin conseguir respuesta.

»La ropa que llevaba no me ayudó con la brisa fría, pero ésa no fue la razón por la que mi cuerpo comenzó a temblar. Cruzamos la zona conocida como El Aserradero y más adelante el campamento de Las Buganvilias. Recuerdo que una custodia tomó mi mano y cuando le devolví el gesto me prometió que no iba a sucederme nada. Después de unos cuarenta minutos el transporte se detuvo en la playa Delfines, frente a una caseta de vigilancia recién remodelada que pertenecía a la Secretaría de Marina. Aquella construcción estaba vacía y aún se sentía fresco el cemento.

»Ahí me abandonaron a mi suerte. Faltaban horas para que amaneciera. La puerta de la construcción no tenía chapa y el viento se colaba por todas partes. Estaba tan aterrada que busqué con la mirada una cama para meterme debajo. Tuve que conformarme con unas cobijas que hallé por ahí: tendí una de ellas sobre el piso y con la otra cubrí mi cuerpo, cuando una rata brincó sobre mis piernas.

»No sabía qué esperar. Traté de mantenerme despierta, aunque el miedo me venció y dormité hasta que el ruido de un motor me devolvió la conciencia. Miré por la ventana cuando un vehículo grande se estacionaba frente a la caseta; de su interior descendieron seis hombres vestidos con playera blanca y zapatos negros. Todos llevaban el rostro cubierto.

»Primero ingresó a la construcción un tipo muy robusto y detrás de él reconocí a uno de los individuos que me torturaron en el reclusorio de Santiaguito. Los seguían otros tres.

»—¿Creíste que nos habíamos olvidado de ti? —interrogó el de la voz desagradable.

»Un tipo obeso ayudó a sacarme los zapatos y a retirarme el resto de la ropa. Los demás me envolvieron con una de las cobijas tiradas en el suelo; luego usaron cinta adhesiva para amortajarme como si fuera un cadáver.

»—Ora sí ya chingaste a tu madre —sentenció con un chillido el líder de aquella banda de orangutanes, quien ordenó también que me vendaran los ojos.

»En esa playa apartada del mundo se escuchaba fuerte el atronar de las olas.

»Ya ciega, sentí cómo vertían sobre mí una cantidad incalculable de agua helada. Después cayeron las primeras patadas.

»—¿Ya sabes de parte de quién venimos? —se burló la misma voz.

»Igual que hacen los carniceros con las reses sin vida, así manipularon mi cuerpo ahí dentro. Creí que moriría ahogada. Una tunda de codazos se ensañó contra mi estómago, riñones e hígado; era como si un cangrejo gigante clavara sus pinzas sobre aquella mortaja empapada.

»—Esto es de parte del señor Hugo.

»Vino entonces la primera descarga. Me habían amarrado un alambre al dedo gordo del pie: mi cuerpo hizo un arco en contra de mi voluntad.

»—¿Sabes por qué estamos aquí?

»Tenía la lengua atorada porque se repitió varias veces el incendió por dentro.

»—Responde —exigió el de la voz tipluda.

»—Por lo del secuestro —tartamudeé.

»Los tipos se envalentonaron con sus majaderías:

»—¿A poco creíste que te podrías escapar de nosotros, pinche puta?

»Como no respondía me pusieron una bolsa de plástico en la cabeza mientras me encajaban una rodilla en el tórax.

»—¿Ya te acordaste, estúpida perra? ¿Ahora sí vas a decir lo que te preguntamos?

»De nuevo, estuve a nada de desmayarme.

»—Vas a grabar un mensaje pidiéndole perdón al señor Hugo, ¿comprendes?

» Le había prometido a mi mamá que en ninguna circunstancia confesaría falsedades: después de la declaración de Juana Hilda, conocía bien las consecuencias.

»Como si leyera la mente, el fulano de la voz sacó a colación el nombre de mi madre:

»—¿Supiste que operaron a tu mamá hace unos días?

» Negué, sorprendida.

»—Durante la cirugía de cataratas pudo haberse quedado ciega, pero nos dio lástima.

»Esa gente tenía claro qué botones apretar.

»—La próxima vez vamos a arrancarle las uñas.

»Entonces las manos gordas del hombre robusto arrancaron las tiras con pegamento que sujetaban aquellas cobijas a mi cuerpo; de ese bulto salí hecha un témpano de hielo. La única prenda que me dejaron puesta fue la venda colocada alrededor de mis ojos. Luego, el sujeto inmenso se montó sobre mi piel desnuda: mientras fingía lamer mi cuello, comenzó a golpearme el vientre. Lo hizo con mucha fuerza, varias veces. Al final introdujo su puño dentro de mi vagina, reventándome por dentro».

114

«No me atreví a mirar hasta que aquellas bestias abandonaron el lugar. Tuve nauseas al toparme con la sangre que había manchado el piso. Con esfuerzo localicé las prendas esparcidas sobre el suelo; luego, a gatas, logré asomarme por la puerta de la construcción. La luz del día me informó sobre las varias horas transcurridas desde que el comandante y las custodias me condujeron a esa playa.

»En ese momento descubrí la Punta del Morro. Aún recuerdo con nitidez esa protuberancia extrañísima, cocida por siglos de sol y sal. Me identifiqué con ella porque los pájaros que hacen sus necesidades sobre ese montículo guardan algún parecido con los reptiles que recién me habían atacado. Entre la caseta y ese montículo hay un risco. Pensé en saltar: así terminaría de una vez con todo. Era sólo correr, tomar aire y arrojarme al vacío. Aún no sé qué me detuvo.

»Entre sorprendidas y culpables, las custodias me ayudaron a subir al transporte donde me trasladaron de vuelta al campamento. Hacía un calor infernal. Conforme transcurrieron las horas, los dolores del cuerpo cobraron venganza. Rogué para que me dieran algún medicamento, pero ellas respondieron que tenían prohibido proporcionarme cualquier asistencia.

»Lloré durante días. Las cobijas mojadas con las que me cubrieron ayudaron a que no se formaran moretones. Sin embargo, me dolían los órganos internos, sobre todo el vientre. Por las noches me imaginaba que esa gente regresaría a Islas Marías, y es que así lo prometieron.

»En un descuido de las custodias se acercó a mi ventana un hombre que me había escuchado llorar durante la noche. Era un reo al que tenían limpiando las celdas. Nunca le vi el rostro y sin embargo tuve confianza cuando dijo que me ayudaría a comunicarme con mi familia. Coincidió que, la mañana posterior, me permitieron salir de la celda para tomar agua de una pileta que estaba cerca. Alguien había olvidado papel y una pluma que tomé prestados. En cuanto regresé a mi encierro escribí el teléfono mi abuela paterna, que me sabía de memoria, y una sola frase:

»"Volvió a suceder lo de Santiaguito".

»Luego envolví una piedra con el recado y lancé el bulto por la ventana. El recluso aprovechó su llamada semanal para comunicarse con los míos. Fue un golpe de suerte: en cuanto se enteró, mi mamá corrió a la CNDH para presentar una queja. Días después, esa dependencia mandó a las Islas Marías a una doctora que confirmó las lesiones. Ha pasado mucho tiempo y aquella médica aún recuerda el estado de shock en el que me encontró.

»Esa queja hizo que también se abriera una investigación a cargo del órgano nacional que administraba los reclusorios; varias de las personas involucradas fueron interrogadas.

»Alguien dijo que la fuente de mi relato era *Los muros de agua*, la novela de José Revueltas, que describe la playa Delfines y también la Punta del Morro. Luego entendí que, al referirme a ese islote blanco, supieron que yo decía la verdad. Si apenas llevaba una semana en ese reclusorio, ¿cómo explicar mi conocimiento sobre aquella piedra gigante cubierta por excremento de ave?

»Al final, toda esa evidencia sirvió de poco. El primer informe de la CNDH fue redactado de tal manera que, sin negar mi relato, concluía que ninguna autoridad había sido responsable de lo ocurrido. Lo mismo desapareció la otra investigación: a pesar de que las custodias fueron llamadas a declarar junto con la directora del penal y varios de sus subordinados, el resumen del órgano que administraba los reclusorios federales igual se esfumó como si jamás hubiera existido.

»Con todo, algo bueno salió de ello: la CNDH reclamó al gobierno que me hubieran trasladado a Islas Marías, donde únicamente podían ser internadas personas con sentencia. Como no era mi caso, después de un tiempo fui trasladada a una cárcel en Nayarit. Ahí volví a encontrarme con varias de mis compañeras de Santiaguito».

CAPÍTULO XXI

115

Continuación de las notas de Brenda Quevedo:

«Cuando la maldad no tiene límites, sólo resta el poder de Dios, aunque hay veces que no logro explicarme por qué permitió que sucedieran cosas tan horribles. Meses después de mi llegada a la prisión de Nayarit, viví un episodio que me hizo temer por mi salud mental; las custodias tuvieron que sujetarme porque me encontraron golpeando violentamente los barrotes de mi celda con la cabeza. Nadie ahí dentro quiso escuchar mi versión, era la época en que me mantenían apartada del resto de las reclusas y yo imaginaba todo el tiempo que los verdugos de la playa volverían por mí. Una noche, antes de la hora de la cena, se apagaron las luces de la zona donde me encontraba recluida, y tuve entonces la convicción de que había llegado el momento.

»La amenaza, cuando está a punto de cumplirse, provoca mucho miedo. No hay peor tortura que saber con certeza que serás agredida. Fue entonces cuando perdí los estribos y proyecté violentamente la frente contra el metal despostillado; no recuerdo nada más. Cuando recobré la conciencia me encontraba en la enfermería y una mujer vestida de blanco se dirigía a mí como si yo fuera una niña tonta. Intenté explicarle, pero ella me ignoró convencida de que me había inventado ese teatro para dormir un par de noches fuera de mi celda.

»Esa gente no tenía idea. Habría dado cualquier cosa por ser capaz de continuar con mi vida, aunque fuera dentro de ese lugar, pero lo que me hicieron en esa playa me dejó devastada. Me había convertido en Alicia, la del cuento, la niña que cayó por un agujero a un mundo habitado por seres muy extraños. Ahora vivía en el país de las pesadillas, donde todo ocurría en blanco y negro.

»Comencé a despertarme a mitad de la noche con la ropa empapada en sudor, soñando con ratas que arañaban mi pelo. Aún soporto mal el ruido que hacen las olas al chocar con la playa y el corazón se me acelera cuando me estoy bañando, porque al verme desnuda vuelvo a sufrir en mis genitales aquel puño que me hizo sangrar. No tolero las charlas de las compañeras cuando se ponen a contar historias de sexo, me entra urgencia por apartarme, y pienso que jamás podré estar de nuevo con un hombre. Después de tantos años, no me ayuda seguir encerrada. Me volví desconfiada, he perdido la habilidad para conversar y tengo pocas amistades; me enojo fácil y cualquier sonido me irrita. Es así porque la agresión no se ha marchado. Soy un objeto guardado dentro de una caja con piso de cemento, muros de piedra y puertas de metal.

»La cárcel me arrebató a mi familia, sobre todo a mis padres, que van envejeciendo. Aquí estás privada de las fiestas de cumpleaños, de una cena con vino, de visitar una montaña nevada o de ver otra vez las luces de una ciudad extranjera. Este castigo es desproporcionado, no sólo porque soy inocente, sino porque ninguna persona debería merecer tanta humillación. De todos los castigos, el más insoportable es la negación de la verdad. Yo tengo los documentos que certifican mi relato. La doctora que envió la CNDH, después de que mi mamá se quejara, confirmó todo lo que dije sobre lo ocurrido en Islas Marías; sin embargo, el gobierno hizo como si no oyera. Esa desmemoria es también un tormento.

»La tortura es poderosa porque es secreta. Aquellos sujetos hicieron conmigo lo que les vino en gana porque estaban seguros de que no les pasaría nada. Su victoria fue el silencio, porque, excepto mi familia, a mí nadie me creyó. Durante las horas de insomnio, de mi garganta hacen erupción gritos que sólo yo escucho. Soy juez, fiscal, abogada y acusada de un tribunal en cuyo interior no hay nadie más. Ahí muestro las pruebas, narro las tribulaciones, acuso a los responsables, y al final soy declarada culpable. ¿Quién en mi situación hubiera soportado las miserias que me impusieron esa madrugada? Desde entonces, en mi mente se instaló una voz dedicada a hacerme sentir culpable. Es para librarme de esa voz que necesito dar a conocer mi verdad».

116

Hay hechos y cosas que si los viéramos de frente harían que nuestro corazón se petrificara. Cada uno sabe cuánto es capaz de soportar. Con el tiempo Judith, la hermana de Jacobo Tagle, aprendió a soslayar las peores escenas de la tragedia familiar; cuando conversa, ella insinúa, advierte, sugiere, pero evita mencionar detalles que son innombrables. Nadie ve a Edipo arrancarse los ojos con las agujas de Yocasta —su madre-esposa—, porque no es necesario exhibir esa escena para saber qué ocurrió.

A Jacobo le han sucedido cosas absurdamente obscenas, escenas que ninguna persona debería atestiguar, y es que hay acontecimientos capaces de extinguir la más mínima partícula de empatía. Por eso, cuando se interroga a Judith sobre la experiencia de Jacobo en Villa Aldama, suele responder de manera oblicua: ha transcurrido más de una década de todo aquello y sin embargo su hermano continúa sin soportar que el agua caiga sobre su rostro cuando se baña, y tampoco puede dormir bocabajo; ambas cosas provocan que la frecuencia de su corazón enloquezca.

El miedo que lo visita por las noches tiene más capas que su versión de día, por eso sufre insomnio, se come las uñas y reacciona con exageración cuando crecen las víboras de su paranoia. Si alguna vez llegó a sentir arrepentimiento por haberse retractado de su confesión, fue por el sufrimiento medieval al que lo sometieron en la cárcel de Villa Aldama, donde fue enviado en castigo.

Judith y Raquel han intentado acompañarlo, pero hay un puerto en este viaje a partir del cual la experiencia de Jacobo se vuelve incomunicable; en la coordenada última es necesario apaciguar la sensación de culpabilidad que suele resentir quien vive libre. ¿Cómo explicar que Jacobo, entre miles de millones de seres humanos, haya sido privado del derecho a tener una existencia normal? Los verdugos insisten en que Raquel y Judith son la verdadera causa; se les acusa, en concreto, de haberlo convencido de modificar sus declaraciones. Si tan sólo hubiera ratificado su primera confesión ante el juez, las cosas no habrían tenido que llegar tan lejos.

Cuando Jacobo arribó a la cárcel de Villa Aldama ya había transcurrido un lustro desde que su rostro fue difundido en todas las patrullas del Distrito Federal. Ahí cumplió 33 años. Pasó el primer mes encerrado en una celda de castigo donde lo amarraron de pies y manos. Cuenta que los custodios le arrojaban la comida al suelo y que no contaba con lavamanos, tampoco con regadera; sólo había una taza de baño que Jacobo debió utilizar para saciar la sed.

Lo peor fueron las pesadillas que rondaban como murciélagos dentro de su mente. El horror de saber que sería torturado —de nuevo— fue tan aterrador como la tortura misma. Un buen día lo sacaron de la celda de castigo y lo llevaron a otro cuarto dentro de la prisión donde lo esperaban cinco personas con el rostro cubierto. No le dio tiempo de reaccionar cuando esa manada lo atacó con unas pistolas eléctricas de color amarillo. El episodio hizo que evocara a los pacientes de los psiquiátricos, cuyo cerebro se apaga con relámpagos aplicados por hombres de ropas blancas.

Jacobo no pudo defenderse cuando esos sujetos lo desnudaron y luego le lanzaron gas pimienta. Afirma que el ardor provocado por ese compuesto químico es insoportable. Mientras las lágrimas y la saliva del reo humedecían el piso, aquellos sujetos se burlaron de su virilidad. Después agregaron: «Si quieres que paremos, háblanos de Brenda Quevedo», dijo uno de los verdugos.

Esa gente le mostró un papel que debía firmar. Entre otras cosas, ahí se señalaba a su expareja de ser parte de la banda de secuestradores. Fue levantado del suelo y colocado bocabajo sobre una mesa larga. Jacobo estaba consciente de que, si accedía a lo que le pedían, esa gente se inventaría otras razones para continuar haciéndole daño. Los motivos de aquella tortura iban más allá del falso testimonio con el que querían agravar la situación de Brenda: el móvil verdadero era mostrar un poder insaciable, brutal y definitivo.

El informe que varios años más tarde emitió la CNDH afirma que en esa ocasión Jacobo fue penetrado con un garrote de policía. Ésta es la escena que Judith prefiere eludir: «Me abrieron el trasero y me metieron un tolete en el recto, desgarrándome fuertemente de un lado a otro [...]. Mientras tanto dijeron que la señora Isabel enviaba saludos».

La CNDH reconoció como violaciones graves a los derechos humanos las vejaciones sufridas por Jacobo Tagle Dobín durante el fin de semana de su detención, y subrayadamente en las semanas posteriores a cuando fue ingresado al reclusorio de Villa Aldama: «De las evidencias expuestas se aprecia que el maltrato fue claramente intencional [...] [Son señalados] personal de la Procuraduría General de la República y de distintos centros de prevención y readaptación social [...]. Se exige que se investigue de manera exhaustiva a los responsables de estos actos».

117

Si bien esta historia fue una explosión que cobró muchas vidas, hay un individuo que sufrió más que el resto: el expolicía, el novio de la bailarina, el hombretón que infundía miedo con su uno noventa de estatura y sus ciento quince kilogramos de peso. A César Freyre Morales le correspondió ser el enemigo de este relato, el mal a vencer, la intersección de todos los pecados juntos.

Hoy, de esa persona queda muy poco. A sus cincuenta y cuatro años extravió casi la mitad de su corpulencia y su rostro hace pensar en los enfermos terminales de tuberculosis. Es un hombre medio sordo, con problemas de presión y con el testículo izquierdo arruinado. Tiene cicatrices provocadas por quemaduras de cigarro en distintos lugares del cuerpo y sufre la enfermedad de Raynaud, por lo que se le cierran los vasos sanguíneos cuando es sometido a bajas temperaturas o a situaciones de estrés. En el extremo se le congelan las manos y los pies al punto de la gangrena. En cualquier momento pueden nacerle trombos que le revienten el corazón o el cerebro.

Si bien los psicólogos dicen que conserva sus facultades mentales, sufre con frecuencia de ataques de ansiedad y paranoia. Los detonantes, también en su caso, están conectados con la brutalidad sufrida dentro de la cárcel. Enloquece, por ejemplo, si escucha el ruido de los radios de intercomunicación, también es obsesivo a la hora de elegir los alimentos que ingiere. Todo el tiempo teme ser envenenado.

Estos y otros síntomas aparecen reseñados en la evaluación médica encargada en 2022 por la CNDH. No ha nacido actor en el mundo que pueda inventarse durante tantos años un rosario así de padecimientos. El trastorno de estrés postraumático es imposible de falsear por tan largo tiempo.

Las agresiones contra Freyre sucedieron desde el momento en que fue detenido. En las imágenes de enero de 2006, transmitidas por televisión, su físico ya se aprecia lamentable. Antes de llevarlo al centro de arraigo lo tuvieron retenido seis días en la procuraduría donde, según relata, le habrían privado de alimento y agua. Desde un principio fue obvio que, de todas las personas señaladas, Freyre iba a ser el más difícil de quebrar. Por eso, los agentes detuvieron también a su madre y a su hermana. Cada vez le exigían que dijera donde estaba Hugo Alberto y cada vez él decía desconocer su paradero.

En el arraigo se encontró con un antiguo colega de la policía. Cuando éste se enteró de que lo estaban matando de sed, se compadeció de Freyre. Fue él quien le advirtió de su verdadera circunstancia: «Traes un pedo que viene de muy arriba. Disculpa si fuimos amigos, pero está fuerte la cosa. La señora cuenta con relaciones bien pesadas».

Al día siguiente de esa conversación se apareció el fiscal José Luis Santiago Vasconcelos por el centro de arraigo. Freyre recuerda bien lo que le dijo: «Te doy tu libertad, y la libertad de tu madre y tu hermana, si me dices dónde está Hugo Alberto».

El detenido repitió lo que había mencionado docenas de veces: no podía proporcionar información que desconocía.

Cuando lo metieron al penal de máxima seguridad del Altiplano corrió la voz sobre una hipotética recompensa de setecientos cincuenta mil pesos a quien le sacara información. Aquello fue un llamado al linchamiento dentro de una cámara de eco. Los peores años que Freyre vivió en prisión transcurrieron en los pabellones conocidos con el nombre eufemístico de «Tratamientos Especiales». También lo mantuvieron bajo vigilancia en la zona COC (Celdas de Observación y Clasificación).

No abundan los casos dónde un recluso haya pasado más de siete años en esas áreas carcelarias alejadas del resto de la población. Narra Freyre que las celdas ubicadas en el área de tratamientos especiales tienen techos muy bajos, piso de tierra y no cuentan con luz natural ni ventilación. Durante todo ese tiempo rogó sin suerte para que le proporcionaran un colchón y también cobijas limpias para soportar el frío.

Bajo el pretexto de que era un criminal peligroso, la autoridad restringió al mínimo las visitas familiares. Únicamente Rosa —después de que obtuvo la libertad condicional— logró acceder a su hijo. Cada vez que regresaba de la visita ella se refería con desolación: «Primero fue la muerte de Jonathan, después la injusticia de César, luego el fallecimiento de Julieta y, al final, la familia que se fracturó para siempre».

En un principio, las tres mujeres de la familia Freyre se empeñaron en rescatar a César. Mientras Rosa llevaba la relación con la abogada Ámbar Treviño, Ivonne se asesoró para presentar una queja ante la Comisión Interamericana de Derechos Humanos y Julieta intentó volver pública la injusticia ante los medios de comunicación.

Al tiempo que ellas libraban cada una sus batallas, hubo otra mujer que visitó sin restricción y muchas veces a César: «Tengo luz verde para venir y hacer lo que quiera», dice Freyre que lo amenazó la señora Wallace.

Añade el expolicía que ella nunca andaba sola. Una comitiva de achichincles fue testigo de las humillaciones. No sólo le gritaba majaderías y le escupía, también llegó a pegarle de cachetadas. El expolicía recuerda con mortificación cuando le mostró una fotografía de la tumba de su hermano Jonathan y también la vez que llevó una imagen de la casa donde vivía su mamá.

Entendió entonces que él no era el único integrante de su familia bajo observación. ¿Quién le había entregado luz verde a la tal Isabel? Aunque fuera falso, los guardias de aquella cárcel actuaban como si la orden viniera desde la presidencia.

Cuando se interroga a Freyre sobre aquellos primeros años, él responde con un relato íntimo de sus tribulaciones: «Un día me di cuenta de que todo era apócrifo. Te descubres infectado de un virus mortífero. Lloras y nadie lo sabe. Limpias el piso de la celda y sólo tú te enteras de que estaba sucio. Continúas viviendo sin saber bien por qué».

Hay una sola cosa de lo que Freyre se siente arrepentido: haber sido policía. Dice que todo habría sido distinto para él y los suyos si, en vez de enrolarse como funcionario, se hubiera conformado con ser comerciante.

El tema se presta para interrogarlo sobre las tareas que desempeñaba en la Secretaría de Seguridad Pública de Morelos: «Me dedicaba a perseguir secuestradores. Yo lideré grupos de agentes con los que desmantelamos varias bandas. Algo que me pareció detestable, desde siempre, es el hacer negocio con la libertad de otras personas».

Es un mal chiste que haya sido acusado de cometer el delito que más desprecia. Era también difícil imaginar que terminaría, él mismo, siendo la víctima de una injusta, prolongada y arbitraria privación de la libertad. Por Freyre igual han pedido rescate; en su caso no se trata de dinero sino de algo más difícil de conceder: una declaración de culpabilidad.

César tuvo como ventaja que, como policía, conoció los mecanismos empleados para reventar a la gente. Por la misma razón sabía que una declaración entregada para salir del paso podía terminar enterrándolo por el resto de sus días. No sirvió, sin embargo, todo el esfuerzo invertido en resistir a las presiones. El jueves 24 de diciembre de 2009 Freyre fue condenado. Al juez le bastó con la falsa declaración de su exnovia y un par de pruebas fabricadas para mandarlo a envejecer entre cuatro paredes.

118

César Freyre cuenta que aprendió a vivir sabiendo que, en cualquier momento, podían volver por él. No dormía, no se distraía y no bajaba la guardia. Tenía la ingenua pretensión de estar al mando de una circunstancia donde, en la realidad, su voluntad no contaba para nada. Una vez sentenciado, dejó de importar lo que tuviera por decir sobre su participación en el secuestro, porque lo fundamental iba a ser que incriminara a Brenda y a Jacobo, cuyo proceso apenas comenzaba.

El sábado 2 de octubre de 2010 ingresó a su diminuta celda un grupo de hombres encapuchados. La coincidencia de la fecha y también la vestimenta podrían hacer pensar en la misma gente que visitó a Albert Castillo, diez días después, en la prisión de Puente Grande, y a Brenda, en las Islas Marías. Le vendaron los ojos para luego conducirlo a un lugar *indeterminado*. Los estragos físicos que hoy exhibe Freyre son mayormente el resultado de esa sesión salvaje de tortura y de otra más que ocurrió antes de que terminara ese mismo mes.

Cuando relata aquel sufrimiento, sus memorias parecen muy recientes: «Te meten en agua y luego viene la electricidad. La cabeza va dentro de bolsas con amoniaco para que los pulmones se contraigan. Entonces temes un paro respiratorio o un infarto».

El reporte de la CNDH de 2022 recupera las notas médicas posteriores a los dos eventos de 2010: «Que, a la entrada, donde se encuentra la aduana, hay una bodega con costales y hay [también] un cuartito en donde le retiraron toda su vestimenta, incluida la ropa interior y sólo le dejaron los zapatos. [Después] lo envolvieron con una sábana y lo vendaron con cinta gris, [en] todo el cuerpo. De ahí lo subieron a un helicóptero, donde lo sujetaron sólo de los tobillos. Una vez que la nave despegó lo arrojaron al vacío».

Afirma César que esa misma madrugada, mientras iba y regresaba del desmayo, aquellos hombres le informaron sobre la muerte de su hermana Julieta, ocurrida pocas horas antes. Entendió después que la fecha de aquel tormento no había sido elegida al azar. Ese mes de octubre fue el más cruel: «Hay luz verde para hacer contigo como nos venga en gana», insistió la voz, esta vez del autor material de la barbarie, mientras la mirada de Freyre apuntaba en vertical hacia la tierra.

Para Rosa Morales la historia del helicóptero fue el punto de inflexión. Se convenció de que, si no hacía algo definitivo, César alcanzaría pronto en el cementerio a Jonathan y a Julieta. Era el momento de recalcular, desde cero, la situación de su hijo.

Resulta irrelevante saber quién tuvo primero la idea, aunque de los dos, César siempre la superó en terquedad. En cualquier caso, fue Rosa quien tomó el teléfono para comunicarse a la oficina de Alto al Secuestro. Minutos después, la secretaria de la señora Wallace devolvió la llamada ofreciendo que en ese mismo instante podía enviar un vehículo para recogerla. Rosa respondió que prefería llegar por sus propios medios —según explica— porque temió que fueran a raptarla para luego sacar ventaja contra su hijo.

Las negociaciones tomaron tiempo porque incluyeron varios temas complicados. El más importante para Rosa era sacar a César del COC. Ella no estaba dispuesta a tolerar que su hijo pasara más tiempo aislado. A cambio se le exigió a César que firmara una carta dirigida al juez. Hay varios párrafos destacables en ese texto, por ejemplo, dónde el expolicía confiesa haber «conspirado» para alegar tortura. Ahí también Freyre se desiste de las diligencias emprendidas por su hermana Ivonne ante la Comisión Interamericana de Derechos Humanos.

No obstante, el punto central de esa misiva es la incriminación que hizo de Jacobo y Brenda en el delito cometido contra Hugo Alberto. La narración de hechos supuestamente ocurridos la madrugada del martes 12 de julio de 2005 es muy similar a la proporcionada por Juana Hilda. Ahí se habla, entre otros temas, de la compra de la sierra eléctrica y del viaje que habrían hecho los criminales al sur de la ciudad para arrojar los restos de la víctima a través de la ventanilla de un automóvil que era propiedad de Brenda.

César añadió un detalle macabro que nadie había mencionado con anterioridad. Según esta versión, el expolicía habría escondido la cabeza y las manos del hijo de la señora Wallace en el domicilio de un santero que era su padrino. Esos restos permanecieron cinco días en ese lugar, pero se descompusieron y por ello César y Brenda regresaron a buscarlos.

Afirma César que la señora Wallace exigió también que participara en una reconstrucción de hechos por la zona de Xochimilco, donde más tarde habría llevado a pasear a Jacobo Tagle.

La situación del expolicía mejoró, una vez cumplidos los acuerdos. La señora Wallace entregó entonces a la prensa una declaración incomprensible para el resto y sin embargo coherente con lo pactado: «Es momento para la excarcelación de Freyre, porque ya confesó todo lo que pasó en el secuestro de mi hijo y aceptó finalmente haberlo matado».

A Freyre obviamente no lo excarcelaron, pero sí lo sacaron del COC. Siete años después de que fue aprendido, abandonó por fin los pabellones de castigo para ser hospedado con el resto de la población.

Para ese momento Felipe Calderón había dejado de ser presidente.

Rosa y César no midieron la reacción del resto de su familia respecto de los acuerdos logrados con la señora Wallace. Hubo quien no fue capaz de entender que la sobrevivencia de César dependía de ese acto aparente de traición. Tanto que había hecho Ivonne ante la Comisión Interamericana de Derechos Humanos y sin embargo su hermano lo había echado todo a perder. Fue también insoportable que hubiera dado la espalda a la terrible muerte de Julieta, cuyo fallecimiento es indisociable de la persecución.

Las decisiones de César y Rosa tuvieron consecuencias atómicas. A partir de ellas, Ivonne no quiso volver a saber nada de su madre ni de su hermano. Lo mismo ocurrió con Andrés, el marido de Rosa. El trato con el monstruo había destripado para siempre a la familia.

Con todo, aquel acuerdo no le ahorró a César un último episodio de brutalidad. En noviembre de 2016, los sujetos del rostro cubierto volvieron a visitarlo, esta vez para advertirle que debía ratificar las acusaciones realizadas tiempo atrás contra Brenda y Jacobo. «Me tiraron al piso e hicieron revisión corporal. Aplicaron gas pimienta con un extintor al que le habían colocado una suerte de bazuca. No tuvieron piedad con el *taser* y me patearon hasta cansarse».

Resulta obvio que las agresiones, tanto de 2010 como de 2016, nunca tuvieron que ver con su responsabilidad en el crimen. De Freyre, la señora Wallace necesitaba otra cosa: que incriminara a quienes aún no habían sido juzgados, «...que señalara a mis coprocesados como partícipes del asesinato de su hijo».

Esta última ocasión el expolicía decidió volver a la actitud resistente, tal como había hecho durante los primeros años.

En septiembre de 2016, ante el juez de la causa acusó que le habían coaccionado para involucrar a gente inocente: «Por Jacobo Tagle meto las manos al fuego y no tengo tampoco conocimiento de que Brenda sea culpable de algún asunto», rectificó.

La señora Wallace estuvo presente en esa audiencia judicial y al terminar reventó furiosa contra el expolicía: «Están desesperados, pero nunca han podido probar que fueron torturados. Es una estrategia muy socorrida por quien trata de evadirse. Aunque antes no habían dicho nada de eso».

A lo largo de esta historia son rosario las denuncias por coacción física y psicológica en contra de los acusados. La primera fue presentada por Juana Hilda. Luego hicieron lo mismo Brenda y Jacobo, Tony, Albert, Freyre, Vanessa Figueroa y Luis Miguel Ipiña, entre tantas víctimas.

«De Juana Hilda, en cambio, no tengo nada que decir. A ella no la conozco del todo», añadió Freyre.

Esta frase es un acertijo. ¿Por qué no confirmar la inocencia de su expareja? ¿La consideraría culpable de algún modo? ¿O no le perdona que los haya acusado falsamente? Tampoco Rosa Morales guardó buena impresión de la bailarina. Vivió convencida de que la tragedia sufrida por su hijo era principalmente responsabilidad de ella.

Cada cuál necesita sus propios culpables. Un chivo expiatorio para otorgar coherencia al horror caótico: «Llego a casa y grito a sus retratos —refirió antes de morir la señora Rosa—. Necesito que me expliquen por qué me abandonaron».

En 2022 Rosa Morales falleció sola, enferma y tremendamente desgastada. No pudo cumplir con la promesa que se había hecho de sacar a su muchacho de la cárcel. Sólo la cicatriz del miedo la sobrevivió.

CAPÍTULO XXII

119

¿Por qué las peores torturas sufridas por tres de los integrantes de la supuesta banda de Chalma sucedieron durante el mes de octubre de 2010 (Albert el martes 12, Brenda el miércoles 13 y César el sábado 2 y el viernes 22 de octubre)? Para esas fechas Juana Hilda, César Freyre, Albert y Tony Castillo ya habían recibido una sentencia condenatoria. Hay una explicación que, por perversa, podría sonar exagerada. En octubre de 2010 la CNDH, encabezada entonces por Raúl Plascencia, aliado incondicional de la señora Wallace, anunció que postularía a la madre de Hugo Alberto para que recibiera el premio otorgado por esta dependencia todos los años.

Cabe la posibilidad de que esas torturas hayan coincidido en el tiempo porque la señora Wallace quería recibir dicho premio habiendo antes cerrado el caso que la catapultó. Quería contar con las confesiones firmadas por los acusados para que no quedara duda de la culpabilidad de todos, sobre todo de Brenda y Jacobo, quienes no habían sido sentenciados aún. La incoherencia es extraordinaria, pero es la mejor respuesta posible: se habrían violado los derechos humanos de los imputados para obtener de su boca los testiminios que permitirían a la señora Wallace recibir el galardón de manos del presidente Felipe Calderón.

Alrededor de esa misma fecha, la revista *Time* consideró nombrarla entre las personas más influyentes del año. El periodista León Krauze escribió que merecía ese reconocimiento porque en aquellos tiempos difíciles era una mexicana extraordinaria: «Lo auténticamente notable es que doña Isabel se volvió una experta legal y, junto con otros que han sufrido lo indecible, se dispuso a modificar las leyes del Estado mexicano para mejorar al país».

Antes de esa nominación, también la revista *El País Semanal*, publicada en España, la seleccionó entre las cien personas más destacadas del mundo; su nombre apareció junto con el de la presidenta de Chile, Michelle Bachelet, el escritor portugués José Saramago y el tenista español Rafael Nadal. En las páginas de esa publicación, bajo a su fotografía se imprimió un texto firmado por la actriz mexicana Patricia Reyes Spíndola. Entre las varias alabanzas que ella le dedicó, destaca uno de los episodios más intrigantes del caso Wallace: «No deja de asombrarme la rapidez con la que su instinto de madre despertó en ella la fatal sospecha: antes de veinticuatro horas había descubierto el lugar donde se encontraba la furgoneta de Hugo, descubrió a los secuestradores, los denunció y [...] continuó con zozobra buscando el cadáver de su hijo».

Releyendo las cosas formidables que se dijeron de la señora Wallace, uno puede perderse dentro de un laberinto con paredes de espejo. Ella se convirtió en una inmensa pantalla de cine para magnificar a la vez frustraciones y anhelos: frustración y enojo ante la violencia, y por tanto con la incapacidad de la política para resolverla. Anhelo también, impreso en la figura de una madre cuyos talentos casi mágicos pretendían ser el antídoto contra la desesperanza. *El País*, *Time* o el presidente Calderón coincidían en algo: más que reconocerla por sus méritos, la habían convertido en la encarnación del espíritu humano en lucha contra una época violenta.

Pocas personas pudieron entonces imaginar la disonancia que años después se haría evidente: los elogios desbordados eran opuestos a las narraciones que Jacobo Tagle hizo sobre lo que sufrió en las horas posteriores a su detención. También lo eran respecto de las denuncias que presentaron César Freyre, Albert Castillo o Brenda Quevedo por lo que les hicieron en la cárcel.

La irrelevante pequeñez de esas personas frente a la inmensa estatura de la señora Wallace fue el argumento principal para que su verdad tardara en ser respetada. Ninguno de ellos habría soñado con el poder que ella logró amasar. Cuando la señora Wallace ungió a Raúl Plascencia como presidente de la CNDH, demostró que estaba por encima del resto.

Ese hombre le devolvió luego el favor haciéndola merecedora al Premio Nacional de Derechos Humanos. La ceremonia de entrega se llevó a cabo el miércoles 15 de diciembre de 2010 en el salón Adolfo López Mateos de la casa presidencial. Felipe Calderón ofreció el discurso principal en un evento abarrotado por senadores, diputados, funcionarios, generales y secretarios de Estado. Entre los asistentes reapareció su esposo, José Enrique Wallace: tantas veces que el juez lo citó y las mismas que ella lo justificó por un supuesto mal cardiaco.

Durante el evento, el presidente Calderón aconsejó que el resto de la ciudadanía la imitara. Recordó los anuncios gigantescos, aquellos que colgó para denunciar el asesinato de su hijo. El mandatario también hizo eco de su reclamo a propósito de que en México los criminales tenían más derechos que las víctimas. La felicitó por las leyes que propuso y por las nuevas unidades antisecuestro que, por su insistencia, estaban siendo creadas en todo el país. Este es un extracto de su discurso:

> Es un honor para mí, no sólo como presidente de la República, sino como mexicano, el poder participar en este evento y entregar el Premio Nacional de los Derechos Humanos 2010 a una gran mexicana.
>
> Hoy recibe merecidamente este alto reconocimiento la señora Isabel Miranda de Wallace, una mujer admirada, una mujer respetada por promover una mejor impartición de justicia que acabe con la impunidad que agravia a la sociedad entera.
>
> Su historia es una lección de orgullo, de coraje, de dignidad para todos los ciudadanos.
>
> Ante la pérdida de su hijo, por la cobarde acción de un grupo de secuestradores, ella emprendió una verdadera cruzada para identificar, para localizar y para llevar ante la justicia a los culpables de este terrible suceso.

Yo, como miles de mexicanos, me sorprendí el día en que [...] vi los espectaculares [...].

Para mí fue un momento de asombro, de reflexión, fue un impacto similar al que generó entre muchos [...].

La primera reflexión que hice aquel día fue: «¡Ojalá lo encuentre!». Y fue un acto totalmente inédito porque convocaba la señora Wallace a la ciudadanía. Todavía hace unos días... fue detenido uno más de los responsables de este crimen infame [Jacobo Tagle Dobín].

Su caso ha puesto de manifiesto la barbarie con la que actúan estos criminales, [y] la urgencia de que los mexicanos cerremos filas para poner un alto a la delincuencia y a la impunidad, particularmente en el delito de secuestro.

También evidencia la falta de atención, de sensibilidad, la lentitud, la ineficacia; son muchas las expresiones que pueden caracterizar a las autoridades [...].

Por eso, señora Wallace, la causa que usted abandera [...] es la causa de todos los mexicanos, porque es una causa que sacude la conciencia nacional para frenar a la delincuencia y a la impunidad que la hace posible.

Doña Isabel convirtió una amarga experiencia personal en una poderosa fuente de inspiración. No sólo para evitar que la muerte de su hijo quedara impune, sino también para contribuir a la construcción de un México más seguro [...].

La señora Wallace con una mano señaló a los delincuentes, y con la otra exigió a las autoridades cumplir con su deber [...]. Al poner el dedo en la llaga, evidenció también la imperiosa necesidad de promover una cultura de la legalidad, de estimular la denuncia ciudadana, de fomentar la prevención del delito, de perfeccionar los sistemas de impartición de justicia.

También puso de relieve [...] la importancia vital –que comparto totalmente– de defender a las víctimas del secuestro, las grandes olvidadas de la procuración de justicia, durante años y durante décadas en el país.

La nuestra ha sido una legislación que se ha concentrado en los derechos del procesado. No ha sido hasta recientemente [...] que se ha iniciado el reconocimiento formal de los derechos de las víctimas [...].

[...] el hecho de que las víctimas tengan voz, y tengan una voz clara, que sea protegida, que tengan derechos que se reconozcan, y que se mueva el aparato de justicia no únicamente para garantizar los derechos de quien es acusado, sino y sobre todo para garantizar los derechos de quien ha sido víctima, es a mi juicio uno de los mayores desafíos aún pendientes del sistema de procuración de justicia.

Con su tenacidad, con su fortaleza de espíritu y su elevada estatura moral, la señora Wallace ha enviado un mensaje fuerte y claro a toda la sociedad: que nadie, bajo ningún motivo, bajo ningún pretexto, bajo ninguna circunstancia debe escapar de la acción de la justicia.

La imagen que todos tenemos de Isabel Miranda de Wallace es la de una mujer íntegra, de una mujer valiente y una mujer decidida. La definen palabras de amor y coraje. Y ese coraje y ese amor, no sólo por los suyos, sino por los valores en los que cree, nos presentan a una mujer que es congruente. Congruente entre lo que piensa, entre lo que dice y entre lo que hace [...].

Por todas estas razones, señora Isabel Miranda de Wallace, es un gran honor entregarle este máximo reconocimiento en materia de derechos humanos. Aquí está, a mi juicio, una prueba indiscutible del enorme poder que tiene la ciudadanía para transformar a México.

Señora, usted es una fuente de inspiración de millones y millones de mexicanos [...] usted es una fuente de inspiración también para mí. Un testimonio de entrega, de valor. Su perseverancia nos inspira, a mí en lo personal, para seguir avanzando día con día, para seguir buscando y luchando por cambiar a nuestro país [...] un México distinto donde la gente pueda verdaderamente caminar, y convivir, y estudiar y trabajar libremente sin miedo, sin temor [...] [a] las calles dominadas por los delincuentes.

Cuente conmigo, señora Wallace, en ese empeño. Yo sé que cuento con usted. Y enhorabuena por este merecidísimo reconocimiento. Por este Premio Nacional de Derechos Humanos.

120

Mismo mástil, misma avenida, misma esquina: ahí donde la señora Wallace debutó seis años atrás, decidió lanzar su campaña electoral para ser jefa de gobierno del Distrito Federal. Esta vez no colgó en el espectacular la imagen de César Freyre, sino una consigna de campaña: «Vota por ti, llegó tu momento». El discurso de esa mañana no pasó desapercibido. Se refirió a los héroes ciudadanos que, como ella, son capaces de cambiar la historia.

Durante los años previos había domesticado con habilidad el argumento de la superioridad moral: «Yo no creo en la política. No creo que a través de ella puedan solucionarse los problemas, porque desgraciadamente el sistema no lo permite».

También recurrió al parlamento de la *mano dura*. Prometió que como gobernante erradicaría el secuestro; crearía una policía capaz de atrapar a esos delincuentes para luego condenarlos a muerte: «No podemos darle ningún beneficio al secuestrador, porque de lo contrario estaríamos mandando el mensaje equivocado. En esto no hay que tentarse el corazón, ¡más vale que se mueran! La pena capital evitará que en las cárceles perfeccionen sus estrategias y continúen lastimando a la sociedad».

Si con estos argumentos se volvió un personaje célebre, la señora Wallace daba por sentado que también con ellos conseguiría el triunfo en las urnas. Prácticamente todos los partidos le ofrecieron cargos públicos: le preguntaron si aceptaría ser diputada, jefa de gobierno, gobernadora y hasta procuradora de la capital. Por un tiempo dijo que no. Cuando un presentador de la televisión le preguntó si querría ser presidenta de México, ella abrió la puerta a la modestia y contestó que no se sentía preparada: «No tengo el conocimiento ni la fuerza ni las ganas», expresó.

Por esas mismas fechas Felipe Calderón dijo que él y su partido, Acción Nacional, estaban abiertos a postular a un candidato «ciudadano» para sucederlo en 2012. La señora Wallace respaldó de inmediato la iniciativa; afirmó que el siguiente presidente de la República no debía ser un político de carrera, sino un integrante destacado de la sociedad civil.

«Yo estoy convencida de que es la única manera para que las cosas cambien, porque no creo que un buen mandatario pueda salir de los partidos».

Un día Felipe Calderón la llamó para preguntar si estaría dispuesta a postularse como jefa de gobierno de la capital. La señora negó después que la oferta hubiera venido de la casa presidencial, pero no quiso engañar a su familia: ahí contó que el mandatario había mencionado las encuestas y que en ellas aparecía con una buena ventaja.

Se escucharon rumores sobre un eventual pago que la señora recibió a cambio de aceptar; se decía que la contrataron como se hace con las actrices de las películas. Aunque no hay forma de confirmar esa versión, sí hubo una recompensa. La señora Wallace mandó traer a su sobrino Andrés, hijo de su hermana Asunción —el cual se encontraba estudiando en Inglaterra—, para que se inscribiera como candidato a diputado. En esa fecha el joven tenía veintisiete años y su experiencia política era muy precaria. La aspirante a gobernar la capital defendió que de eso se trataba: para sacar a la vieja clase política había que aportar sangre nueva.

Consiguió un lugar seguro para que Andrés ingresara al Congreso local; con ello lastimó a quienes compitieron con ella por la jefatura de gobierno y creyeron que, como recompensa a su disciplina, conseguirían una mejor silla en el Legislativo. La suma de quejas entre los dirigentes partidarios comenzó a abultarse.

«Yo no soy la candidata del presidente, soy una candidata ciudadana», insistió cada vez. «No estoy aquí por haber levantado la mano. A mí me ofrecieron esto; no me pidieron nada a cambio ni yo tampoco. Creo que vieron en mí una oportunidad para reconciliarse con la ciudadanía».

Al presidente le habrá sentado mal cuando la señora Wallace afirmó que el crimen tenía infiltrado el aparato de su gobierno. Tampoco fue sensible con las convicciones conservadoras del electorado que tradicionalmente votaba por Acción Nacional: contrario a las preferencias de su militancia, ella se pronunció a favor del aborto y de los matrimonios entre personas del mismo sexo.

El partido tardó una eternidad para apoyarla con dinero, y cuando los recursos llegaron la candidata contó sólo con gorras y camisetas que ni su nombre traían para distribuirlos en los actos de campaña. El síntoma más agudo del abandono político fue el edificio donde instaló a su equipo: un inmueble fantasma que ni siquiera ella visitaba. La señora Wallace quiso manejar su candidatura como había hecho con todo lo demás en su vida: confiando únicamente en sus familiares.

El primer gran descalabro sucedió durante la segunda semana de mayo de 2012, cuando la invitaron a dar una conferencia en una universidad donde asisten los hijos de las familias adineradas. Ahí se equivocó al creer que caería bien su opinión, un tanto clasista, sobre las razones por las que la gente votaba por la izquierda, y explicó que esos electores eran víctimas del analfabetismo: «No saben leer ni escribir, por eso votan por el Partido de la Revolución Democrática», tituló algún matutino, ciertamente con un dejo amarillista.

No pudo quitarse de encima a los oponentes que la acusaron de discriminadora. Días después, cuando visitó otra universidad —ésta más popular—, fue abucheada desde que llegó hasta que salió de ahí. Antes siquiera de que intentara pronunciar la primera palabra, un estudiante se paró a su lado con un letrero que decía: «El muerto al pozo y el vivo al gozo». La alusión vinculaba sin sutileza la nueva carrera política con la sepultura de Hugo Alberto.

La señora Wallace dio un paso adelante para defenderse: «He vivido toda mi vida en la capital, vengo de una familia de escasos recursos, prueba de ello es que mi padre trabajaba doble jornada como taxista para cubrir los gastos del hogar. Yo soy proletaria porque fui a escuelas públicas, me subo al metro y no tengo ningún problema con eso».

Mientras más hablaba, peor se ponía el ambiente; los estudiantes lanzaron majaderías. Roberto Miranda, que acompañó a su hermana a ese infortunado evento, decidió sacarla en volandas, temiendo una agresión física.

«¡En Iztapalapa no somos analfabetas!», gritaban unos, mientras otros exigían que se largara.

Para ese momento era obvio que la candidatura de la señora Wallace tenía problemas, ya no sólo para despegar, sino para evitar el hundimiento definitivo.

También en esta aventura José Enrique Wallace, el esposo, la dejó sola. Cuando la prensa comenzó a cuestionar su ausencia, ambos se dejaron ver en la Catedral Metropolitana, donde el cardenal Norberto Rivera acostumbraba presidir la misa principal de los domingos; llevaron con ellos reporteros y fotógrafos. Al concluir el oficio, el prelado echó a caminar a toda prisa en lugar de acercarse, cabe suponer que para evitar la trampa de convertirse en un personaje de esa campaña política, sobre todo después de que la señora Wallace se manifestó a favor del aborto.

«Yo no avisé y no tenía por qué hacerlo. Vine como cualquier feligrés a escuchar al cardenal, igual que lo hago cada ocho días; no quería hacer un espectáculo, incluso les dije a los reporteros que esperaran afuera porque era un evento privado».

Interrogada sobre su vida religiosa, la señora aprovechó para contar que todos los días comenzaba su jornada a las cinco y media de la mañana y que rezar era lo primero que solía hacer: «Sé que esto es algo que, a nivel personal, es muy difícil de entender, pero confío en Él. Tuve conflictos con Dios, reproches, pero un día me dijo en Su bondad: "¿Quién eres tú para venir a cuestionarme? Yo soy el dueño de todo. Te doy y te quito cuando quiero"».

Aquel evento religioso tampoco produjo buenos réditos a la campaña. Era un poco tarde para acercarse a los conservadores votantes de Acción Nacional. El último balde de agua fría cayó encima un mes antes de las elecciones, cuando la revista *Proceso* puso a la señora Wallace en su portada con una fotografía proveniente de una ficha penal de la policía elaborada una década atrás, cuando fue acusada por intento de asesinato. Ella negó aquella imputación, aunque sabía que esa imagen era genuina.

121

En el mundo abundan personajes públicos que, como la señora Wallace, prometen a los votantes *mano dura*; políticos que ofrecen construir cárceles inmensas para arrojar cual desperdicio a miles de jóvenes nacidos en los barrios más pobres, o líderes que sueñan con nuevos campos de concentración para encerrar a todos los migrantes indocumentados. Ella entendió temprano el rédito que proporciona esta demagogia penal.

Nada la ha frenado a la hora de desacreditar a los tribunales cuando protegen derechos. Ha declarado más de una vez que el problema del secuestro tiene que ver con que los jueces dejan libres a los delincuentes. También reventó contra Amnistía Internacional cuando denunció al ejército como la dependencia que enfrentaba el mayor número de quejas por tortura. Para ella, que alguien haya atravesado por tormento físico o psicológico no lo convierte en inocente. La tiene sin cuidado que, en la inmensa mayoría de las ocasiones, sin las declaraciones obtenidas mediante tortura, no hay nada más con qué acusar a la persona, tal como sucedió en los casos de Juana Hilda, Jacobo o César Freyre.

Durante su campaña a jefa de gobierno del Distrito Federal, la señora Wallace se distrajo con el caso de una francesa exhibida como secuestradora, a pesar de que su detención fue notoriamente arbitraria. El expediente de Florence Cassez llegó hasta la Suprema Corte al mismo tiempo que ella pedía el voto de la ciudadanía. No desaprovechó la ocasión para utilizarlo en favor de sus argumentos.

A cuanto programa de radio y televisión la invitaron, acudió para hablar mal de la francesa. En su opinión, era irrelevante que la policía la hubiera privado de la libertad durante más de doce horas de manera ilegal; tampoco dio importancia a que la escena de su captura fue montada con el propósito de teatralizar la eficacia de la policía ni que su supuesto cómplice, Israel Vallarta, fue torturado frente a una cámara de televisión después de que ya había sido sometido.

La señora Wallace abordó el caso Cassez con una energía similar a la que antes empleó para denunciar el secuestro de su hijo. Esa decisión tenía lógica: en los dos expedientes se inventaron testimonios y evidencia para crear una hipotética banda de secuestradores. Las personas que participaron en los montajes fueron prácticamente las mismas, destacadamente Eduardo Margolis, el hombre que, según sus propios dichos, había ayudado a la señora a dar con el paradero de Juana Hilda, Albert Castillo y César Freyre.

Mientras estaba distraída litigando este tema, el semanario político *Proceso* publicó en su portada una ficha penal con el rostro de la señora Wallace. Esa imagen informó a sus votantes potenciales, y al resto de México, que la gran defensora de las personas secuestradas, la implacable vengadora ciudadana, tenía oscuros antecedentes. La candidata reaccionó rápido para aclarar que la fotografía y la ficha eran una fabricación, dijo que sus adversarios optaron por una guerra sucia:

«¡No soy yo!», reclamó, y luego dio a conocer un documento oficial negando esos hechos.

¿Cómo se le ocurrió confiar en que una cosa así no saldría a la luz en la competencia política? La historia que la señora Wallace trató de ocultar sucedió efectivamente en 1998 y, aunque fue absuelta, la obligó a pasar varias noches en la cárcel. Pocos episodios de su biografía dicen tanto sobre su carácter como la vez que, auxiliada por su hijo Hugo Alberto, cortó las mangueras de una grúa hidráulica provocando un accidente que pudo haber matado a varias personas.

De no haber sido por la asesoría legal del licenciado Ricardo Martínez, probablemente ambos habrían sido procesados por el delito de intento de homicidio. Aunque un tribunal terminó por absolverla, porque supuestamente había actuado sin dolo, cuando ingresó a la prisión le tomaron fotografías de frente y perfil para elaborar la ficha criminal.

Si bien los cargos fueron desechados, dentro de los archivos sobrevivió aquel documento que, como es natural en las campañas electorales, se hizo público y mostró con ello las contradicciones de la señora Wallace. El problema fue que mintió al afirmar que aquel episodio de su vida era falso. En vez de explicar el origen de esa ficha, negó las acusaciones que sí existieron en su contra. La candidata que inició su carrera política denunciando la corrupción de los jueces, se había beneficiado de ese mismo sistema torcido.

122

Regresó a Iztapalapa para cerrar su campaña; no podía resignarse al rechazo que provocó en esa zona de la ciudad, la más poblada de todas. El evento de clausura fue el peor: no asistieron ni ciento cincuenta personas. La mayoría de las sillas aportadas por el partido que la postuló se quedaron vacías. Cuando tocó el turno para que tomara la palabra, la candidata volvió con necedad sobre el tema que antes le costara tan caro: increpó a las personas que por ignorancia vendían su voto. Con soberbia dijo que se merecía ganar porque era la única candidata honesta. Aquel no era su público, pero no tuvo la sensibilidad para entenderlo. Tampoco se dejó ayudar.

La fecha en que se celebraron los comicios, la candidata asistió a misa antes de ir a la casilla. Como antes lo hiciera en la Catedral Metropolitana, quería dejar en claro que era una mujer religiosa. Luego se presentó a sufragar con su esposo, José Enrique. Los acompañaron los reporteros que le habían seguido el paso durante los últimos tres meses.

El día después fue terrible. Nunca en la historia reciente del Partido Acción Nacional los resultados en el Distrito Federal habían sido tan malos; consiguió apenas el trece punto seis por ciento del voto. El fracaso fue tremendo. Desde su fundación en 1946, esa fuerza política había sabido crecer su preferencia en la capital del país; si bien seguía sin ganar la jefatura de gobierno, Acción Nacional se mantenía en segundo lugar. Esa derrota hundió al resto de las candidaturas: de los treinta y tres distritos locales, el partido que la apoyó únicamente obtuvo dos, y de las dieciséis delegaciones se quedó sólo con una.

Quien sí consiguió asiento en el Congreso local fue su sobrino Andrés, el hijo de su hermana Asunción. Esto encendió peor los ánimos dentro de la militancia del partido. Sus dirigentes calificaron esa candidatura como la consecuencia de un acto irresponsable y autoritario de Felipe Calderón, quien todavía era presidente; a la señora Wallace la acusaron de dar la espalda a los valores del partido y de haberse portado con arrogancia a pesar de que no contaba con ninguna experiencia política. Se arrepintieron, pues, de haberla postulado sin la preparación para enfrentar un desafío tan complejo.

Prueba de que la señora Wallace estaba en la luna fueron las declaraciones que hizo al conocer los resultados: «Yo ya gané, y si perder es ganar, ya gané», explicó de manera críptica.

Presumió que se trataba de un triunfo para la sociedad civil que la respaldó, ya que con su candidatura demostró que era posible conseguir votos a pesar de contar con una hoja de vida limpia.

123

Antes su fama sólo había ido en aumento, pero con la derrota electoral de 2012 esa trayectoria comenzó su declive. Su protagonismo fracturó la legitimidad de sus motivaciones y a partir de este episodio aparecieron los detractores. Quienes antes la admiraban reclamaron que haya utilizado una causa noble para propósitos electorales; hubo cuestionamientos por el uso que hizo de la muerte de su hijo y también por los negocios que consiguió gracias a la influencia obtenida a partir de los temas que defendía.

Semanas antes de la elección, la señora Wallace acusó al candidato que le ganó, por casi cincuenta puntos, de haberse vendido al propietario de otra empresa dedicada a la publicidad exterior. Envió a un grupo de trabajadores de su compañía —vestidos con un chaleco que llevaba las siglas de Showcase— a reventar uno de los actos de campaña de su adversario con pancartas donde se le señalaba de corrupto.

Igual se hizo público un supuesto acuerdo al que llegó con el partido que la apoyó para que, una vez integrada la nueva legislatura, se promoviera una ley que habría de beneficiar a sus empresas de publicidad. Si bien ella respondió con una carta aclaratoria, su reputación, que venía en picada, volvió creíble ese rumor. Es que fue muy notorio el crecimiento de sus negocios durante el periodo que corrió entre la desaparición de Hugo Alberto y la celebración de aquellos comicios; aunque declaró que se había apartado del sector de la publicidad exterior cuando comenzó a buscarlo; sus competidores afirman que tal cosa es mentira.

En 2005 la señora Wallace era propietaria de unos sesenta y cinco anuncios espectaculares, la mayoría ubicados en el Distrito Federal, y para 2012 ese número se había multiplicado tres veces. Lo más importante es que logró sumar a su patrimonio espectaculares localizados sobre las vialidades mejor cotizadas. Si ya era una mujer rica cuando el presunto secuestro de su hijo, sus cuentas bancarias se hicieron más grandes gracias a los contactos que consiguió luchando supuestamente contra las bandas de secuestradores. Ése fue su mejor negocio: ninguna autoridad que apreciara su propia trayectoria dentro del sector público estuvo dispuesta a enfrentarse con ella.

La publicidad exterior también ha sido muy generosa con su familia: Claudia, su hija; sus hermanos Roberto, Asunción y Guadalupe; los sobrinos Jorge Ortega y Luis Alberto Miranda, entre otras personas de su entorno, han cobrado buenos sueldos en la nómina de dichos negocios. Hay, sin embargo, una anomalía que merecería ser explicada. A pesar de que en distintas ocasiones la señora Wallace refirió que Hugo Alberto fue fundador y dueño de esas empresas, esto no puede confirmarse en el papel.

Showposter S. A. de C. V. aparece como propietaria de las estructuras espectaculares, y sin embargo Hugo no estuvo jamás registrado como socio ni como empleado de esa empresa. No aparece como accionista en el acta constitutiva y tampoco hay rastro suyo en los libros contables. Según el organigrama, Claudia Wallace fue gerente de ventas y Asunción ocupó otro cargo directivo relevante; antes de desaparecer, sin embargo, su hijo varón ya era un fantasma dentro de la compañía. Si bien hay testigos que confirman los servicios que prestaba a los negocios familiares, llama la atención que su nombre no haya estado vinculado formalmente.

CAPÍTULO XXIII

124

Su familia suele llamarla «Vane». Mejor nombrarla así para distinguirla de la otra Vanessa de esta historia, la vecina de la planta baja del edificio de Perugino: Vanessa Figueroa. El apellido de Vane es Bárcenas y fue también pareja de Hugo. Ella y Hugo se llevan quince años y eso fue parte del problema; a la chica la tomó desprevenida la asimetría entre experiencias.

En 2004 la mamá de esta chica trabajaba como corredora de bienes raíces, y entre las propiedades que promovía se encontraban un par de casas ubicadas dentro de una privada de la calle Galeana en el barrio de San Jerónimo Lídice. Hugo la conocía porque sus hijos habían estudiado en el Colegio Aztlán cuando él daba clases de inglés en esa escuela, patrimonio de su familia.

El día en que supuestamente unos hombres dispararon afuera de su casa de Coapa —cuando sucedió la historia del escape por la azotea de la vecina—, Hugo decidió cambiar de domicilio. Optó por las casas de la privada de Galeana porque le parecieron más seguras: ocupó una de ellas y otra más fue adquirida por Isabel y su esposo, José Enrique Wallace.

Claudia Muñoz tardó varios años en confirmar que había compartido a Hugo Alberto con Vane. Desde la época en que viajaron juntos a Tijuana, el padre de su hija ya sostenía una relación con esa chica, que era entonces una jovencita de veinte años muy bonita y que no había dejado aún la casa familiar. Sus padres tenían una posición económica holgada; era la princesa del papá y la consentida de la mamá. Ninguno se opuso a la relación de noviazgo entre su hija y ese hombre.

Para describir el estado de ánimo de Vane durante las primeras semanas de la relación con Hugo, sus amigos utilizan palabras como «endiosada» o «embobada», y es que él hizo lo que se le daba muy bien: seducir. Los adultos que intentaron hablar con ella para que no fuera tan rápido con el noviazgo se toparon con un muro altísimo.

Para ese momento Hugo había acelerado el ritmo de su vida por encima de cualquier límite recomendable y, sin saberlo, Vane se subió al asiento de junto. Ella hizo maletas y se las llevó a Galeana. Se convirtió en la señora de una casa donde comenzó a llegar publicidad para novias; durante un partido de futbol americano, Hugo le regaló un anillo de compromiso.

La velocidad sólo puede generar violencia, y en cuestión de días Hugo y Vane cayeron a un barranco. Ella refiere que los pleitos comenzaron porque Hugo multiplicó el consumo de alcohol y drogas. Vane se quejó del «estilo de vida ligero» que Hugo llevaba: al parecer le irritaban las fiestas donde acudía un mar de gente que ella desconocía. A pesar de su juventud, Vane no se asustaba, tampoco era una mojigata, pero no se divertía con el sexo como Hugo, quien empujaba cada vez más lejos el límite de sus francachelas.

El punto de quiebre fue la noticia de que Vane estaba embarazada. Ella contó que su pareja se puso muy contento con la noticia y ratificó la propuesta de matrimonio. Igual que había hecho con Claudia Muñoz, prometió que a su bebé no iba a faltarle nada. No obstante, un nuevo descalabro vino cuando a él se le metió en la cabeza que el niño podía no ser suyo.

Una madrugada con lluvia, Vane arribó a la casa de sus papás convertida en un amasijo de golpes y lágrimas. No fue sino hasta ese momento que la madre de la chica tuvo noticia sobre la persona en que se había convertido el antiguo profesor de inglés: antes de ese momento lo tenía por un hombre trabajador, un empresario exitoso y, por encima de todo, un tipo encantador que se desvivía por su niña.

En lugar de apartarse de él, Vane optó por convertirse en una estatua de sal que la fuerza destructora de su novio iba a derrumbar. En cuanto recuperó un poco de energía volvió a meterse a la casa de Galeana, donde armó un alboroto atestiguado por los vecinos. Como una chiquilla, se puso a lanzar huevos contra las ventanas y amenazó a voz en cuello con que si Hugo no la dejaba ingresar iba a cortarse las venas.

Después de aquel drama logró que le abriera la puerta. Sin embargo, los celos de Hugo no tardaron en gobernar otra vez la relación. Una nueva tunda condujo a Vane al hospital; la madre le curó cada golpe, porque el dolor en el cuerpo fue grande, pero más grave fue la pena por la pérdida del bebé. La versión que dio a la policía sobre el aborto es distinta a la que cuentan sus amigos: cuando fue llamada a declarar, dijo que había tropezado en las escaleras de la casa familiar. A esa chica le sucedió como a la mayoría de las mujeres violentadas, que prefieren ocultarse en lugar de sufrir la humillación de la condescendencia. Si para alejarse de su antiguo maestro Vane necesitaba un relato más terso, el maquillaje sobre las heridas era un recurso legítimo.

Cuatro meses después de ir a dar al hospital, Hugo la buscó. Esto fue en abril de 2005, faltaban noventa días para su desaparición. Por fin, Vane pudo decirle a la cara que no quería saber más de él, y mejor noticia fue que lograra salir entera después. Por aquellos días Hugo colocó cámaras dentro y fuera de su casa diciendo que así, si se presentaba aquella loca, podría llamar a la policía para evitarse otro mal trago; ella, en cambio, narró que Hugo tenía problemas relacionados con algo parecido al narcotráfico, y aseguró que fue él quien se lo había contado.

125

Geazul Ponce fue la última novia que los amigos de Hugo trataron antes de que el empresario se esfumara. La conoció cuando ambos consultaban al mismo ortopedista. Esa vez Hugo acudió al médico acompañado de Vane, la pareja previa; tal cosa no le impidió conseguir el teléfono de quien al año siguiente se sumaría a la lista de sus conquistas.

En Galeana el servicio bromeaba con lo fácil que era confundirlas por teléfono, ya que las voces de ambas eran muy parecidas. Cuando salieron por primera vez, él dijo que todavía estaba dolido por su relación anterior. Geazul fue tolerante con Hugo a pesar de que cada día estaba peor con la bebida; igual que otras hicieron antes que ella, siempre había que ayudarlo con la resaca. Geazul niega que Hugo haya sido una persona violenta, dice que nunca le levantó la mano. No obstante, se quejó por el coqueteo enfermizo de Hugo con otras mujeres y también de que tardara tanto tiempo para reportarse a los mensajes y las llamadas.

En este contexto fue cuando su novio le habló de la Barbie. Según ella, las conversaciones de Hugo con esa persona la irritaban porque cada vez se alejaba para evitar ser escuchado. Dice que un día no pudo más y le reclamó por esa falta de respeto:

—¿No sabe la tal Barbie que tienes novia?

Hugo estalló en risas, lo cual puso a Geazul de peor humor.

—¿Por qué te burlas de mí?

—Te tomo más en serio de lo que crees —reprendió Hugo mientras marcaba un número de teléfono.

Geazul se sumó a la burla cuando al otro lado de la línea no respondió una mujer sino un hombre.

—Perdón, es que estoy aquí con mi novia, que te tiene celos —comentó Hugo con su interlocutor.

Después de colgar, ella interrogó por el apodo:

—Debe ser muy guapo tu amigo para que le digan así.

Cuenta Geazul que Hugo levantó los hombros y dijo que a la Barbie también le gustaba el futbol americano.

Esta persona no fue la única que sembró dudas en su cabeza. La fidelidad en su relación se parecía al destello arbitrario de una luciérnaga y eso terminó por cansarla. La vez que quiso romper fue porque Hugo le habló sobre el negocio del *table dance*; al parecer había sustituido la idea del casino por un centro nocturno para caballeros.

No fue el negocio lo que incomodó a Geazul, sino la coartada para emborracharse con bailarinas en bares caros. Era absurdo que no contara aún con un local para poner su antro y, sin embargo, ya estuviera celebrando audiciones. Aquello era un pretexto y por eso le pidió que dejaran de verse.

El sábado anterior a la desaparición de Hugo, un amigo del exnovio la llamó por teléfono después de la medianoche; se sobresaltó, temiendo que algo malo le hubiera pasado. Cuando Geazul tomó conciencia de que ese tipo estaba ebrio, comprendió que andaba de parranda con Hugo. Alterada por el abuso, estuvo a punto de colgar el teléfono.

—No seas así. No quiero perderte —dijo esta vez Hugo Alberto.

—Llama cuando estés sobrio.

—Es que tengo una herida y necesito que vengas a curarme.

—¿Ahora qué te pasó?

—Me lastimé el pie y me duele mucho.

Geazul esperó a la mañana siguiente para visitarlo. Dice que lo encontró en un estado desastroso. En el trayecto se detuvo en una farmacia y compró suero para rehidratarlo, también llevó desinfectante y una gasa para limpiar la lesión que tenía en el dedo pequeño del pie. Según entendió, se había dado un golpe feo contra la pata de una mesa.

Una vez que lo dejó roncando debajo de sus cobijas interrogó al compinche, quien le narró las aventuras de la noche anterior. Hugo había cenado con dos mujeres muy atractivas que no quisieron seguir la fiesta, así que ambos hombres optaron por tomarse una botella de whisky en la casa de Galeana.

—De veras que está muy triste porque rompiste con él.

Geazul alzó los hombros indignada y abandonó el lugar cuestionándose si quería regresar con esa persona.

El lunes siguiente, día de la desaparición, hacia las 8:20 p.m., Hugo llamó a Geazul para decirle que esa noche vería a otra de las bailarinas que pensaba contratar.

—Creo que es la más guapa de todas —se atrevió a comentar.

No fue fácil explicar esta historia a los comandantes que interrogaron a Geazul más tarde. Ella sabía, por boca de Hugo Alberto, que a esas citas acudía armado: «Así me protejo en caso de que la chava tenga un novio celoso o un padrote que se crea dueño de la mercancía», le había explicado anteriormente.

Cuando Geazul conoció la hipótesis de la prostituta que enganchó a Hugo para luego secuestrarlo, consideró que, de haberse citado con una mujer así, habría llevado encima alguna de sus pistolas. Para corroborar esa versión fue a buscar la maleta a la casa de Galeana, y ahí descartó que la noche anterior se hubiera citado con una desconocida. La bolsa con las pistolas estaba intacta en la parte superior del armario.

La trabajadora del hogar también estaba alterada con la noticia de la desaparición. La chica llevó a Geazul al baño para mostrarle que Hugo no se duchó antes de salir; aquello era extraño porque recién había regresado del gimnasio con la ropa sudada. Para confirmar que no llegó a dormir, la empleada mostró la cama sin destender y también las prendas deportivas que él dejó sobre el piso del baño.

—¿Cómo estaba de ánimo antes de irse? —quiso saber Geazul.

—Andaba preocupado. Le di de cenar en la cocina y me dijo que se iría a dormir temprano. Entonces recibió una llamada que lo alteró —contó la trabajadora del hogar.

—¿Alcanzaste a escuchar si la persona que llamó era una mujer?

—No, pero el guardia que cuida la privada me dijo que, después de que se fue, el señor Hugo llamó para informarle que iría al cine con una vieja.

Geazul sintió un pinchazo, pero luego reflexionó que aquello no cuadraba. Hugo era vanidoso. Si se hubiera citado con una nueva amiga, una dama de compañía o con una bailarina de *table dance*, no habría acudido sin bañarse antes. Por otra parte, si el encuentro implicara algún riesgo, hubiera cargado con la pistola. Aquello no tenía sentido, a no ser que su exnovio saliera aquella noche para encontrarse con alguien a quien le tenía mucha confianza, es decir, un buen amigo, o quizá un integrante de su familia: alguien tan cercano, pues, como para no tener que bañarse al regresar del gimnasio.

Después de conversar con la trabajadora, Geazul fue a la planta baja de la casa, donde Hugo Alberto tenía su despacho. Al abrir la puerta se encontró a Claudia Wallace, su excuñada, con quien Hugo no se hablaba por aquel tiempo; incluso había dado órdenes para que ella no ingresara a la casa en su ausencia. Geazul prefirió no meterse en problemas, pero no consiguió ser amable. Tampoco Claudia Wallace la trató con cercanía. Para mejorar la temperatura del encuentro, Geazul preguntó si la familia ya había llamado a Locatel, el número telefónico del gobierno para reportar, entre otros asuntos, a personas extraviadas. La hermana respondió con indolencia que desconocía si su mamá o alguien más lo hizo.

Entre los papeles de Hugo que su hermana revolvía, Geazul distinguió correspondencia a su nombre: eran los estados de cuenta de una tarjeta de crédito que llegaban a la casa de su exnovio. Así que, sin dar mayor explicación, tomó esos papeles y partió de la casa de Galeana.

Ese mismo martes 12 de julio de 2005, a las 9:15 p.m., entró al teléfono fijo de la casa de Geazul una llamada realizada desde uno de los dos dispositivos celulares que Hugo llevaba consigo la noche anterior, cuando supuestamente fue plagiado. Para ese momento, según la confesión de Juana Hilda, Hugo llevaba más de dieciocho horas muerto. A pesar de su enorme importancia, nadie indagó después sobre esta llamada, que habría durado más de un minuto.

Geazul niega que esa comunicación haya tenido lugar, pero las facturas de la línea de Nextel eliminan cualquier duda. Tanto si fue Hugo quien llamó a casa de Geazul, como si fue otra persona —pretendidamente sus plagiarios—, habría sido fundamental para la investigación conocer los detalles de esa comunicación.

126

Geazul Ponce cree que, de no haber sido por el comandante Franco —quien de tanto convivir terminó tomándole cariño—, probablemente también la habrían puesto tras las rejas. Ayudó, además, que contara con el apoyo de su papá y, sobre todo, con un abogado que él contrató.

Entre los muchos asuntos que ella debió abordar durante los interrogatorios, tres fueron los más relevantes: la maleta, la Barbie y la herencia:

—¿Cómo sabe que dentro de esa maleta había armas? —interrogó el comandante Franco.

—Es la cuarta vez que respondo a esa pregunta: ¡lo sabía porque cuando éramos novios me las enseñó!

El comandante hizo pasar a un colega que puso sobre la mesa una maleta negra de las que suelen utilizarse para ir al gimnasio, pero un poco más grande.

—Aquella maleta, ¿se parecía a esta otra?

Geazul negó con la cabeza.

—La de Hugo que contenía las pistolas es más ancha y tiene otros dibujos.

—Mírela bien —ordenó el agente.

A Geazul le pareció que, al cuestionarla, esos sujetos actuaban para alguien más.

—La maleta con las pistolas es diferente —insistió.

—Te vas a meter en problemas si no nos dices la verdad —dijo un agente de apellido Palemón.

—¿Qué verdad? —se atrevió a preguntar Geazul, mirando directamente a los ojos del funcionario.

—¿Tú sabes dónde está la maleta con el dinero?

Esa fue la primera noticia que Geazul tuvo sobre ese otro equipaje.

—No sé de qué me habla.

—Del dinero, niñita.

—¿Qué es realmente lo que están buscando? —cuestionó ella.

Palemón bajó la voz:

—Una maleta con billetes —se aventuró a soltar.

Geazul sintió un escalofrío. Lo que estaba preguntando ese señor implicaba que el secuestro podría tener relación con los problemas en los que Hugo había estado antes involucrado.

Fue el comandante Franco quien zanjó el primer asunto, dando por bueno que Geazul no sabía nada al respecto. Entonces Palemón, en su papel de policía malo, procedió a cuestionarla sobre la Barbie.

Con desparpajo, Geazul repitió la anécdota del individuo con sobrenombre de mujer.

—¿Conociste a esa persona?

—De conocerlo, nada. Hugo se comunicaba con él por teléfono.

Fue también en ese búnker que Geazul se enteró de que la Barbie era un narcotraficante muy buscado por la policía. Un tipo de origen mexicano, pero con nacionalidad estadounidense, cuyo verdadero nombre era Édgar Valdez Villarreal. El mismo que, se sabría más tarde, fue pareja de Juana Hilda.

Aún abrazada por el asombro, Geazul miró con detenimiento una fotografía que pusieron frente a sus ojos.

—Jamás lo había visto —repitió mientras consideraba que a ese hombre no lo habían apodado la Barbie por guapo.

Ella supuso que aquella sesión interminable por fin concluiría: no tenía idea de alguna maleta con dinero, y tampoco conoció a ese amigo de su exnovio. Sin embargo, antes de dejarla en paz los agentes le entregaron un papel que debía firmar. Después de leerlo

Geazul se sintió humillada: para liberarla, ella tenía que renunciar a cualquier pretensión de heredar bienes de su exnovio.

—¿Por qué suponen que Hugo está muerto? —cuestionó sin comprender. No habían trascurrido suficiente tiempo de la desaparición y esa gente ya estaba hablando de herencias.

Los comandantes hicieron como si no la hubieran escuchado. Para ese momento ella había perdido la cuenta de las horas que la tuvieron encerrada.

Por fin, como por arte de magia, después de estampar su nombre en esos papeles la dejaron al margen, al grado de que en el expediente no guardó registro de los interrogatorios sostenidos por el comandante Franco y el agente Palemón sobre los temas más delicados. Obviamente tampoco quedó rastro del documento que aquellos policías la obligaron a firmar.

127

Geazul Ponce cuenta que no le fue fácil superar a Hugo porque estaba enamorada y también por la manera tan desagradable como la trataron la policía y la señora Wallace. Entonces creyó que nada peor iba a pasarle. No obstante, cuando menos lo esperaba —después de varios meses de la desaparición—, el exnovio volvió a meterse en su vida: «Hay un Starbucks por División del Norte y calzada de las Brujas, yo iba manejando y lo vi en el asiento del copiloto de una camioneta grande; detrás lo seguía otro carro con guaruras. Él también me miró. Sentí como si el estómago se me escurriera a los pedales. Hugo levantó la mano para saludar y luego alzó los hombros como quien pide una disculpa; más bien, como quien dice "ni hablar, me cachaste"».

Su camioneta siguió de frente en cuanto el semáforo cambió a verde. En sentido contrario, Geazul tuvo que hacer lo mismo porque los carros detrás de ella no le tuvieron consideración. Poco tardó en tomar conciencia del lugar y la hora; aquel cruce de avenidas estaba a unos cuantos metros del Colegio Aztlán, la escuela a la que acudía la hija mayor de Hugo. Era justo el horario de la salida de clases.

Cuando Geazul llegó a casa, su corazón seguía encabritado. ¿Quién iba a creerle? Probó primero con sus padres, que no hicieron ningún esfuerzo por ocultar su escepticismo. Asumieron que el deseo por saber vivo a Hugo le había provocado aquel error de percepción. Ella enfureció: no le cabía duda de que el tripulante de aquel vehículo era su novio. De otra manera, ¿cómo explicar que hubiera reaccionado con ese gesto de disculpa?

Todo se habría agotado en una breve anécdota de no ser porque poco después sonó el teléfono de su casa y escuchó la voz de un hombre cuyo acento no era mexicano. Afirma que pudo haber sido colombiano o quizá venezolano; en cualquier caso, seguro que era extranjero. El sujeto anunció que tenía un mensaje importante para ella y que por favor no se asustara.

Esa comunicación le provocó una sensación de triunfo; siempre supo que Hugo estaba vivo. No tenía otro argumento que su intuición, y por eso continuó buscándolo hasta que sus pesquisas tuvieron consecuencias nefastas. De no ser por el abuso que sufrió en el búnker, habría seguido indagando hasta dar con él.

—Quiere verla —resumió el interlocutor.

—A mí también me gustaría —respondió Geazul.

—Nos ha pedido que organicemos una cita.

—¡Está bien!

—Hay algunas condiciones...

Geazul se burla de sí misma al narrar los detalles de esa llamada, que la hizo sentir como protagonista de una película de espías.

—Pasaríamos a buscarla a su casa cuando usted diga.

De nuevo fue la intuición la que le proporcionó agallas para aceptar. En el fondo de su corazón, afirma, asumió que Hugo le propondría irse con él al lugar donde se hallaba escondido.

Cambió el rumbo que tomaban esos eventos su propia incapacidad para dejar a sus padres al margen de la decisión que iba a tomar. Ellos tuvieron que recordarle cuánto sufrió por culpa de Hugo: ¿había olvidado las acusaciones que hizo la señora Wallace en su contra y las interminables horas que pasó aislada mientras la interrogaban? El padre se atrevió también a mencionar la fortuna que debió pagar al abogado que la ayudó a salir del atolladero.

¿Y si aquella cita era otra trampa? Si era cierto que Hugo vivía, cabía contemplar que esa gente quisiera borrarla del mapa por la mala suerte de haberse topado con él frente al colegio de su hija. Además, no podía estar segura de que en realidad fuera Hugo quien proponía el encuentro.

Veinticuatro horas después, tal como acordaron durante la llamada, acudió a su domicilio una camioneta que a ella le pareció idéntica a la que vio antes frente al Colegio Aztlán. Fue su padre quien se encargó de despachar a esos señores con la exigencia de que no volvieran a molestar. Por la ventana de su habitación, Geazul vio cómo se alejaba la última oportunidad de recuperar a Hugo.

Durante las semanas posteriores consideró informar a la policía. Aún conservaba los datos del comandante Franco. Antes de equivocarse quiso consultar con su abogado, y se reunieron en un café dentro del centro comercial donde también estaban las salas de cine a las que ella y Hugo acudían cuando eran novios.

Como si el destino quisiera corroborar su arbitrariedad, Geazul creyó ver a Hugo justo cuando le contaba al licenciado sobre el encuentro en aquel cruce de calles y la llamada telefónica. Sin explicar nada, echó a correr porque esa vez sí estaba dispuesta a encararlo; tenía tantas cosas que decirle. ¿Quién se creía para engañar a gente inocente mientras él se paseaba campechano por los mismos lugares de siempre?

Geazul asegura que, como la ocasión anterior, Hugo no andaba solo: lo custodiaban dos tipos altos y robustos cuya corpulencia imitaba cada paso dado por su exnovio. Ella acepta que cometió un error al gritar su nombre antes de darle alcance. Al percatarse, aquellos hombres apretaron el paso escondiéndose en el tumulto. De tenerlo a unos cuantos metros, Hugo simplemente desapareció.

Cuando volvió a la mesa donde dejó plantado al abogado, Geazul tuvo el pudor de ahorrarse la explicación real de su exabrupto. Con paciencia, el licenciado concluyó que era mejor acudir juntos a la procuraduría: si por algún motivo estaban intervenidos el teléfono de Geazul o el de la persona que se comunicó a casa de sus papás, la policía podría necesitar una explicación. Sin embargo, de nada sirvió la denuncia. Como tantas otras cosas que ella declaró, nada que pusiera en duda la desaparición o la muerte de Hugo Alberto permaneció en el expediente. Afirma que después de esa última visita a la procuraduría nadie volvió a importunarla. Sus padres creen que fue Hugo quien giró órdenes para que la dejaran en paz; ése fue su gesto de despedida.

Ella no sería la única mujer a la que Hugo contactara durante aquellos meses. Laura Domínguez cuenta un episodio muy parecido al de Geazul; sin embargo, ella sí acudió a la cita organizada por los hombres de acento extranjero.

CAPÍTULO XXIV

128

Laura Domínguez, la que fue su vecina, se refiere al resto de las amigas de Hugo como «las viudas», porque ese hombre les cambió la vida. Él es la zona cero desde donde tuvieron que volver a ponerse en pie. No fue su aparición lo que las marcó, tampoco su desaparición: el verdadero vórtice fue su reaparición. Hugo no resucitó al tercer día, sino después del tercer mes, y continuó haciendo visitas sin regularidad durante más de un año. Casi las vuelve locas porque al mismo tiempo que daba señales, su madre y el gobierno obligaban a darlo por muerto.

Nadie se merecía todo aquello y Laura menos que el resto, porque fue la amiga más leal, pero a esa mujer también la metieron desnuda a un sótano para tomarle fotografías: la señora Wallace la acusó públicamente de ser una criminal y la policía la investigó junto a su novio de entonces, José Luis Moya, por el delito de extorsión. Han pasado años desde eso, aunque como el resto de «las viudas» conversa sobre aquellos hechos como si hubieran sucedido ayer:

Luego de fotografiarla, fue trasladada a una sala de interrogatorios donde la aguardaban dos altos funcionarios de la procuraduría. Para ese momento, Laura conocía bien a esos sujetos ya que se encontraban en la cima de la cadena de mando, reportando directamente al poderoso fiscal José Luis Santiago Vasconcelos.

Laura no posee una personalidad manipulable ni parece fácil de quebrar. «No tengo nada que esconder», se dijo para darse ánimo. Primero le preguntaron por el origen de su relación con Hugo, y luego quisieron saber si habían sido pareja. Laura afirmó que entre ellos nunca hubo una relación romántica, pero eran cercanos en muchos otros terrenos.

Los padres de ella no lo querían porque temían que la atrajera a sus desmanes, aunque él tuvo siempre la capacidad de defenderla incluso de sí mismo. Después de divorciarse, Hugo habitó varios años en la casa contigua a la de los padres de Laura. Desde ahí, en 2003, tuvo que huir por la azotea de su vecina. Después de ese episodio se mudó a la casa de Galeana, en el barrio de San Jerónimo Lídice. Casi al mismo tiempo, Laura y su hijo se instalaron con José Luis Moya. Aun así, los antiguos vecinos continuaron frecuentándose. Ella relató a los interrogadores que la última vez que lo visitó en su nuevo hogar lo encontró muy deprimido; en aquella ocasión Hugo Alberto le dijo que no podía más.

Laura se enteró de la desaparición porque una hermana de la señora Wallace, la tía Nini, se lo informó. Esa mujer, cuyo nombre de pila es Asunción, era también su vecina. Laura quedó devastada. Se inventó todo tipo de historias. No puso en duda el secuestro, pero fue más abierta que la familia de Hugo Alberto para explorar otras razones sobre lo ocurrido con su amigo.

Laura asegura que, de no haber sido en ese momento pareja de José Luis Moya, habría dejado el episodio por la paz:

—Habría vivido mi duelo y hasta ahí —comentó con los agentes del ministerio público.

—Explíquese.

—Yo no tenía los mismos alcances que Moya, entonces, me hubiera pasado lo mismo que a la mayoría: resignarme. Sin medios para investigar, habría seguido adelante con mi vida.

José Luis Moya es mayor que Laura; por aquella época rondaría cuarenta y cinco y ella no había aún cumplido los treinta. Moya había estudiado derecho en la misma universidad que el presidente Felipe Calderón, y estaba bien conectado con gente que ocupaba puestos importantes en el gobierno. Además, le gustaba la investigación y tenía idea de dónde buscar, así que no dudó en prestarle ayuda a su novia en cuanto ella se lo pidió.

Antes de indagar por su lado, Laura se reunió con la señora Wallace, a quien conocía desde su adolescencia. Dice que fue gracias a Moya que la mamá de Hugo entró en contacto con el senador Federico Döring, quien a su vez la presentó con el fiscal Santiago Vasconcelos. Sin embargo, al seguir Laura los pasos de la señora Wallace como si fuera su sombra, comenzó a albergar las primeras dudas; así se lo confesó a los funcionarios de la procuraduría. No es que desconfiara del plagio, sino que la señora se había arrojado a la invención de un mito desapegado de la biografía de Hugo. Era como si la madre tuviera prisa por lavar los pecados del hijo antes de inmortalizarlo.

Luego recibió el primero de los mensajes que la obligaron a cambiar de opinión:

—El cumpleaños de Hugo Alberto es el 12 y el mío el 19 de octubre. Desde siempre, pasara lo que pasara, nos llamábamos alrededor de esas fechas. Por obvias razones creí que ese ritual ya no se repetiría; sin embargo, me envió un mensaje de texto.

—¿Cómo puede estar segura de que esas líneas fueron redactadas por Hugo Alberto Wallace?

—En un principio creí que los secuestradores habían conseguido mi número para extorsionarme también.

—¿Por qué no nos reportó el hecho inmediatamente?

—Iba a hacerlo, pero el tono de la comunicación me dejó dudosa.

—¿A qué se refiere?

—Lo comenté con Moya, porque él entiende mejor que yo de estas cosas. Nos preguntamos por qué, si el saludo provenía de los criminales, no sonaba amenazante.

—¿Qué le decían?

—Que cómo estaba.

—¿Qué hizo entonces?

—Tomé el consejo de mi novio y comencé a formular preguntas sobre datos y hechos respecto de los cuales únicamente Hugo y yo teníamos conocimiento.

—¿Como qué? —preguntó uno de los fiscales.

—Fechas, cosas, sólo eso.

—Denos un ejemplo.

—Concretamente, le pregunté por un anillo y la fecha que llevaba grabada por dentro.

—¿Respondió?

—Sí, de inmediato, y nadie más, aparte de mí, tenía esa información. Después de cuatro o cinco comunicaciones no dudé más. Quien me felicitaba por mi cumpleaños era el Hugo de siempre. Todos esos mensajes quedaron registrados en mi teléfono y también en el de Moya, a quien le envié copia de los archivos. Si no me creen, pregúntenle. Lo tuve como testigo de todo esto.

—Ya lo hicimos —sentenció uno de los fiscales.

—Entonces, ¿saben de qué hablo?

Ambos asintieron como si el asunto no tuviera importancia, pero Laura no se rindió.

—Después llegó el primer mensaje de voz. Me asusté porque era él y también porque reconocí el tono que empleaba cuando estaba intoxicado. Era evidente que a Hugo se le habían salido las cosas de las manos.

Laura se lo había advertido. No fueron una ni dos veces, aunque de nada sirvió que le implorara dejar la fiesta, que se apartara de esa mierda y que abandonara a esos amigos.

—¿Tenía amigos narcotraficantes? —interrumpió uno de los interrogadores.

—Nunca me lo dijo —respondió lacónica—, pero algunos no eran gente buena.

—¿Qué hizo usted después?

—¿Después de recibir los mensajes de voz?

Los funcionarios asintieron.

—Pues lo mismo que había hecho antes, hablé con Moya. Él me recomendó que buscáramos a un alto funcionario de la procuraduría del Distrito Federal que era su amigo. Teníamos que decirle lo que suponíamos, que Hugo se había escondido por su propia voluntad.

129

Moya convenció al subprocurador del Distrito Federal, para que les permitiera revisar el expediente. Era la primera vez que Laura Domínguez se enfrentaba al horrible lenguaje de los abogados; nada la detuvo porque estaba segura de que al otro lado de ese legajo asomaría la cabeza de Hugo. Si existía alguna manera de reconciliar la versión del secuestro con los mensajes de su teléfono, la encontraría dentro de esas páginas.

Después de varios días de gastarse los ojos, Laura llegó al mismo puerto del que había partido: el caso estaba bordado por un número desproporcionado de incongruencias. Era imposible que a Hugo lo hubieran plagiado. ¿Por qué Isabel se había inventado tan tremenda historia?

«Tú, como madre, si secuestran a tu hijo, no vas a saber dónde encontrar el carro; sin embargo, en este caso no habían pasado ni doce horas cuando la señora ya sabía dónde estaba estacionada la camioneta, en qué departamento lo habían secuestrado y quiénes eran los plagiarios. Tanta coincidencia sólo puede ser inventada».

Laura razonó que debía enfrentar a la madre de Hugo para hablar de lo que descubrió en el expediente y también sobre los mensajes recibidos. El encuentro sucedió en una cafetería del sur de la ciudad. Al llegar a la cita, encontró blindado el sitio por un contingente grande de guaruras; si bien en un principio la inhibió aquel despliegue de testosterona y armas, era tan grande su decisión de encontrar la verdad que pasó por alto aquella circunstancia.

Llevaba una carpeta con documentos a partir de la cual intentó abrirse paso, mostrando los huecos que hallara en el expediente. La madre de Hugo recibió fatal aquel discurso. En vez de prestar atención, la señora Wallace preguntó con acritud con quién más había hablado del tema. Sin frenarse ante la interrupción, Laura continuó mostrando el resto de sus hallazgos. Dijo que le pareció extraña la mentira a propósito de la paternidad de José Enrique Wallace. Si todas las personas cercanas a Hugo sabían que su papá era otra persona, ¿cuál fue el propósito de engañar a la autoridad?

Reclamó también que ocultara a la policía el alcoholismo de Hugo y su adicción a las drogas. Si antes de desaparecer Hugo le había dicho que ya no podía más, cabía suponer que lo mismo hizo con su mamá. Otra cosa que la autoridad debía saber era que su amigo tenía trato con gente peligrosa; no debía descartarse la posibilidad de que uno de esos conocidos le hubiera hecho algo malo. ¿Qué tal si tuvo que esconderse?

Isabel estalló contra la insolencia de Laura. ¿Quién era ella para poner en duda la honorabilidad de su hijo? Hugo fue secuestrado en el edificio de Perugino, y por el susto que le dieron murió de un paro cardiaco. Entonces lo descuartizaron y tiraron sus restos en Xochimilco. La bailarina Juana Hilda González confesó todo, hasta el último detalle, y no faltaba mucho para que el resto de la banda confirmara lo dicho por ella.

—Isabel, estás confundiendo a la policía —dice Laura que insistió—; inventaste una historia que sólo está en tu imaginación.

—Mi hijo no es ningún delincuente.

—Yo no he dicho eso, pero tiene amigos metidos en asuntos turbios y tú lo sabes —refutó Laura.

—Tú eres esa amistad nociva que mi hijo jamás debió frecuentar —opuso la señora Wallace.

Ambas habían extraviado los papeles cuando Laura decidió mostrar su última flecha: las comunicaciones sostenidas con Hugo durante los meses posteriores a su desaparición. Isabel frenó en este punto la conversación, se puso en pie y la dejó sola en el local.

Pocos días después la señora Wallace denunció a Laura y a José Luis Moya por haber querido extorsionarla: según información recogida por la prensa, le habrían exigido diez mil dólares a cambio de no revelar información que pondría en aprietos el proceso judicial.

130

El lunes 12 de junio de 2006, mientras circulaba en su automóvil, Moya fue detenido por la policía. La noticia apareció en algún diario bajo el titular «Cae presunto extorsionador». Lo interrogaron durante varias horas sin autorización de un juez. Aquella gente no tenía una sola prueba en su contra; si la señora lo había acusado, debía tener evidencia que lo incriminara, pero eso era un pretexto y Moya lo sabía. No lo dejaron libre hasta que prometió que regresaría acompañado por Laura.

El martes 13 ambos se presentaron pasadas las siete de la mañana. Laura asegura que en su caso los agentes no fueron amables: fue conducida como si se tratara de una delincuente a un sótano donde le ordenaron que se desnudara. El protocolo aplicado con ella no estaba previsto para los testigos, y menos aún contra personas que acudían a ese lugar por su propio pie. Sin embargo, le tomaron fotografías y se le practicó un examen tan exhaustivo como vejatorio que la dejó temblando.

Se le prohibió estar acompañada por Moya o por cualquier otra persona que le prestara asesoría legal, tampoco le permitieron llamar a sus padres. Aquella sesión hostil comenzó a las siete de la mañana y concluyó a las nueve de la noche. Mientras Laura respondía a las preguntas sobre el origen de su relación con Hugo, no dejaba de pensar en Juana Hilda González. Había leído las declaraciones de la bailarina, incluida aquella en que supuestamente confesó su participación en el secuestro; también tenía en mente el escrito donde se retractó argumentando que fue torturada. Si así la maltrataban a ella, la mejor amiga de Hugo, no podía imaginar cuántas cosas debieron hacerle a esa muchacha.

La principal razón de su angustia era el nombre de uno de los dos sujetos que la interrogaban, ya que él mismo estuvo presente durante la supuesta confesión de Juana Hilda y luego puso su firma al calce para certificar aquellas declaraciones.

Cuando llegó al punto en que debía denunciar los mensajes que Hugo dejó en su celular, imaginó que esa gente cambiaría sus modales, pero ambos funcionarios ya tenían noticia de tales comunicaciones.

—¡Ahí está la prueba de que Hugo vive! —reformuló Laura alzando la voz.

En ese momento uno de los fiscales abandonó la sala para regresar con el teléfono de Laura. Al reconocer el dispositivo, a ella se le iluminó el rostro:

—Todo está ahí dentro, permítanme mostrarles.

Como si fueran siameses, aquellos hombres bajaron en simultáneo la mirada.

—Este aparato se quedará aquí para que la policía científica lo analice —informaron.

La esperanza que segundos antes la mordiera se transformó en depresión. Temió estar a punto de volverse loca. ¿Por qué a esa gente no le parecía relevante que Hugo estuviera vivo? ¿Por qué no prestaban atención a la evidencia que ella quería mostrarles? Consideró por un momento que jamás la dejarían salir de ahí. Odió también a Moya. Nunca debió dejarse arrastrar así a la boca del monstruo.

Tan ensimismada estaba que tardó en darse cuenta de que los funcionarios se habían puesto en pie. ¿Acaso la pesadilla iba por fin a terminar? Ambos anunciaron que la dejarían tomar un descanso antes de proseguir con el interrogatorio. Laura continuaba sin entender nada.

La soledad sirvió para devolverle claridad y también coraje. Si la querían acusar de algo, mejor que se apuraran, porque de lo contrario llevaría a juicio a esos dos señores. Moya debía de estar afuera de esa oficina, seguramente acompañado de un abogado. Quizá también se encontraba su padre, que en ninguna circunstancia la dejaría sola.

Volvió a abrirse la puerta de la sala y Laura, muy sorprendida, vio a la madre de Hugo atravesar aquel umbral de pálida luz amarilla. La ira la envolvió desde su cabellera hasta la parte baja de la espalda, como el caparazón de una inmensa tortuga. ¿Qué hacía la señora Wallace ahí dentro?

Apenas la escuchó hablar, tuvo la impresión de hallarse frente a una persona que desconocía. Era como si esa mujer manifestara a la peor bestia que habitaba en su interior:

—¡Entrégame a mi hijo! —dice que le gritó.

Laura pegó un brinco hacia la pared.

—Tú eres madre, tú sabes del dolor que se siente; regrésame a mi hijo.

—¿De qué hablas, Isabel?

—No lo niegues. Eres una criminal, igual que el resto de tus cómplices. Haré que paguen por todo lo que me han hecho.

Laura relata que, al escuchar aquella barbaridad, en vez de amilanarse le regresó la seguridad para hablar. Ahora era su turno para desahogarse:

—Conmigo no tienes por qué actuar. Se te está cayendo el teatro —afirmó.

—Cuando tu hijo crezca y tú no estés para cuidarlo, te vas a arrepentir —amenazó la señora Wallace.

—No me hables de maternidad. Si alguien sabe cuánto hiciste sufrir a Hugo, ésa soy yo. Estás muy lejos de ser la madre perfecta que te has inventado.

—¡Cállate, criminal!

—¿Dónde estabas en las crisis de angustia de Hugo? ¿Dónde te escondiste cuando dijo que ya no podía más? Si tuvo que salir huyendo fue por tu culpa. Tú eres su madre y sabes dónde buscarlo.

Aquella sala de interrogatorios vio inflamarse un inmenso hongo de palabras. Con todo, Laura consiguió lo que buscaba:

alguna de sus lanzas había tocado el corazón de la adversaria, quien abandonó el sitio llevándose su furia.

Un minuto después volvió a abrirse la puerta. Entonces, un nutrido grupo de hombres encapuchados rodearon las cuatro paredes, arrojando a Laura al diminuto centro que sus corpulencias dejaron libre. Aquella había sido una victoria efímera. De esos bultos humanos únicamente alcanzaba a distinguir sus miradas inexpresivas; era evidente que tenían bien ensayada su coreografía. Mientras tanto, la incertidumbre la dejó paralizada. En esa especie de limbo maléfico transcurrieron los últimos veinte minutos dentro de la sala de interrogatorios.

Cuando menos lo esperaba volvió uno de los dos fiscales, quien ordenó a esos hombres que abandonaran la sala. Luego informó a Laura que era libre de pasar a la recepción para firmar su salida, ahí le entregarían sus objetos personales, todo excepto su teléfono celular.

Antes de las diez de la noche llegó en taxi a su casa. No encontró a Moya y tampoco a su hijo; marcó el número de su padre, quien no tardó en estar a su lado para abrazarla. Nada de lo que declaró aquel día frente a los fiscales fue registrado en el expediente. Según el aparato de justicia, Laura no fue detenida contra su voluntad, tampoco tuvo un pleito explosivo con la señora Wallace ni le arrebataron el dispositivo celular. De no ser porque Moya fue víctima y testigo de los mismos hechos, Laura pudo haber sido acusada de inventárselo todo.

131

Después de aquel interrogatorio, Laura tuvo que ser atendida por un psiquiatra para controlar la ansiedad; el problema vino cuando le prescribió medicamentos que, en vez de tranquilizarla, la pusieron peor. Su mamá creyó que había querido quitarse la vida, pero eso era falso. La receta la tumbó en cama durante varios días.

Mientras tanto, José Luis Moya la presionó para que denunciara a esos funcionarios de la procuraduría, también propuso que hicieran públicos los hallazgos que juntos habían realizado a propósito del falso secuestro de Hugo.

—¿Ante quién podemos denunciar? —se burló Laura.

—No estoy hablando de la policía, llevemos el asunto con la prensa —precisó Moya.

Laura era consciente de que su pareja sabía mejor cómo lidiar con tales asuntos. Él le habló del periodista Ciro Gómez Leyva, a quien entonces consideraba su amigo.

—Vamos a su programa de radio, es la única manera de evitar que esa señora vuelva a meterse contigo. Si la denunciamos públicamente, no se atreverá después a hacerte daño. Piénsalo como si fuera una vacuna: en caso de que te llegara a pasar algo, todo mundo le echaría la culpa. Sería demasiado obvio, pues —insistió Moya.

A diferencia de las otras víctimas del caso Wallace, que esperaron muchos años para que un periodista quisiera escucharlas, los vínculos de Moya con Gómez Leyva le consiguieron un micrófono con buen volumen para que la versión de Laura fuese atendida. Aún es posible recuperar fragmentos de esa conversación en la plataforma YouTube; ahí puede constatarse que Laura habló poco, mientras que Moya no perdió un solo segundo al aire para decir todo lo que la gente desconocía. En dicho espacio afirmó que Hugo no fue secuestrado y que tampoco estaba muerto.

—¿Qué pruebas tienes de lo que están diciendo? —cuestionó el conductor del programa.

—Para empezar, Ciro, debo decirte que las personas acusadas de ser secuestradoras eran en realidad amigos de Hugo Alberto. ¿Dónde se ha visto que delincuentes tan profesionales como los que ha presentado la señora Wallace escojan a un amigo como víctima? —preguntó Moya.

Al tiempo que la pareja de Laura hablaba, mostró al conductor una fotografía donde Hugo y Jacobo aparecen juntos.

—También es mentira —añadió Moya— que el señor José Enrique Wallace sea el padre de Hugo Alberto. Esto es relevante porque en el departamento donde supuestamente murió este hombre apareció un rastro de sangre que, al analizarlo, hizo *match* con el ADN del señor Wallace.

—Y usted, Laura, ¿qué tiene por decir? —desvió la conversación el periodista.

—Yo sólo quiero que mi amigo aparezca —respondió tímidamente.

Temiendo que la oportunidad se les escapara, Moya volvió a tomar la palabra:

—Además, Hugo Alberto no es la blanca paloma que todos pintan: trae encima una sentencia por contrabandista y su mamá también ha tenido problemas con la justicia.

Las imágenes de esa entrevista delatan el efecto que los medicamentos habían tenido sobre Laura: a diferencia de Moya, en ese intercambio ella parece ausente.

Ninguno esperaba lo que ocurrió después. A mitad de la entrevista, Ciro Gómez Leyva anunció que la señora Wallace había llamado por teléfono al programa solicitando derecho de réplica, y dijo también que no podía negarse a esa petición. Después de saludar, el conductor lanzó a bocajarro una primera pregunta para la madre de Hugo Alberto:

—¿Cómo explicas, Isabel, la fotografía aportada hace un momento por José Luis Moya? ¿Es cierto que Jacobo Tagle y tu hijo eran amigos?

—Se trata de una noticia vieja —atajó ella—. Yo misma proporcioné ese retrato a las autoridades. Claro que Jacobo puso a mi hijo en manos de César Freyre y del resto de la banda, que se conocieran no frenó a ese delincuente a la hora de hacerle daño.

—No es cierto —interrumpió Moya— que eso haya ocurrido así. Quien puso a Jacobo para que fuera señalado como criminal fue la señora Wallace.

Isabel se desesperó:

—Si me permites, Ciro, ahora me toca hablar a mí: desde que sucedió esta tragedia, que tanto ha lastimado a mi familia, me he encontrado con mucha gente vividora, con estafadores, con personas muy sucias; quiero preguntarle al señor Moya y a la señora Laura, ¿cuál es el interés de ellos en este asunto? Y es que a mí no me queda claro, ¿cómo puede ella llamarse amiga de Hugo si se atreve a negar el sufrimiento que hemos tenido?

Moya intentó volver a intervenir:

—Hugo no es quien usted dice...

—En primer lugar, Hugo, lo puedo probar, es un empresario con una trayectoria impecable; ustedes no pueden mancharlo con sus calumnias. Esta situación es ruin y juro que voy a tomar medidas contra sus bajezas.

Cuando la entrevista concluyó, Laura temblaba. No podía quitarse a su propio hijo de la cabeza; estaba convencida de que, apenas pusiera un pie en la calle, la policía estaría afuera para llevársela de nuevo. Esa misma tarde, Laura hizo sus maletas y regresó a casa de sus padres.

132

Pocos días después de asistir a aquel programa de radio, Hugo volvió a salir de su escondite para comunicarse con Laura. Los mensajes llegaron a su nuevo dispositivo: ella dice que sintió un escalofrío cuando él propuso que se encontraran. En algún lugar, la alivió confirmar que no se había vuelto loca; por eso aceptó sin cuestionar nada a pesar de que Hugo fijó varias condiciones para verla. Primero, tendría que confiar en las instrucciones que iba a darle; segundo, no debía decirle nada a nadie, y tercero, aceptaría que unas personas desconocidas la llevaran al lugar donde iban a encontrarse.

Un par de horas después, sobre la avenida Acoxpa, pasó a buscarla una camioneta grande en cuyo interior encontró a varios hombres vestidos de traje y corbata que hablaban español, pero con un acento que no era del país. Uno de esos sujetos, con amabilidad, pidió que se colocara sobre la cabeza una capucha, ya que otra de las condiciones era que ella no pudiera reconocer el sitio donde se celebraría la reunión con Hugo.

La única pista que obtuvo sobre el lugar al que la llevaron fue el ruido de aviones, por este motivo supone que la condujeron cerca del aeropuerto. Tal como prometiera, ahí estaba Hugo: se abrazaron porque no lo habían hecho en mucho tiempo. Laura tenía tantas cosas que preguntarle, pero fue su amigo quien tomó la batuta del encuentro. Ella afirma que no se veía bien, estaba más delgado y parecía triste; Laura se convenció de que era una víctima más del caso Wallace. Hugo estaba enterado del interrogatorio al que la habían sometido los fiscales, también de los pleitos que traía con su mamá, y por ambas cosas le ofreció una disculpa.

El motivo de ese encuentro —explicó— era pedirle que dejara de buscarlo; dijo que todo estaba bien, aunque si seguía investigando, las cosas podrían complicarse para ambos. Laura no se resignó a guardar silencio. Había aceptado las reglas impuestas por Hugo a cambio de conseguir respuestas: ¿quiénes eran esos hombres que la habían traído hasta ahí? ¿Por qué se escondía?

Las interrogantes eran tantas que Laura terminó por abrumarlo; era obvio que Hugo no podía responderlas todas. Sin ninguna transición, él viró bruscamente de tema para proponer que lo acompañara a Estados Unidos. Las personas que lo estaban ayudando no tenían inconveniente con que ella viajara también.

«¿Por qué a Estados Unidos?», insistió Laura.

Hugo aclaró que no se trataba de migrar definitivamente, porque volverían en cuanto las cosas estuvieran más calmadas.

Laura confiesa que se sintió tentada por la oferta. Quería muchísimo a Hugo y sabía que con él no iba a faltarle casi nada. No obstante, ese casi era lo que ella más quería en el mundo: su hijo. No viajaría sin llevarse al muchacho.

Hugo se puso triste. Eso no sería posible. Explicó que para él también estaba siendo difícil dejar a su hija mayor en México; Laura debía tener claro que sólo se trataba de una mudanza temporal mientras la vida de ambos se apartaba del riesgo. Al escuchar esta última frase, las alertas en la cabeza de Laura se encendieron: dice que levantó la voz para exigir una explicación sobre lo que acababa de oír. Entendía bien que Hugo pudiera tener problemas, ¿pero ella por qué? El amigo buscó tranquilizarla. Aun si decidía quedarse en México, él iba a protegerla.

«¿Qué es lo que verdaderamente está pasando contigo?», presionó Laura, todavía angustiada.

De tanto insistir, una respuesta se coló en la conversación. Hugo le confió que su situación era similar a la de un testigo al que era necesario inventarle una nueva identidad.

«¿Eres un testigo protegido?», apretó Laura.

Hugo asintió.

Narra que en ese momento de la conversación fueron interrumpidos por uno de los hombres que la llevaron hasta esa casa: el individuo informó que el encuentro había terminado. A Laura le entró tristeza y se colgó al cuello de Hugo; él le devolvió el gesto con el abrazo de un exjugador de futbol americano.

Jamás imaginó que ésa iba a ser la última vez que lo vería. Hugo mintió cuando dijo que la ausencia sería temporal. Han pasado muchos años desde ese día y Laura aún se pregunta cómo habría sido su vida si en aquella ocasión hubiera aceptado seguirlo.

Cuando esos hombres la depositaron de vuelta a unos pasos de la casa donde creció, Laura tomó la decisión de contar lo menos posible sobre aquella cita tan extraña. A Moya sí le dijo que vio a Hugo cerca del aeropuerto, sin proporcionar más detalles, pero con sus padres no compartió una sola palabra. Hugo cumplió con el compromiso de protegerla. Después de esa cita la señora Wallace no volvió a molestarla: se desactivó la denuncia por extorsión y ninguna autoridad se apareció de nuevo por su vida.

Laura supo que su padre, por otro lado, se había reunido con la vecina de la casa de enfrente, Asunción Miranda —hermana de la señora—, para pactar una suerte de tregua: negoció que su hija no abriría más la boca a cambio de que dejaran a la familia en paz. Laura está convencida de que fue Hugo quien habló con su mamá para que dirigiera sus baterías hacia otras víctimas.

Si bien el periódico *El Universal* dio cuenta del encuentro entre Laura y Hugo, presumiblemente porque Moya pasó la información a alguno de sus reporteros, ningún otro medio atendió las denuncias ni reprodujo la conversación sostenida por ambos con Ciro Gómez Leyva.

La versión de que Hugo no estaba muerto fue enterrada bajo el argumento de que tanto Laura como Moya habían mentido para chantajear a la señora Wallace. A pesar de que ella afirma haber sido interrogada por los fiscales, en ninguno de los voluminosos archivos que llegaron a manos de los jueces federales aparece mencionado ese evento.

133

Claudia Muñoz tenía permiso de residencia en Estados Unidos y su mamá contaba con la nacionalidad, por lo que no fue difícil la decisión de mudarse con ella cuando la señora Wallace le recomendó abandonar México. Ella y la hija de Hugo llegaron a Houston en el mes de julio de 2006.

La mamá de Claudia vivía con su marido y ambos las recibieron felices de tener a la niña en su casa. Aunque iban a extrañar la vida en México, les hicieron fácil la mudanza. La mamá supo todo lo sucedido y coincidió con que debía apartar a su nieta de la familia paterna.

Una tarde de aquel verano, hacia la hora de la cena, sonó el teléfono en casa de su madre. Claudia estaba cerca y por eso pudo ver el rostro descompuesto cuando escuchó la voz al otro lado de la línea: ella cubrió la bocina y susurrando le dijo que era Hugo quien llamaba. Claudia sintió que su estómago se reducía al tamaño de un átomo. «Alguien con muy mala fe se hacía pasar por el papá de su hija», fue lo primero que pensó, así que estuvo a punto de negarse a tomar el aparato. Sin embargo, la mamá insistió.

En cuanto escuchó el timbre de su voz confirmó que su madre tenía razón; Hugo y ella se conocían demasiado bien como para que un tercero pudiera engañarla. Tardó en cobrar conciencia de que Hugo no la llamaba desde el más allá. Estaba vivo y, como si nada hubiera pasado, la saludó pausado:

—¿Cómo estás?

—¿Cómo estás tú? —respondió cautelosa.

—Llamo para saber de ti y de la niña.

—¿Quién te proporcionó este número? —demandó.

—No fue difícil. ¿Desde cuándo vives en Houston?

—Hace poco.

—¿Van a quedarse ahí?

—No lo sé aún. ¿Tú dónde estás?

—También de este lado de la frontera —eludió.

—¿Qué está pasando contigo? En México todo mundo piensa que estás muerto.

—Te llamo para pedirte perdón.

Claudia sintió que sus mejillas se incendiaban.

—Además de tus disculpas, haría falta una buena explicación —reclamó.

—Lo sé, por eso quiero que nos veamos. También me gustaría visitar a la niña.

En ese momento Claudia entendió que aquella llamada no era únicamente para saludar.

—Primero resuelve tus asuntos —frenó en seco.

—Déjame explicarte.

—¿Explicarme qué, Hugo?

—Te ruego que me permitas ver a la niña.

No fue hasta ese momento que Claudia se dio cuenta del estado en que su expareja se encontraba; a través de la línea arrastraba las palabras. Era obvio que había tenido el coraje de llamar porque estaba intoxicado.

—Así no vuelvas a buscarnos —sentenció—. Y si lo haces, más vale que hayas aclarado tus problemas con la justicia.

No podía Hugo simular que nada había pasado.

—Dame una oportunidad —suplicó.

—No, hasta que pongas tu vida en orden.

Llegados a ese punto la conversación perdió rumbo. Hugo resopló fuerte y después colgó.

La llamada duró unos cuantos minutos. Con los ánimos arrojando humo, Claudia recordó el fin de semana que ella y Hugo pasaron juntos en Tijuana, un par de años atrás; supuso que ya entonces el papá de su hija andaba metido en alguna cosa gorda. Al día siguiente amaneció con la intención de avisarle a la señora Wallace sobre la llamada: Hugo estaba vivo y ella merecía saberlo. Optó por buscar a su hermana Asunción; con esa tía de Hugo se sentía menos amenazada. A Nini, como se le conocía con cariño dentro de la familia, le dio gusto saber de ella, y antes de mencionar el motivo de la llamada, Claudia dejó que hablara: contó que recién había visitado Chicago porque Isabel pidió que la acompañara a un viaje de trabajo. Entonces, una intriga con alas de avispa se metió en los oídos de Claudia: ¿y si Hugo la había llamado desde esa misma ciudad? No se atrevió a ir más lejos en sus especulaciones, porque con sinceridad no le interesaba averiguarlo. En vez de ello, contó a Nini de la comunicación que tuvo el día anterior con el papá de su hija.

La tía no se sorprendió; trató el asunto con desapego, igual que habría hecho con la recepción de un paquete procedente de la tintorería.

—Te pido que se lo cuentes a Isabel —remató.

—Prometo que así lo haré, seguro que de inmediato te llama. Lo que dices va a interesarle mucho —concluyó Nini.

Colgaron y Claudia esperó todo el día cerca del teléfono. Transcurrió una semana, y luego un mes. Entonces comprendió que la familia de Hugo estaba metida en el mismo enredo.

CAPÍTULO XXV

134

Los rastros que Hugo Alberto Wallace dejó durante las horas previas y posteriores a su desaparición cuentan parte de la historia sobre lo que pudo realmente haber ocurrido con él. Las facturas de sus dos teléfonos celulares, el testimonio del personal de servicio y la bitácora de ingresos y salidas de la privada donde se encontraba su domicilio proponen pistas contrarias a la versión contada por la señora Wallace.

El lunes 11 de julio de 2005, Hugo Alberto regresó a su casa hacia las siete de la tarde, después de haber acudido al gimnasio. Apenas entró, se comunicó con Ricardo Gómez, un amigo con el que jugaba futbol americano. Al concluir, la trabajadora del hogar observó que estaba a la vez molesto y preocupado: «Ese día en particular lo noté muy raro», añadió.

Luego de cenar, Hugo Alberto dijo que se iría a dormir temprano porque se sentía cansado. Subió entonces a su recámara y desde ahí realizó varias llamadas más. Volvió a comunicarse con Ricardo Gómez, por un lapso mayor a ocho minutos. También llamó a un dispositivo que estaba a nombre de una mujer llamada Liz Hernández, así como al teléfono 55 2864 4890, que la señora Wallace identificó como perteneciente a Carmen Ortega. Enlazó también con su exnovia, Geazul Ponce.

Algo en esas conversaciones provocó que cambiara de opinión porque se quitó de encima la ropa de deportes y, sin ducharse, se vistió con una camisa de flores rojas y un pantalón de mezclilla azul marino, abandonando las otras prendas sobre el suelo. No apagó la luz del baño, bajó de nuevo y salió por la entrada principal. El guardia abrió el portón de la privada y lo vio partir, sin despedirse, en su camioneta negra modelo Grand Cherokee. El conductor iba distraído con una llamada cuando enfiló hacia la calle. Por la hora registrada, debió de estar en ese instante al teléfono con Liz Hernández.

Según declaró el guardia de la privada, al poco rato el empresario llamó para pedirle que cuidara de su casa mientras él iba al cine con una «vieja». También marcó el número de su amiga la Vampi, con quien habló unos doce minutos. Ella afirmó que durante la conversación Hugo había hecho una cita para ir al cine con una novia nueva. Antes de concluir aquella jornada, el conductor contactó de nuevo al teléfono de Liz Hernández.

A la mañana siguiente —cuando según la confesión de Juana Hilda el cuerpo de la víctima estaba siendo desmembrado— del dispositivo Nextel a nombre de Hugo Alberto salió una llamada dirigida al teléfono de Ricardo Gómez, que no logró concretarse. El análisis de telefonía identificó otras comunicaciones similares entre las 9:00 a.m. y las 12:30 p.m. Marcó dos veces más a esa misma persona, también a su primo, Jorge Ortega y a su chofer, el Chaparro; quedó igualmente registro de una llamada, por la noche, a la casa de Geazul Ponce, que rebasó el minuto de duración.

¿Por qué Ricardo Gómez no fue convocado a declarar durante la fase indagatoria si esta persona se comunicó más que ninguna otra con Hugo Alberto durante la jornada en que supuestamente fue secuestrado? El día previo, el antiguo colega del futbol sostuvo doce llamadas con la víctima. Él debió saber por qué Hugo Alberto estaba preocupado antes de abandonar su domicilio. También tuvieron que haber sido tomadas en consideración las comunicaciones con la tal Liz Hernández, de quien a la fecha no se sabe absolutamente nada.

Para los investigadores tuvieron mayor relevancia las llamadas que celebró el hijo de la señora Wallace al teléfono asignado supuestamente a Carmen Ortega. A pesar de que nunca se encontró relación entre ese número telefónico y Juana Hilda González, tales comunicaciones, cuya duración sumada no excedió los siete minutos, formaron parte de la evidencia presentada en el juicio contra la bailarina.

El resumen de estos hechos lleva a concluir que Hugo Alberto estaba molesto antes de abandonar su domicilio. ¿Algo que dijo Ricardo Gómez causaría ese estado de ánimo? O bien, ¿conoció ese individuo las razones por las que su colega del futbol se encontraba preocupado? ¿Por qué Hugo decidió salir otra vez de casa si antes quería irse a dormir? Intriga también el motivo por el que no se bañó antes de la pretendida cita romántica. Quizá, en la realidad, agendó con alguien a quien tenía suficiente confianza como para reunirse sin haberse aseado. Tal cosa descartaría a la novia nueva.

La versión de que Hugo Alberto tenía previsto verse con una mujer para ir al cine se sostuvo por las declaraciones que hicieron la Vampi y el guardia de la privada de Galeana. Resta confianza el que el guardia no haya compartido dicha información con la procuraduría sino hasta tres meses después de la desaparición. El testimonio de este empleado de la familia pudo ser manipulado para calzar la explicación presentada por la señora Wallace. De su lado, la afirmación de la Vampi sucedió después de que la señora la acusara de ser parte de la banda de secuestradores. Bien pudo la amiga de Hugo mentir para quitarse de encima las imputaciones arrojadas en contra suya.

Lo más importante son las siete llamadas realizadas la mañana posterior a la desaparición. ¿Por qué los secuestradores no emplearon la línea Nextel de Hugo Alberto para contactar directamente a la madre y pedir la recompensa? La última comunicación también es una pieza fundamental de este rompecabezas: esa llamada se recibió después de las nueve de la noche en la casa de Geazul y tuvo una duración mayor a los sesenta segundos. ¿De qué hablaron esas dos personas aquel martes por la noche? Esta conexión telefónica probaría que, veinticuatro horas después de su desaparición, Hugo Alberto estaba vivo y libre para llamar a quien le viniera en gana.

Podría suponerse que los enlaces de la mañana no fueron exitosos porque, a diferencia del último, nadie respondió. No pasa desapercibida la coincidencia que significa el que las llamadas realizadas entre las 9:04 a.m. y las 12:38 p.m. hayan tenido como destinatarios a tres de los cuatro individuos que encontraron la camioneta Grand Cherokee a la vuelta de Perugino: Ricardo Gómez, Jorge Ortega y el Chaparro. Esos intentos, supuestamente fallidos, bien pudieron ser la señal con la que Hugo Alberto dio aviso a sus cómplices de que el plan para simular el secuestro ocurriría tal como había sido previsto.

135

Las declaraciones de los testigos que no forman parte de la familia Wallace y el informe que Guadalupe Noria, la agente de la procuraduría del Distrito Federal entregó a sus jefes, aportan también luz sobre los hechos ocurridos realmente el día en que Hugo Alberto desapareció.

De acuerdo con la trabajadora del hogar, hacia las 10:30 a.m. del martes 12 de julio ella recibió una llamada de la señora Wallace, quien le ordenó que revisara la recámara de su hijo para corroborar si la noche anterior había dormido en casa. La empleada respondió que la cama continuaba tendida y que el señor había dejado el *lunch* que debía llevarse al trabajo sobre los muebles de la cocina.

Una hora más tarde, la Vampi se comunicó también a la casa de Hugo Alberto ya que ese martes habían quedado de verse hacia el mediodía, y no quería desplazarse sin estar segura de que él la esperaba. Fue entonces cuando ella se enteró de que su amigo no había llegado a dormir. Afirmó que ese día no tuvo más noticias sobre el paradero de Hugo Alberto.

A las tres de la tarde, Karla Sánchez, vecina del departamento 1 de Perugino, encontró a cuatro personas «muy alteradas» alrededor de la camioneta Grand Cherokee que se encontraba estacionada a ciento cincuenta metros del inmueble donde ella habitaba. Los vio discutiendo acaloradamente mientras llamaban por teléfono.

A las cinco de la tarde, la agente Guadalupe Noria entrevistó frente a ese vehículo a la señora María Isabel Miranda de Wallace. La madre informó que su hijo había desaparecido y soltó el nombre de Jacobo Tagle Dobín como alguien que podría proporcionar datos a propósito de su paradero. La señora narró igualmente haber hablado con la Vampi, quien le informó supuestamente que su hijo tuvo una cita la noche anterior con una amiga nueva para ir al cine.

A las siete de la tarde, la agente Noria interrogó a Vanessa Figueroa, vecina de la planta baja de Perugino. Ella se quejó de que los integrantes de la familia Wallace entraron al edificio sin autorización señalando a su hijo, Erick Figueroa, de haber sido testigo, la madrugada previa, de un crimen inexistente. Precisó, además, que ese muchacho de doce años vivía con su abuela y por tanto no durmió en el edificio.

En esta narración hay cuatro temas que despiertan sospecha: el primero es la contradicción entre las declaraciones de la Vampi y la señora Wallace; el segundo es la hora en que los familiares de Hugo Alberto arribaron al sitio donde se encontraba la camioneta Grand Cherokee; el tercero es el señalamiento que hizo la señora Wallace sobre Jacobo Tagle; y, el cuarto, es la mentira sobre el hijo de Vanessa Figueroa, quien en ningún momento pudo haber visto a un hombre baleado.

De acuerdo con la Vampi, la noticia de que Hugo Alberto no había llegado a dormir la noche del lunes le fue proporcionada por la trabajadora del hogar que laboraba en la casa de Galeana y no así por la señora Wallace: «Pregunté por Hugo, a lo que [la empleada] contestó que, si yo no sabía nada de él, ya que no había llegado a dormir [...] señalé que no, entonces me pide que si llegara a saber algo le avisara, colgando, desde ese momento no llegué a saber de Hugo».

La Vampi y la señora Wallace no tuvieron ningún contacto el día de la desaparición, sino hasta tres días después, cuando la madre de su amigo cayó por sorpresa en su domicilio para interrogarla sobre el paradero de Hugo Alberto. ¿Por qué la señora Wallace afirmó —el mero día de la desaparición— que ella había hablado personalmente con la Vampi? Si la amiga no tuvo contacto con la señora Wallace aquel día, no pudo ser esa mujer quien hizo referencia a la cita para ir al cine con una nueva novia.

Es también intrigante la reunión reportada por la vecina de Perugino, Karla Sánchez, a propósito del hallazgo de la camioneta Grand Cherokee. Si, como esta otra persona declaró, cuatro varones —Jorge Ortega, el Chaparro, Ricardo Gómez y un tipo de nombre Daniel— encontraron el vehículo hacia las tres de la tarde, tal cosa querría decir que, entre la llamada que hizo la señora Wallace a la casa de su hijo para averiguar si había llegado a dormir y el hallazgo del vehículo transcurrieron únicamente cuatro horas y media.

De acuerdo con las declaraciones del Chaparro, convencidos de que algo grave sucedió, Jorge Ortega y el chofer acudieron antes a buscar a Hugo Alberto a casa de dos amigas; luego los cuatro varones visitaron un restaurante de la avenida Insurgentes, suponiendo que la nueva novia trabajaba en ese establecimiento como mesera; por último, recorrieron las calles de la colonia Extremadura Insurgentes hasta que dieron con la Grand Cherokee, la cual se encontraba a por lo menos quinientos metros de distancia del restaurante.

Ante la duda sembrada por la habilidad investigativa de estos detectives improvisados cabe pensar en una versión alternativa: que los integrantes de este comando de búsqueda supieron de antemano dónde se encontraba estacionada la camioneta y por ello dieron con ella tan rápido. Las llamadas perdidas en sus celulares, ocurridas horas antes, podrían haber dado aviso para que comenzara a simularse el recorrido por aquel vecindario.

También es sorprendente la influencia política que se necesitó para que, sin denunciar formalmente, la fiscalía local enviara al lugar a la agente Guadalupe Noria. Según esta funcionaria, a su arribo se encontraba ya presente la madre del desaparecido. En ese encuentro la señora Wallace afirmó que Jacobo Tagle presentó a la mujer que acudió con su hijo al cine la noche anterior. También proporcionó la dirección donde vivía ese joven, indicando que él podría conocer el paradero de Hugo Alberto.

Si el secuestro fue un invento, se estaría ante otra pieza de la fabricación. No sólo la camioneta habría sido sembrada en las proximidades de la casa de Juana Hilda González, sino también el nombre de una de las personas que semanas después fue señalada directamente como líder de la banda. El relato fraudulento del secuestro habría sido planeado con antelación, a sabiendas de que la policía terminaría armando el rompecabezas. En esta misma hebra se une el tercer montaje de esa tarde, denunciado por Vanessa Figueroa ante la agente Noria. La vecina de la planta baja desestimó el relato del sujeto que habría sido baleado y, sobre todo, que el testigo de esos hechos habría sido su hijo Erick, ya que el muchacho no durmió en el edificio de Perugino aquella noche.

Una teoría criminal alternativa indicaría que las llamadas perdidas, el hallazgo de la Grand Cherokee, la falsa llamada entre la Vampi y la señora Wallace, el nombre de Jacobo Tagle y las declaraciones adjudicadas al menor fueron elementos de una maquinación urdida mucho antes de que la desaparición ocurriera.

136

La agente Guadalupe Noria no dejó fuera de su reporte un solo dato, incluida la decisión que más molestó a la señora Wallace: impedirle ingresar al edificio de la calle Perugino número 6. Adentro la funcionaria no encontró evidencia sobre la víctima baleada: en los escalones había polvo suficiente como para afirmar que el sitio no había sido aseado en varios días. Entrevistó a la pareja que habitaba el departamento 1. Karla Sánchez y José Silva ratificaron la versión de la vecina de la planta baja: dentro de ese inmueble, la noche anterior había sido tan pacífica como cualquier otra.

—Nos habríamos enterado de los disparos porque en este edificio todo se escucha; nos damos cuenta hasta cuando alguien deja caer una moneda —explicó Karla.

—¿Durmieron aquí?

—Llegamos tarde porque yo trabajé hasta muy noche —respondió la vecina.

—¿Qué tan tarde?

—Nos habremos ido a acostar como a las dos de la mañana —precisó el joven.

Noria preguntó si conocían a la persona que vivía en el departamento 4.

Ambos se miraron sin sorpresa.

—La mamá del tipo que está desaparecido nos preguntó lo mismo —contestó ella—. Primero quería saber si yo habitaba ese departamento. Le aclaré que no, pero conozco a Hilda.

—¿Hilda?

—La chica que vive en el 4 se llama Juana Hilda González Lomelí.

—¿Qué más dijiste a las personas que están afuera?

—La señora que da las órdenes preguntó a su chofer si me reconocía, pero el tipo respondió que no.

—Esa gente está molestando a los vecinos —denunció José Silva.

—La señora está desesperada —explicó Karla a manera de justificación.

Después de conversar con la pareja, la agente Noria volvió a quedarse sola. ¿Cabía la posibilidad de que hubiera una persona secuestrada en el departamento 4? Superó a pequeños saltos los escalones que la apartaban de esa vivienda y apretó la oreja contra la puerta. Del otro lado escuchó el sonido de un televisor encendido y supo que ya pasaban de las ocho de la noche, porque reconoció el programa que se estaba transmitiendo. Llamó al timbre y luego golpeó la puerta con la palma abierta. Transcurrió un momento sin que nadie respondiera.

Juana Hilda explicó después que en ese momento estaba en casa de una amiga, con quien partiría al día siguiente de gira, y que cuando se iba de viaje acostumbraba dejar la televisión prendida para aparentar que su departamento estaba habitado.

Al salir del edificio, la agente volvió a toparse con los rostros expectantes de la familia Wallace. Entre policía y civiles, Noria calculó más de treinta personas. Ella preguntó quién había encontrado la camioneta Grand Cherokee en aquel barrio, y la señora Wallace respondió que a esas horas sólo había permanecido un sobrino.

Jorge Ortega Miranda no habría cumplido aún los treinta años, era un muchacho robusto, de estatura mediana y tenía la piel blanca.

—¿Cómo dieron con la camioneta? —interrogó la agente.

—Cuando Hugo no llegó a trabajar recordé que hace unos días mi primo comenzó a salir con una mujer que le presentó Jacobo Tagle, así que nos pusimos a buscarla —contestó el sobrino.

—¿Qué sabes de esa mujer?

—Pues eso, que Hugo Alberto la conoció apenas, que era bonita y que llevaban unos cuantos días saliendo.

—¿Cómo conseguiste su dirección?

—Le pregunté al chofer de Hugo Alberto porque él es el único que sabía dónde encontrarla.

—¿Y luego?

—El Chaparro nos dijo que la vio una sola vez, cuando Hugo pasó a recogerla a un restaurante que está cerca de aquí.

—¿El Chaparro?

—Así le decimos al chofer.

—¿Y luego?

—Pues que primero visitamos ese restaurante, asumiendo que quizá trabajaba como mesera, pero en ese sitio no hallamos nada. Entonces nos pusimos a recorrer las calles. Como éramos cuatro, nos repartimos el vecindario y dimos con la camioneta.

—La Grand Cherokee está a unos ciento cincuenta metros de aquí —precisó la agente Noria.

—Tocamos las puertas de los vecinos hasta que alguno nos contó que llevaba estacionada en el mismo sitio desde la madrugada. Otro tipo nos dijo que había visto a dos sujetos empujar contra su voluntad al conductor de ese vehículo. Interrogamos a un tercero para saber si conocía a una mujer alta, rubia, con el busto grande y de buen cuerpo que vivía por aquí.

—¿Cómo obtuviste la descripción de la mujer?

—También la proporcionó el chofer de Hugo. Nos informaron que en el edificio amarillo de la calle Perugino había una casa de citas.

La agente Noria descartó que ese inmueble fuera un prostíbulo.

—¿Dónde puedo encontrar a la persona que te habló de la camioneta?

—Después de que charlamos con él lo perdimos de vista.

—¿Y el otro, el individuo que mencionó haber visto al tripulante del vehículo arrastrado calles abajo?

—Tampoco sabría decirle dónde está.

A Noria se le seguían complicando las cosas.

—¿Fue entonces que decidieron entrar al edificio? —apuró la agente señalando la construcción que tenían enfrente.

—Sí, y salió a recibirnos un niño, como de unos doce años. Fui yo quien le pregunté si podía encontrar muchachas en ese lugar, como para pasar a verlas; quería saber, en especial, de una que era rubia y alta. El niño me contó que la mujer que buscaba vivía en el departamento 4, pero que no podía pasar a verla porque la noche anterior había habido problemas. Él me habló del hombre que salió sangrando del edificio; dijo también que su mamá tuvo que limpiar después las escaleras.

—¿Hablaste con la madre del menor? —continuó la agente.

—Cuando esa mujer se dio cuenta de que estaba cuestionando a su hijo se puso como fiera, porque según esto no teníamos derecho de estar dentro de la propiedad.

—¿Algo más? —interrogó la agente sin saber aún qué hacer con las incongruencias. Jorge Ortega negó y Noria se sintió exhausta. Antes de irse a descansar, la funcionaria realizó un par de diligencias más: para redactar su informe necesitaba hablar con el chofer del desaparecido y también debía visitar a Jacobo Tagle.

A ese rompecabezas le faltaba contorno. Sería difícil hacer empatar las distintas versiones en un mismo relato.

El informe de la agente Guadalupe Noria fue entregado a sus jefes el miércoles 13 de julio de 2005. En la última entrada puede leerse el siguiente párrafo: «Se entabló comunicación vía telefónica con Raquel Dobín Rosenthal, quien es la madre de Jacobo Tagle Dobín. Ella señaló que desde hace dos semanas no sabe nada de su hijo. Cree que salió de vacaciones, pero no conoce su paradero ya que tiene mala relación con él».

137

Cuánto daño ha causado la ficción a las ciencias penales. Hay que desconfiar cada vez que Sherlock Holmes se atreve a afirmar de manera categórica: «¡Lo mató el ama de llaves, con el candelabro, en la recámara principal!». Es una fantasía infantil pensar que, al final de cada caso, se puede llegar a una conclusión irrefutable sobre los hechos.

La aproximación a la verdad en términos de una investigación criminal no suele suceder así. En la vida práctica se hace a tientas, como si se utilizara un bastón para invidentes. Se valoran las pruebas, se separan las falsas de las verdaderas y, al cerrar, se presenta una hipótesis que, eso sí, debe resistir las dudas y los cuestionamientos más ostentosos.

El caso Wallace es muy complejo porque de él no se deriva una, sino tres hipótesis criminales —excluyentes entre sí—, cada una confrontada por la evidencia disponible: la primera es aquella que relata el episodio de un hombre que fue baleado dentro del edificio de Perugino; la segunda es la que Juana Hilda desarrolló durante su confesión; y la tercera es la que considera como falso el caso Wallace. Cada una propone un crimen distinto y también motivos propios, así como circunstancias alternas de modo, tiempo y lugar.

La primera hipótesis fue presentada ante la autoridad la tarde del 12 y la noche del 13 de julio de 2005. Cinco personas declararon en el mismo sentido para darle veracidad: los esposos Wallace, el primo Jorge Ortega Miranda, el tío Abraham Pedraza y el

Chaparro, chofer de Hugo Alberto. Todas coincidieron en el relato del vecino que vio a un sujeto descender por la fuerza de la camioneta Grand Cherokee y citaron al niño que, hacia las cuatro de la madrugada, habría observado a la víctima sangrante bajar las escaleras del edificio.

Es posible poner en duda un testimonio, acaso dos, pero desestimar la misma narración repetida por cinco personas resulta difícil. Sin embargo, la misma tarde en que se denunció la desaparición de Hugo Alberto, la agente Guadalupe Noria se topó con las afirmaciones de los vecinos cuyo contenido fue de plano incompatible con todo lo expresado por la familia Wallace: el edificio de Perugino no era una casa de citas, el niño Erick Figueroa no pudo haber sido espectador de nada, no hubo rastros de sangre en las escaleras y ningún inquilino corroboró haber escuchado balazos provenientes del departamento 4; tampoco apareció el fulano que dijo haber visto la camioneta estacionada desde la noche anterior, ni el otro que afirmó haber visto al conductor bajar contra su voluntad.

Siete meses después de haber sido expresada la primera hipótesis, ésta se reveló completamente falsa. Así ocurrió cuando Juana Hilda González dijo que Hugo Alberto descendió de la camioneta por su propia voluntad, ingresó al edificio acompañado por la bailarina, no fue baleado, ni bajó las escaleras dejando un reguero de sangre, tampoco abandonó el edificio antes del amanecer, no hubo un niño que atestiguara esos hechos, ni una madre que hubiera trapeado el piso del inmueble.

Si la confesión de Juana Hilda fuera cierta, habrían sido fabricadas las declaraciones proporcionadas por la señora Wallace a la agente Guadalupe Noria el día de la desaparición; así como las afirmaciones de José Enrique Wallace y Abraham Pedraza emitidas ante la autoridad ministerial.

La cuestión se complica aún más cuando resulta que tampoco la segunda hipótesis criminal sobrevive el examen impuesto por la evidencia: un caudal voluminoso de pruebas confluye para desestimarla, a la vez que esboza las premisas que darían origen a la tercera hipótesis, la cual proclama que el caso Wallace fue fabricado.

Asumiendo que las dos primeras son equivocadas, es necesario responder varias preguntas antes de defender la tercera hipótesis como definitiva: ¿por qué el entorno de Hugo Alberto —su madre, el señor Wallace, el primo, el tío y el chofer— se puso de acuerdo para mentir, primero ante la policía y luego ante las fiscalías, respecto al tipo herido en el edificio de la calle Perugino número 6? ¿Qué era realmente lo que esa gente estaba buscando en el departamento que entonces habitaba Juana Hilda? ¿Por qué, sabiendo que Hugo Alberto no se hallaba dentro de ese inmueble, la familia Wallace contrató personal para que durante varios meses se apostara fuera del edificio y siguiera a sus inquilinos? Y la más importante de las interrogantes: ¿por qué, una vez que la primera versión fue insostenible, se echó a andar el artificio de la segunda hipótesis criminal?

¿Si no se estaba buscando a Hugo Alberto en el departamento de Perugino, entonces qué se quería encontrar realmente ahí dentro? Es un hecho que la señora Wallace enfureció con la agente Guadalupe Noria cuando ella impidió a su familia el acceso al edificio. También lo es que la señora manifestó elocuentemente su decepción cuando los peritos de la procuraduría reportaron que dentro de la vivienda de Juana Hilda no hallaron «joyas ni dinero» y ningún otro elemento que llevara a concluir la comisión de un crimen.

Tan difícil de explicar, como la invención de la primera hipótesis, es la vigilancia que la familia Wallace impuso sobre el edificio y los vecinos de Perugino. Si después del ingreso de la procuraduría al inmueble se corroboró la ausencia de Hugo Alberto, ¿para qué montar un aparato de supervisión que funcionó veinticuatro horas, los siete días de la semana, durante más de siete meses?

Este sistema de vigilancia se prolongó después de que la señora Wallace tuvo noticia de que Juana Hilda se encontraba en Estados Unidos, así que ella no fue la razón por la que se habría mantenido tanto tiempo. Tampoco tendría sentido haberlo sostenido con la esperanza de que César Freyre volviera al lugar, ya que el expolicía nunca vivió en Perugino; este aparato de vigilancia se prolongó inclusive después de que el empleado de Showposter, Rodrigo Oswaldo de Alba Martínez, rentó el departamento 4.

Quizá la supervisión sobre el inmueble no tuvo como objetivo a una persona o a un grupo de individuos, sino a un objeto. Al menos tres testimonios hacen referencia a una maleta extraviada que eventualmente podría ser la razón del acecho. Geazul Ponce afirmó haber sido interrogada de manera hostil por la policía a propósito de una valija con dinero. Cuando ella cayó en cuenta de que no le estaban preguntando por el bolso donde el exnovio escondía sus pistolas, entendió que había un equipaje distinto, el cual podía tener que ver con la desaparición del empresario.

Otro de los testimonios lo aporta uno de los agentes que interrogó a Geazul y que confirmó la referencia compartida por esa mujer. Desde la jerarquía más alta instruyeron a este funcionario para que la cuestionara, a ella y a otras personas, sobre el paradero de dicho equipaje. Se suma a estos dos argumentos el de Ámbar Treviño, quien recuerda que, durante los primeros días como defensora de César Freyre, su cliente mencionó una maleta con efectivo. La abogada mantuvo fresco este recuerdo porque el expolicía contó que podía relacionarse con el móvil del plagio.

¿Será que la necesidad por encontrar esta maleta fuera tan grande que la familia Wallace haya inventado la primera hipótesis criminal con la esperanza de que la policía les permitiera ingresar de forma legal y segura al departamento? Si así fuera, ¿por qué esa maleta se encontraría dentro de la vivienda de Juana Hilda? El antiguo vínculo sentimental de ella con la Barbie podría responder esa pregunta. ¿Alguien pudo haberse apropiado a la mala de ese bulto con dinero? ¿Ese alguien fue el expolicía César Freyre o la bailarina, ambos vinculados de algún modo con el narcotraficante?

Si bien es posible argumentar que la señora Wallace y su familia fabricaron la primera hipótesis y también que ella quería ingresar a como diera lugar al departamento 4, por el resto de la evidencia disponible cabe asumir que ni una cosa ni la otra tenían como propósito dar con Hugo Alberto. La dichosa maleta ayuda a llenar el paréntesis que este relato deja en blanco. Algo había dentro de ese equipaje que era fundamental recuperar, algo por lo que fue necesario inventarse la primera versión del plagio y someter a vigilancia el edificio durante un largo periodo.

El tema de la maleta no conduce demasiado lejos. Después de que Geazul fue interrogada, perdió relevancia. Cuatro años más tarde, cuando Ámbar Treviño habló de la cuestión con el agente del ministerio público Braulio Robles, el funcionario dio a entender que para ese momento la maleta ya no tenía importancia. En cambio, el tema del plagio subsistió como punto de partida para la fabricación de la segunda hipótesis criminal.

138

Cinco meses después de la denuncia por secuestro, fue intervenida la línea telefónica de la Vampi. Esa grabación no sirvió para sumar a esta mujer a la lista de personas acusadas; en cambio, añadió sospechas sobre las actividades ilícitas a las que pudo haberse dedicado Hugo Alberto.

La primera intervención tuvo lugar hacia las cuatro de la tarde del viernes 16 de diciembre de 2005. Se trata de una charla entre Karla Zamudio, alias la Vampi, y un sujeto llamado Enrique Rocha, que entonces se dedicaba al diseño de modas:

LA VAMPI.—...me dicen que pagaron cinco millones. ¿Por qué la mamá no dijo nada?

ENRIQUE.—¿Crees que lo hayan encontrado y se haya ido a esconder a otra parte?

LA VAMPI.—Quién sabe, porque a mí el Güero me dijo que andaba en muy malos pasos.

ENRIQUE.—A lo mejor se escondió solo, ¿me entiendes?

LA VAMPI.—Lo he soñado, que aparece tiempo después.

ENRIQUE.—Andaba en malos pasos y desapareció. Inventaron todo eso, o a la mejor sí lo secuestraron y se fue de México asustado.

El Güero al que se refiere la Vampi es Víctor Bobadilla, un conocido de Hugo Alberto que pertenecía al mismo grupo de motociclistas. Una hora después de la llamada telefónica con Eduardo

Rocha, la Vampi se comunicó con el Güero para regresar sobre el mismo tema:

EL GÜERO.—¿Y qué has sabido de Hugo?
LA VAMPI.—Nada, Güero, ¿por qué preguntas?
EL GÜERO.—¡Pues nomás!
LA VAMPI.—Se me hace que tú sabes algo y no me lo quieres decir.
EL GÜERO.—No, pues, quiero saber qué onda con él, a ver qué pasó.
LA VAMPI.—¿Tú crees que yo no quiero saber?
EL GÜERO.—¡Si llantas, cruje!
LA VAMPI.—¿Qué es eso?
EL GÜERO.—¡Que ésta cruje!

«¡Si llantas, cruje!» debe de ser una expresión entre motociclistas similar al refrán que dice «Si el río suena, es que agua lleva». ¿A qué pudo referirse el Güero cuando dijo que Hugo Alberto andaba en malos pasos? Lo primero que viene a la cabeza son sus adicciones. Durante los años previos a que desapareciera, cayó en un consumo excesivo de alcohol y cocaína. Así lo confirmaron Israel, el chofer que trabajó con él hasta el año anterior a la desaparición; Vanessa Bárcena, su penúltima pareja; Laura Domínguez, su mejor amiga; la Vampi, compañera de las motos; y Carlos León, su padre biológico, quien dijo que Hugo no era de los que se compraban sólo una rayita.

Geazul Ponce relató que el sábado anterior a su desaparición, Hugo Alberto se encontraba en tal estado de intoxicación que sufrió una herida en el pie. Confirmarían esa borrachera el guardia de la privada de Galeana y también el amigo con quien se bebió una botella entera de whisky.

El doctor Carlos León asegura haber sostenido una última conversación telefónica con su hijo el mismo año en que se esfumó. En ella Hugo le dijo que estaba pensando en migrar a Estados Unidos porque ya no aguantaba más: «Pa, ando mal», recitó con la voz quebrada.

Un comentario similar hizo a Laura Domínguez por esa misma fecha.

Semanas después de que fue acusado como contrabandista por la policía aduanal, Hugo tuvo que escapar por el techo de la casa de su vecina, Laura Domínguez, ya que, según él, un grupo de sujetos armados dispararon contra su automóvil. De acuerdo con Israel, el chofer de entonces, la señora Wallace se encargó de resolver el problema con los supuestos pistoleros. Éste fue el motivo por el que Hugo Alberto se mudó de casa y adquirió un vehículo blindado con el más alto nivel, la famosa camioneta Grand Cherokee.

Vanessa Bárcenas hizo notar que por esas mismas fechas se volvió un hombre violento. Después de que la golpeara, su familia debió acompañarla al hospital, donde fue atendida por un aborto. Hay noticia de que el hijo de la señora Wallace colocó cámaras dentro y fuera de su nuevo domicilio de la calle de Galeana. Él explicó a sus conocidos que era para prevenir la visita inesperada de esa exnovia; Vanessa, en cambio, narró que Hugo Alberto Wallace tenía problemas relacionados con algo parecido al narcotráfico, y aseguró que fue él quien se lo había contado.

Los «malos pasos» también podrían involucrar el vínculo que Hugo Alberto habría sostenido con Édgar Valdez Villarreal, un criminal muy peligroso al que apodaban la Barbie. Geazul Ponce habló de él cuando la policía la interrogó a propósito de esta amistad. Se trata del mismo individuo con quien Juana Hilda González confesó haberse relacionado sentimentalmente. Geazul afirmó no haber conocido personalmente a este sujeto y sólo lo escuchó hablar vía telefónica. Dijo que entonces no sabía que se trataba de un narcotraficante.

139

Édgar Valdez Villarreal nació en Laredo, Texas, en 1973. A diferencia de la mayoría de los mafiosos que operan las empresas criminales dedicadas al comercio de drogas entre Estados Unidos y México, este individuo nació entre sábanas de seda. Cuenta con ambas nacionalidades porque sus padres son migrantes mexicanos que progresaron económicamente. Igual que Hugo Alberto Wallace, Valdez Villarreal fue de joven jugador de futbol americano. Por su estatura ocupaba posiciones defensivas: mide un metro con ochenta centímetros. El entrenador lo apodó primero la Muñeca, por los ojos azules y su complexión delgada; más tarde este mote dio paso al de la Barbie; dentro del medio del narcotráfico lo llamaban también el Güero o el Gringo.

Solía ostentar relojes caros, ropa de marca y autos último modelo. Mientras se hacía pasar como empresario, alternó con artistas, cantantes y funcionarios públicos. Se le conocen tres relaciones con mujeres vinculadas al medio del espectáculo: Arleth Terán, actriz de televisión; Priscila Montemayor, con quien contrajo matrimonio; y Juana Hilda González Lomelí, bailarina de Grupo Clímax, acusada de participar en el asesinato de Hugo Alberto Wallace.

El ascenso de la Barbie a la cúpula del narcotráfico se debió al apoyo de Arturo Beltrán Leyva, operador principal del Cártel de Sinaloa. Se convirtió en uno de los hombres de mayor confianza de este mafioso sinaloense. En 2004, la Barbie tuvo bajo su cargo las operaciones de esa empresa criminal en el puerto de Acapulco y en 2005 se mudó a la ciudad fronteriza de Nuevo Laredo, desde donde emprendió una guerra en la que empleó recursos en extremo violentos.

Valdez Villarreal también comandó la distribución de narcóticos en distintas ciudades de Estados Unidos. Mientras tanto mantuvo control firme dentro de México. Cobraba deudas a los compradores mayoristas de droga, reclutó a funcionarios públicos que sirvieron como sicarios y corrompió autoridades, sobre todo en Guerrero y Morelos, para asegurarse de que el gobierno no afectara sus negocios.

Su fama de sanguinario ganó notoriedad. Se le conoce como el pionero en la filmación de la tortura que aplicaba contra sus víctimas, una práctica que años más tarde se generalizaría en todo México. En 2009, Valdez Villarreal comenzó a tener problemas con su jefe, Arturo Beltrán Leyva. Cuando este líder criminal sinaloense murió en una emboscada en la ciudad de Cuernavaca, la empresa para la que trabajó señaló a la Barbie como responsable de la celada.

En agosto de 2010, Édgar Valdez fue detenido en una cabaña ubicada en los límites de los estados de Morelos y México. No se disparó una sola bala en ese operativo. El presidente Felipe Calderón presumió esta aprehensión como si se tratara de un trofeo de guerra. En la presentación de la Barbie ante los medios de comunicación apareció sonriente y confiado. Años más tarde confesaría que se entregó voluntariamente para evitar ser asesinado por los hermanos de su exjefe.

Valdez ingresó en septiembre de 2010 a la prisión federal de máxima seguridad del Altiplano. Para evitar que tuviera contacto con la población general fue encerrado en la zona conocida como COC (Celdas de Observación y Clasificación). Ahí dentro convivió, entre otros reclusos, con Joaquín «el Chapo» Guzmán, fundador del Cártel de Sinaloa, y también con César Freyre Morales, acusado de liderar la banda que secuestró y asesinó a Hugo Alberto Wallace.

140

En la prisión del Altiplano, antes de entrar al área de tratamientos especiales, del lado izquierdo se encuentra el pasillo que conduce a las celdas de observación. La mayoría de esos espacios tienen una puerta de acero que impide mirar hacia afuera, a excepción de una pequeña esclusa que se abre desde el exterior.

Édgar Valdez Villarreal estuvo encerrado en la celda 16 de esa zona durante los años en que fue prisionero del gobierno mexicano. Todo ese tiempo tuvo derecho a una pequeña televisión, su único contacto con el resto del mundo. Para esa fecha César Freyre llevaba cuatro años enclaustrado en esa misma zona del reclusorio. El expolicía conoció de las actividades de la Barbie porque fue funcionario de la Secretaría de Seguridad Pública de Morelos al mismo tiempo que Arturo Beltrán escogió Cuernavaca como la ciudad desde donde comandó sus negocios. En aquellos años era imposible no saber quién era la Barbie dentro del mundillo criminal.

Las noches y los días son largos en el COC, así que, al menor descuido de los custodios, los presos se ponían a conversar a través de los muros de las celdas. Antes de que Valdez fuera extraditado a Estados Unidos, Freyre relató a sus compañeros de encierro los motivos por los que se encontraba en ese lugar. Más de uno escuchó la conversación sostenida por el expolicía y la Barbie:

—Seré responsable de otras cosas en mi vida, pero no del secuestro y mucho menos del asesinato de Hugo Alberto Wallace —refirió Freyre.

—Sé muy bien de quién hablas —respondió la Barbie.

—¿Conociste a Wallace?

—Sí.

—¿Puedes decirme algo más de él? —insistió el expolicía.

—Nos compraba mercancía que luego distribuía entre sus conocidos.

—¿Qué tipo de mercancía?

—Sobre todo polvo —informó la Barbie.

—¿Tienes idea de lo que pudo pasar? —se aferró el líder de la falsa banda de Chalma.

—Se nos perdió.

—¿Qué quieres decir?

—Se peló sin pagarnos más de una tonelada —sentenció Valdez.

—¿Ustedes lo levantaron?

—No supimos más de él y nunca cubrió su deuda —concluyó la Barbie.

La Barbie se volvió un personaje temido dentro del crimen organizado porque fue también uno de los primeros delincuentes capaces de infligir daño contra los familiares de aquellos adversarios que no se sometían. Muy pocos se atrevieron a desafiarlo durante los años que duró su reinado: igual que ostentaba joyas lo hacía con su violencia.

Si es cierto que Hugo Alberto Wallace contrajo una deuda grande con este mafioso y no la pudo cubrir, el riesgo de la represalia se habrá extendido más allá del moroso; la familia Wallace pudo haberse convertido también en objetivo de la empresa defraudada. Falta una explicación que ayude a comprender por qué el hijo de la señora Wallace no honró sus compromisos, sabiendo que el acreedor no era cualquier individuo. El parlamento sostenido en el Altiplano entre Freyre y Valdez Villarreal ayudaría a imaginar la angustiosa situación en la que se metió Hugo Alberto y, por su mediación, sus familiares.

En la teoría penal, la fabricación de un delito suele tener como propósito el ocultamiento de un crimen mayor. Los dichos de la Barbie en la cárcel del Altiplano confirmarían esta teoría: la ambición de Hugo Alberto lo habría llevado a meterse en un negocio ilícito que lo superó. Se habría ligado con un delincuente de altos vuelos que no iba a tolerar el incumplimiento. No hay evidencia del plazo en el que se acumuló la deuda. Cabe suponer que esta actividad comenzó en 2004, cuando el hijo de la señora Wallace visitaba con frecuencia Acapulco, y coincide con la época en que la Barbie era jefe de plaza en ese mismo puerto.

Las fotografías de este personaje del hampa en los antros nocturnos de esa ciudad corresponden al mismo periodo. En 2005, la Barbie se desplazó a Nuevo Laredo, así que la relación con el hijo de la señora Wallace debió de haberse relajado hasta que, a mediados de ese año, regresó sobre Hugo Alberto la urgencia para que saldara las cuentas pendientes.

141

El recurso fue ingenioso: esconderse simulando un plagio perpetrado por personas conocidas por la Barbie. Esto explicaría el reparto en el montaje: la exnovia, el expolicía de Morelos y Jacobo Tagle, quien era amigo de ambos. (Brenda y los hermanos Castillo se agregaron al elenco después, cuando apareció la fotografía de la falsa banda de Chalma). Antes de esto, Hugo Alberto había dicho a la Vampi que Freyre y Ricardo Trevedan se dedicaban a secuestrar personas. Así lo comunicó esa amiga a la señora Wallace y la madre a la policía. La historia del asesinato de Jonathan Freyre añadió veracidad al relato de la organización de secuestradores.

Para completar el rompecabezas se maquinaron las notas de rescate. Tal cosa coincidió con el deslinde de José Enrique Wallace. ¿Por qué el padre adoptivo de Hugo Alberto acudió a la procuraduría para negar la comunicación con los plagiarios y también para exigir que fuera desechada la denuncia que él mismo presentó? Durante esas visitas a la fiscalía antisecuestro, José Enrique Wallace entregó las facturas telefónicas de los dispositivos de Hugo Alberto y también la bitácora de entradas y salidas de la privada de Galeana: documentos que ponen en duda el pretendido secuestro. A caso ésa fue la manera que encontró el contador para salirse del clan comandado por su esposa.

La actuación aparentemente errática del marido de la señora Wallace pudo haber puesto en peligro el teatro, o peor aún, la vida de sus seres queridos. Fue en ese contexto que la señora escribió una carta a la esposa del expresidente Vicente Fox solicitando ayuda y, tiempo después, envió otra misiva a la procuraduría pidiendo que la policía le proporcionara seguridad. Si la Barbie, o sus socios, intentaban algo en contra suya, tendrían que enfrentarse a la misma institución que andaba tras su paradero.

El mayor triunfo de la señora Wallace fue convencer al fiscal José Luis Santiago Vasconcelos sobre la importancia de su causa. Sin el apoyo político de este funcionario no habría funcionado la estratagema. Esa intervención fue clave para eliminar del expediente los apartados contradictorios, que eran muchos, y consolidar la versión del plagio. Una vez en marcha la invención del caso Wallace, no hubo nada que pudiera detenerlo. Como un meteorito se volvió imparable.

La idea de montar los espectaculares incrementó la visibilidad de la señora Wallace quien, en un principio, difícilmente pudo haber calculado la fama que iba a conseguir. Su fabricación se había vuelto materialmente irreversible. Cualquier cosa que pudiera poner en duda la credibilidad de su causa crecía los costos y los riesgos para ella. Por ese motivo debió de ser un fastidio grande cuando Hugo Alberto comenzó a contactar con gente de su entorno. Los gastos realizados con sus tarjetas de crédito y las llamadas a Laura Domínguez y Claudia Muñoz fueron una gran tontería explicable sólo por la pérdida de conciencia que le provocaban sus adicciones.

La comunicación a Houston con la madre de su segunda hija fue la última noticia que se tuvo de él. Los dichos de Laura Domínguez y Geazul Ponce harían pensar que aceptó ingresar a un programa de protección de testigos, aunque no hay mayor evidencia de ello. Podría haber abandonado México para esconderse con otro nombre en el extranjero. De esto tampoco hay comprobación, excepto los viajes frecuentes de la señora Wallace a Estados Unidos.

El asesinato de Guadalupe Miranda, la tía de Hugo Alberto, ocurrido prácticamente un año después de la desaparición, podría leerse bajo la misma lógica: ¿fue una víctima colateral del conflicto entre su sobrino y el cártel al que pertenecía la Barbie? Pone en duda esta posibilidad el hecho de que las hijas de la difunta acusaron a su propio padre como autor material del homicidio.

La participación de Hugo Alberto en la fabricación del caso Wallace produjo varias pistas. Además de las llamadas y los gastos, la maquinación de las notas de rescate necesitó de su intervención directa. La obtención de las imágenes de los tatuajes y el montaje de la fotografía de su cuerpo desnudo tuvieron que haber contado con su ayuda. Lo mismo que la gota de sangre depositada en el sardinel del baño que pertenecía a Juana Hilda. Esos restos hemáticos tuvieron que ser de Hugo Alberto. Sólo así se explica que la prueba de ADN haya dado positivo cuando se comparó con las muestras de sangre tomadas al doctor Carlos León y que la señora Wallace falsificó como si su dueño fuera José Enrique Wallace.

¿Todo esto lo habría planeado Hugo Alberto para salvar la vida? Su madre podría afirmar lo mismo, que fabricó el caso Wallace para proteger a su hijo y al resto de su familia. Se trataría de una invención perversa que destruyó, a su vez, la existencia de muchas otras personas.

CAPÍTULO XXVI

142

La señora Wallace debió de estar desesperada para viajar hasta Ensenada. Desde 2006, cuando pidió a su primo Carlos León que le proporcionara una muestra de sangre, la misma que hizo pasar como si fuera de José Enrique Wallace, los primos no volvieron a tener contacto. La madre del doctor murió en 2012 y, a pesar de la importancia que tuvo en la vida de la empresaria, la señora Wallace no asistió al funeral con el pretexto de que estaba ocupada en los eventos de su campaña política. Tampoco acudió el doctor León al velorio del tío Fausto, el padre de Isabel.

Después del nacimiento de Hugo Alberto el vínculo entre las dos familias jamás se recompuso. Por eso sorprendió tanto aquella visita. Era evidente que a la señora Wallace le preocuparon las declaraciones realizadas ante el juez por el doctor Carlos León, en donde él confirmó su paternidad biológica y acusó a su prima de falsificar los documentos relacionados con la prueba de sangre. Sólo así se explica que, personalmente, haya acudido a ese consultorio médico para intimidar al padre de su hijo.

El historial de violencia que alimenta el mito de la señora Wallace es suficiente para andarse con cuidado. Carlos León no pone en duda las torturas sufridas por los integrantes de la falsa banda de Chalma y también entrega credibilidad a las declaraciones emitidas por las víctimas colaterales. Contrasta, en cambio, que las fiscalías General de la República y de la Ciudad de México, con varias cajas que contienen evidencia al respecto, no hayan procedido contra ella. Hay constancia de que obstruyó el curso de la justicia, fabricó pruebas y traficó con influencias; aún más grave, pesan sobre ella acusaciones por haber incitado tratos inhumanos contra media docena de personas.

¿Cómo es posible que ella siga gozando de impunidad? El año anterior a que la señora Wallace visitara a su exmarido, declaró a un reportero de Notimex, la agencia pública de noticias: «Yo los pude haber mandado matar, no nada más golpear. Yo los puede haber levantado, como hicieron ellos con mi hijo. Los hubiera desaparecido de la faz de la Tierra...».

Durante el gobierno del presidente Felipe Calderón, María Isabel Miranda de Wallace amasó tal cantidad de poder que, en efecto, habría podido ordenar la muerte de César Freyre, Juana Hilda González, Jacobo Tagle, Brenda Quevedo o de los hermanos Albert y Tony Castillo, sin que la policía, el ministerio público o los jueces la persiguieran. Tenía a todos en su bolsa, incluidos varios políticos muy influyentes.

Contó, como otros privilegiados de la vida pública mexicana, con las dos armas que colocan a una persona por encima de la ley: dinero y poder político. Sólo así se explican las aberraciones continuadas durante casi dos décadas en el caso Wallace. Es cierto que, con Enrique Peña Nieto —el presidente que sucedió a Felipe Calderón—, el grado de su influencia disminuyó un poco. Cambió por ejemplo el que no se permitiera a la señora Wallace acceder de manera irregular a los penales.

Sin embargo, aún entonces los funcionarios vinculados al tema de la seguridad, en particular a la política antisecuestro, la trataban con sumisión. Nadie quería quedar mal con ella, incluidos los secretarios de Estado, los gobernadores y el primer mandatario. Su influencia política perdió otra vez durante la siguiente administración encabezada por Andrés Manuel López Obrador. No obstante, las relaciones que la señora Wallace sembró en el pasado le sirvieron para estancar el caso y también garantizaron la inacción de las fiscalías respecto de los delitos por los que ella podría ser acusada. El apoyo más importante en el presente lo recibe de servidores públicos que en su día fueron sus cómplices, en distinto grado, respecto de los crímenes relacionados con la fabricación del secuestro de su hijo. Esos individuos están conscientes de que la verdad detrás de este expediente echaría a andar una larga cadena de consignaciones que podría darles alcance. Por ello han preferido continuar sosteniendo la mentira.

143

Notas personales de Brenda Quevedo:

«Muchas veces desperté rogando que no fuera cierto. Del otro lado del sueño tenía que estar la realidad, pero cada vez, al abrir los ojos, la realidad era una pesadilla. El pánico se instaló en mi cuerpo. De la nada comenzaba a sentir náusea, escalofríos, y mi corazón amenazaba con detenerse. Entonces estaba de vuelta en la Punta del Morro y las garras de aquellos monstruos volvían a apoderarse de mí. Sabía que regresarían, y por años esa profecía me mantuvo secuestrada.

»Mi mamá contrató a un abogado para forzar a que me proporcionaran tranquilizantes. También fuimos con el juez para que me cambiaran de pabellón; durante más de diez años me tuvieron recluida con las criminales más peligrosas. Por eso estaba prohibido que saliera por las noches, así que todo ese tiempo la pasé sin ver una sola estrella. Tampoco me permitían hacer ejercicio al aire libre, a diferencia de otras reclusas.

»¿Por qué la señora Wallace me agarró tanta fobia? Esta pregunta también me provoca insomnio. Su odio por las mujeres no alcanza para explicar la cantidad de energía invertida en destruirme. Soy una imperfección en su historia. Una falla que necesita resolverse arrojando un carro enorme de basura. Nada en mi biografía es coherente con la película que se inventó. De la banda de Chalma soy la única que cuenta con estudios universitarios y que de adulta vivió fuera de México. Tenía además un trabajo por el que me pagaban bien. ¿Cuál sería entonces el motivo por el que me convertí en una perversa homicida?

»Para hundirme, ella necesitaba sumar razones. Como si estuviéramos en una telenovela barata, me acusó de haber nacido con un corazón malvado, irredimible, brutal e instintivamente asesino. Yo tomé las fotografías del muerto y las edité en la computadora, yo redacté el comunicado de rescate y luego imprimí los materiales, yo envié los sobres por correo postal, yo la amenacé de muerte. Con estas declaraciones, la señora Wallace me despojó de mí misma. Se apoderó de los significados de mi persona para sustituirlos con adjetivos horribles. Me convirtió en el demonio de la fatalidad, en la medusa de la cabellera de serpientes, una mujer dedicada a petrificar hombres incautos.

»Una vez que te encierran en la cárcel, la posibilidad de defenderte se reduce al mínimo. Necesitas vivir la experiencia para entender hasta qué punto pueden anularte. Antes yo era igual a cualquier otra persona, hacía oídos sordos y ojos ciegos ante lo que pasa en las cárceles; ahora, todos los días me invento excusas para escapar de este lugar. Doy clases de inglés a mis compañeras, aprendí a tocar la batería y hasta participé en una obra de teatro. Hago ejercicio y escribo, lo que sea con tal de recuperar control sobre lo que realmente soy. Ése ha sido el mejor remedio para mantener a raya los ataques de ansiedad.

»Por extraño que parezca, también me da calma revisar mi expediente; a pesar de que es voluminoso lo he recorrido varias veces y siempre me sorprende. Entiendo poco de cuestiones jurídicas, pero cuando caes en un hoyo como el mío, algo de la jerga de los abogados se te pega. Ese expediente es el cuerpo del delito cometido por la señora Wallace. ¿Suena absurdo lo que digo? El cuerpo del delito es el conjunto de cosas que confirman la existencia de un crimen. No es el cuerpo del muerto, pero si ese cuerpo presenta señales de homicidio, entonces se vuelve parte de la evidencia del crimen, lo mismo que la pistola, las huellas dactilares o el plomo en la mano de la persona que disparó.

»Para demostrar los abusos que se han cometido contra nosotros no es necesario ir muy lejos, todo está en el expediente que se integró para acusarnos; es una paradoja y sin embargo es cierto. En esas páginas está alojado lo necesario para denunciar la arbitrariedad: la constancia de la tortura, la fabricación de los testimonios y las pruebas, la crueldad, la corrupción, el abuso de poder y todas las armas con las que nos destruyeron.

»Cada vez que me atrevo a compartir mi historia con alguna amiga de aquí adentro, casi de inmediato surge la misma pregunta: ¿por qué la señora Miranda inventó esta monstruosidad? Sinceramente no lo sé, pero tengo confianza en que algún día se derrumbará el engaño con el que esa señora engatusó a mucha gente. Mientras tanto, el único camino hacia la puerta de salida de esta cárcel es convencer a la juez que tiene mi expediente, sobre la falsedad de las pruebas».

144

No fue hasta mediados de 2019 que la suerte de las víctimas comenzó a cambiar. Hubo relevos y llegaron nuevos funcionarios al Instituto Federal de Defensoría Pública: un grupo de abogados jóvenes se convenció de la inocencia de sus representados y por tanto también de la fabricación de las acusaciones.

Frente a la lentitud del proceso penal en los tribunales mexicanos, esos defensores llevaron el caso ante instancias internacionales. Lograron que el grupo de trabajo de detenciones arbitrarias de la ONU estudiara los expedientes de Brenda Quevedo y Jacobo Tagle. En agosto de 2020, ese grupo de la ONU reconoció que ella sufrió tortura y tratos inhumanos dentro de los penales de Santiaguito y de las Islas Marías. De ahí que haya recomendado al gobierno de México considerar su calidad de víctima y también que se haya solicitado para ella la continuación del proceso penal fuera de la cárcel.

Dos meses después, la Comisión Interamericana de Derechos Humanos (CIDH) admitió otra queja presentada por los mismos abogados. La instancia coincidió en el reclamo contra el Estado mexicano a propósito del tiempo excesivo que Brenda había pasado en la cárcel sin sentencia y concluyó por tanto que esta mujer se encontraba privada arbitrariamente de la libertad. También valoró que las pruebas presentadas en su contra podrían ser falsas y que los testimonios utilizados para acusarla fueron obtenidos mediante coacción física y psicológica empleada sobre su coacusados.

El viernes 21 de junio de 2024, el magistrado federal Jorge Vázquez Aguilera ordenó que Brenda Quevedo abandonara la prisión de máxima seguridad donde estaba retenida. Casi de inmediato arribó a casa de su madre, Enriqueta Cruz; ahí permanecerá confinada hasta que concluya su juicio. Diecisiete años han transcurrido ya desde que Brenda Quevedo fue detenida en la ciudad de Louisville, ¿cuántos más tendrá que atravesar en prisión domiciliaria?

En los muchos años que lleva andando este caso la madre de Brenda, extravió todo su patrimonio. Cuando comenzaron a perseguir a su familia debió rematar su departamento; ese dinero voló en unos cuantos meses porque enfrentó gastos monumentales. Además, perdió el puesto en el banco para el que había trabajado desde joven, lo cual implicó que tampoco pudo conseguir la jubilación que se merecía.

Actualmente Brenda vive con su madre en una construcción menor a los cincuenta metros cuadrados. Pesa sobre su corazón la posibilidad de que, en cualquier momento, la envíen de vuelta a la cárcel. Enriqueta quiso muchas veces ocultarle a su hija lo que sucedía fuera de la prisión. Administró las malas noticias y, más que todo, el sufrimiento que le tocó vivir. Aunque ocurrió en pequeñas dosis, Brenda terminó enterándose de todo. Por ejemplo, de la migración de su hermano Omar a Canadá, el primer país donde solicitó asilo.

Hasta allá fue a perseguirlo la señora Wallace. Una entrevista que ella ofreció a un medio canadiense bastó para que le negaran el refugio a Omar. Por eso el joven tuvo que viajar después a Francia, donde lleva viviendo casi quince años como asilado político. En todo este tiempo, aunque se comunican varias veces a la semana, el hijo y la madre se han encontrado presencialmente una sola vez, porque el viaje a Europa es un lujo impagable. Además, Omar Quevedo no puede regresar a México hasta que el gobierno de ese país le confirme el estatus de refugiado. Lleva casi diecinueve años sin ver a su hermana y apenas hace dos que la autoridad carcelaria le permitió un encuentro con ella a través de la pantalla de una computadora.

No es exagerado decir que Enriqueta Cruz ha sido la líder de la resistencia. La principal antagonista frente a la señora Wallace. Ella es su opuesto: no es estridente, nunca grita, agrede ni violenta. La inhiben los reflectores. Su tesón y el del resto de los familiares logró convencer a los primeros periodistas que miraron a los falsos victimarios desde un balcón distinto. Enriqueta no se salvó del maltrato, pero logró sobreponerse. También la acusaron de delincuente, la humillaron y la persiguieron, pero nunca se detuvo. El universo quiso que alguien tuviera la entereza para salvar a su hija y con ella al resto de los acusados.

145

Raquel y Judith también se quedaron sin nada. La gente de la procuraduría les quitó la casa donde vivían porque, supuestamente, en ese lugar Jacobo y Salomón retenían a sus secuestrados. Antes Raquel había perdido su trabajo, y a Judith le impidieron terminar con los estudios. Acusadas injustamente de pertenecer a una familia «apestosa», su historia fue la de una doble discriminación: las aplastó la sociedad mexicana y también la comunidad a la que siguen perteneciendo.

Al igual que Brenda, Jacobo lleva más de una década sin sentencia en primera instancia. Los jueces que llevan su caso no han cerrado aún la instrucción porque se trata de un expediente complicado. La CNDH analizó las quejas interpuestas por los abogados de Jacobo. La recomendación emitida por esta instancia no deja lugar a dudas: fue torturado en dos ocasiones. Así quedó confirmado por los peritos que le practicaron el protocolo de Estambul, el cual sirve para determinar objetivamente si una persona sufrió tratos inhumanos.

Jacobo se encuentra actualmente en un penal de máxima seguridad ubicado a las afueras de la ciudad de Tapachula, en Chiapas. Raquel y Judith no tienen recursos para visitarlo con regularidad. En autobús, el viaje desde la Ciudad de México hasta esa cárcel es de trece horas y tanto el boleto de avión como los gastos de hospedaje son prohibitivos para esas dos mujeres cuyo patrimonio se redujo al mínimo debido a las arbitrariedades derivadas de los procesos seguidos contra los dos hijos varones de Raquel.

Salomón propuso a su mamá y a su hermana que migraran a Panamá dónde la familia tiene parientes que podían ayudarlos a empezar de nuevo. Raquel se negó porque tal cosa implicaría abandonar a Jacobo. De su lado, a Judith no le pareció mala idea, pero no estaba dispuesta a dejar sola a Raquel en la Ciudad de México.

Pocos meses después de instalarse en aquel país centroamericano, Salomón se matriculó en la carrera de Administración de Empresas; pudo pagar esos estudios porque alternaba las clases con un trabajo que consiguió en un gran almacén comercial. Cuando Raquel lo cuestionó sobre su vocación religiosa, Salomón confesó que desde que lo ingresaron al centro de detención perdió las ganas de ser rabino. ¿De qué le sirvió pasar la mitad de su vida rezando, siempre agradeciendo las cosas buenas, para recibir al final el trato de un vulgar delincuente?

Con todo, no abandonó su identidad judía. En Panamá conoció a una joven nacida cristiana y que estuvo dispuesta a convertirse para poder casarse con él. Con ella formó familia y tuvo un hijo, el segundo nieto de Raquel. Desde que Salomón regresó a Panamá no volvió a abandonar ese país.

Judith cuenta que a su hermano los aviones le provocan angustia; después de la traumática experiencia con la Interpol, agarró fobia contra los viajes. Alguna vez que por teléfono Judith bromeó con la idea de invitarlo a México, en la eventualidad de que ella se casara. Salomón respondió con toda seriedad que jamás volvería a poner un pie en el país. Ella y Raquel lo lamentaron porque eso cosa significa que, mientras no cuenten con recursos para visitar Panamá, también el niño de Salomón crecerá lejos de ambas.

La madre de Judith no reclama nada. Al revés, está tranquila porque ese otro hijo sí logró rehacer su vida. Cuando se le pregunta, Raquel presume con mucho orgullo que él tiene un puesto importante dentro de una cadena grande de tiendas de ropa.

Respecto del otro nieto, David Tagle Nava, Raquel ha vuelto a saber muy poco. Edith, la madre del menor, afirma que el niño se parece mucho a Jacobo y por eso prefiere mantenerlo lejos de la familia paterna. La última vez que visitó a su padre, David tenía menos de dos años.

146

María Elena, la madre de Tony y Albert, cuenta que la pauperización de su familia llegó a tal punto que se ponía a juntar moneditas para pagar el pasaje que la llevaba a visitar a sus hijos a la cárcel. En el Reclusorio Norte, la primera prisión donde fueron encerrados, la exprimieron hasta dejarla en bancarrota. Al principio, a cada rato la llamaban Albert o Tony para contarle que algún preso los había amenazado de muerte. Sin entender todavía cómo se movían las cosas ahí dentro, fueron víctimas de extorsión. Varias veces María Elena depositó dinero en las cuentas de aquellos presos para evitar que hicieran daño a sus hijos, y aun así les dieron unas palizas tremendas. Aquello se detuvo cuando Albert anunció que su familia se había quedado en la calle con tanto gasto y que no entregarían nada más.

147

La enfermedad de Raynaud tiene a César Freyre amenazado de muerte, ya que en cualquier momento un coágulo puede provocarle un infarto de corazón o de cerebro. No se perdona el expolicía el asesinato de su hermano Jonathan, a manos de su exsocio Ricardo Trevedan, y tampoco el fallecimiento de Julieta, su hermana. Suma a la tragedia la pérdida reciente de su madre, Rosa Morales, a quien se la llevó la muerte sin haber logrado que su hijo recuperara la libertad.

Los otros dos integrantes de su familia nuclear se apartaron de César cuando éste, junto con su madre, decidió pactar con la señora Wallace para que detuvieran las torturas. Desde entonces, el expolicía no ha vuelto a saber nada de su padre, Andrés Freyre, y tampoco de su hermana Ivonne.

Atrás quedaron los años en que permaneció encerrado dentro de una pequeña celda de piso de tierra, condenado a dormir sobre el suelo y a hacer sus necesidades en un hoyo. También pertenecen al pasado las torturas que tatuaron su piel y su memoria. Freyre insiste con que jamás habría secuestrado a una persona a cambio de dinero. También repite que es inocente del delito por el que le arrebataron la vida. Por otras cosas quizá podrían haberlo imputado, pero jamás de haber plagiado y asesinado a Hugo Alberto Wallace.

148

Juana Hilda González fue también abandonada por su familia. Ella, sin embargo, ha sabido lidiar con la depresión. Conserva la esperanza de que un día la verdad la sacará de la cárcel. La exbailarina se encuentra en un reclusorio federal de máxima seguridad en el estado de Morelos. Al igual que los hermanos Castillo y César Freyre, se amparó contra la sentencia del juez Ricardo Paredes emitida en 2011.

A diferencia del resto de los coacusados, sus defensores lograron que ese recurso fuera atraído por la Suprema Corte de Justicia. El ministro ponente es Alfredo Gutiérrez Ortiz Mena, quien lleva dos años estudiando el caso sin que aún haya propuesto fecha para el análisis del expediente por el resto de sus pares.

Si el amparo de Juana Hilda llegara a prosperar, la situación de Freyre y los hermanos Castillo tendría que ser resuelta en el mismo sentido. Cabe también suponer que las sentencias en primera instancia, tanto de Brenda como de Jacobo, permanecerán suspendidas hasta que el máximo tribunal resuelva el amparo de Juana Hilda.

149

Hace ya seis años que Luis Miguel Ipiña, mejor conocido como Koldo, regresó a España. Como taxista mexicano no tuvo derecho a ningún tipo de jubilación. En cambio, en su país de origen le reconocieron los años que cotizó cuando era un joven pescador y con eso le alcanzó para vivir con mejor dignidad sus años de vejez. Cuando aterrizó en el aeropuerto de Barajas fue detenido por la policía. Sin embargo, un juez lo liberó de inmediato ya que los delitos por los que alguna vez fue perseguido en su país habían prescrito. A pesar de eso, le retiraron el pasaporte, razón por la cual no puede viajar de vuelta a México. Enriqueta Cruz, la madre de Brenda, mantiene comunicación con él. Es de los que cree que un día se hará justicia. Un necio, pues, al que las víctimas quisieran creerle.

150

Vanessa Figueroa, la vecina de la planta baja del edificio de Perugino, no sólo tuvo que dejar atrás su país, a su madre y a sus hermanas; tampoco volvió a ver a Moisés, que en julio de 2005 tenía un año y medio. Cuando el padre del bebé se enteró de que la había detenido la policía, dijo que era inconveniente para el niño crecer cerca de su madre, así que ambos desaparecieron sin que ella haya sabido del pequeño desde entonces. Lo vio por última vez en febrero del 2006; ahora tendrá unos dieciocho años.

Desde el año 2006 Vanessa Figueroa no ha vuelto a poner un pie en México. Vive en Estados Unidos con Erick, su otro hijo. En fechas recientes se enteró de que jamás fue acusada como cómplice en el crimen cometido supuestamente contra Hugo Alberto Wallace. Cuando decidió huir de México las autoridades le hicieron creer que la habían imputado igual que a su vecina Juana Hilda.

151

Jesús Noel Montaño Gainza, vecino del departamento 2 de Perugino, a quien apodaban el Cubano, abandonó México poco después de que lo acusaron por falsedad de declaraciones y lo tuvieron, al igual que a Vanessa, declarando por varias horas dentro del búnker de la procuraduría de la Ciudad de México. Actualmente habita en Estados Unidos. No volvió a entrar en contacto con Juana Hilda y prefirió mantenerse al margen de la injusticia cometida contra quien fuera su amiga.

152

Ricardo Trevedan logró evadir la acción de la justicia: estuvo detenido un año en La Paz, Baja California Sur, acusado de haber asesinado a Jonathan Freyre y de tentativa de homicidio en contra de Jael Uscanga. A pesar de que las pruebas en su contra eran contundentes y que el ministerio público presentó un caso robusto ante el juez, al final Trevedan logró librarse de una sentencia condenatoria gracias a que convenció de que había matado a Jonathan Freyre y disparado contra Jael Uscanga en defensa propia.

La mecánica criminal descrita en ese expediente refuta ambas aseveraciones, por lo que cabe suponer que Trevedan contó también con apoyo de orden político para convencer al juez de que lo liberara.

153

El abogado Ricardo Martínez Chávez, representante legal de la señora Wallace, murió asesinado el miércoles 4 de enero del 2017 en la ciudad de Nuevo Laredo, Tamaulipas. En esa fecha se desempeñaba como coordinador general de la procuraduría local. De acuerdo con el reporte policial, falleció hacia las once de la noche cuando fue emboscado y acribillado con armas calibre .50 mientras se dirigía a su domicilio. Se desconoce quién pudo haber ordenado su muerte, tampoco se hicieron públicas las motivaciones de sus asesinos.

154

El agente del ministerio público Braulio Robles Zúñiga postuló para ser fiscal anticorrupción de la Fiscalía General de la República. En marzo de 2017 la Comisión de Justicia del Senado denunció que el ensayo presentado por este candidato era similar al de otra aspirante al mismo puesto, Angélica Palacios Zárate. Antes de que fuera acusado por plagio, Robles Zúñiga decidió presentar su declinación al puesto. Desde entonces no hay registro público que informe de su paradero.

155

Édgar Valdez Villarreal, alias la Barbie, fue extraditado a Estados Unidos en septiembre de 2015. Después de declararse culpable por los cargos de tráfico de cocaína y lavado de dinero, un tribunal de Atlanta lo sentenció a cuarenta y nueve años de prisión. No podrá dejar la cárcel antes de cumplir los noventa.

Con esta sentencia los jueces de ese país quisieron ser ejemplares y enviaron un mensaje al resto de los líderes del crimen organizado en el sentido de que no habría tolerancia hacia sus actividades delictivas.

Tiempo después, la Barbie hizo pública una carta en la que dijo en la realidad no fue capturado por la autoridad sino que, para evitar ser asesinado por sus enemigos, se entregó a la DEA del gobierno de Estados Unidos. Acusó también a la policía mexicana de estar coludida con el crimen organizado; en particular, señaló a Genaro García Luna, quien fue secretario federal de Seguridad durante la administración de Felipe Calderón.

Los abogados de la Barbie argumentaron durante el juicio de su cliente que él sirvió como informante de la DEA entre 2008 y 2010, los dos años previos a su detención. No es posible corroborar si tal cosa es cierta.

156

En julio de 2007 Claudia Muñoz, la madre de la segunda hija de Hugo Alberto, consiguió trabajo en una ciudad ubicada en el corazón de Estados Unidos. Es una paradoja que su primer empleo formal en ese país haya sido como asistente de un alguacil de policía. Sin haberlo deseado, terminó como investigadora criminal para esa oficina. Los años que pasó dentro de las aulas de la Facultad de Derecho en México le entregaron una buena base para sobresalir en ese trabajo.

Ocupó el mismo puesto durante más de trece años; en ese tiempo no volvió a saber nada más de su expareja. Tampoco tuvo noticias del caso Wallace: para Claudia Muñoz se quedó atrás, igual que su vida mexicana. Acepta que quizá fue un mecanismo de defensa frente al riesgo que significaba para su hija la cercanía con la familia de su papá.

En 2019, mientras navegaba en la red, se topó con una noticia donde se hablaba de las personas acusadas de haber matado a Hugo Alberto; fue entonces que tomó conciencia de la importancia de la información en su poder. El desaparecido llamó a casa de su mamá un año después de su supuesto asesinato: ahí estaba la prueba que esa gente necesitaba para confirmar su inocencia.

Entonces decidió buscar a los abogados de las víctimas: debía contarles lo que sabía para ayudar a liberarlos. Ya no importaba lo que la señora Wallace intentara hacer en contra suya, esa mujer no podría hacerles daño porque su hija y ella se habían hecho fuertes y también porque en el extranjero se sentían más seguras.

La segunda hija de Hugo Alberto tiene veintiún años. En una visita reciente que hizo a México abrazó a Enriqueta Cruz, la madre de Brenda, y ella le devolvió ese gesto humano de reconciliación.

157

El doctor Carlos León Miranda continúa viviendo en el puerto de Ensenada. Se emocionó y lloró el día en que se enteró de que Brenda Quevedo salió de prisión para instalarse en casa de su madre. Está convencido de dos cosas: de la inocencia de los integrantes de la falsa banda de Chalma y de que su hijo Hugo Alberto continúa vivo.

La probabilidad de que el padre biológico de Hugo Alberto fuera el primero en romper el silencio era minúscula y, sin embargo, Carlos León colocó el peldaño inicial de la escalera para que las víctimas pudieran recuperar esperanza. Afirma que durante años tuvo miedo de que el resto de su familia saliera lastimada. Cuando se cansó de estar callado, primero buscó a los periodistas que denunciaron los abusos; lo más importante, sin embargo, fue cuando acudió al juzgado para declarar contra la fabricación de la gota de sangre. A partir de ese momento todo comenzó a cambiar. A pesar de tener a la opinión pública, a la procuraduría y a los jueces en su contra, el testimonio del padre de Hugo Alberto fracturó la lápida bajo la cual aún se encuentran las personas acusadas.

158

La licenciada Ámbar Treviño narra que fue difícil levantarse de nuevo. La rehabilitación tardó más que un árbol en dar sus primeras semillas; tomó tiempo espantar los malos sueños y aprender a concentrarse en no concentrarse. Afirma que, para sanar, hay que aferrarse a la familia y cumplir la promesa de no volverles a hacer daño.

«Si pudiera hablar con mi yo del pasado, le diría que mejor pasara de largo. Le recomendaría, sobre todo, que evitara mentarle la madre a la señora Wallace».

Después de su detención en el centro de arraigo, Ámbar Treviño únicamente mantuvo contacto con Enriqueta y Brenda. De ellas fue incapaz de apartarse. Afirma que la tenacidad de esas dos mujeres ha alimentado su curación.

«No me juzguen por mis contradicciones: administrarlas ha sido también parte de este largo aprendizaje. Tengo convicción de que esta historia aún no ha terminado».

159

La señora Wallace afirma que la Suprema Corte de Justicia de la Nación atrajo el amparo presentado por Juana Hilda González porque el crimen organizado sobornó al presidente del máximo tribunal. Teme, y con razón, que de esa resolución pueda derivarse un acto final de justicia para sus víctimas. También estará consciente de que, en caso de que salgan libres, ella podría ser señalada como victimaria.

Sin embargo, lo sucedido en este caso no tiene como única responsable a la señora Wallace. Jamás habría sido tan excesiva en su crueldad sin la complicidad del periodismo sesgado, de los agentes del ministerio público y los policías corruptos, de los jueces que no supieron enfrentar la presión política, de los custodios que permitieron la tortura dentro de la prisión, de la indiferencia generalizada de la sociedad y, más que todo, del poder que le entregaron los expresidentes Felipe Calderón y Enrique Peña Nieto.

Este caso es uno de los más documentados en la historia judicial de México: se han escrito miles de páginas en la prensa y tanto la radio como la televisión han transmitido sin fatiga imágenes y acusaciones en exceso denigrantes hacia las personas imputadas. En revancha, el grueso de la opinión pública guardó silencio cómplice respecto de la injusticia y la fabricación.

Las víctimas de la señora Wallace se volvieron objetos. La misma gente que les negó justicia decidió borrarlos como se hace con los malos recuerdos. No es cierto que haya pruebas, hechos, ni mucho menos testimonios que confirmen su culpabilidad. Tampoco es verdad que sus destinos estén en manos del Poder Judicial. Los tribunales no distinguen entre inocentes y culpables. Llevan casi dos décadas encerrados porque el sistema es jodidamente lento. En todo este tiempo, el Estado jamás los consideró como inocentes.

Más allá de las personas acusadas, también las familias fueron un paño desgarrado, heridas que no volvieron a cicatrizar. Las madres, los padres, las hermanas y los hermanos, todos viven temiendo que algo peor pueda llegar a sucederles. Se trata de una sensación de incertidumbre que se instaló casi desde el primer día.

160

El caso Wallace desnuda una disputa feroz de nuestra época dónde la justicia importa menos que el poder a la hora de descifrar la verdad. Trata de una víctima de secuestro que muy probablemente jamás fue secuestrada, de un muerto que continuó dando testimonio de vida después de su asesinato, de una defensora de derechos humanos que torturó para fabricar culpables, de una banda de criminales inexistente y de una acción de la justicia tremendamente injusta.

Prácticamente toda violencia humana encuentra su origen en un pleito por la verdad y este caso judicial no es excepción. Puestas sobre la balanza las pruebas de cargo y las de descargo, el juez que juzgó esta causa debió dejar en libertad a Juana Hilda y su novio César Freyre, así como a los hermanos Albert y Tony Castillo que supuestamente les ayudaron en el horrendo crimen.

Sin embargo, a la hora de emitir la sentencia prevaleció la verdad de la señora Wallace sobre las verdades alternativas. Por ello, en 2010, cuatro personas fueron condenadas, en conjunto, a más de trescientos años de prisión. Hay otras dos personas acusadas por el mismo crimen, Brenda Quevedo y Jacobo Tagle, las cuales llevan más de tres lustros sin haber sido siquiera sentenciadas en primera instancia, debido a la misma debilidad de las pruebas.

A estos seis victimarios —que en rigor son víctimas— se suma una treintena de personas cuya vida fue también desgarrada por el caso Wallace. Se trata de individuos torturados para testificar con falsedad, familias perseguidas, parientes que tuvieron que solicitar asilo fuera de México y un largo etcétera de violencia que aún no se ha dado a conocer a la opinión pública.

El caso Wallace debería llevar el nombre de las personas perjudicadas y no el de la victimaria. Tendría que ser el caso Quevedo, Castillo, Tagle, Freyre o González Lomelí, que son los verdaderos caídos de este expediente. Sin embargo, la señora Wallace logró ganar también en el terreno de la opinión pública y en el de la alta política. Por su lucha como madre vengadora, el entonces presidente de México le entregó el Premio Nacional de los Derechos Humanos. Por su habilidad para convencer a la clase gobernante, esta ciudadana fue candidata del partido conservador para la jefatura de gobierno de la Ciudad de México. Por los servicios prestados al poder, ella ha jugado un papel muy importante en la política criminal de México durante las primeras décadas del siglo XXI.

El caso Wallace también sirve para relatar la manera como se construye la verdad jurídica en una época donde el espectáculo mediático y los intereses de la política son más verdad que la verdad misma. Desde hace dos años, la Suprema Corte de Justicia de la Nación tiene guardado el recurso de amparo interpuesto por Juana Hilda González Lomelí, la bailarina que supuestamente sirvió de cebo y prestó el departamento donde habría ocurrido la muerte de Hugo Alberto.

A diferencia de otros tiempos, hoy la opinión pública no apoya más a la señora Wallace. Esta circunstancia debería ofrecer un grado de imparcialidad que el caso no había conocido antes. Tanto las pruebas contenidas en el expediente como aquellas que han aparecido con el paso de los años anuncian una obligada liberación de Juana Hilda. Cuando ella salga libre, tocará el turno a las voces de las víctimas del caso Wallace para que se escuchen por todo lo alto. Ése será el mayor acto de justicia que hayan merecido. *Fabricación* es un relato que tiene como propósito entregarles esa otra justicia: el fin de su silencio y la alternancia de la palabra.

161

¿Puede la crueldad sola, sin ningún otro argumento, ser el móvil para cometer un crimen? Aunque es infantil todo relato que separa con maniqueísmo a la raza humana entre personas buenas y malvadas, la literatura universal alberga toneladas de historias donde la crueldad se presenta como explicación única de nuestros peores actos.

Sin embargo, nuestra naturaleza es más compleja. *Fabricación* es un relato que exhibe esa complejidad y, por tanto, recorre otras motivaciones detrás de los crímenes denunciados, no solamente en contra de quienes aún permanecen privados de la libertad, sino también de aquellos cuya existencia se vio dramáticamente trastocada por el caso Wallace.

Si en vez de haber empleado palabras, esta tragedia se hubiera valido del pincel y del lienzo para ser narrada, tendría que haberse inspirado en alguno de esos cuadros dedicados a salvar del olvido masacres tremendas como las que plasmaron Goya o Picasso.

En el *Guernica* de Picasso aparece una mujer que clama al cielo mientras, sobre su regazo, se desparrama el cuerpo sin vida de su hijo. Durante algún tiempo esa imagen pudo haber sido reivindicada por María Isabel Miranda de Wallace. Tardaría en saberse que otras eran las madres y otras las hijas y los hijos de esta misma batalla. La historia contada aquí también es la de la crueldad ejercida por una madre y su hijo en contra de otras madres y su respectiva descendencia.

¿Cómo explicarse la deshumanización de las verdaderas víctimas? Concediendo veracidad a la hipótesis que lleva a concluir que la fabricación del secuestro y la muerte de Hugo Alberto fueron actos cometidos para protegerlo, a él y a su familia, no se explica por qué se procedió sin ninguna piedad a la hora de destruir la dignidad y la existencia de sujetos que, se sabía, eran inocentes.

La falta de empatía es condición necesaria, pero insuficiente, para la manifestación de la crueldad; además se requiere de sadismo y, en este caso, de una sociedad cómplice de las atrocidades. Si la perpetradora no conoció el remordimiento, aún menos la masa que la acompañó con admiración en su vengativa cruzada.

Por otro lado, resulta obvio decir que, sin la dimensión política de esta crueldad, el daño habría sido menor. La combinación fue funesta: ella propuso el mal y el poderoso decidió acompañarla.

Este relato comenzó a escribirse cuando la madre apócrifa del cuadro negó la verdadera genealogía de su hijo. Ese error abrió una rendija para que la razón de las víctimas y las mentiras de los victimarios se hicieran públicas.

Queda como moraleja de esta narración que el único antídoto para defenderse de la crueldad es la práctica necia, rigurosa y sistemática de la empatía.